GUINNESS WORLD RECORDS 2025

환영합니다! 기네스 세계 기록입니다!

올해 기네스 세계 기록은 창간 70주년을 맞이했어요. 그동안 엄격하고 공정한 심사를 거쳐 엄선한 기록을 책에 담아 왔지요. 우리는 세상을 보는 독특하고 뛰어난 눈썰미로 다양한 분야에서 특별한 재능을 가진 사람들을 찾아낼 수 있었어요. 여기에는 지난 수십 년 동안 기네스 세계 기록 아이콘으로 선정된 사람들 중에서도 가장 유명하고 인정받는 인물들을 모았어요. 이들에게 존경을 보내며 올해의 기네스 세계 기록을 시작합니다.

위에 나온 기네스 세계 기록의 아이콘 중 누구를 알고 있나요? QR코드를 스캔 하면 나오는 기네스 세계 기록 홈페이지에서 누가 누구인지, 어떤 기록을 보유하고 있는지 알아보세요!

70주년 기념판

목차

기네스 세계 기록 70번째 생일을 기념하는 『기네스 세계 기록 2025』는 지난 70년을 되돌아보는 첫 장에서 완전히 새로운 모습을 선보인다. 또한 지난 1년 동안 모은 최신 기록 중 가장 흥미진진한 기록을 골라 담았다.

기네스 세계 기록은 70주년 역사에 걸맞게 새 모습으로 단장했다. 표지를 새롭게 디자인했으며, 본문에는 인포그래픽과 독자들의 눈길을 사로잡는 1000개의 사진 및 그림을 수록했다.

아이콘
'누구나 인정할 정도로 놀랍다'라는 뜻이 무엇인지 보여 준 기록 보유자들에게 경의를 표하며, 가장 인상적인 기록을 세운 이들을 아이콘으로 선정했다.

목차	2
플래티넘(백금)	4
편집장이 전하는 말	6

기네스 세계 기록의 역사
1955년	10
1965년	12
1975년	14
1985년	16
1995년	18
2005년	20
2015년	22

기네스 세계 기록의 날	24
아이콘: 로버트 워들로	26

기네스 세계 기록에게…

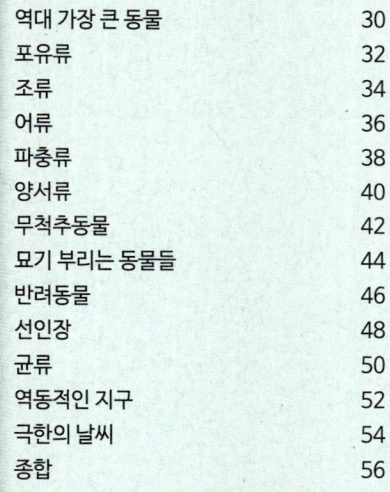

기네스 세계 기록 편집부는 창간 70주년을 축하하며, 세계 기록의 기준을 통과하지 못했지만 인상적이었던 도전 몇 개를 추려 보았다. 이 코너에 소개된 지원서는 열정과 독창적인 발상, 그리고 기네스 세계 기록이 중요하게 여기는 재능으로 가득했다. 수많은 시간 동안 우리에게 연락한 모든 이들에게 감사를 표하며, 앞으로도 많은 도전자들이 우리를 찾아오길 바란다.

자연의 세계
역대 가장 큰 동물	30
포유류	32
조류	34
어류	36
파충류	38
양서류	40
무척추동물	42
묘기 부리는 동물들	44
반려동물	46
선인장	48
균류	50
역동적인 지구	52
극한의 날씨	54
종합	56

아이콘: 제우스	58

사람
역대 가장 큰 사람	62
크기로 기록을 세운 사람들	64
노인들	66
문신	68
머리카락과 수염	70
최고의 형제자매들	72
놀라운 인체	74
보디빌더	76
종합	78

아이콘: 다이애나 암스트롱	80

별별 기록들
3x3x3 큐브 역대 최단 시간	84
연	86
화폐	88
장난감 블록의 장인들	90
요리할 준비 되셨나요?	92
치즈	94
격렬한 취미	96
두뇌 게임	98
핼러윈	100
별별 수집	102
환상적인 기술들	104
세계 괴짜 챔피언	106
공 다루기	108
최고의 기술	110
불꽃 묘기	112
코어 힘	114
종이 공예	116
종합	118

아이콘: 데이브 월시	120

탐험가 세상

역대 가장 높이 올라간 사람	124
에베레스트산	126
기구 비행	128
곡예비행	130
세계 일주	132
극한 수영	134
바다에서	136
개척자들	138
극지 탐험	140
종합	142

아이콘: 프릿 챈디   144

과학과 기술

역대 가장 높은 건축물	148
인공 지능	150
시계의 세계	152
천문학	154
최첨단 기술	156
독특한 탈것	158
철도	160
재생 가능 에너지	162
해양 구조	164
구멍 파기	166
원격 조종	168
종합	170

어린이 세상

기네스 세계 기록은 나이에 상관없이 기록에 도전할 수 있도록 응원하고자 어린이 기록 보유자들만 소개하는 장을 구성했다. 여러분이 도전할 수 있는 16세 이하 새로운 기록 5개와 최근 기록 달성에 성공한 어린이들이 수록되었다.

아이콘: 미스터비스트   172

어린이 KIDS 세상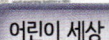

16세 이하 기록	176
가족과 함께 달성한 기록	178
놀이 시간!	180
YOUNG ACHIEVERS (어린이 세계 기록)	182
기네스 세계 기록 퀴즈	190

아이콘: 바비   192

예술과 미디어

역대 가장 비싼 그림	196
인플루언서	198
게임	200
음악	202
브레이킹	204
텔레비전	206
블록버스터	208
영화 제작	210
영화 의상	212
종합	214

역대 최고 기록

『기네스 세계 기록 2025』에 새롭게 도입한 부분으로, 인기 있는 몇몇 주제의 역대 최고 기록들을 모아 깊이 있게 다루었다.

기네스 세계 기록 홈페이지에서 계속되는 이야기

왼쪽 아이콘이 등장하면 guinnessworld-records.com/2025를 방문해 보자. 세계에서 가장 뛰어난 기록 보유자들의 짧은 보너스 영상을 볼 수 있다.

아이콘: 테일러 스위프트   216

스포츠

역대 몸값이 가장 높은 축구 선수	220
미국 프로 스포츠	222
구기 종목	224
라켓 스포츠	226
모터스포츠	228
격투기	230
수중 스포츠	232
육상	234
지구력	236
축구	238
크리켓	240
종합	242

아이콘: 르브론 제임스   244

최신 기록	246
찾아보기	248
자문 위원	252
도움 주신 분들	254
게이머 에디션 2025	256

들어가며
플래티넘(백금)

백금의 원소 기호는 Pt, 원소 번호는 78이며 영어명은 플래티넘(platinum)이다. 지각에서는 매우 구하기 힘드나 강도가 높고 변형이 쉬우며 유연하고 화학적으로 안정되어 있어서 가장 값싸고 유용한 금속 중 하나다. 보석류와 의학 기구, 전기 센서, 하드디스크 저장 장치 등에 쓰인다. 희소하고 귀한 원소라는 특성 때문에 70주년을 상징하기도 한다.

세계 최대 백금 덩어리
1904년 볼링공보다도 무거운 7860.5그램의 백금 덩어리가 러시아 예카테린부르크의 이보프 광산에서 발견되었다. '우랄산맥의 거인'이라는 이름이 붙었으며, 현재 모스크바 크렘린궁의 다이아몬드 펀드에서 보관하고 있다고 알려져 있다.

플레이스테이션 플래티넘 트로피 최다 수상
버추얼 어워드는 플레이스테이션 게임에서 모든 미션을 완료하면 플래티넘 트로피를 수여한다. 2023년 12월 8일 기준으로 캐나다의 dav1d_123이 1만 761편이 넘는 게임에서 9190개의 플래티넘 트로피를 받았다.

세계 최대 지도책
『어스 플래티넘』은 오스트레일리아의 밀레니엄 하우스가 출판한 61쪽짜리 지도책으로, 책을 덮었을 때 높이 1.854미터, 너비 1.45미터, 두께 6센티미터이다. 2012년 7월 13일 공개되었고 31부만 발행되었다. 가격은 10만 달러(약 1억 3000만 원)에 이른다.

가장 비싼 병
2006년 7월 20일 멕시코의 한 수집가가 테킬라 레이 925를 사는 데 22만 5000달러(약 3억 원)를 내놓았다. 병에 들어간 2.26킬로그램의 백금과 4100개의 화이트 다이아몬드가 전체 가격의 98.9퍼센트를 차지했다.

백금이 들어간 가장 비싼 물건
- **사리**: 다이아몬드와 에메랄드, 사파이어, 토파즈로 장식하고 금과 은, 백금으로 바느질한 비단 사리가 2008년 1월 5일 393만 1627루피(약 6300만 원)에 팔렸다. 인도의 첸나이 실크사가 인도의 유명 화가인 라자 라비 바르마의 그림을 담아 만들었다.
- **커프스 단추**: '팝의 황제' 마이클 잭슨은 1996년 11월 영국의 디자이너 아르팍 후사인이 만든 커프스 단추 한 쌍을 3만 9750달러(약 5500만 원)에 구매했다. 백금과 18캐럿 금에 다이아몬드, 사파이어로 장식되었고, 이름은 'V2'이다.
- **지갑**: 1984년 9월 프랑스의 루이카토즈사와 일본의 미키모토사는 모서리에 백금을 입히고 가운데는 다이아몬드로 장식한 악어가죽 지갑을 5600파운드(약 9700만 원)에 팔았다.

플래티넘 레코드
미국 레코드 협회는 싱글이나 앨범이 100만 장 팔리거나 싱글 1억 5000만 회, 앨범 15억 회 재생될 경우 '플래티넘' 인증을 한다. 판매량이나 재생 횟수가 2배가 되면 '멀티 플래티넘'으로 선정된다. **가장 많은 플래티넘 인증 횟수**는 82회로, 엘비스 프레슬리(미국)가 플래티넘 57회, 멀티 플래티넘 25회를 받았다. 미국의 바브라 스트라이샌드는 42회(플래티넘 30회, 멀티 12회)로 **여성 부문 기록**을 세웠으며, **그룹 기록**은 68회(플래티넘 42회, 멀티 26회)로 영국의 비틀즈가 차지했다.

가장 작은 수제 체스 세트
2020년 8월 22일 아르메니아계 미국인 아라 다비디 가자르얀은 가로세로 8밀리미터 크기의 미니 체스 세트를 공개했다. 아르메니아 살구나무로 만든 체스판을 금과 화이트골드로 장식했으며, 가장자리에는 백금과 금, 루비, 다이아몬드를 얹었다.

가장 비싼 재료가 들어간 현대 미술 작품

영국의 데미언 허스트(아래)가 만든 「신의 사랑을 위하여」는 보석으로 장식한 두개골이다. 영국의 보석 업체 벤틀리 앤 스키너 사가 제작했는데, 재료의 가격만 1200만 파운드(약 208억 원)에 달했다. 유럽 남성의 것으로 추정되는 두개골에 백금 2156그램을 입히고 무결점 다이아몬드 8601개를 윤리적인 방법으로 조달해서 박았다. 피할 수 없는 죽음을 묘사한 작품으로 2007년 6월 1일 영국 런던의 화이트 큐브 갤러리에서 공개되었으며 최초 가격은 5000만 파운드(약 870억 원)였다.

흠이 없는 다이아몬드
총 무게 1106.18캐럿에 달하는 무결점 다이아몬드 8601개를 세공하여 사용했다.

두개골의 별
이마 가운데에는 서양배 모양의 옅은 분홍빛 무결점 다이아몬드 52.4캐럿이 박혀 있다. 데미언에 따르면 '세 번째 눈'을 상징한다고 한다.

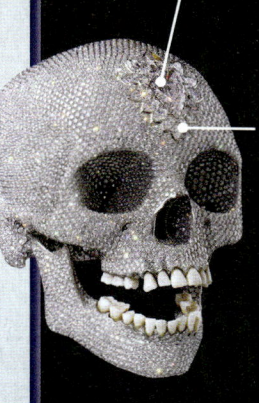

이마 장식 주변
두개골의 별 주위는 서양배 모양으로 세공된 총 무게 37.81캐럿의 순백색 무결점 다이아몬드가 둘러싸고 있다.

실제 치아
두개골은 2007년 런던의 박제 및 자연사 인공품 상점에서 구입했다. 방사성 탄소 연대 측정 결과 1720년에서 1810년 사이의 것으로 밝혀졌다. 실제 치아를 백금 틀 안에 끼웠다.

 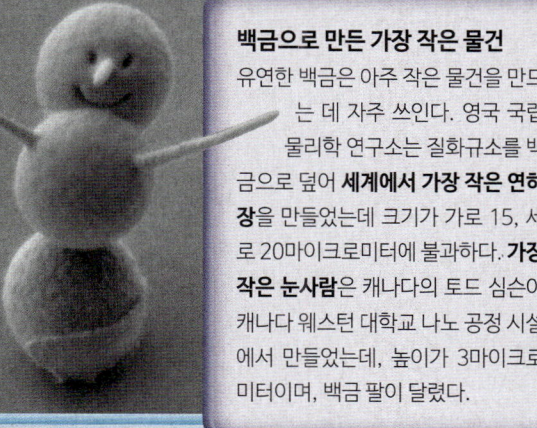

백금으로 만든 가장 작은 물건
유연한 백금은 아주 작은 물건을 만드는 데 자주 쓰인다. 영국 국립 물리학 연구소는 질화규소를 백금으로 덮어 **세계에서 가장 작은 연하장**을 만들었는데 크기가 가로 15, 세로 20마이크로미터에 불과하다. **가장 작은 눈사람**은 캐나다의 토드 심슨이 캐나다 웨스턴 대학교 나노 공정 시설에서 만들었는데, 높이가 3마이크로미터이며, 백금 팔이 달렸다.

가장 비싼 크랩 케이크
미국의 요리사 라자리우스 레이사스 워커는 미국 컬럼비아의 음식점에서 곱게 간 백금을 넣은 310달러(약 40만 원)짜리 크랩 케이크를 만들었다. 백금은 먹어도 소화되지 않고 그대로 몸 밖으로 나온다고 한다.

70주년 기념판

편집장이 전하는 말

기네스 세계 기록은 올해 70주년을 맞이했다. 공식적으로 놀라운 업적을 기록한 지 벌써 70년째가 된 것이다! 하지만 아직 기념 케이크에 초를 꽂기에는 이르다. 올해에만 2만 9000건이 넘는 신청서를 검토해야 하기 때문이다.

70년 전, 기억력이 뛰어나다고 소문난 일란성 쌍둥이 형제 로스와 노리스 맥워터가 영국 런던 플리트가의 빈 체육관에 사무실을 차렸다. 이들은 그곳에서 '뜨거운 논쟁거리를 지식의 빛으로 탈바꿈' 시키고 영국의 술집에서 누구나 토론 주제로 쓸 수 있는 참고 도서를 만들었다(물론 그 유명한 흑맥주 홍보도 했다!). 이들이 만든 결과물은 출판 업계에 큰 반향을 일으켰다.

『기네스 세계 기록』은 두꺼운 초록색 표지에 맥주가 스며들지 않도록 코팅하여 대중에 무료로 배포되었다. 책은 독자들에게 큰 호응을 얻었으며, 이윽고 서점에서도 판매되었다. 그해 『기네스 세계 기록』은 크리스마스 베스트셀러가 되었고, 이를 발판으로 글로벌 출판 기업으로의 확장을 시작했다. 『기네스 세계 기록』은 이제 최대 40개 언어로 발간되어 해마다 판매 기록을 갱신하고, 소셜 미디어 네트워크에서 수백만 명의 팬을 거느리고 있으며, 새로운 독자들에게 기록 달성의 기회를 제공하는 자문 기업으로 활동의 폭을 넓혔다.

어마어마한 성공을 거두다

우리는 이번 70주년 기념판에서 지금까지 우리가 쌓아 온 역사를 기념하고, 우리가 다루는 분야가 얼마나 넓어졌는지 돌아보려 한다. 우리는 가장 긴, 가장 높은, 가장 강한 등 '가장'이라는 렌즈를 통해 세상이 돌아가는 모습을 독특한 시각으로 바라보고, 크고 작은 업적을 기념하며 기록으로 남길 수 있었다.

또한 우리는 여기에서 멈추지 않고 앞으로의 70년 뒤도 기대하고자 한다. 우리는 해마다 수만 건씩 쏟아지는 신청서 속 놀라운 업적을 소개하고 분류하며 세계 기록의 힘을 증명하고 있다.

사람들이 전보다 더 어려운 목표를 향해 노력하는 한, 우리는 언제나 타이머와 줄자를 들고 기록을 위한 만반의 준비를 갖출 것이다.

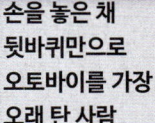

손을 놓은 채 뒷바퀴만으로 오토바이를 가장 오래 탄 사람
2023년 7월 28일, 30살인 스웨덴의 엘리엇 그린달이 스웨덴 미엘뷔의 만토르프 공원에서 KTM 450 오프로드 오토바이를 타고 손을 놓은 채 918.24미터를 달렸다.

카카비아를 가장 많이 만든 사람들
그리스 크레타섬 시티아의 공무원들이 2023년 8월 18일, 카카비아 686킬로그램을 만들었다. 카카비아는 그리스에서 가장 오래된 음식 중 하나이다.

메디신볼을 이용한 팔굽혀펴기 1분 최다 기록
2024년 1월 2일 그리스의 예오르요스 코침보스가 크레타섬 이라클리온에서 공을 짚고 100번 팔굽혀펴기에 성공했다. **2명이 서로 몸을 겹친 상태에서 주먹 쥐고 팔굽혀펴기 최다 기록**(40회) 등 그는 세계 기록 3개를 보유하고 있다.

거꾸로 앉아서 뒷바퀴로만 자전거를 가장 오래 탄 사람
2023년 7월 29일, 폴란드의 산악자전거 곡예 선수 카밀 코벵조프스키가 폴란드 포모르스키에 우스트카에서 자전거를 거꾸로 타며 뒷바퀴로만 331.78미터를 이동했다. 그는 기록을 달성하려고 12년 동안 훈련했다고 밝혔다.

과거를 되돌아보며…
기록 경신의 이야기를 써 내려가는 방법 중 하나는 특정 분야의 발전사를 도표로 만드는 것이다. 올해에는 각 장의 '역대 최고 기록' 특집을 통해 기록이 시간의 흐름에 따라 어떻게 바뀌었는지 알 수 있다. 우리는 그 코너에서 가장 큰 동물(30~31쪽), 가장 큰 사람(62~63쪽), 가장 높이 올라간 사람(124~125쪽), 몸값이 가장 높은 축구 선수(220~221쪽) 등 다양한 주제의 기록들을 한눈에 담을 수 있도록 인포그래픽으로 구성했다. 2025년판에서는 첫 번째 장부터 기록 경신에 관한 또 다른 역사를 찾아볼 수 있다. 『기네스 세계 기록』의 기존 디자인을 참조하여 10년 간격으로 7가지 과거 디자인을 되살렸다는 점도 특별하다. 10년 주기로 변화하는 디자인과 기록을 살펴보는 것도 흥미로울 것이다.

>>> 9쪽에 계속

유튜브에서 가장 많은 구독자를 보유한 음악 그룹

케이팝 그룹 블랙핑크(한국/태국)의 유튜브 누적 구독자 수는 2024년 3월 31일 기준 9380만 명으로, 전체 채널 중 12위에 올랐다. 또한 **스포티파이에서 가장 많이 재생**(130억 9000만 회)**된 여성 그룹**이다.

바이핀 착용 수직 잠영 최장 시간(여성)

2023년 슬로베니아의 알렌카 아르트니크가 7월 30일, 버티컬 블루 행사에서 바하마 제도의 딘스 블루홀 아래 111미터까지 잠수했다. 이탈리아의 알레시아 제키니가 세운 기록보다 2미터 더 깊이 내려간 것이다.

최고령 윈드 서퍼

폴란드의 피오트르 두데크(1934년 4월 28일생)는 2023년 4월 18일 기준, 88살 355일의 나이에도 30년 넘게 즐겨 온 윈드서핑을 하고 있었다. 오랫동안 선원으로 활동한 그는 이렇게 말했다. "기록을 깨긴 했지만 윈드서핑을 그만두려면 아직 멀었다."

레고 세트 최다 수집가

체코의 밀로시 크레체크는 5살에 크리스마스 선물로 레고 세트를 받은 후 2023년 6월 21일까지 6005개의 레고 세트를 모았다. 2010년에 그는 집에 공간이 부족해지자 소중한 수집품들을 체코 프라하에 있는 브릭스 박물관에 기증하기로 결정했다.

8000미터 이상 봉우리 최단 등반

지구에는 해발 고도 8000미터가 넘는 산이 14개 있다. 노르웨이의 크리스틴 하릴라와 네팔의 셰르파 텐젠 라마는 2023년에 단 92일 만에 14개 산의 봉우리를 모두 올랐다. 이들은 4월 26일 시샤팡마산을 시작으로 7월 27일 K2를 완등하면서 대기록을 세웠다.

엑스 게임에서 가장 많은 메달을 받은 청소년

프리스타일 스키 선수인 에스토니아의 켈리 실다루(2002년 2월 17일생)는 20살이 되기 전에 금메달 6개, 은메달 3개, 동메달 1개까지 총 10개 메달을 받았다.

70주년 기념판
편집장이 전하는 말

세계 여성 플로어볼 선수권 대회 최다 우승국

2023년 12월 10일 싱가포르에서, 스웨덴이 핀란드를 6대 4로 꺾고 11번째 우승을 거머쥐었다. 스웨덴은 1997년 첫 대회부터 3번을 제외하고 모두 우승했다.

여성 스키점프 최장 거리 점프

2024년 3월 17일, 노르웨이의 실리에 옵세스가 노르웨이의 비케르순드바켄에서 230.5미터 거리를 날았다. 2022년 국제 스키 연맹은 여성의 스키 플라잉 대회 참가를 허가했으며, 이후 여성 스키점프 기록은 5번 바뀌었다.

좌석 수 기준 세계 최대 카페

대한민국 경기도 김포시에 있는 포지티브 스페이스 566은 2190명을 수용할 수 있는 좌석을 갖추었다. 2022년 9월 6일에 문을 연 이 4층짜리 대형 카페는 총 면적이 6061.59제곱미터에 이른다.

가장 큰 주사위

2023년 4월 22일, 폴란드의 타데우시 고우엔비에비치가 각 면의 길이가 1.71미터에 달하는 금속 주사위를 선보였다. 폴란드 오보르니키 실롱스키에 노보시엘체에 있는 창고에서 만들었다.

> 페테르가 자신의 또래와 경기를 하는 일은 드물다. 보통 자신보다 20살까지 어린 후배들을 상대한다.

남성 최고령 펜싱 선수

헝가리의 보로스 페테르(1933년 8월 25일생)는 90살 99일에 2023년 12월 2일에 열린 부다페스트컵의 베테랑 내셔널 챔피언십에 참가하여 70세 이상 부문에서 동메달을 받았다. 그는 국제 및 유럽 대회 베테랑 부문에 정기적으로 참가한다.

텔레비전 토크 쇼 최장 시간

슬로베니아의 보리스 토마시치는 2023년 9월 24일부터 27일까지 73시간 23분 동안 슬로베니아 류블랴나의 노바24TV 토크 쇼를 생방송으로 진행해 이전 기록에서 1시간을 늘렸다.

코에 성냥개비를 가장 많이 넣은 사람
덴마크의 피터 본 탕겐 부스코프는 코에 무엇이든 다 끼울 수 있는 것으로 유명하다. 2023년 11월 5일에는 코에 성냥개비 68개를 끼워 넣었다. 그는 다른 물건도 넣어 볼 예정이다.

테니스 여성 복식 최고령 그랜드 슬램 우승
2023년 7월 16일, 중국의 셰슈웨이(1986년 1월 4일생)와 체코의 바보라 스트리초바(1985년 3월 28일)가 합계 나이 74살 303일에 윔블던 선수권 대회 복식 우승을 차지했다.

최장 마라톤 웨이크보딩
에스토니아의 수중 스포츠 선수 켄 라우메츠가 2022년 9월 17일, 보드 위에서 10시간 36분 47초를 끈질기게 버텼다. 그는 가장 넓은 곳이 약 230미터밖에 되지 않는 카마리 저수지를 수백 바퀴 돌면서 기록을 세웠다.

더 알아보고 싶다면…
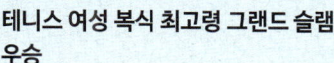

『기네스 세계 기록 2025』에 모든 기록을 담을 수 없었기에, 웹사이트에 귀중한 기록들을 추가로 실었다. 위 QR 코드를 스캔 해서 기네스 세계 기록 웹사이트에 방문해 보자.

책 속으로 여행을 떠나는 동안 본문의 다른 QR 코드도 눈여겨보자, 휴대폰 카메라로 스캔 하면 기네스 세계 기록 페이스북과 인스타그램뿐만 아니라 관련 웹사이트 문서에도 접속할 수 있다.

플레이 버튼 아이콘(▶)도 주목하자. 유튜브 채널에 동영상이 있다는 뜻이다. 플레이 버튼 근처 QR 코드를 스캔하면 기록과 관련한 영상을 볼 수 있다.

마지막으로, 기네스 세계 기록 본부에서 하는 일을 알고 싶다면, 인스타그램에서 BeReal을 팔로우 하길 바란다. 틱톡(@guinnessworldrecords)과 스냅챗(Guinness World Records), X(@GWR)에서도 만날 수 있다.

앞으로 기대되는 것
기네스 세계 기록이 계속 성공을 거둘 수 있던 이유 중 하나는 최근 사회적 사건과 유행을 끊임없이 반영하고자 했기 때문이다. 모든 내용은 신청서를 바탕으로 구성된다. 해마다 최대 3만 건의 신청서가 접수되는데, 우리를 찾아 준 모든 이들에게 감사한다. 제안서가 받아들여지지 않은 이들에게도 감사의 말을 전한다.

특히 공식 기네스 세계 기록 인증을 받은 16세 이하 어린이·청소년들에게 감사 인사를 전하고 싶다. 우리는 올해 뛰어난 기량을 가진 어린 스타들을 위해 역대 처음으로 단독 장을 구성했다(174~191쪽 참조).

가장 많은 사람이 서명한 스포츠 기념품
덴마크의 FC 미트윌란은 2023~2024 시즌 리그 결승전에 팀의 청소년 재능 프로그램 참가자를 초청했다. 총 1829명의 선수들과 가족들이 2023년 6월 10일 덴마크 헤르닝의 MCH아레나에 모여 4미터 길이의 미트윌란 유니폼 복제품에 서명했다.

기록 경신의 아이콘들
마지막으로, 우리는 이번 70주년 기념판에서 아이콘들을 소개한다. 유튜브에서 돌풍을 일으킨 미스터비스트와 전설적 농구 선수 르브론 제임스, 극지 탐험가 프릿 챈디, 그리고 문화적으로 큰 반향을 일으킨 바비 인형도 있다! 수십 년 전 창립 당시의 편집자들이 추구했던 가치에 부합하는 이들로 선정했다. 우리는 이 기록 보유자들과 독자들, 그리고 전문 자문 위원들에게 기네스 세계 기록의 이야기를 계속 함께 만들어 줘서 고맙다는 인사를 전하고 싶다.

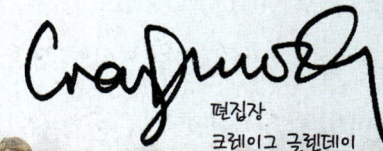

편집장
크레이그 글렌데이

기네스 세계 기록의 역사: 1955년

최초의 기네스 세계 기록은 가벼운 이야깃거리용으로 영국의 술집에 무료 배포된 홍보물이었다. 루퍼트 기네스는 기네스 세계 기록이 거둔 엄청난 성공의 공을 편집자 노리스와 로스 맥위터에게 돌렸다. 그는 편집진이 뛰어난 능력을 발휘해 만든 이 책이 열띤 논쟁거리를 가벼운 지식으로 바꿔 놓았다고 말했다.

1. 예술의 세계

아카데미상
사후에 후보로 가장 많이 오른 사람

미국의 영화배우 제임스 딘은 반항아 칼 트라스크 역을 맡은 「에덴의 동쪽」과 목장 일꾼 제트 링크 역을 맡은 「자이언트」를 찍은 후, 1955년 9월에 때 이른 죽음을 맞았다. 몇 달 후, 그는 두 영화에서 맡은 역할로 제28회와 제29회 미국 아카데미상 시상식에서 남우주연상 후보에 올랐다.

음악
최초로 100만 장 판매된 팝음악 싱글(영국)

미국의 히트곡 제조기 빌 헤일리 앤 히즈 코메츠가 부른 「록 어라운드 더 클락」이 최초로 100만 장 이상 팔리며 영국 싱글 차트 1위에 5주 동안 머물렀다. 세계 기록은 1902년에 녹음된 「의상을 입어라」라는 곡으로 루제로 레온카발로의 오페라 「팔리아치」에 삽입되었으며, 이탈리아의 엔리코 카루소가 불렀다.

조각품
세계 최대 순금 조각

1955년 5월 29일, 태국 방콕의 왓 트라이미트 사원의 보수 공사를 하던 도중 프라 푸타 마하 수완 파티마콘 불상이 아래로 떨어졌다. 그러면서 외부의 얇은 석고가 떨어져 나가고 오랫동안 숨겨져 있던 황금 불상이 드러났는데, 높이 3미터에 무게가 무려 6톤이나 나가는 순금상이었다.

2. 기술의 세계

텔레비전
최초의 무선 리모컨

1955년 1월 22일 미국 일리노이주 시카고의 제니스 라디오사가 만든 '비스마르크' 텔레비전 수신기는 화면 가장자리에 4개의 센서가 있다. 시청자는 '제니스 플래시 매틱'이라는 도구로 선 없이 소리를 끄거나 채널을 다른 곳으로 돌릴 수 있었다.

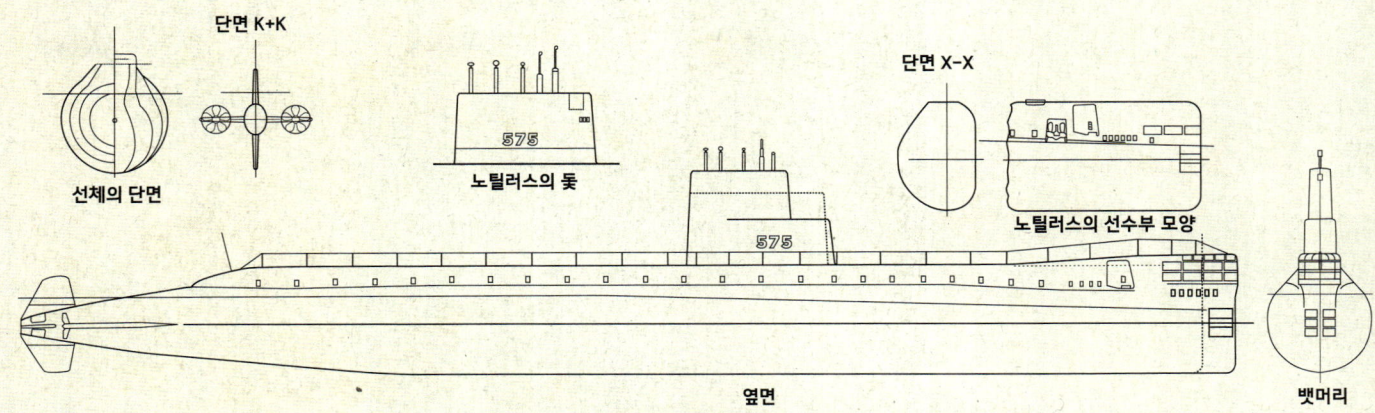

잠수함
최초의 원자력 잠수함

미 해군 잠수함 노틸러스(SS-571)는 1955년 1월 17일에 제작된 최초의 원자력 잠수함이다. 미국 코네티컷주 뉴런던을 떠나 2200킬로미터를 여행한 뒤 90시간 만에 푸에르토리코 산후안에 도착하여 가장 빠른 잠수함이라는 기록도 세웠다. 잠수함의 구조는 위를 참조하자.

비행정
가장 빠른 비행정

미국 캘리포니아주 산타아나의 글렌 L 마틴사가 제작한 시마스터(XP6M-1)가 1955년 8월 시험 비행에서 시속 1040킬로미터의 기록을 달성했다. 하지만 곧이어 일어난 충돌로 시험체 2대가 모두 사라지고 말았고, 이 제트 폭격기는 이후 몇 년 동안 만들어지지 않았다. 이 분야의 영국 기록과 이전 세계 기록은 손더스-로 SR.A/1 비행정으로, 1947년 7월 솔렌트 해협 위를 시속 824킬로미터로 날았다.

3. 스포츠의 세계

자동차 경주
최고령 드라이버

1955년 5월 22일에 열린 모나코 포뮬러1에서 모나코의 루이 시롱이 55살 292일의 나이에 6위를 기록했다. 그는 결승선으로 향하며 가장 높은 순위를 기록했던 영국의 스털링 모스를 추월했다. 스털링의 나이는 루이의 절반밖에 되지 않았다.

권투
최다 무패 헤비급 선수

'로키 마르시아노'로 알려진 미국의 권투 선수 로코 프랑시스 마르시아노는 1955년 9월 21일 자신의 헤비급 타이틀을 여섯 차례 방어하는 데 성공하며 프로 데뷔 후 49번째 연승 기록도 함께 세웠다. 그는 2라운드에서 녹아웃을 당했지만, 다시 일어나 도전자 아치 무어를 9라운드에서 녹아웃 시켰다. 로코는 '신시내티 코브라'로 알려진 미국의 에자드 찰스와 영국 헤비급 챔피언 돈 코켈에게 타이틀을 빼앗긴 적이 있다.

스누커
최초 맥시멈 브레이크(147점)

당구 경기 중 하나인 스누커에서는 22개의 공으로 승부를 겨루며, 선수가 테이블 위의 공을 순서대로 구멍에 넣어 한 회에 최대 147점을 얻을 수 있다. 세계 스누커 챔피언십에서 15년 연속 우승한 영국의 조 데이비스는 1955년 1월 22일 영국 런던에서 열린 시범 경기에서 윌리 스미스를 상대로 최초로 147점을 얻으며 맥시멈 브레이크를 기록했다.

- 왼쪽 위: 스누커 챔피언 조 데이비스가 맥시멈 브레이크 기록을 달성하는 모습.

- 오른쪽 위: 영화 「자이언트」에서 제임스 딘.

- 가운데 왼쪽: 권총 모양의 제니스 플래시 매틱 무선 리모컨.

- 가운데 오른쪽: 로키 마르시아노가 상대 선수 조 루이스에게 한 방을 날리는 모습.

- 아래 왼쪽: 태국 방콕의 왓 트라이미트 사원 황금 불상의 발견 전후 모습.

- 아래 오른쪽: 미국 로큰롤 앙상블 빌 헤일리 앤 히즈 코메츠.

기네스 세계 기록의 역사: 1965년

1960년대 기네스 세계 기록의 '별별 기록들'을 담당하는 편집팀은 런던의 한복판에서 자신들의 진면목을 확인했다. 시대의 위대한 경쟁자들은, 그것이 소련 대 미국이든, 롤링스톤스 대 비틀즈든 기네스 세계 기록에서 대결을 펼쳤다. 『기네스 세계 기록』은 이때 100만 부 이상이 팔리며 전 세계의 시선을 사로잡았고, 프랑스어, 독일어, 일본어, 에스파냐어 등으로 번역되었다.

1. 동물의 왕국

거미
가장 큰 종
가장 큰 표본

남아메리카 남부의 해안가 열대 우림에 사는 골리앗버드이터는 평균 무게가 175그램에 이르고, 다 자란 후 다리 길이가 약 23센티미터에 이른다.
1965년 파블로 산 마르틴 원정대는 베네수엘라의 리오카브로에서 다리 길이가 28센티미터인 골리앗버드이터를 잡았다.

뱀
뱀독을 가장 많이 짠 사람

남아프리카 요하네스버그의 의학 연구소장 버나드 키이터는 1965년 12월까지 14년 동안 78만 마리 독사에게서 3960리터의 독을 직접 짜냈다. 그사이 한 번도 물리지 않았다고 한다.

2. 인간의 성취

단식
가장 오래 고체 음식을
먹지 않은 사람

영국의 앵거스 바비에리(1940년생)는 1965년 1월부터 1966년 6월까지 던디의 메리필드 병원에서 차와 커피, 물, 소다수와 비타민만 먹고 살았다. 그는 214킬로그램이던 체중을 80.74킬로그램까지 줄였고, 1990년 9월 세상을 떠날 때까지 그 체중을 유지했다.

사법부
최고령 판사

미국 미주리주 플래츠버그의 앨버트 알렉산더 판사(1859년 11월 8일생)는 105살 243일까지 공증 재판을 했고 1965년 7월 9일에 건강 문제로 은퇴했다. 그는 1950년 90살에 투표로 판사에 뽑혔고 3번 재당선되었다.

3. 기계와 구조물

지상 교통수단
최초 시속 965킬로미터
(600마일) 돌파

1965년 11월 15일, 미국의 자동차 경주 선수 크레이그 브리드러브가 미국 유타주 보너빌호에서 열린 사륜 자동차 경주에서 최초로 시속 약 965킬로미터를 돌파했다. 그는 F-4 팬텀 초음속 전투기의 1만 5000마력 J79엔진을 단 스피릿 오브 아메리카 소닉 I을 타고 평균 시속 약 966킬로미터를 유지했다.

**최고 시속에서 일어난
충돌 사고에서 살아남은
사람**

크레이그가 시속 965킬로미터를 돌파하고 몇 달 뒤, 그의 오랜 경쟁자인 미국의 자동차 경주 선수 아트 아프론스는 시속 약 981킬로미터로 달리다 충돌 사고를 당했지만 아무런 부상도 입지 않았다. 1977년에는 크레이그가 시속 약 1086킬로미터로 달리던 중 일어난 사고에서 살아남아 새로운 기록을 세웠다.

**가장 무거운
자가 동력 기계**

미국 오하이오주의 마리온 파워 셔블사가 미국 항공 우주국을 위해 만든 크롤러 수송기는 무게가 2700톤이나 나갔다. 야구장 크기와 맞먹는 이 기계는 이후 기능 향상으로 무게가 3016톤까지 늘었다.

기념물
가장 높은 기념물

1965년 10월 28일 완공된 미국 세인트루이스의 게이트웨이 아치는 미시시피 강둑 위에 192미터 높이로 서 있다. 미국의 서부 영토 확장을 기념하기 위해 핀란드 출신의 건축가 에로 사리넨이 설계했다.

4. 예술과 문화

미국 아카데미상 시상식
최다 여우조연상 수상자

제38회 아카데미상 시상식에서 미국의 셸리 윈터스가 최초로 두 번째 여우조연상을 받았다. 그는 「안네의 일기」(1959)와 「푸른 하늘 아래서」(1965)로 수상했으며, 이후 미국의 다이앤 위스트가 「한나와 그 자매들」(1986), 「브로드웨이를 쏴라」(1994)로 여우조연상을 받으며 같은 기록을 세웠다.

**최초로 후보에 오른
왜소증 배우**

신장 1.17미터의 배우이자 음악가인 미국의 마이클 던은 「바보들의 배」(1965)로 아카데미 최우수 남우조연상 후보에 올랐다. 그는 신기한 배경 인물 정도로만 여겨지던 왜소증 배우에 대한 관심을 높였다는 호평을 받았다.

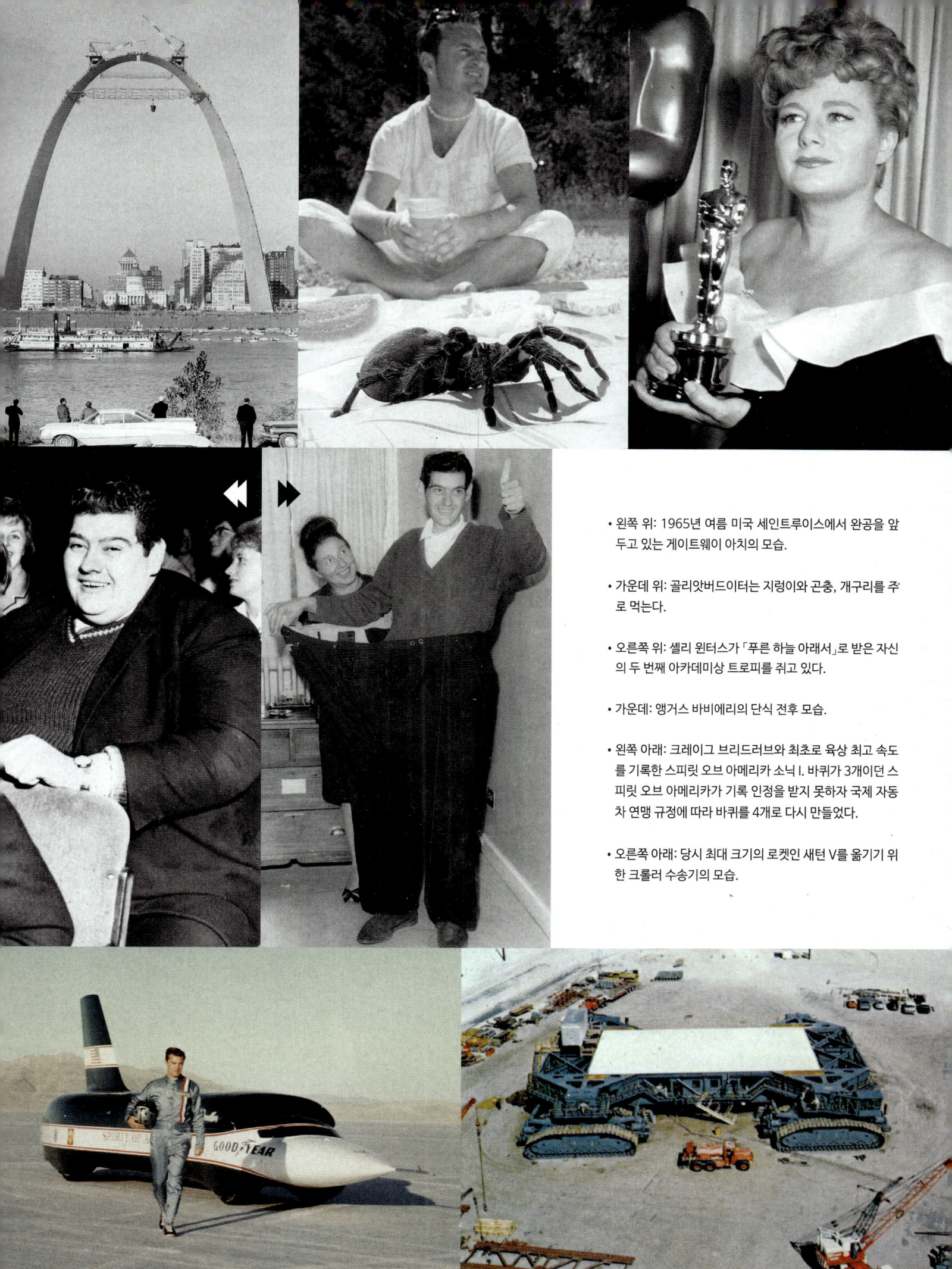

- 왼쪽 위: 1965년 여름 미국 세인트루이스에서 완공을 앞두고 있는 게이트웨이 아치의 모습.

- 가운데 위: 골리앗버드이터는 지렁이와 곤충, 개구리를 주로 먹는다.

- 오른쪽 위: 셸리 윈터스가 「푸른 하늘 아래서」로 받은 자신의 두 번째 아카데미상 트로피를 쥐고 있다.

- 가운데: 앵거스 바비에리의 단식 전후 모습.

- 왼쪽 아래: 크레이그 브리드러브와 최초로 육상 최고 속도를 기록한 스피릿 오브 아메리카 소닉 I. 바퀴가 3개이던 스피릿 오브 아메리카가 기록 인정을 받지 못하자 국제 자동차 연맹 규정에 따라 바퀴를 4개로 다시 만들었다.

- 오른쪽 아래: 당시 최대 크기의 로켓인 새턴 V를 옮기기 위한 크롤러 수송기의 모습.

기네스 세계 기록의 역사: 1975년

1970년대에는 마이크로소프트사와 애플사가 창립하며 가정용 컴퓨터의 새 시대를 열었다. 영화 「죠스」와 「스타워즈」가 크게 흥행하며 '블록버스터' 영화라는 말이 생겼고 보이저호를 쏘아 올린 인류는 보다 먼 우주 탐험에 나섰다. 한편 지구에서는 루빅스 큐브의 발명으로 수많은 사람들이 좌절에 빠지게 되는데…….

1975년 「자연의 세계」 편의 삽화.

1. 자연의 세계

가장 오래 산 카나리아 1975년 4월 8일, '조이'라 불리던 수컷 카나리아가 영국 이스트라이닝요크셔에 있는 캐슬린 로스의 집에서 34살로 세상을 떠났다. 캐슬린의 아버지는 1941년에 조이를 들여왔다.

가장 깊은 곳에 사는 해면 1975년 러시아(당시 소련)의 해양 조사선 비탸지호가 필리핀 해구 9990미터 깊이에서 살던 해면 클라도르히지대를 발견했다. 비탸지호는 30년 넘게 해양 조사선으로 활약하며 1176종의 심해 동물과 식물을 발견했다.

2. 과학과 기술

최초의 디지털 카메라 1975년 12월, 코닥사의 공학자 스티븐 새슨(미국)은 카세트테이프 덱과 여러 겹의 회로 판, 커다란 영화용 카메라를 합쳐 만든 본체로 디지털 사진을 찍었다. 토스터만 한 이 카메라의 핵심은 100-x-100 픽셀 전자 센서로, 사진을 자석 카세트테이프에 저장했다.

가장 많이 팔린 비디오게임기 마그나복스 오디세이는 1972년 9월 14일 처음 출시된 이후 3년 동안 33만 대가 넘게 팔렸고, 1977년 아타리 VCS가 출시될 때까지 최대 판매 기록을 굳건히 지켰다.

최초로 우주에서 재배된 재료로 만든 음식 1975년 7월 8일, 소련의 우주 비행사 비탈리 세바스티야노프는 살류트 4 우주정거장에서 40번째 생일을 맞이했다. 동료 표트르 클리무크가 만든 생일 음식에는 파가 들어가 있었는데, 우주정거장 안 오아시스 1M의 온실에서 기른 것이었다.

3. 예술과 미디어

발매하자마자 빌보드 차트 1위를 한 최초 앨범 엘튼 존의 9번째 스튜디오 앨범 「캡틴 판타스틱과 브라운 더트 카우보이」가 1975년 6월 7일, 발매 첫 주에 미국 빌보드 차트 1위에 올랐다. 이전 4개의 앨범 모두 1위에 올랐기 때문에 이 앨범 역시 뜨거운 관심을 받았다.

최다 앨범 판매 그룹 미국 컨트리 록밴드 이글스의 초기 앨범 4개의 수록곡을 모은 「데어 그레이티스트 히츠」(1971~1975)가 1975년 12월, 원년 기타리스트 버니 리든이 밴드를 떠나고 얼마 지나지 않아 발매되었다. 초기 3장의 앨범에 나타났던 미국풍의 음악을 주로 담은 이 앨범은 미국에서만 3800만 장이 판매되었다.

뼈가 가장 많이 부러진 사람 1975년 5월 26일 미국의 에빌 나이벨은 영국 런던의 웸블리 스타디움에서 오토바이를 타고 버스 13대 위를 뛰어넘었다. 도전은 성공했으나, 착지할 때 오토바이를 제대로 조종하지 못해 골반이 골절되고 말았다. 그가 이 일을 시작한 이래 433번째 골절이었다.

최다 관객 참관 서커스 1975년 미국의 '링글링 브라더스와 바넘 앤 베일리 서커스'는 새롭게 문을 연 루이지애나 슈퍼돔에서 공연을 펼쳤다. 9월 14일에는 5만 2385명의 관객이 모였는데, 뉴욕 세계 무역 센터의 쌍둥이 빌딩 사이에 줄을 매달고 걷는 묘기를 선보인 곡예사 필리프 프티가 공중 줄타기 공연을 펼치기도 했다.

4. 스포츠와 게임

남성 크리켓 월드컵 최초로 100점을 올린 선수 영국의 데니스 아미스는 1975년 6월 7일 제1회 남성 크리켓 월드컵 개막전에서 인도를 상대로 147개 공으로 137타를 때렸다. 대회 우승은 클라이브 로이드가 이끈 서인도 제도가 차지했는데, 결승전에서 오스트레일리아를 상대로 17점을 가져갔다.

최고령 체커 챔피언 1975년 7월 스웨덴 태생의 미국인 월터 헬먼은 세계 체커 챔피언의 자격을 내려놓았다. 월터는 1948년의 첫 우승 후 27년 동안 딱 한 번 우승 자리를 놓쳤는데, 1955년 매리언 틴슬리와의 경기에서였다. 1958년부터 은퇴할 때까지는 단 한 번도 진 적이 없었다.

조이와 비슷하게 생긴 노랑 카나리아. 고운 소리를 내는 이 새의 평균 수명은 10~15년이다.

기네스 세계 기록

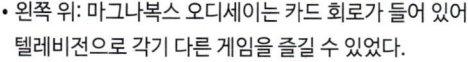

- 왼쪽 위: 마그나복스 오디세이는 카드 회로가 들어 있어 텔레비전으로 각기 다른 게임을 즐길 수 있었다.

- 오른쪽 위: 코닥사의 스티븐 새슨이 만든 최초의 디지털 카메라.

- 왼쪽 가운데: 엘튼 존의 1975년 모습. 「캡틴 판타스틱과 브라운 더트 카우보이」앨범으로 7번 연속 플래티넘(100만 장 이상 판매)에 올랐다.

- 오른쪽 가운데: 「데어 그레이티스트 히츠」 발매를 앞두고 기자 회견을 하는 밴드 이글스.

- 왼쪽 아래: 에빌 나이벨이 그의 오토바이를 타고 한 줄로 늘어선 차 위로 날아오르는 모습.

- 오른쪽 아래: 1975년 크리켓 월드컵에서 공을 치고 있는 영국의 데니스 아미스.

사업가이자 목장 주인, 산악가인 리처드 베이스(미국)는 1985년 4월 30일 에베레스트산 정상을 밟으며 '세븐 서미츠'라 불리는 7개 대륙의 최고봉들을 최초로 완등했다. 가장 높은 산 정상에 오른 최고령 기록(55살 130일)도 함께 세웠다.

라는 백악기 말기에 현재 미국의 몬타나주에 살았으며, 알과 뼈 화석 몇 개가 우주 비행사 로렌 액톤이 이끄는 우주 왕복선에 실려 우주로 향했다.

우주로 간 최초의 왕족

사우디아라비아의 국왕 살만 빈 압둘아지즈 알사우드는 1985년 6월 17일부터 24일까지 STS-51-G 임무를 맡은 과학자로서 우주 왕복선 디스커버리호에 탑승했다. 그는 우주로 날아간 첫 아랍인이자 첫 무슬림이기도 하다.

최초의 '사람' 시뮬레이션 게임

「피라미드의 공포」(1985)의 스테인드글라스 기사는 컴퓨터 그래픽으로만 만든 최초의 영화 캐릭터다. 이를 만든 존 래시터는 이후 픽사의 「토이 스토리」(1995) 공동 제작자이자 감독이 되었다.

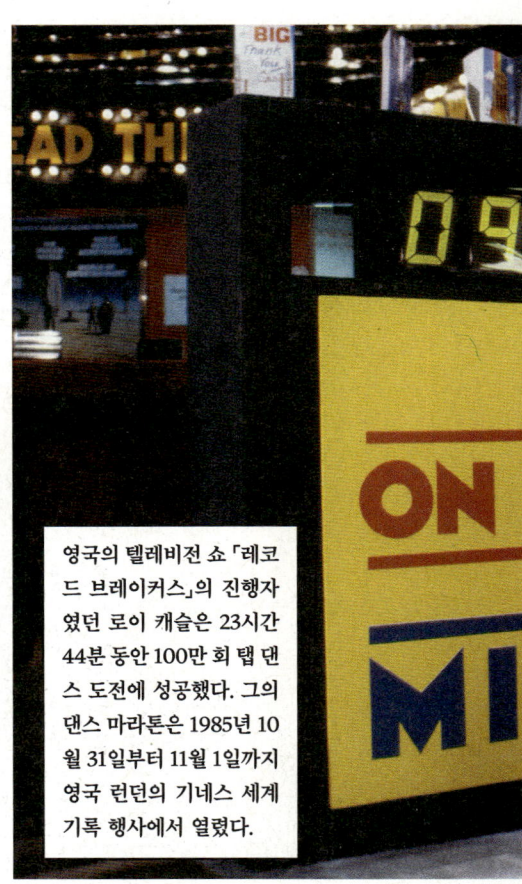

영국의 텔레비전 쇼 「레코드 브레이커스」의 진행자였던 로이 캐슬은 23시간 44분 동안 100만 회 탭 댄스 도전에 성공했다. 그의 댄스 마라톤은 1985년 10월 31일부터 11월 1일까지 영국 런던의 기네스 세계 기록 행사에서 열렸다.

1980년대에는 MTV와 고 예산 뮤직비디오, 컴퓨터 그래픽 영화와 모든 이들이 즐길 수 있는 <테트리스> 비디오게임이 급부상했고, 기네스 세계 기록은 여기에 발맞추어 기록의 범위를 확장했다. 무너진 베를린 장벽은 냉전의 종식을 상징했고, 원년 편집장이던 노리스가 30년 만에 물러나면서 기네스 세계 기록도 새로운 시대를 맞이했다.

과학과 기술

우주로 간 최초의 공룡

1985년 7월 29일 죽은 지 약 7600만 년 된 마이아사우라의 화석이 우주 왕복선 챌린저호에 실려 우주 궤도에 진입했다. 입 모양이 오리주둥이를 닮은 공룡 마이아사우

<슈퍼 마리오 브라더스>의 성공으로, 일본의 장난감 제조사 닌텐도는 전 세계 게임 업계를 주름잡았다. 1985년에 출시한 패미컴과 NES 콘솔 게임은 4000만 장이 팔리며 역대 가장 많이 팔린 콘솔 게임이 되었다.

미국의 액티비전사가 1985년에 출시한 가정용 컴퓨터 게임 <리틀 컴퓨터 피플>은 3층짜리 집에 사는 남자와 개를 돌보는 게임이다. 게임의 모든 디스크에는 고유 번호가 있었는데, 게임을 처음 실행하기 전에 고유 번호를 입력하면 개성 넘치는 외모와 성격의 작은 디지털 아바타를 만들 수 있었다.

최초의 도메인 이름

넷네임즈사에 따르면 최초로 등록된 도메인 이름은 1985년 3월 15일에 설립된 심볼릭스사의 홈페이지인 Symbolics.com이다.

자연의 세계

가장 무거운 마늘 구근

미국 캘리포니아주 유레카의 로버트 커크패트릭이 기른 통마늘은 무게가 1.19킬로그램이나 나갔다.

가장 무거운 루바브

1985년 영국 도싯의 이스트 우드예이츠에 사는 에릭 스톤은 한 대의 무게가 2.67킬로그램이나 나가는 루바브를 길렀다. 에릭은 이 기록이 30년 동안 정원에 거름으로 준 말똥 덕분이라고 말했다.

가장 멀리 날아간 가금류

닭은 날개가 작고 가슴 근육이 커서 잘 날지 못한다. 하지만 쌍둥이인 미국의 빌과 밥 녹스가 키웠던 닭 시나는 1985년 5월 31일 미국 펜실베이니아주 파크스버그에서 192.07미터를 날았다고 한다.

1985년 미국의 리넷 우다드는 여성 최초로 할렘 글로브트로터스에서 활약했다. 역대 가장 위대한 여성 선수 중 한 명인 그는 키가 183센티미터여서 가드를 주로 맡았으며, 1984년 미국 올림픽에서 주장을 맡아 금메달을 목에 걸었다. 네이스미스 농구 명예의 전당과 여성 농구 명예의 전당에도 이름을 올렸다.

예술과 미디어, 스포츠　　　　　　　　　　　　　　　기네스 세계 기록의 역사 : 1985년

예술과 미디어

보드게임을 원작으로 한 최초의 영화
코미디 탐정 영화 「살인 무도회」(1985)는 보드게임 <클루도>를 바탕으로 만들었다. 고용주 미스터 보디를 죽인 살인범을 찾는 집사 와즈워스 역을 팀 커리가 맡았으며 피콕 부인, 화이트 부인, 플럼 교수, 미스터 그린, 머스터드 대령, 스칼릿 양까지 용의자 6명은 모두 보드게임 속 인물이다. 결말은 3가지로 촬영되었고 극장마다 다른 결말로 상영되었다.

본편과 속편의 간격이 가장 긴 영화
월트 디즈니의 「돌아온 오즈」(1985)는 MGM에서 제작한 「오즈의 마법사」(1939)에서 6개월 후의 이야기를 담았다. 주인공 도로시 게일 역은 주디 갈랜드에서 페어루자 볼크로 바뀌었다.

스포츠

윔블던 선수권 대회 남자 단식 최연소 승리
보리스 베커(독일, 1967년 11월 22일생)는 1985년 7월 7일, 17살 227일에 남자 단식 우승을 거머쥐었다. 시드 배정을 받지 않은 선수 중에서는 최초였다. 16살 216일이던 1984년에는 1라운드에서 미국의 블레인 빌렌보르크에게 승리해 윔블던 최연소 승리 선수가 되었다.

스탠리컵 시리즈 최다 득점
아이스하키의 전설인 캐나다의 웨인 그레츠키는 1985년 플레이오프에서 47점을 득점했다.

메이저리그 야구(MLB) 역대 최다 안타
1985년 9월 11일 미국의 피트 로즈가 4192개 안타를 치며 타이 콥의 기록을 깼다. 그는 1986년 은퇴할 때까지 총 4256안타를 쳤으며, 이 기록은 아직 깨지지 않았다.

<테트리스>는 러시아(당시 소련)의 컴퓨터 공학자 알렉세이 파지노프의 허가를 받아 1985년 세상에 등장했다. 블록이 아래로 떨어지는 이 게임은 한 연구실 컴퓨터에서 만들어졌고 중독성과 단순함 덕분에 역대 가장 많이 팔린 퍼즐 게임(5억 2000만 장)이 되었다. 최소 70개의 플랫폼에서 실행할 수 있는 가장 많이 복사된 게임이라는 기록도 남겼다.

가장 치명적인 화산재
1985년 11월 13일 콜롬비아의 네바도델루이스 화산이 폭발했다. 화산재와 녹은 암석이 얼음, 눈과 뒤섞여 형성된 각기 다른 4개의 화산 이류(흘러가는 진흙)가 비탈길을 타고 시속 60킬로미터로 빠르게 내려갔다. 화산재는 지나가는 길목마다 강과 진흙, 흙을 집어삼키며 점점 커졌다. 화산 폭발 4시간 후, 화산재는 100킬로미터나 이동했고 약 2만 3000명을 죽음으로 몰아넣었다. 가장 심각한 영향을 받은 아르메로 마을은 최대 5미터 깊이로 휘몰아치는 화산재에 의해 마을 주민의 4분의 3인 2만 8700명이 희생되었다.

1985년 미국 아이다호주 보이시에서 열린 시장 선거에 미스터 포테이토 헤드가 후보로 등장했다. 보이시 대학교 학생들의 제안으로 '흙의 남자'라는 구호를 내걸고 선거 유세에 나섰다고 한다. 고작 4표밖에 못 얻었지만, 선거에서 가장 많은 득표를 올린 장난감이라는 기록을 세웠다.

1985년 1월 20일에 열린 제19회 슈퍼볼에서 로저 크레이그가 3번의 터치다운을 기록했다. 이후 6번이나 같은 기록이 나왔지만, 로저의 기록이 깨지지는 않았다.

기네스 세계 기록의 역사: 1995년

들어가며

1990년대에는 냉전이 끝나고 인터넷이 등장했으며 구글이 서비스를 시작했다. 복제 양 돌리가 탄생했고, 플레이스테이션과 닌텐도 64, 세가 새턴 등의 가정용 비디오 게임기가 출시되면서 비디오게임의 인기가 폭발적으로 늘어났다. 세계 인구는 60억을 돌파했다.

동물의 왕국

가장 빠른 달팽이: 1967년 시작된 영국 노퍽주의 세계 달팽이 경주 대회는 7월에 열리며, 이때 달팽이들은 너비 33센티미터의 원형 코스를 달린다. 1995년 영국의 칼 브럼핵의 반려 달팽이 아치가 역대 최단 시간 기록인 2분을 기록했다.

> 세계 달팽이 경주 대회는 경기가 끝난 선수들을 풀밭에 풀어 준다. 반면 프랑스의 라가르데르 달팽이 경주 대회는 경기에 진 선수들을 요리해 버린다!

최초로 발견된 육식 해면: 1995년 프랑스 라시오타의 해양 동굴을 탐험하던 마르세이유 해양 연구소 연구원들은 작은 갑각류를 잡아먹는 해면을 발견했다. 아스베토플루마 하이포게아는 긴 덩굴손 같은 조직으로 먹잇감을 잡아 몸속으로 끌어당긴다. 이 발견 전까지 해면은 물속의 먹이를 걸러 먹는다고 알려졌다.

가장 오랫동안 활동한 시각장애인 안내견: 오스트레일리아의 시각장애인 안내견 도나는 1995년 5월 6일 죽기 직전까지 18년 동안 주인인 존 호건과 함께했다. 세상을 떠났을 때 도나의 나이는 20살 2개월이었다.

세단뛰기 세계 신기록

영국의 조너선 에드워즈는 1995년 8월 7일 세계 육상 선수권 대회 세단뛰기 부문에서 18.29미터를 뛰며 **최장 거리 기록**을 세웠다. 조너선은 이미 결승전 첫 라운드 2차 시기에서 18.16미터를 뛰며 세계 신기록을 깼다. 어릴 적 작은 체구로 '땅꼬마'라는 별명으로 불렸던 그는 그해 유럽 육상 선수권 대회에서 바람의 도움을 받아 18.43미터를 뛰었지만, 세계 신기록으로 인정받지 못했다.

가장 오랫동안 운 수탉: 투가루 오노 94라는 이름의 수탉은 1995년 5월 8일 일본 나가노현 우에다에서 23.6초 동안 울었다. 음향 측정기를 옆에 두었더니 울음소리가 최대 142데시벨까지 기록했다고 한다.

인류의 성과

수박씨를 가장 멀리 뱉은 사람: 미국의 제이슨 샤요트가 1995년 8월 12일 미국 텍사스주에서 열린 드 레온 피치 앤 멜론 축제에서 씨앗을 뱉어 22.91미터를 날렸다. 이 거리는 미식축구 경기장 길이의 4분의 1에 달한다. 최근 미국에서 수박 교배종이 등장하면서 씨 있는 수박 종의 판매가 급격히 줄어들었는데, 이 때문에 씨앗 뱉기 대회도 점점 사라지고 있다.

그때와 지금

최초의 이베이 거래: 1995년 9월 프랑스의 피에르 오미디야는 고장난 레이저 포인터를 미국의 마크 프레이저에게 14.83달러(약 2만 원)에 팔았다. 프랑스에서 태어난 이란계 미국인인 피에르는 1995년 9월 3일 미국에서 옥션웹이라는 이름의 개인 간 거래 사이트를 열었다. 1997년에는 이름을 이베이로 바꾸고 대중에 공개했는데, 비니 베이비 인형 열풍으로 큰 돈을 벌며 성공 가도에 올랐다.

아이린 마리 콜린스는 1995년 2월 3일부터 11일까지 우주 왕복선 디스커버리호를 조종할 미 공군 시험 비행 조종사로 뽑혔다. 4년 뒤 아이린은 STS-93 임무로서 우주 왕복선을 지휘한 최초의 여성이 되었다.

우주의 개척자들

1995년 2월, 디스커버리호는 STS-63 임무로서 미르 우주 정거장으로 날아오르며 우주 탐험의 새 시대를 열었다. 이때 미국의 우주 왕복선이 러시아의 우주 정거장과 최초로 만났고, 미국의 아이린은 최초의 여성 우주 왕복선 비행사가 되었다. 이어 2월 9일에는 미국의 버나드 해리스 주니어가 **흑인**으로서 처음 우주 유영을 한 우주인이 되었다.

동물의 왕국, 인류의 성과, 과학, 스포츠

역대 가장 긴 물건을 옮긴 기록: 높이 472미터, 무게 68만 3600톤인 트롤A 해양 시추 플랫폼이 1995년 5월 10일부터 17일까지 노르웨이 로갈란주에서 북해의 트롤 광구까지 200킬로미터를 이동했다. 이집트의 기자 대피라미드보다 3.5배 더 큰 이 굴착 장치는 1996년 스타토일사(현재는 에퀴노르사) 소속으로 시추를 시작했다.

세계 최대 테디베어 소풍: 1995년 1월 24일 아일랜드의 더블린 동물원은 케이크와 감자칩, 100주년을 맞은 제이콥스 미카도 비스킷으로 구성한 알 프레스코 축제를 열어 3만 3573개의 곰 인형과 그 주인들을 초대했다.

가장 멀리 창을 던진 기록: 1995년 7월 15일 미국 콜로라도주 오로라에서 데이비드 잉발이 창을 던져 258.63미터를 날렸다. 그가 쓴 창은 '아틀라틀'로 화살대 끝과 손잡이 사이에 꼭 맞는 나무가 끼워져 있어 던지는 힘을 더 잘 전달한다. 16세기에 스페인군의 방패를 뚫었던 아스텍의 무기였다.

과학

우주에서 기록된 가장 낮은 기온: 부메랑 성운은 지구에서 5000광년 떨어진 곳에 있는 먼지와 가스 구름으로, 온도가 섭씨 영하 272도이다. 온도가 낮은 이유는 별이 나이를 먹으며 가스와 먼지가 성운 가운데에서 빠르게 팽창했기 때문이다. 1995년 칠레의 라실라에 있는 스웨덴-유럽 남방 천문대의 전파망원경에서 얻은 기록을 분석한 결과이다.

가장 오랫동안 풀리지 않은 수학 문제: 1995년 영국의 앤드루 와일즈는 페르마의 마지막 정리에서 n이 3이거나 그 이상의 정수일 때 답이 존재하지 않는다는 것을 증명했다. 1637년 피에르 페르마가 남긴 페르마의 마지막 정리는 358년 동안 풀리지 않고 있었다.

스포츠

엑스 게임 최초 금메달리스트: 오스트레일리아의 수상 스키 선수 저스틴 시어스는 1995년 1월 25일, 미국 로드아일랜드주 프로비던스에서 열린 첫 번째 익스트림 대회의 맨발 점프 종목에서 우승했다. 이 대회는 이듬해 엑스 게임으로 이름을 바꾸었다.

슈퍼볼 최다 득점: 1995년 1월 29일 제29회 슈퍼볼에서 샌프란시스코 포티나이너스가 샌디에이고 차저스를 49대 26으로 격파했다.

1995년 2월 17일에서 21일 사이 미국의 스티브 포셋이 처음으로 기구를 타고 홀로 태평양을 건넜다. 그는 대한민국 서울의 올림픽 경기장을 떠나 캐나다 서스캐처원주 멘드햄에 도착했다. 스티브가 탄 프리덤 오브 스피릿호는 45미터 높이의 헬륨 기구 아래에 곤돌라를 매단 것이었으며, 8738킬로미터를 여행했다.

최초로 100만 장이 팔린 플레이스테이션 게임
1995년 출시된 일대일 격투 게임 〈철권〉은 1995년 크리스마스까지 일본과 미국에서만 172만 8556장이 팔렸다.

남우주연상 최다 연속 수상 배우: 1995년 미국 아카데미상에서 미국의 톰 행크스가 「포레스트 검프」(1994)로 자신의 두 번째 남우주연상을 거머쥐었다. 전해 「필라델피아」(1993)로 이미 남우주연상을 받은 그는 2년 연속으로 아카데미 남우주연상을 받은 기록을 세웠다. 「소년과 바다」(1937)와 「소년의 거리」(1946)로 남우주연상을 받은 미국의 스펜서 트레이시가 톰과 공동 기록을 가지고 있다.

정답은 무엇일까요?
Q 아카데미상에서 11개 부문을 수상한 영화 3편은?
A 208페이지를 보세요.

19

기네스 세계 기록의 역사: 2005년

기네스 세계 기록 50주년

« 유튜브에 최초로 영상을 올린 사람

2005년 4월 24일 유튜브 공동 창업자 미국의 자베드 카림(독일 출생)이 미국 샌디에이고 동물원의 코끼리 2마리와 찍은 19초짜리 영상이 유튜브에 올라왔다. '동물원에 있는 나'라는 제목의 이 영상은 2억 9600만 명이 넘게 시청했고, 1500만 개가 넘는 '좋아요'를 받았다(2023년 12월 5일 기준).

▲ 가장 무거운 사과

2005년 일본의 농부 이와사키 치사토는 고질라도 먹일 만큼 커다란 사과를 재배했다.

이 사과는 '스타크 점보'라는 품종으로, 무게가 농구공 3개와 맞먹는 1849킬로그램이나 나간다. 10월 24일에 치사토가 일본 혼슈 아오모리현 히로사키에 있는 그의 농장에서 땄는데, 이 농장은 일본에서 사과로 유명한 곳이다.

가장 큰 달걀 젓는 기구 »

캐나다의 민속 예술가 케라스 제프리는 높이 4.36미터에 달하는 주방 기구로 달걀을 저었다.

이 기구는 재활용품으로 만들어졌다. 자동차의 뒤축으로 기구를 돌리는 중심부를 만들었고, 옷걸이에서 가져온 고리는 둥근 손잡이가 되었다. 기록은 2005년 4월 1일에 인증을 받았다.

2017년 51살의 나이로 세상을 떠난 케라스는 창의적이고 장난기 넘치는 정신 세계로 잘 알려진 민속 예술가였다. 그는 캐나다 프린스에드워드아일랜드에 있는 집 뒷마당에서 폭스바겐 비틀로 만든 닭장이나 불도저에 달린 삽으로 만든 찬장 같은 기발한 작품을 만들었다.

★ 가장 높은 곳에 있는 철도

2005년 10월 완공된 1956킬로미터 길이의 중국 칭하이-티베트 철도는 해발 4000미터 높이에 있다. 가장 높은 지점은 5072미터로 에베레스트산의 중간 지점보다 높다. 짐은 여압 상태(지상의 기압과 비슷하게 유지시키는 것-옮긴이)로 보관하며, 승객에게 산소마스크를 제공한다.

★ 가장 높은 롤러코스터

미국 뉴저지주 식스 플래그스 그레이트 어드벤처에 있는 킹다 카는 최고 높이가 139미터에 이른다. 운행을 시작한 2005년 5월 21일 시속 206킬로미터를 기록해 세계에서 **가장 빠른 롤러코스터**라는 기록도 남겼다.

★ 최초의 복제견

2005년 4월 25일 스너피라는 이름의 아프간하운드종 개가 대한민국 서울대학교의 연구진에 의해 태어났다. 타이라 불리던 3살 난 수컷 아프간하운드의 귀에서 추출한 DNA를 기증견의 난자에 주입하여 복제 수정란을 만든 뒤, 암컷 골든 래브라도의 자궁에 이식시켰다. 10살까지 살았던 스너피는 《타임》의 '올해의 발명'에 선정되기도 했다.

★ 가장 커다란 포카치아

이탈리아의 피에트로 카투치와 안토니오 라테는 2005년 8월 6일, 이탈리아 타란토의 모톨라에서 2.8톤에 달하는 포카치아를 구웠다. 그랜드피아노 6대에 달하는 무게였다.

★ 가장 무거운 골드바

2005년 6월 11일 일본의 미쓰비시 머티리얼스사는 250킬로그램의 골드바를 제작했다. 컴퓨터 프린터 크기였으며, 2023년 12월 5일 기준 금 시세를 바탕으로 계산해 보면 131만 파운드(약 20억 원)의 가격이다.

★ 말 의상을 입고 100미터를 가장 빨리 뛴 기록(여성)

2005년 8월 18일 영국의 서맨사 카바나흐와 멜리사 아처는 영국 미들섹스의 해로 스쿨에서 공연용 말 의상을 함께 입고 100미터를 18.13초 만에 완주했다.

★ 뿡뿡 쿠션에 동시에 가장 많이 앉은 기록

2005년 10월 6일 5983명의 사람들이 뿡 소리가 나는 쿠션에 앉았다. 미국 조지아주 애틀랜타의 촉매제 학회에서 달성한 기록이다.

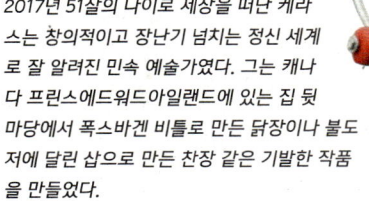

최초의 디지털 3D 영화

월트 디즈니의 애니메이션 「치킨 리틀」 (2005)이 미국 전역 85개 극장에서 '디즈니 디지털 3D'로 개봉했다. 최초로 주요 극장에서 개봉한 디지털 입체 3D 영화로, 극장들은 기존 상영 시스템을 개선해야 했다. 관객들은 3D를 시청할 때 착용하는 입체 안경 없이 영화를 볼 수 있었다.

허리케인이 가장 많이 휘몰아친 해

2005년 카리브해와 멕시코 전역 및 미국 남부에 15개의 허리케인이 발생해 230조 원의 재산 피해를 내고, 3400명의 목숨을 앗아 갔다.

가장 많은 피해를 입은 곳은 미국의 미시시피 해안 지역으로, 루이지애나주의 뉴올리언스에서는 허리케인 카트리나가 몰고 온 폭풍우가 제방을 덮치면서 8월 29일 하루 만에 시의 80퍼센트가 물에 잠기고 말았다(위). 미국의 국립 허리케인 센터는 카트리나만으로 1836명이 희생되었다고 추정했다.

100만 장이 팔린 최초의 디지털 트랙

2005년 10월 미국의 그웬 스테파니가 발표한 「홀라백 걸」이 미국에서 100만 회 넘게 유료 다운로드 되었다.

이 곡은 밴드 '노 다웃'의 보컬인 그가 프로듀서 넵튠스(퍼렐 윌리엄스와 채드 휴고)와 함께 만든 힙합 스타일의 솔로 앨범 「러브. 앤젤. 뮤직. 베이비」에 실렸다.

★ **가장 비싼 포스터**
2005년 11월 15일 영국 런던의 릴 포스터 갤러리에서 독일의 프리츠 랑이 감독한 SF 영화 「메트로폴리스」(1927)의 오리지널 포스터가 미국의 한 수집가에게 69만 달러(약 9억 원)에 팔렸다. 하인츠 슐츠-노이담이 디자인한 것으로 4장의 복사본 중 하나만 남아 있다.

★ **최연소 브릿 어워드 수상자**
영국의 조스 스톤(1987년 4월 11일생)은 2005년 2월 9일, 17살 304일의 나이에 브릿 어워드에서 상을 받았다. 최우수 여성 솔로 아티스트와 최우수 어반 음악 등 2개 부문이었다.

★ **최연소 프로 리그 등록 게이머**
'빅터 드 레온 III'로 불리는 미국의 릴 포이즌(1998년 5월 6일생)은 6살에 프로 e스포츠 협회인 메이저리그 게이밍에 등록됐다. 그는 2살 때 〈NBA 2K〉를 플레이하며 게임을 시작했다.

★ **인디애나폴리스 500에서 최초로 선두를 달린 여성**
제89회 인디애나폴리스 500에 참가한 미국의 대니카 패트릭은 2005년 5월 29일 56번째 바퀴에서 선두에 섰다. 라할 레터맨 레이싱 팀 소속인 그는 총 19개 바퀴에서 선두를 달렸으며, 4위로 결승선을 끊어 신인상을 받았다.

★ **영국 프리미어리그 최연소 득점**
당시 에버튼 소속이었던 영국의 제임스 본(1988년 7월 14일생)은 2005년 4월 10일 구디슨 파크에서 16살 270일의 나이에 골을 넣어 팀이 크리스털 팰리스에게 4대 0으로 승리하는 데 기여했다.

★ **실내 400미터 남성 최단 시간 기록**
2005년 3월 12일 미국의 케론 클레멘트(트리니다드 토바고 출생)는 전미 대학 체육 협회 디비전 I 남성 실내 육상 대회에서 실내 트랙 400미터를 44.57초 만에 완주했다.

기네스 세계 기록의 역사: 2015년

미국의 티나 애클스는 2015년 4월 18일 결혼식에서 총 168명의 들러리를 세우며 **가장 많은 들러리 수** 기록을 세웠다.

지난 10년 동안 페이스북은 10억 번째 사용자를 맞이했고 틱톡이 등장했다. 제프 베이조스의 아마존은 20주년을 맞았고, 그 가치는 2000억 달러(약 270조 원)를 훌쩍 넘어섰다. 화성에서는 무인 탐사선 큐리오시티가 물을 발견했고, 지구에서는 스웨덴의 그레타 툰베리가 새 시대의 환경 운동가들 사이에서 새로운 영웅으로 떠올랐다.

가장 무거운 양털
2015년 9월 3일, 오스트레일리아 웨스턴 크리크의 이언 엘킨스는 동물 복지 단체 RSPCA ACT가 구조한 양 크리스의 털을 깎아 냈는데, 무게가 총 41.4킬로그램이나 되었다.

최대 자동차 충돌 시험
미국의 W R 헤이트는 자동차 사고 조사법을 가르치는 강사인데, 그 과정에서 1000번이 넘는 자동차 충돌을 견뎌야 했다. 그의 차량에는 충돌 시 데이터를 모으는 센서가 장착되어 있었는데, 이제까지 입은 가장 큰 부상은 시속 85킬로미터로 달리다 충돌했을 때, 에어백이 터지면서 생긴 작은 상처였다고 한다.

최초의 두개골 및 두피 이식
미국의 제임스 보이슨은 희귀 암 치료 과정에서 두개골 윗부분을 잃었다. 2015년 5월 22일 그는 미국 텍사스주 휴스턴 감리교 병원에서 장장 15시간의 수술 끝에 두개골과 두피를 이식받는 데 성공했다.

세계 랭킹 1위에 등극한 최연소 골퍼
네덜란드의 리디아 고(1997년 4월 24일 대한민국 출생)는 2015년 2월 2일, 17살 284일의 나이에 세계 여성 골프 랭킹 1위에 올라섰다. 이미 2012년 8월 26일에 **LPGA 최연소 우승**(15살 124일)으로 이름을 알린 리디아는 2015년 9월 13일 아문디 에비앙 챔피언십에서 **여성 메이저 골프 대회 최연소 우승**(18살 142일)이라는 기록도 남겼다.

> **실제로**
> 훌라후프가 엄청나게 유행했던 14세기, 영국 사람들은 피로와 심부전증에 시달렸다!

가장 많은 훌라후프를 동시에 돌린 사람
마라와 더 어메이징으로 알려진 오스트레일리아의 마라와 이브라힘은 2015년 11월 25일 미국 캘리포니아주 로스앤젤레스에서 200개의 훌라후프를 최소 3번 이상 돌렸다.

영화 「스타워즈」 시리즈 최다 매출
'더 넘버스'의 집계 결과 전 세계 극장에서 20억 6461만 5817달러(약 2조 7000억 원) 매출을 올린 「스타워즈: 깨어난 포스」(2015)는 SF 영화 시리즈 중에서 가장 높은 수익을 거둔 영화라는 기록을 남겼다(모든 영화 중에서는 역대 5위).

세계 최대
- **양말 원숭이**: 2015년 2월 7일 영국의 조디 루이스는 영국 서머셋주 브리지워터에서 손수 만든 3.19미터 높이의 봉제 인형을 선보였다. 양말 66켤레를 꿰매어 만든 원숭이 인형이었다.
- **텔레비전 리모컨**: 인도의 수라지와 라제시 쿠마르 메헤르 형제는 턴테이블을 돌리듯 채널을 바꿨다. 2015년 9월 21일 인도 오디샤의 측정 결과 이들이 사용한 리모컨의 길이는 4.5미터였다.
- **트위스터 매트**: 미국의 가수 토마스 레트는 자신의 새 앨범 「탱글드 업」 홍보를 위해 팬들을 2521.01제곱미터의 매트가 깔린 트위스터 게임으로 초대했다. 2015년 9월 23일 게임이 끝났을 때 사용한 총 면적은 텍사스주 알링턴의 미식축구 경기장인 AT&T 스타디움의 절반에 해당하는 크기였다.

가장 커다란 소행성
2015년 3월 6일에서 10월 31일 사이 미국 항공 우주국의 탐사선 '던'이 소행성 1 세레스 주위를 공전했다. 평균 지름이 952킬로미터로 가장 커다란 소행성인 1 세레스는 소행성대의 유일한 왜행성이다.

> **어마어마한 크기의 곤충, 다지류, 거미류**

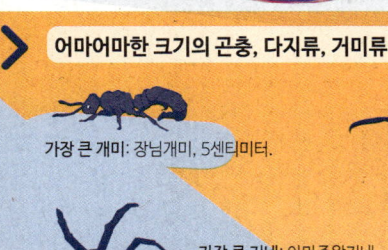

- 가장 큰 개미: 장님개미, 5센티미터.
- 가장 큰 지네: 아마존왕지네, 26센티미터.
- 가장 큰 수중 곤충(길이): 레토케루스 막시무스, 11.5센티미터.
- 가장 큰 거미: 골리앗버드이터, 다리 폭 28센티미터.
- 가장 긴 곤충: 프리가니스트리아 키넨시스, 64센티미터.
- 가장 큰 수중 곤충(날개 폭): 프러스토페리 대왕뱀잠자리, 21.6센티미터.
- 가장 긴 딱정벌레(몸통): 타이탄하늘소, 16.7센티미터.

최초의 명왕성 근접 비행

2015년 7월 14일 미국 항공 우주국의 무인 탐사선 뉴호라이즌스호가 왜소행성 명왕성과 가장 가까운 거리를 기록했다. 시속 4만 9600킬로미터 속도로 표면 1만 2472킬로미터 위를 지나간 것이다. 열흘 전 중단되었던 지구와의 교신도 근접 비행 시 복구되었다.

발롱도르 최다 수상

2015년 아르헨티나의 축구 선수 리오넬 메시가 다섯 번째 발롱도르 트로피를 들어 올렸다. 이는 크리스티아누 호날두보다 2회 더 앞선 최다 수상으로 그는 그 후 2019, 2021, 2023년에도 이 상을 받았다.

가장 오랫동안 재위한 여왕

영국 엘리자베스 2세는 1952년 2월 6일 아버지 조지 6세의 뒤를 이어 왕좌를 물려받았다. 2015년 9월 9일 오후 5시 30분을 기준으로 2만 3226일 16시간 30분 동안 재위한 기록을 세우며, 빅토리아 여왕의 기록을 넘어섰다. 여왕은 2022년 9월 8일 서거할 때까지 총 70년 214일의 재위 기록을 남겼다.

전미 농구 협회(NBA) 한 쿼터 개인 최다 득점

골든스테이트 워리어스 소속인 미국의 클레이 톰프슨은 2015년 1월 23일 새크라멘토 킹스와의 경기 3쿼터에서 37점을 올렸다. 그는 야투 13개, 3점 슛 9개를 모두 적중시켰고, 자유투에서도 2점을 올렸다. 9개의 3점 슛 성공은 **NBA 역사상 한 쿼터에 3점 슛을 가장 많이 넣은 기록**으로도 남았다.

빌보드 핫 100에 1위로 데뷔한 최연소 솔로 아티스트

캐나다의 저스틴 비버(1994년 3월 1일생)는 2015년 9월 19일 4번째 스튜디오 앨범의 첫 싱글 「왓 두 유 민?」을 빌보드 핫 100에 1위로 데뷔시켰다. 이때 그의 나이는 21살 202일이었다. 저스틴은 2010년부터 기네스 세계 기록을 40개 넘게 보유하며 차트 정상을 군림하고 있는데, 그중 18개는 지금까지도 깨지지 않았다.

가장 커다란 슈퍼 히어로 코스프레

코스프레 디자이너 토머스 드페트릴로(미국)는 「어벤져스: 에이지 오브 울트론」(2015)에 처음 등장한 아이언맨의 헐크버스터 수트를 재탄생시켰다. 2015년 10월 뉴욕 코믹콘에서 공개되었는데, 최대 높이 2.44미터로 팔다리를 완전히 움직일 수 있다.

1시간에 풍선을 가장 많이 분 사람

미국의 헌터 에윈은 2015년 9월 4일 미국 콜로라도주 알렌스파크에서 1시간 동안 910개의 파티용 풍선을 불며 풍선 공포증을 극복했다. "이 기록을 달성하고 싶었던 이유 중 하나는 어렸을 때부터 풍선 공포증이 있었기 때문이에요. 15년 동안 풍선을 한 번도 불지 않았는데, 두려움을 극복하는 데 재미있는 방법이라 생각했죠."

최고령 단거리 주자

미야자키 히데키치(1910년 9월 22일생)는 2015년 9월 23일 일본에서 열린 교토 마스터스 가을 육상 대회에 105살 1일의 나이로 참가했다. '골든 볼트'라는 별명을 가진 그는 100미터를 42.22초의 기록으로 완주했다.

입 안 가득 과일 담기

2015년 1월 2일 인도의 과학 교사인 디네쉬 시브누스 우파드하야는 3분 동안 포도알 205개를 게걸스럽게 먹어 치우며 가장 많은 포도알을 먹는 기록을 달성했다. 이후 그는 과일과 관련된 기록에 집중했는데, 오렌지 3개를 가장 빨리 벗겨 먹은 기록(1분 7.94초)과 입속에 포도알을 가장 많이 머금은 기록(94개) 도 가져왔다.

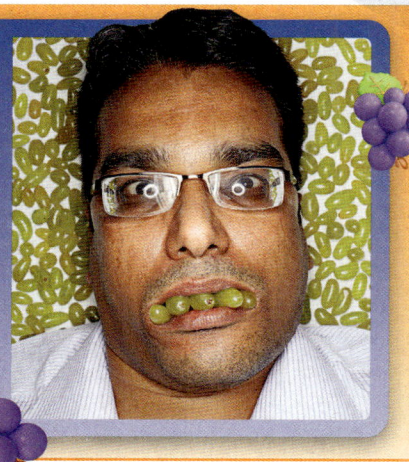

작은 마을, 큰 야망

세계에서 가장 큰 우체통(내부 부피 162.63 세제곱미터)은 미국 일리노이주 케이시 도로변에서 찾을 수 있는 수많은 세계 기록 명소 중 하나일 뿐이다. 2015년에 이곳을 방문하면 **세계에서 가장 큰 쇠스랑**(길이 18.65미터)과 **가장 큰 흔들의자**(높이 17.09미터), **가장 큰 나막신**(길이 3.5미터) 등을 만날 수 있었다.

기네스 세계 기록의 날

제19회 기네스 세계 기록의 날이 2023년 11월 16일에 열렸다. 전 세계의 사람들이 기네스 세계 기록의 영광을 차지하고자 도전의 장에 모여 그들의 이름과 함께 기록을 길이 남겼다.

트릭킹 챔피언인 중국의 저우촨은 중국 후난성 천저우에 있는 우링문 앞에서 **연속 외다리 풀 트위스트 백 공중제비**를 11번 성공하며 **최다 기록**을 달성했다.

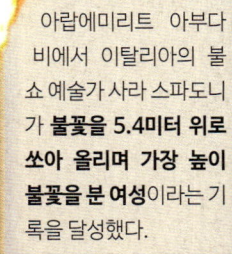

아랍에미리트 아부다비에서 이탈리아의 불 쇼 예술가 사라 스파도니가 **불꽃을 5.4미터 위로 쏘아 올리며 가장 높이 불꽃을 분 여성**이라는 기록을 달성했다.

에스파냐의 크리스티안 로드리게스는 1.6킬로미터를 **탁구공을 떨어뜨리지 않고 이동**하고(6분 4.41초), **농구공을 드리블하며 달려서**(4분 23.32초) **최단 시간** 기록을 세웠다.

파키스탄의 무함마드 라시드는 **1분 동안 머리로 그린코코넛 43개를 깨뜨려 최다 기록**을 세웠다. 이 밖에도 그는 다양한 물건을 부순 기록을 여러 번 달성했다.

독일의 안드레 오르톨프(오른쪽)와 토비아스 비트마이어는 독일 란츠베르크암레히에서 **1분 동안 2명이 타코를 만든 최다 기록**(17개)을 달성했다.

일본 사이타마현에서 하시모토 마사카즈와 카네코 네네가 **2인 연속 두 줄 물구나무 줄넘기**를 32번 성공하여 **최다 기록**을 세웠다. 둘 다 두 줄 줄넘기 선생님이다.

ICON

인물 소개

이름 로버트 퍼싱 워들로
태어난 곳 미국 일리노이주 앨튼
별명 앨튼의 거인
현재 보유한 세계 기록 역사상 가장 키가 큰 사람
역사상 가장 키가 큰 청소년
역사상 가장 커다란 손
역사상 가장 커다란 발
신장 272센티미터
체중 223킬로그램
손 크기 손목에서 가운뎃손가락까지 32.3센티미터
발 크기 47센티미터

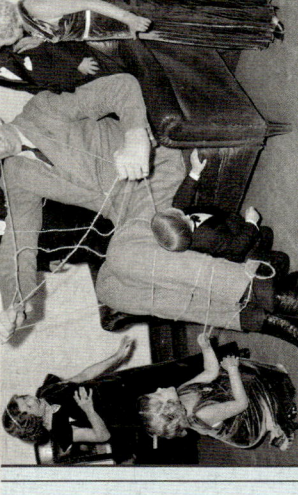

1936년 로버트와 링링 브라더스 서커스단과 계약을 맺으며 유명 인사가 되었고, 이후 여행기 중 잠깐 쇼 출연을 연기하기도 했다.

로버트는 다섯 남매 중 장남이었다. 18살 때 (왼쪽부터) 남동생 하워드, 여동생, 어머니, 둘째 누이동생, 아버지, 셋째 누이동생과 함께 찍은 사진이다.

로버트 워들로

기네스 세계 기록의 아이콘을 소개하는 데 가장 상징적인 인물은 역사상 가장 키가 큰 사람인 로버트 워들로일 것이다.

최초로 중요한 일을 해낸 사람, 자신의 분야를 이끈 사람, 사회에 깊은 인상을 남긴 사람 등 기네스 세계 기록의 정신을 가장 잘 나타내는 기록 보유자를 찾는 선정 위원회는 로버트 워들로를 첫 아이콘으로 선택했다. 앞으로 이 책에서 수많은 기네스 세계 기록 아이콘을 소개하겠지만, 로버트처럼 바로 눈길을 사로잡는 인물은 없을 것이다.

로버트는 1918년 2월 22일 미국 일리노이주 앨튼에서 보통 아이 체중과 비슷한 3.8킬로그램으로 태어났다. 하지만 그가 180.3센티미터의 앞도적인 키(아버지의 키보다 높은 키)에 도달하는데에는 8년이 채 걸리지 않았다. 성장 호르몬을 조절하는 뇌하수체 바대문에 로버트의 키는 계속해서 자랐고, 수술이 너무 위험했던 탓에 로버트는 계속 자랐고 키 272센티미터에 이르렀다.

엄수아 작고 조용했던 로버트는 홍일 브라더스 서커스단에서 투어에 나섰던 때 외에는 주목받는 자리에 서지 않았다. 1936년 로버트는 링링 브라더스 서커스단에 우정적으로 고용되어 계약 조건으로 센트럴 파크에서 하루 두 번, 15분 정도만 보여 유명해졌다. 1936년 서커스단에서 그는 유명 인사가 되었다. 이후 인터내셔널 슈 컴퍼니의 홍보를 위해 여행을 떠났을 때 아버지의 도움도 컸다. 발목에 차고 있던 보조기 때문에 생긴 염증이 온몸으로 퍼져서, 로버트는 1940년 7월 15일, 겨우 22살에 세상을 떠났다.

역경에 굴하지 않고 유연함에 대처하는 로버트의 마음가짐은 사람들을 사로잡았다. 또한, 그의 비극적이고 짧은 생애를 보여 주는 사진들은 로버트를 기억하게 하는 영원한 유산이 되었다.

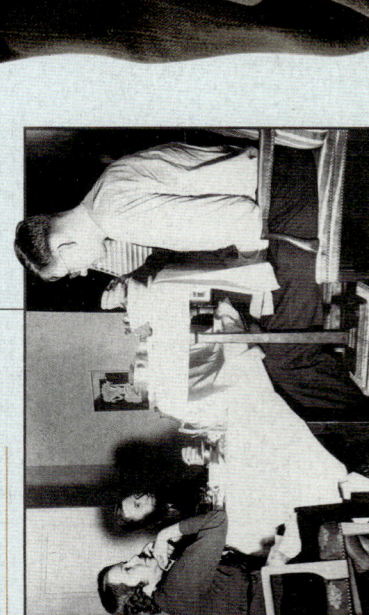

로버트를 위해 특별히 만든 의자와 식탁에서 로버트가 죽들 식사를 하는 모습이다.

자연의 세계

라플레시아는 재스민, 호접란과 더불어 인도네시아를 상징하는 꽃이다.

목차

역대 가장 큰 동물	30
포유류	32
조류	34
어류	36
파충류	38
양서류	40
무척추동물	42
묘기 부리는 동물들	44
반려동물	46
선인장	48
균류	50
역동적인 지구	52
극한의 날씨	54
종합	56

2022년 영국 옥스퍼드 보태닉 가든의 크리스 소로굿은 멸종 위기에 처한 라플레시아 보호에 나섰다.

세계에서 가장 큰 꽃

2020년 1월 인도네시아의 수마트라바랏주의 열대 우림에서 측정한 라플레시아 아르놀디의 지름이 일반 자동차 바퀴의 2배인 111센티미터를 기록했다. 이 꽃이 사람들의 이목을 사로잡는 이유는 꼭 크기 때문만은 아니다. 라플레시아는 '시체 백합'이라는 별명이 생길 정도로 썩은 고기 같은 지독한 냄새를 풍기는데, 쉬파리는 이 냄새에 이끌려 꽃의 내부(오른쪽 아래)에 들어갔다가 꽃가루를 옮긴다. 그럼에도 현재 40여 종 이상의 라플레시아가 서식지 파괴로 멸종 위기에 처해 있다.

자연의 세계
역대 가장 큰 동물

35억 년 전, **지구에 처음 등장한 생명체**는 해양 박테리아였다. 크기가 몇 마이크로미터에 불과했지만, 지구의 유일한 생물이었기에 당시에는 크기가 가장 컸다. 이 작은 생명체들은 느리지만 꾸준히, 입이 쩍 벌어질 만큼 어마어마한 크기로 진화했다. 각 시대에 육지와 물속에 살았던 엄청난 크기의 동물들을 알아보고, 그중에서도 지금까지 살아 있는 **세계 최대 동물**을 만나 보자.

뉴먼헛노벌레 (4억 2800만 년 전)
이 작은 노래기는 가장 오래된 육상 동물로, 몸길이는 1센티미터였지만 지구에서 가장 컸다.

단궁류 (3억 800만 년~2억 5200만 년 전)
네발 달린 육식 동물로 디메트로돈이 대표적이다. 페름기에서 트라이아스기 대멸종 사이 가장 큰 육상 동물이었으며, 파충류와 생김새가 비슷했지만, 포유류의 선조다.

리오자사우루스 (2억 2800만 년~2억 850만 년 전)
트라이아스기에 살았던 몸길이가 6.6~10미터, 최대 몸무게 1톤의 목이 긴 초식 공룡이었다. 브론토사우루스와 디플로도쿠스를 지나 티타노사우루스 같은 거대 공룡으로 진화했다.

아트로플레우라 아르마타 (3억 4500만 년~2억 9500만 년 전)
몸길이 2.6미터로 역대 가장 큰 절지동물이다.

프리오노수쿠스 (2억 9900만 년~2억 7200만 년 전)
악어와 물고기를 섞어 놓은 모습이다. 페름기 초기에 살았으며, 최대 9미터까지 자라는 **역대 가장 큰 양서류**다.

틱타알릭 (3억 7500만 년 전)
최초로 육지를 걸은 물고기로, 최대 길이가 2.75미터이다.

야이기로카시스 (4억 8000만 년 전)
크기 2미터로 오르도비스기 초기 가장 큰 절지동물이었으며, **최초의 여과 섭식 동물**이다.

에데스투스 (3억 1300만 년~3억 700만 년 전)
6.7미터의 몸길이와 톱니 같은 이빨로 석탄기 바닷속을 지배했다.

알베르토넥테스 반데르벨데이 (8350만 년~7060만 년 전)
이 백악기 해양 파충류는 등골뼈 76개, 목길이만 7미터에 이르러 **역대 가장 기다란 목을 지닌 동물**(목뼈 수에 근거)이라는 기록을 보유 중이다.

디킨소니아 (5억 5800만 년 전)
1.4미터 길이로 (현미경 없이 볼 수 있는 생명체 중) 가장 오래된 대형 동물 화석이다.

야이켈롭테루스 레나니아이 (4억 6000만 년~2억 5500만 년 전)
데본기에 살았던 바다 전갈로, 2.5미터까지 자랐다.

샤스타사우루스 (2억 3700만 년~2억 1000만 년 전)
돌고래처럼 생긴 어룡 중 몇몇은 **역대 가장 큰 해양 파충류**로, 볼링장보다 몸길이가 길다. 어룡의 한 종인 익티오티탄 세베르넨시스는 25~26미터까지 자랐을 것으로 추정된다.

자연의 세계

포유류

가장 오래된 포유류
현재 알려진 가장 오래된 포유류는 2억 2542만 년 전 트라이아스기에 지금의 브라질에서 살았던 브라질로돈이다. 작은 뾰족뒤지와 비슷한 12~20센티미터 정도의 동물로 곤충을 먹었던 것으로 추측된다. 이빨과 두개골, 뼈의 화석 표본에 대한 연구 결과가 2022년 9월 5일 《해부학 저널》에 공식 발표되었다.

가장 종류가 많은 포유류
현재까지 알려진 6500종 이상의 포유류 중, 설치류는 대략 2552종으로 39퍼센트를 차지한다. 그중 834종(13퍼센트)이 쥐과 동물로 포유류 중 가장 많다.

가장 긴 혀를 가진 육상 포유류
큰개미핥기는 자기 몸길이의 3분의 1에 달하는 61센티미터까지 혀를 내밀 수 있다. 중앙아메리카와 남아메리카에 주로 사는데 끈적끈적한 침과 돌기가 있는 혀를 구부려 개미굴에 넣어서 하루에 최대 3만 마리의 개미를 잡아먹는다.

가장 키가 큰 동물
기린은 발굽부터 뿔 끝까지의 길이가 4.6~5.5미터로, 지구에서 가장 키가 큰 생물이다. 사하라 사막 남쪽의 사바나와 숲에 널리 분포하는데, 서식지 파괴와 불법 사냥으로 1980년대 이후 개체 수가 30퍼센트까지 급격히 줄어들었다.

가장 작은 포유류(무리)
지중해와 아시아 남부에 사는 사비피그미땃쥐는 무리 지어 사는 포유류 중 크기가 가장 작다. 크기는 엄지손가락 정도이며 몸무게는 1.8그램에 불과하다. 쥐 한 마리보다 20배 더 가벼운 셈이다.

가장 높은 곳에 사는 포유류
푼타데바카스잎귀쥐의 미라가 2020년 2월 칠레와 아르헨티나 국경에 있는 유야이야코산 정상 해발 6739미터에서 발견되었다. 이 기록은 2022년 4월 5일 《포유 동물학 저널》에 게재되었다.

고개를 양쪽으로 가장 많이 돌리는 포유류
안경원숭이는 회전이 가능한 척추 구조 덕분에 머리를 양쪽으로 180도까지 돌릴 수 있다. 필리핀안경원숭이는 **체구에 비해 눈이 가장 큰 포유류**다. 안구 너비가 16밀리미터로 사람으로 따지면 자몽만 한 안구가 있는 셈이다.

안경원숭이보다 고개를 더 많이 돌릴 수 있는 동물은 단 하나뿐이다. (정답은 34쪽에 있다.)

가장 깊이 잠수한 포유류
2013년 한 민부리고래가 수심 2992미터까지 잠수했다. 인간이 기록한 잠수 깊이보다 12배나 더 깊다.

가장 빨리 나는 포유류
2009년 미국 텍사스주에서 브라질자유꼬리박쥐가 시속 160.2킬로미터의 속도로 날았다. 수평 비행을 하는 가장 빠른 새와 맞먹는 속도이다.
텍사스주는 **세계 최대 박쥐 군락지**이다. 샌안토니오 시 근처 브랙큰 동굴에는 약 1500만 마리의 자유꼬리박쥐가 종종 모인다.
텍사스주는 한때 **최대 포유류 군락지**이기도 했다. 1901년, 미국의 동물학자 C H 메리엄은 텍사스 서부에서 6만 5000제곱킬로미터에 달하는 프레리독 마을을 발견했다. 그는 이곳이 4억 마리 이상의 검은꼬리프레리독의 서식지였을 것으로 추정했다.

가장 빠른 기각류
캘리포니아바다사자는 물속에서 시속 40킬로미터 이상의 순간 속도를 낸다. 달리는 말보다 더 빠른 속도다. **가장 빠른 해양 포유류 기록**은 범고래가 세웠는데, 1958년 10월 12일 한 수컷 범고래가 시속 55.5킬로미터를 기록했다.

가장 작은 포유류(몸길이)
이름에서 예상할 수 있듯이 뒤영벌박쥐는 몸길이가 3센티미터, 무게는 2그램밖에 되지 않는다. 태국과 미얀마에 주로 서식한다.

가장 무거운 육상 포유류

사하라 사막 남쪽 아프리카에 사는 다 자란 수컷 아프리카코끼리는 평균 무게 5.5톤, 키 3.7미터(어깨 높이 기준)까지 자란다.

가장 거대한 포유류

역대 가장 큰 동물로 유명한 대왕고래는 길이가 25미터, 몸무게는 160톤이나 나간다.

가장 큰 고양잇과 동물

많은 사람들이 사자를 '정글의 왕'이라 일컫지만, 사실 이 말은 아시아의 시베리아호랑이에게 더 어울린다. (엄밀히 말해서 시베리아호랑이는 정글에 살지만 말이다.) 러시아 동부와 중국, 북한의 산악 지역에 사는 시베리아호랑이는 코에서 꼬리 끝까지 길이가 최대 3.3미터에 이르고 체중도 300킬로그램까지 나간다. 집고양이 70마리를 합친 무게와 같다.

> 시베리아호랑이는 빽빽한 털과 두꺼운 지방층이 있어 추운 날씨도 견딜 수 있다.

가장 작은 야생 고양이

인도 남부와 스리랑카에 사는 붉은점살쾡이는 꼬리를 포함한 길이가 최대 50센티미터를 넘지 않을 정도로 작다. 무게도 일반적인 집고양이의 3분의 1에 지나지 않는다. 아프리카 남부에 사는 검은발살쾡이도 비슷한 크기다.

가장 오래 산 포유류

북극고래 중 일부 종은 100살이 넘는 것으로 밝혀졌다. 어떤 북극고래는 나이가 211살이나 된다고 한다!

가장 느린 포유류

엷은목세발가락나무늘보는 아주 느릿느릿한 삶을 즐긴다. 땅을 걷는 동안 낼 수 있는 최대 속도는 시속 0.14킬로미터이다.

가장 빠른 육상 동물

치타는 단거리에서 가장 빠른 포유류로, 1965년 시속 103.5킬로미터의 속도로 달리는 것이 측정되었다.

자연의 세계

조류

최초의 새
조류학자들은 거대한 독수리에서 자그마한 참새까지 모든 새가 수각류 공룡의 후손이라는 것에 대부분 동의한다. 문제는 정확히 언제 진화하여 갈라졌느냐로, 이에 대해서는 여전히 의견이 다양하다.

가장 먼저 나타난 새는 시조새로, 1억 5300만 년 전 독일 졸른호펜에서 살았으며 까마귀만 한 크기였다. 미국 텍사스주의 2억 2000만 년 된 암석에서 발견된 프로토아비스 텍센시스가 최초의 새 자리에 도전장을 내밀었으나, 고생물학자들은 이 흔적이 새인지, 진짜 동물인지도 아직 확신하지 못하고 있다.

역사상 가장 커다란 새
지금은 멸종한 보롬베 타이탄의 키는 3미터였다. 마다가스카르에서 살던 이 거대한 새는 1000년 전 지구에서 사라졌는데, 당시 체중이 860킬로그램이었다고 한다. 오늘날 **지구에서 가장 커다란 새**보다 5배나 더 무거운 셈이다.

가장 종류가 많은 조류
분류학상으로 가장 다양한 종류를 자랑하는 조류는 참새목으로 6533종이 있다.

조류 중 가장 많은 과가 있는 산적딱새과 역시 참새목에 속한다. 미국에 서식하며, 450종 (전체 조류 중 4퍼센트)이 있다.

가장 높은 곳에 사는 조류
알파인초프는 다리가 빨간색인 까마귀의 일종으로 고도 6500미터의 히말라야산맥에서 새끼를 기른다. 어떤 등산가들은 이 새가 8235미터 높이에서 먹이를 찾는 것을 본 적도 있다.

가장 높이 날아오르는 조류는 루펠독수리로 1973년 11월 29일에 옛 코트디부아르에서 1만 1300미터 상공을 날던 비행기와 충돌한 적이 있다.

가장 긴 부리
오스트레일리아사다새는 부리의 최대 길이가 신생아의 체구와 비슷한 47센티미터이다.

가장 흉내를 잘 내는 새
습지 명금류는 80종이 넘는 다른 새들의 울음소리를 흉내 낼 수 있다.

머리를 가장 잘 돌리는 동물
올빼미는 그 어떤 동물보다 고개를 자유자재로 돌린다. 어떤 올빼미는 양방향으로 270도까지 고개를 돌릴 수 있다. 등골뼈가 14개이며(인간은 7개), 경동맥의 크기, 구조, 위치 때문에 뇌로 가는 혈액 공급이 끊이지 않아서 가능하다고 한다.

가장 커다란 비둘기
뉴기니섬의 빅토리아왕관비둘기는 꼬리부터 부리까지의 길이가 80센티미터를 넘으며, 체중은 3.5킬로그램이다. 보통 비둘기보다 10배는 더 무겁다. 이 새는 3종류가 있는데 머리 위 '왕관' 모양으로 구분한다.

가장 깊이 잠수하는 조류
황제펭귄의 키는 최대 1.3미터로 **오늘날 가장 큰 펭귄**이며, 새들 중 가장 잠수를 잘한다. 물고기를 사냥하려고 물속 564미터까지 들어갈 수 있으며, 32분 넘게 잠수하여 **가장 오래 잠수하는 새** 기록도 있다.

가장 오래 산 야생 조류
'위즈덤'이라는 이름의 레이산 알바트로스는 2024년 기준 최소 73살이다. 1956년 태평양의 미드웨이 환초에서 처음 인식 고리를 찼을 때, 위즈덤은 5살 정도였다. 위즈덤은 그동안 약 30마리의 새끼를 길렀다.

가장 시끄러운 조류
흰방울새의 수컷이 구애를 할 때 내는 울음소리는 125.4데시벨에 이른다. 주로 남아메리카 북부에 서식한다.

가장 빠르게 나는 조류
날기 최적의 조건에서 송골매는 활강할 때 최소 시속 320킬로미터로 날 수 있다.

가장 작은 조류
쿠바에 사는 꿀벌벌새는 길이가 57밀리미터밖에 되지 않는다. 그중 절반이 부리와 꼬리이며 무게는 1.6그램이다.

가장 다양한 조류가 사는 나라

조류 보호 기구인 버드라이프 인터내셔널에 따르면, 콜롬비아에는 1866종에 달하는 조류가 살고 있다. 2023년 10월 기준 전 세계 1만 1188종 중 16.7퍼센트에 달하며, 무지개왕부리새(위)와 같은 큰부리새, 벌새(왼쪽), 비단날개새, 풍금조, 올빼미, 개미새, 독수리(아래), 가마새, 왜가리, 딱따구리 등이 있다. 이웃 나라 페루와 브라질에는 각각 1860종, 1816종이 산다. 세 나라에 서식하는 조류만 총 3557종이며, 이로써 남아메리카는 **전 세계에서 가장 많은 조류 종이 사는 대륙**이라는 기록을 세웠다.

칼부리벌새는 부리가 너무 길어서 깃털을 고르기 힘들다. 그래서 대신 발로 몸단장을 한다.

몸 크기에 비해 가장 긴 부리

안데스산맥의 열대 우림에 사는 칼부리벌새는 부리의 길이가 몸보다 더 긴 유일한 새다. 부리의 길이는 12센티미터이다. 길쭉한 부리 덕분에 튜브 모양의 꽃에서 꿀을 먹을 수 있다.

가장 무거운 육식 조류

500여 종이 넘는 육식 조류 중 가장 무거운 것은 안데스콘도르다. 다 큰 수컷의 평균 무게는 9~12킬로그램이고, 날개의 총 너비는 3미터가 넘는다. 안데스콘도르는 산의 상승 기류를 타고 날아오르다 사슴이나 라마, 양 등의 썩은 고기를 찾아 먼 거리를 활강한다.

가장 오래 산 조류
미국 일리노이주 브룩필드 동물원의 메이저미첼앵무새인 쿠키는 82살 89일까지 살았다.

가장 날개가 넓은 조류
현존하는 조류 중 나그네알바트로스는 날개의 왕이다. 1965년 측정한 한 수컷의 날개 폭이 3.63미터였다.

가장 커다란 조류
아프리카타조는 오늘날 가장 커다란 새로, 키 2.74미터, 목 0.9미터, 눈 너비 5센티미터가 모두 조류 최고 기록이다.

자연의 세계

어류

세계에서 가장 작은 해마

완전히 자란 사토미피그미해마는 주둥이부터 꼬리 끝까지의 평균 길이가 13.8밀리미터밖에 되지 않는다. 사람 손톱 크기만 한 것이다. 해마는 **가장 느린 어류**이기도 하다. 피그미해마처럼 작은 종은 수영 속도가 시속 0.016킬로미터를 넘지 못한다. **세계에서 가장 큰 해마는** 오스트레일리아에 사는 배불뚝이해마로, 35센티미터까지 자란다.

최초의 어류
1999년, 5억 3000만 년 전에 살았던 물고기 화석 2종이 중국 윈난성 쿤밍에서 발견되었다. 하이코우이크티스 에르카이쿠넨시스와 밀로쿤밍기아 펭지아오아는 턱이 없는 척삭동물이었다. 최초의 물고기가 나타난 시기를 약 5000만 년 앞당긴 발견이었다.

어류 중 가장 많은 목(생물 분류 계급)
2023년 10월 기준 잉어목은 4825종으로, 모든 어류 중 14퍼센트를 차지한다. 잉어와 송사리, 미꾸라지 등 대부분의 잉어목이 민물에서 산다. 잉어목에는 **가장 많은 과**가 속해 있는데, 잉어와 돌잉어 등 1790종이 있다.

독성이 가장 강한 어류
스톤피시는 등에 가시가 15개까지 돋아 나는데, 가시마다 있는 2쌍의 주머니에 5~10밀리그램의 독이 있다. 강어귀스톤피시는 어류 중 가장 강한 독을 지녔으며 중국과 동남아시아, 오스트레일리아의 진흙투성이 만과 암초 지역에 산다.

최대 어류 서식지
2021년 2월, 남극 근처 웨들해 남부의 빙붕 해저에서 요나빙어의 산란장이 발견되었다. 요나빙어의 서식지는 최소 240제곱킬로미터로, 6000만 개 이상의 둥지가 있는 것으로 추정된다. 각 산란장은 다 자란 물고기 1마리와 알 1500~2000개로 이루어져 있어, 거대 서식지마다 약 1000억 개의 알이 있을 것이라고 추정된다.

가장 강한 전기를 지닌 동물
전기뱀장어의 일종인 일렉트로포루스 볼타이는 브라질 북부의 강에서 살며, 860볼트 상당의 전기를 내뿜을 수 있다. 사람을 기절시킬 수 있을 정도의 전기로, 길쭉한 몸을 따라 이어진 세 쌍의 전용 기관에서 전기를 만든다.

서식지 범위가 가장 좁은 척추동물
데블스홀송사리는 미국 네바다주에 있는 물이 가득 찬 동굴인 데블스 홀에 산다. 이곳의 수면 면적은 겨우 가로 3.5미터, 세로 22미터다.

가장 멀리 물을 뱉는 물고기
물총고기는 관처럼 생긴 입에서 총알같이 물을 뱉어 식물 위에 있던 곤충, 거미, 갑각류 같은 먹이를 수면으로 떨어뜨린다. 입 모양이 뾰족한 줄무늬물총고기는 특히 명중률이 높은데, 2~3미터까지 물을 쏠 수 있다.

가장 빠른 어류
물고기의 속도를 측정하는 실험에서 미국 플로리다의 돛새치는 시속 109킬로미터로 헤엄쳤다. 하지만 최근 연구로 보면, 자연 상태에서는 참다랑어가 중력 가속도 약 32.04미터퍼세크제곱으로 세계에서 가장 빠른 물고기임을 확고히 했다. 반면, 돛새치의 최대 중력 가속도는 약 17.54미터퍼세크제곱이다.

수명이 가장 짧은 어류
망둥이의 일종인 피그미고비는 최대 59일을 산다. **세상에서 가장 오래 사는 물고기**보다 2400배나 짧은 수명이다.

가장 커다란 육식 어류
백상아리는 길이가 평균 4.3~4.6미터, 몸 무게는 520~770킬로그램이다. 2022년 기준 가장 크다고 알려진 백상아리는 '딥 블루'라는 암컷으로, 길이 약 6.1미터에 무게는 2000킬로그램 이상이다. 2014년 멕시코 과달루페섬 근처에서 처음 촬영되었다.

가장 무거운 경골어류
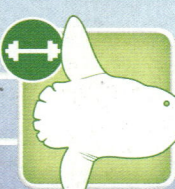
개복치의 평균 무게는 1000킬로그램이다. 2021년에 잡힌 한 혹개복치는 2744킬로그램이었다.

가장 커다란 어류
고래상어는 9~12미터까지 자라며, 2001년에 18.8미터가 되는 암컷이 아라비아해에서 발견되었다.

가장 작은 어류

길이가 6.2밀리미터밖에 되지 않는 심해아귀 수컷은 크기가 훨씬 큰 암컷에게 붙어 평생을 산다.

칠성장어의 입은 흡입구의 역할을 한다. 이빨이 닳거나 깨지면 새 이빨로 교체된다.

세계에서 가장 큰 칠성장어

칠성장어는 몸길이 120센티미터, 몸무게 2.3킬로그램까지 자란다. 흡혈 물고기로 유명한데, 둥근 입속에 빼곡히 들어찬 이빨로 자기보다 큰 수중 생물의 피를 빨아 먹는다. 이 무턱 어류(무악류)의 조상은 캄브리아기 초기(5억 년 이전)에 나타난 가장 오래된 척추동물 중 하나로, 지구에서 가장 오랫동안 살아남은 동물군이기도 하다.

칠성장어는 19세기와 20세기에 대서양의 운하를 거쳐 북아메리카의 오대호에 살기 시작했다. 그런데 수가 늘어나면서 송어(오른쪽)와 같은 토종 어류를 위협하는 존재가 되고 말았다. 급기야 유해 어종으로 퇴치의 대상이 되었고, 2022년 기준 칠성장어의 수는 이전보다 98퍼센트까지 줄어들었다.

가장 커다란 민물 어류
2022년 캄보디아에서 잡힌 자이언트민물가오리는 체중이 300킬로그램, 몸길이는 3.98미터였다.

가장 깊은 곳에 사는 어류
꼼치 중 프세우돌리파스는 태평양 해구 속 최대 8336미터 깊이에 산다.

가장 오래 사는 어류
392살로 추정되는 그린란드상어는 지금까지 발견된 **최고령 척추동물**이다.

자연의 세계
파충류

가장 오래된 파충류
3억 1500만 년 전부터 석탄기에 이르는 동물의 흔적이 캐나다 펀디만의 해식 절벽에서 발견되었다. 발가락 5개와 비늘 모양이 선명해 파충류로 추정되며, 흔적의 주인공은 도마뱀과 비슷하게 생긴 힐로노무스로 여겨진다.

파충류 중 가장 많은 목(생물 분류 계급)
2023년 10월 기준, 뱀목은 1만 2060종의 파충류 중 1만 1671종을 차지한다. 여기에는 도마뱀과 뱀, 발 없는 도마뱀이 포함된다.
파충류 중 가장 많은 과는 뱀과로 249속 2015종이 있다.

가장 무거운 파충류
동남아시아와 오스트레일리아 북부에 사는 바다악어는 무게가 1200킬로그램이나 나간다. 그랜드 피아노 2대와 맞먹는 무게이다.

가장 깊이 잠수하는 파충류
2006년 12월 16일 위성 추적 장치를 단 장수거북이 카보베르데의 대서양에 1280미터 깊이까지 들어갔다. 사람의 스쿠버 다이빙 기록보다 4배 더 깊은 기록이다.

육지에서 가장 빠른 파충류
캘리포니아 대학교에서 만든 '도마뱀 경주 트랙'으로 시험한 결과, 코스타리카의 가시꼬리이구아나가 시속 34.9킬로미터를 기록했다.

가장 강력한 독을 가진 육지 뱀
내륙타이판은 단 1밀리그램의 독(참깨 3분의 1 양)으로 사람 1명을 죽일 수 있다. 오스트레일리아 퀸즐랜드주 토종으로, 사냥감인 커다란 쥐를 해치울 때 이 독을 사용한다. 사람이 치명상을 입었다는 보고는 아직 없다.

가장 빠르게 진화하는 동물
투아타라는 뉴질랜드 토종 파충류로 마오리족 언어로 '등 위의 봉우리'라는 뜻이다. 100만 년마다 1.37개씩 유전적 적응을 해내는데 다른 동물이 같은 기간 동안 평균 0.2개씩 하는 것에 비교하면 매우 빠른 속도이다.

100%

가장 작은 거북
얼룩무늬망토거북은 등껍질의 길이가 최대 6센티미터밖에 되지 않는다. 남아프리카에 살며, 작은 몸을 암석 틈 속에 숨겨 적을 피할 수 있다.

이빨이 가장 많은 육상 동물
마다가스카르에 사는 납작꼬리도마뱀붙이의 이빨은 317개이다. 위협을 받으면 입을 크게 벌리고 기괴한 소리를 낸다. 위 사진은 친척인 사탄잎꼬리도마뱀붙이의 두개골로, 작은 이빨이 있다.

가장 무거운 뱀
남아메리카와 트리니다드의 열대 지역에 사는 암컷 그린아나콘다는 무게가 300킬로그램이 넘는데, 임신을 하거나 카이만(아래) 같은 큰 동물을 먹으면 더 무거워진다. 2024년 2월 발표된 유전자 연구에 따르면 그린아나콘다와 북부그린아나콘다로 나뉘는데 모두 길이가 7미터를 넘는다.

물 위를 걷는 가장 큰 파충류
인도네시아의 술라웨시섬에 사는 자이언트세일핀드래곤은 주둥이에서 꼬리 끝까지 길이가 1.07미터에 이른다. 가늘고 납작한 발가락으로 공기층을 만들어 물 위에서 짧은 거리를 빠르게 이동할 수 있는데, 이때 기다란 꼬리로 균형을 잡는다.

길이가 가장 긴 파충류
동남아시아의 그물무늬비단뱀은 평균 길이가 6.25미터를 넘는다. 1912년에는 길이가 10미터인 것이 발견되었다.

가장 빠른 거북
세계에서 가장 큰 거북인 장수거북은 시속 10~15킬로미터의 속도로 헤엄칠 수 있다.

카시우스는 야생에서의 무시무시한 모습과는 전혀 다르게 살고 있다. 이 악어는 자신의 영역에 들어온 지나라는 새끼 악어(빨간색 원)를 15년간 돌보았다.

▶ **가장 커다란 사육 악어**

바다악어 카시우스는 주둥이에서 꼬리 끝까지의 길이가 5.48미터이다. 현재 오스트레일리아 그린 아일랜드의 마린랜드 멜라네시아 야생 공원에 사는 바다악어 16마리 중 가장 크다. 이곳은 조지 크레이그(위)가 연 곳으로, 야생에서 인간에게 위협이 되는 악어들을 돌보고 있다. 카시우스는 1987년 모터보트를 공격한 후 이곳에 왔다. 비록 다리 하나를 잃고 주둥이와 꼬리에 상처를 입었지만, 이 1톤짜리 포식 동물에게는 '행복하고 건강한 아이'라는 수식어가 따라붙는다.

카시우스는 110살이 넘을 것으로 추정된다. 제2차 세계 대전이 일어났을 때보다 일찍 태어난 것이다!

가장 커다란 도마뱀
인도네시아에서 발견된 코모도왕도마뱀 수컷은 몸무게가 166킬로그램까지 나간다.

가장 작은 파충류
마다가스카르의 브루케시아드워프카멜레온은 꼬리를 포함한 길이가 21.9밀리미터다.

최고령 육상 동물
세인트헬레나섬에 살고 있는 세이셸코끼리거북 조너선(1832년생)은 2024년 기준 최소 192살이다.

자연의 세계

양서류

가장 오래된 양서류
어류가 네발 달린 동물로 바뀐 것은 최소 3억 9300만 년 전이다. 폴란드 자헤우미에의 채석장에서 발견된 화석 자국을 근거로 한다. 최초의 양서류가 언제 나타났는지에 대해서는 기준에 따라 다양한 의견이 있다.
가장 오래된 양서류로 유력한 화석은 1980년대에 영국의 스탠 우드가 스코틀랜드 웨스트로디언주의 이스트 커크턴 채석장에서 발굴한 원시 양서류 발라네르페톤으로, 3억 3600만 년 전까지 거슬러 올라간다.

가장 커다란 두꺼비
수수두꺼비는 평균 크기 15~25센티미터, 무게 650그램이지만 간혹 엄청나게 크게 태어나기도 한다. 2023년 1월, 오스트레일리아 퀸즐랜드주의 콘웨이 국립공원 관리자는 2.7킬로그램 무게의 수수두꺼비(오른쪽)를 발견했다. 또 수수두꺼비는 **가장 알을 많이 낳는 양서류**로 한 번에 알을 3만 5000개(아래)나 낳을 수 있다.

100%

가장 종류가 많은 양서류
무미류(개구리와 두꺼비)는 약 7647종으로 2023년 10월 기준 지금까지 알려진 양서류의 약 88퍼센트를 차지한다.

양서류 중 가장 많은 과는 청개구리과로, 51속 1050종이 있다.
남아메리카에 사는 프세우디스 파라독사는 올챙이가 다 자랐을 때보다 최대 10센티미터 정도 더 크다. 변태를 거치며 크기가 60퍼센트 이상 줄어들기 때문이다. **올챙이에서 개구리가 될 때 크기가 가장 많이 줄어드는 경우**에 속한다.

가장 다양한 양서류가 사는 나라
지금까지 알려진 양서류는 8688종 중 1222종이 브라질 국경에 서식하고 있다. 2023년 10월 기준 전체 양서류의 14퍼센트를 차지한다.

가장 독성이 강한 도롱뇽
북아메리카 서부에서 발견된 꺼끌영원은 신경 독인 테트로도톡신을 가지고 있다. 꺼끌영원은 최대 14밀리그램의 테트로도톡신을 품을 수 있다. 이 독은 1밀리그램 미만의 양으로 일반 성인 남성을 죽일 수 있을 만큼 강력하다.

가장 높은 곳에 사는 양서류
페루의 빌카노타산맥 해발 5400미터에는 3종류의 개구리목이 서식한다. 대리석물개구리, 안데스두꺼비, 대리석네눈개구리이며, 최근 빙하가 녹으면서 새로 생긴 연못으로 이동했다고 한다.

가장 오래 임신하는 양서류
알프스도롱뇽은 스위스 알프스산맥의 2500미터 이상 고지대에서 4~5년 동안 임신한다. 인간의 임신 기간보다 최대 6배 길며, 동물들 중 가장 임신 기간이 길다.

가장 추위를 잘 견디는 양서류
혈액에 천연 부동액이 있는 시베리아도롱뇽과 가까운 친척인 세발가락도롱뇽은 동북아시아 영구 동토층 지역에서 섭씨 영하 35도 이하의 맹렬한 추위를 견딜 수 있다.
반대로 **더위에 가장 강한 양서류**는 일본류큐생개구리로 섭씨 46.1도에 달하는 온천에서도 살아남는다고 한다.

40센티미터 길이의 동굴영원은 동굴에 틀어박혀 사는 네발 동물 중 가장 크다.

가장 오래 사는 양서류
동굴영원은 앞을 볼 수 없고 몸에 색소가 없는 도롱뇽으로, 평생 물이 가득 찬 어두운 동굴에서 산다. 생태학자 얀 부아투롱은 이 도롱뇽이 최대 102살까지 살 수 있다고 추정했다. 다른 양서류보다 거의 2배는 더 오래 사는 셈이다.

기네스 세계 기록에게…
저희 아들은 이제 2살 6개월밖에 안 되었는데요. 개구리 소리를 똑같이 내요. 입을 다물고 비슷한 소리를 내는데 어찌나 신기하던지요. 저희도 따라 해 봤지만 안 되더라고요. 며칠 뒤 아이가 가족 모임에서 시범을 보였는데, 모두들 놀라워하며 아이의 재능을 널리 알려야 한다고 했어요.

유전체가 가장 많은 양서류
아홀로틀의 유전체는 320억 염기쌍으로 구성되어 있다. 인간보다 10배나 더 많은 수다.

혀를 가장 빨리 내미는 양서류
대왕야자도롱뇽은 단 7밀리초 만에 혀를 완전히 내밀 수 있다. 인간이 눈을 깜빡일 때보다 50배 더 빠른 속도이다.

월리스날개구리가 팔다리를 넓게 벌리면, 거대한 물갈퀴가 달린 4개의 발이 조절할 수 있는 낙하산으로 바뀐다.

발가락 끝에 있는 초대형 흡반으로 바닥에 사뿐히 착지하고 수직면에 달라붙는다.

가장 멀리 활강하는 양서류

개구리는 날개라는 축복을 얻지 못했지만, 몇몇 종은 공중으로 날아오를 수 있다. 그중에서도 가장 뛰어난 비행사는 월리스날개구리이다. 이 개구리는 동남아시아 열대 우림의 나무 사이를 뛰어다니며 수평으로 15미터 이상 날아오른다. 활강하는 개구리는 약 380종이 있는데, 모두 물갈퀴가 넓게 발달한 발의 피부를 펄럭여 공기 저항을 만들어서 비행 시간을 유지한다. 나는 각도가 45도 혹은 그 이하일때 '활강', 그보다 더 가파르게 떨어지면 '낙하'라고 한다.

라니토메야 모종은 수컷이 올챙이를 지키고, 암컷은 일주일에 한 번씩 돌아와 무정란을 먹이로 낳는다.

최초의 일부일처 양서류

원래 양서류는 번식할 때만 만날 뿐, 부부로 지내지는 않는다고 알려졌다. 하지만 독화살개구리의 일종인 페루의 라니토메야 모종이 2010년에 발표된 한 보고를 통해 그 고정 관념을 깨뜨렸다. 이 종의 수컷과 암컷은 평생을 부부로 함께하며 부모 역할도 나누어 맡는다.

가장 커다란 양서류
중국자이언트도롱뇽은 성인 남성의 키와 비슷한 175센티미터까지 자란다. 현재 멸종 위기에 놓여 있다.

가장 작은 양서류
주둥이에서 항문까지가 약 7밀리미터인 브라질벼룩두꺼비 수컷은 세계에서 가장 작은 척추동물 중 하나다.

자연의 세계

무척추동물

가장 작은 불가사리
불가사리인 파르부라스트라 파르비비파라는 지름이 최대 9밀리미터이다.

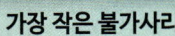

가장 오래된 무척추동물
산호초에서 살던 원시 해면인 고배류 화석의 나이는 캄브리아기 초기인 5억 2500만 년 전까지 거슬러 올라간다. 최소 5억 6000만 년 전에 살던 부드러운 몸통과 껍질을 가진 화석의 흔적도 많이 남아 있다.

가장 무거운 곤충
무거운 대형 풍뎅이들을 제치고 가장 무거운 곤충으로 인증받은 종은 71그램의 임신한 리틀베리어아일랜드 자이언트웨타이다. 뉴질랜드에 살며 메뚜기를 닮았다. **가장 무거운 애벌레**는 악테온장수풍뎅이이다. 무게가 큰 쥐와 비슷한 228그램이다!

가장 빠른
- **육지 무척추동물**: 낙타거미는 최대 초속 4.4미터로 달릴 수 있다. 사막거미류로 북아프리카와 중동에 서식한다.
- **거미**: 모로코플릭-플락거미는 초속 1.7미터로 움직일 수 있다. 공중제비와 비슷한 기술로 모래 언덕을 굴러서 내려온다.
- **곤충**: 오스트레일리아 길앞잡이의 일종인 호랑이딱정벌레는 초속 2.5미터의 속도를 낸다.

가장 기다란 곤충
프리재니스트리아 차이넨시스는 2017년 8월 다리를 완전히 뻗었을 때 잰 길이가 64센티미터였다. 이 긴 대벌레는 중국 쓰촨성 청두에 있는 서중국 곤충 박물관에서 부화했다.

다리가 가장 많은 동물
길이가 95밀리미터인 노래기 유밀리피페스 페르세포네는 다리가 무려 1306개이다. 2020년 오스트레일리아 서부의 60미터 깊이 광산에서 발견되었다.

가장 큰 분류군
딱정벌레목에는 약 40만 종(살아 있는 동물 종의 약 5분의 1)의 풍뎅이와 바구미가 있다. 그중 골리앗왕꽃무지(왼쪽)는 가장 큰 풍뎅이로, 다 자랐을 때의 체중이 40~50그램이다.

가장 욕심 많은 동물
북아메리카산누에나방 애벌레는 태어난 뒤 56일 동안, 태어났을 때의 몸무게보다 8만 6000배 많은 나뭇잎을 먹는다. 사람 아기로 치면 태어나서 2달 동안 247톤을 먹는 것과 같은 비율이다!

가장 독성이 강한 두족류
파란고리문어는 테트로도톡신이라는 무시무시한 신경 독을 지니고 있다. 단 0.87밀리그램만으로도 사람에게 치명상을 입힐 수 있다. 다행히 파란고리문어는 독을 쓰기보다는 반짝이는 피부 무늬로 적을 위협해 멀리 쫓아내는 편이다.

가장 커다란 나방
아틀라스나방의 날개 너비는 30센티미터에 이른다. 입이 없는 탓에 겨우 4일 정도밖에 살지 못한다.
가장 무거운 나방은 오스트레일리아의 거대나무나방으로 무게가 일반 전구와 비슷한 31.2그램이다.

가장 시끄러운 곤충
아프리카매미가 짝을 찾으며 우는 소리는 50센티미터 떨어진 곳에서 106.7데시벨까지 측정되었다.

가장 빠르게 나는 곤충
오스트레일리아잠자리는 말이 뛰는 속도보다 더 빠른 시속 58킬로미터의 속도까지 날 수 있다.

가장 커다란 무척추동물
대왕오징어는 13미터까지 자랄 수 있다. 남극하트지느러미오징어는 495킬로그램까지 나간다.

가장 커다란 육지 갑각류

야자집게의 무게는 4.1킬로그램이 나가고, 다리 길이는 1미터까지 자란다. 이 거대한 갑각류는 큰 집게발로 껍질을 깨고 코코넛 과육을 먹는데, 썩은 과일이나 고기를 먹는 습성 때문에 도둑게라고도 불린다. 인도-태평양 지대의 열대 섬이나 산호초에 서식하는데, 식재료로 사냥되면서 멸종 위기에 이르렀다. 얕은 바다에서 부화하지만, 자라면서 물속에서 살 수 있는 능력을 잃기 때문에 육지로 올라온다.

야자집게의 집게발은 골프채의 금속 손잡이를 부술 정도로 강력하다!

가장 작은 게

완두콩게는 크기가 최대 6.3밀리미터밖에 되지 않는다. 홍합이나 굴과 같은 어패류 속에 살며, 어패류가 아가미로 모은 먹이를 먹는다. 암컷 완두콩게는 수컷보다 2배 더 크다.

가장 작은 무척추동물
해파리에 기생하는 점액포자충류인 믹소볼루스 셰켈은 다 자라도 8.5마이크로미터밖에 되지 않는다.

가장 깊은 곳에 사는 두족류
귀처럼 생긴 지느러미를 가진 덤보문어가 인도양의 자바 해구 속 6957미터 깊이에서 사냥하는 모습이 관찰되었다.

역대 최고령 동물
2016년 아이슬란드 연안에서 발견된 대양백합조개는 507년 동안 산 것으로 추정된다.

자연의 세계
묘기 부리는 동물들

가장 높이 뛰어오른 미니어처종 말
말굽에서 어깨까지의 높이가 85센티미터인 제퍼 우즈 스토밍 트레저는 2020년 5월 2일 프랑스 바르게몽에서 117센티미터 높이의 막대를 넘었다. 제퍼는 장애물 뛰어넘기 대회 3회 챔피언인데, 2020년 대회가 코로나 19로 취소되자 제퍼와 주인 셀리아 리몽은 스스로 기록을 세웠다.

스쿠터를 타고 5미터를 가장 빨리 이동한 앵무새
2022년 2월 15일 트리톤 코카투종 치코는 스쿠터를 타고 14.58초 만에 5미터를 굴러갔다. 5일 전에 세운 기록을 3초 더 앞당긴 것이다. 재주 많은 이 앵무새는 작은 자전거의 페달을 밟을 수 있고 작은 농구 골대에 슬램덩크도 할 수 있다.

가장 멀리 점프한 고양이
고양이 스푸트니크가 훈련사인 멜리사 알레스(미국)의 격려를 받으며 2024년 2월 20일, 2.3미터 떨어진 2개의 단 사이를 점프했다. 사진은 〈수어 서커스〉 순회공연에서 스푸트니크가 원거리 점프 묘기를 선보이는 모습이다. 같은 날, 멜리사가 돌보는 쥐 팰시도 **30초 동안 후프를 가장 많이 뛰어넘은** 기록을 세웠다. 총 12번을 점프했으며, 종전 기록에서 4번을 늘렸다.

스쿠터를 타고 10미터를 가장 빨리 이동한 개와 고양이
2023년 2월 4일 뱅갈 고양이 사시미와 보스턴테리어 롤리팝이 스쿠터를 타고 13.55초의 기록을 세웠다. 훈련사인 멜리사 밀릿(캐나다)은 동물들이 스스로 기술을 구상했다고 밝혔다. 2020년 9월 19일, 이 못 말리는 단짝은 **5미터** 기록도 4.37초 만에 달성했다.

스케이트보드를 타고 가장 많은 사람을 지나간 개
2024년 2월 27일, 코커스패니얼 코다가 보호자 야사노 사토미(일본)의 응원 속에 40명의 사람들이 늘어선 줄 아래를 지나갔다. 코다는 2살이었을 때 단 2주 만에 스케이트보드 타는 법을 스스로 터득했다고 한다.

토끼뜀 10번을 가장 빠르게 한 개 2마리

보더콜리 심바와 스프링어스패니얼 보니가 2023년 8월 31일, 영국 버크셔주 레딩에서 16.78초 만에 서로의 등 위를 5번씩 뛰어넘었다. 보호자인 올가 존스(영국)가 개들을 훈련했는데, 심바는 한 달도 되지 않아 1분 동안 **재활용 쓰레기통에 병을 가장 많이 넣기**(16개), **병 속에 동전 가장 빨리 넣기**(13개), **빨랫줄에 걸려 있던 옷을 가장 많이 가져오기**(양말 17개)까지 견공 기록 3개를 더 달성했다. 이 똑똑한 강아지들은 올가와 함께 기네스 세계 기록 인증서 4개를 놓고 사진을 찍었다(오른쪽 아래).

2023년 초, 올가와 함께 「브리튼스 갓 탤런트」에 출연한 강아지 짝꿍은 엄청난 인기를 모았다.

무엇이든 물어보세요!

반려견에게 고난도 기술을 가르치게 된 계기가 있나요?
제가 하는 말과 명령을 가르치면서 서로 더 많은 이야기를 하고 싶었어요. 기술을 훈련하는 것은 개들과 소통하고 그들을 더욱 깊게 이해할 수 있는 수단이니까요.

지금까지 달성한 기록 4개 중에 무엇이 가장 어려웠나요?
1분 안에 빨랫줄에 걸려 있던 옷 가장 많이 가져오기요. 하지만 심바가 점점 더 빠르고 정확하게 하고 있다는 걸 알게 되니 재미있기도 했지요. 저희 아이들도 심바처럼 하길 바라지만, 아이들보다 개들을 훈련하는 편이 더 쉽더라고요.

「브리튼스 갓 탤런트」에 출연했을 때 기분이 어땠나요?
엄청난 경험이었어요. 큰 무대에서 보니가 그랜드 피아노와 우쿨렐레를 연주할 때가 가장 감동이었지요. 마지막에는 모두가 일어나서 박수를 보내 주었어요.

개들에게 복잡한 기술을 가르치는 비법이 있나요?
한 번에 기술을 다 가르치려 하지 말고 단순하게 나누어서 하나씩 해 나가세요. 몇 단계를 거칠지는 개의 능력이나 훈련 경험, 기술마다 다르답니다.
다른 비법으로는 개들의 말에 귀를 기울이라는 거예요. 개들은 피드백을 정말 잘 주거든요. 우리는 그저 개들의 뜻을 이해하는 법을 배우고 받아들이면 된답니다.

*따로 표기되어 있지 않는 한, 모든 기록은 이탈리아 밀라노의 〈로 쇼 데이 레코드〉에서 달성된 것이다.

자연의 세계

반려동물

가장 많은 개들이 관람한 영화
2023년 9월 24일, 219마리 강아지와 보호자들이 미국 캘리포니아주 로스앤젤레스에 있는 그리피스 공원에 모여 「퍼피 구조대: 더 마이티 무비」(2023)를 관람했다. 미국의 영화사 파라마운트가 주최한 이 행사에서는 영화의 등장인물인 체이스와 마샬(오른쪽)도 참여하여 관람회를 더욱 풍성하게 했다.

가장 오래된 동물 복지 재단
왕립 동물 학대 방지 협회(RSPCA)는 1824년 6월 16일 영국 런던에서 창립되었다. 재단의 후원자이던 빅토리아 여왕이 1840년 '왕립' 칭호를 수여했다. 200년 넘는 시간 동안 학대받은 반려동물과 조난당한 야생 동물을 구조하고, 새로운 가족을 찾아 주었으며 새로운 법률을 제정하는 데 앞장섰다.

가장 커다란 수소
6살 먹은 홀스타인종 로미오는 어깨까지 잰 높이가 1.94미터로, 2023년 12월 17일에 인증받았다. 송아지일 때 구조되어 현재 미국 오리건주 크레스웰에 있는 웰컴 홈 동물 보호소에서 살고 있다.

몸값이 가장 비싼 젖소
넬로르종인 마라는 2023년 7월 1일, 브라질 상파울루주 아란두에서 2100만 헤알(약 55억 원)에 팔렸다. 넬로르종은 열대 기후에서도 잘 적응해서 몸값이 비싸다.

가장 빨리 오리를 모는 개
2024년 2월 5일 이탈리아의 마테오 카르보니가 감독하는 가운데, 보더콜리 글렌이 어질리티 코스에서 오리 5마리를 2분 55.55초 만에 한쪽으로 몰았다.

1분 동안 묘기를 가장 많이 부린 동물
• 젖소: 4살인 샤롤레종 고스트와 메건 리먼(미국)의 10회, 2023년 3월 4일 미국 네브래스카주 헤이 스프링스.
• 말: 미니어처 로즈와 노엘린 카세타리(오스트레일리아)의 13회, 2023년 5월 6일 오스트레일리아 뉴사우스웨일스주 서머스비.
• 돼지: 미니돼지 퐁고와 보호자 이리스 브룬(이탈리아)의 15회, 2023년 4월 15일 이탈리아 폰디. 둘은 2024년 1월 25일 발에 신겨 있던 양말 10족을 세탁기로 옮기는 최단 시간(1분 55초) 기록도 달성.

최고령 닭
최고령 닭 기록을 보유하고 있던 피넛은 2023년 크리스마스에 21살 238일의 나이로 세상을 떠났다. 피넛은 미국 미시간주에 사는 마시 다윈이 병아리 때부터 키웠다. 기네스 세계 기록은 최고령에 도전하고 싶은 닭들을 언제나 환영한다.

3분 동안 가장 많은 물건을 가려낸 앵무새
회색앵무 아폴로는 2023년 12월 18일 미국 플로리다주 세인트피터즈버그에서 블록(위)과 양말 등 12개 물건을 구분했다. 돌턴과 빅토리아 메이슨(미국)에게서 훈련을 받았으며, 유튜브에만 100만 명이 넘는 팬이 있다.

가장 큰 소리로 가르랑거리는 고양이
영국의 니콜 스핑크가 돌보는 반려묘 벨라는 2023년 8월 30일 영국 케임브리지셔주 헌팅턴에서 가르랑거리는 소리를 내었는데, 1미터 밖에서 54.59데시벨을 기록했다.

역대 뿔이 가장 넓게 퍼진 염소

심플론종 알비노는 한쪽 뿔끝에서 다른 쪽 뿔끝까지의 길이가 1.46미터나 되며, 2021년 10월 16일 스위스 나테르스에서 인증받았다. 체코의 롤란트 페르헤르의 농장에서 살았으며, 압도적인 크기 덕분에 무리에서 우두머리 역할을 맡았을 뿐만 아니라, 지역 사회의 인기 스타였다. 안타깝게도 알비노는 2022년 4월 17일에 세상을 떠났다.

▶ 역사상 뿔이 가장 긴 야크

티베트 토종인 제리코는 소용돌이 모양으로 휘어진 3.23미터 길이의 뿔이 있다. 2018년 12월 18일 미국 미네소타주 웰치에서 확인된 기록이다. 뿔의 무게가 점점 늘어나다 보니 앞과 아래로 휘어져 자랐고 미국의 휴와 멜로디 스미스는 제리코의 뿔이 가슴을 긁지 않도록 뿔끝에 테이프를 붙여야 했다. 제리코는 2019년 12월에 자연사했다.

역대 뿔이 가장 넓게 퍼진 수소

폰초 비아는 기다란 뿔이 특징인 텍사스롱혼종으로, 양쪽 뿔의 끝에서 끝까지 잰 길이가 3.23미터이다. 그랜드 피아노 너비의 2배가 넘는다. 2019년 5월 8일 미국 앨라배마주 굿워터에서 인증받았다.

스미스 가족은 티베트의 승려들을 초청해 제리코의 기네스 세계 기록 달성을 축복해 주었다.

자연의 세계
선인장

가장 커다란 선인장 꽃
달빛선인장에 속하는 잔설봉은 밤에 꽃이 피는데, 꽃의 지름이 최대 30센티미터까지 자란다. 이 수명이 짧은 꽃은 강한 향을 내뿜으며, 주로 나방(가끔 박쥐)을 이용해 수분한다. 중앙아메리카와 남아메리카, 카리브제도 전역에서 볼 수 있다.

가장 많이 움직이는 선인장
누워서 자라는 크리핑 데블은 1년에 최대 60센티미터까지 퍼져 나간다. 이 선인장은 멕시코 마그달레나 평원의 고유종으로, 한쪽 끝이 새로 자라는 동안 다른 쪽이 시들어 떨어지는 방식으로 바닥을 기어다닌다.

가장 오래된 선인장 화석
선인장은 화석으로 발견되는 경우가 드물어서 원래 형태를 알기 어렵다. 지금까지 발견된 가장 오래된 화석은 방사성 탄소 연대측정법으로 계산했을 때 3만 800년 된 부채선인장의 씨앗과 가시 화석이다. 북아메리카의 사막과 관목림 지역에서 사는 숲쥐의 배설물에서 발견되었다.

가장 종류가 많은 선인장
2023년 8월을 기준으로 밝혀진 총 1600종의 선인장 중 140종이 흑선인장에 속한다. 흑선인장의 약 99퍼센트는 멕시코에서 찾을 수 있는데, 멕시코는 세계에서 **선인장 종류가 가장 다양한 나라**로 850종이 넘는다.

가장 넓게 퍼진 선인장
정글선인장의 일종으로 미국이 원산지로 추측되는 열대산선인장은 현재 적도 근처와 남아프리카 열대 우림에 널리 퍼져 있다. 스리랑카에서도 볼 수 있으니 경도로 196

가장 기다란 선인장 가시
테프로칵투스속(왼쪽), 성게선인장, 율리치아나속은 모두 가시가 최대 30센티미터까지 자란다. 일반적인 뜨개바늘과 비슷한 크기다. 선인장의 뾰족한 가시는 그늘을 만들고 포식자를 내쫓으며 위장을 하는 등 여러 중요한 일에 쓰인다.

도나 퍼져 있는 셈이다. 다른 식물에 붙어서 자라는 착생식물 특성 덕분에 동쪽으로 퍼져 나갔다고 보며, 인도네시아의 자바섬에도 있을 가능성이 높다.

가장 북쪽에 사는 선인장
추위에 강한 피그미부채선인장은 북위 56.28도에 해당하는 캐나다 브리티시컬럼비아주 알버타의 피스강 계곡에서도 자란다.

가장 남쪽에서 자라는 선인장은 오스트로칵투스 아오니켄시스로 2018년 6월 《캑티스월드》에 처음 소개되었다. 아르헨티나 산타크루스 파타고니아 지방이 원산지인 다육식물로 남위 50.86도까지 퍼져 있다.

가장 급속히 퍼지는 선인장
보검선인장은 원산지인 멕시코를 넘어 오스트레일리아부터 이탈리아의 시칠리아(아래)까지 22개 나라에 자리를 잡았다. 부채선인장의 일종으로 매우 건조한 환경에서도 살아남을 수 있고 멕시코를 벗어나면 자연 천적도 없다. 보통 장식용으로 쓰인다.

가장 커다란 원통 선인장
골이 진 둥근 형태로 유명한 원통선인장은 미국 남서부와 멕시코에서 쉽게 찾을 수 있다. 치와와사막의 캔디배럴선인장이나 자이언트배럴선인장은 최대 2.5미터까지 자라며 지름도 1미터나 된다. 비스나가라는 이름으로 불리며 선사 시대 때부터 길러 먹었다. 과육은 끓여서 멕시코의 전통 사탕 아시트론을 만든다.

가장 높이 자라는 선인장

무론주선인장 또는 코끼리선인장은 보통 10미터 이상 자란다. 1995년 4월 멕시코 바하칼리포르니아주에서는 19.2미터 높이의 선인장이 목격되기도 했다. 미국 워싱턴 DC에 있는 백악관의 높이보다 더 높다. 미국 남부가 원산지인 사가로선인장(오른쪽)도 비슷한 높이까지 자란다. 변경주선인장으로도 불린다. 코끼리선인장과 사가로선인장 모두 **세계에서 가장 오래 사는 선인장**으로 300년 동안 살 수 있다. 크기가 클수록 오래 산 선인장이다.

코끼리선인장은 흙이 없어도 자랄 수 있다. 뿌리의 박테리아가 암석에서도 영양분을 뽑아내기 때문이다.

사가로선인장은 소노라사막에서 엘프올빼미의 소중한 보금자리다. 딱따구리가 뚫어 놓은 구멍에 둥지를 트는 이 올빼미는 세계에서 **가장 작은 올빼미**로, 평균 몸길이는 12~14센티미터이며, 무게는 살구 1개와 비슷하다.

가장 작은 선인장

단추처럼 생긴 송로옥은 완전히 자랐을 때의 지름이 10밀리미터밖에 되지 않는다. 그래서 소설 『걸리버 여행기』에 나오는 소인국 릴리퍼트의 이름을 딴 릴리푸나타라는 학명이 붙었다. 가시가 없으며, 아르헨티나 북부 안데스산맥과 볼리비아 남부에서 자란다. 폭포 근처에서도 볼 수 있다.

자연의 세계
균류

가장 기다란 지의류
지의류는 균류와 광합성 공생자(녹조류 또는 남조류), 그리고 복잡한 미생물 군집이 모여 만들어진 공생적 유기체이다. 10미터까지 자라는 지의류인 실송라는 북반구에 널리 퍼져 있으며, 보통 침엽수 줄기에 매달려서 자란다.

가장 많은 목숨을 살린 균류
항생제인 페니실린은 세균 감염 치료에 혁명을 일으키며 약 2억 명의 목숨을 구했다. 1928년 9월 28일 영국의 과학자 알렉산더 플레밍이 썩은 과일에 생긴 푸른곰팡이에서 분리했다.

가장 무거운 균류
미국 오리건주 멀루어 국유림에서 자라는 잣뽕나무버섯은 무게가 약 7500~3만 5000톤으로 추정된다. '거대한 균류'라는 별명으로 불리는 이 버섯이 차지하는 면적은 무려 9.6제곱킬로미터로, 뉴욕 센트럴 파크의 3배에 해당한다. 세계에서 **가장 커다란 균류**라고도 할 수 있다.

가장 빨리 퍼지는 유기체
젖소의 배설물에서 종종 발견되는 아스코볼러스 임메르셔스는 공처럼 돌돌 뭉친 포자가 기다란 줄기 끝에 매달린다. 포자 뭉치에 액체가 붙으면 압력이 높아지는데, 이 압력이 한계에 달하거나 줄기가 견디지 못하면 포자가 공중으로 발사되어 최대 180만 미터퍼세크제곱까지 가속이 붙는다. 로켓 발사 시 느끼는 중력보다 6만 배 더 빠른 속도다!

가장 독성이 강한 균류
알광대버섯은 사망률이 90퍼센트가 넘는 독성을 지니고 있으며 해독제도 없다. 주요 독성 성분인 알파-아마니틴은 사람의 간세포를 파괴하고 신장을 거쳐 몸속을 이리저리 돌아다니며 몸에 치명상을 입힌다. 더 위험한 점은 독이 없는 식용 버섯으로 헷갈리기 쉽다는 것이다.

자연 발광하는 가장 다양한 균류
스스로 빛을 낸다고 알려진 81가지 균류 중 85퍼센트는 애주름버섯이다. 포자를 퍼뜨려 줄 곤충을 끌어들이기 위해서 빛을 낸다는 설이 가장 유력하다.

무엇이든 물어보세요!

균류 재단 창립자 줄리아나 푸르치와의 인터뷰

왜 재단을 설립하게 되었나요?
진균학에 관심이 있는 모든 이들에게 합법적인 장을 제공하려고요. 균류와 균류의 서식지, 균류가 꼭 필요한 사람들을 보호하는 것을 목표로 삼고 있어요.

균류는 왜 역사적으로 관심받지 못했을까요?
균류 분류학이 1969년에 와서야 시작되었기 때문이죠. 현미경이 발달한 후에야 균류가 식물과 동물에 각각 어떤 영향을 미치는지 밝힐 수 있었어요.

가장 관심 있는 균류의 미래 가치요?
균류가 플라스틱 포장을 대체할 수 있다는 가능성이 가장 흥미진진해요. 또 균류로 동물 가죽을 대체할 수 있다는 점도요.

가장 시급한 균류 연구 분야는 무엇인가요?
땅속에 사는 균류 사회를 연구하는 거예요. 이 연구로 지하에 균류가 얼마나 다양하게 사는지 알면 이들을 보호하는 정책을 실행할 수 있지요. 연구를 할수록 균류가 기후 변화를 막는 데 얼마나 중요한 역할을 하는지 알 수 있어요.

독자들이 꼭 알았으면 하는 균류의 특징은요?
죽고 썩어서 분해되면 끝이라고 생각할 수 있어요. 하지만 균류에게는 그것이 생명의 시작이랍니다.

좀비 동충하초로도 불리는 이 동물은 게임 및 텔레비전 시리즈인 〈더 라스트 오브 어스〉의 모티브가 되었다.

균류에 의해 좀비가 되는 가장 커다란 동물
2004년 에콰도르의 열대 우림에서 20센티미터에 달하는 대벌레가 동충하초의 일종인 코르디켑스 디아페로메리필라에 감염된 상태로 발견되었다. 동충하초는 곤충을 좀비처럼 만들어 자신에게 유리하게 행동하게 한다.

2023년 6월 19일, 인도의 서고츠산맥에서 라오황등등개구리의 옆구리에서 자라는 애주름버섯이 발견되었다. 이 개구리는 감염되지 않은 것으로 보이며, 살아 있는 동물 세포에서 자라는 최초의 버섯이라는 기록을 세울 것으로 보인다.

가장 많은 종이 속한 균류

6만 4000종이 넘는 자낭균류는 가장 유명한 7가지 균류문 중 최대 규모를 자랑한다. 포자가 생성되는 기관이 조선 시대의 비단 주머니인 자낭과 비슷하게 생겨서 붙은 이름이다.

생물학적으로 비슷한 점이 많지만, 자낭균류는 크기, 색깔, 모양이 무척 다양하다. 곰보버섯부터 빵을 만들 때 쓰이는 효모, 주발버섯(왼쪽), 다형콩꼬투리버섯(위)까지 수많은 종류를 자랑한다. 아래에 나온 **세계에서 가장 비싼 균류**도 여기에 속한다.

가장 비싼 균류

히말라야산맥에 사는 박쥐나방 동충하초는 450그램에 값이 6만 3000달러(약 8600만 원)까지 나간다. 수가 워낙 적은 데다 키우는 과정도 까다롭고 중국에서는 약으로 쓰이는 탓에 눈이 휘둥그레질 정도로 비싼 가격을 자랑한다. 다른 기생 균류처럼 포자를 퍼뜨리기 위해 숙주 곤충을 감염시킨다.

가장 비싼 식용 균류

유럽 이스트라반도 토종인 흰서양송로는 1킬로그램에 보통 6985달러(약 950만 원)를 호가한다. 가격은 크기와 계절의 수확량에 따라 달라진다.

경매에서 가장 비싸게 팔린 송로는 1.3킬로그램짜리로, 2007년 12월 1일 중국 마카오의 사업가 스탠리 호가 33만 달러(약 4억 5000만 원)에 샀다.

자연의 세계
역동적인 지구

선사 시대 최대 규모 산사태
약 1만 3000년 전, 지진 때문에 그린 레이크에서 산사태가 일어났고, 뉴질랜드 남섬 헌터 산맥에서 27세제곱킬로미터에 이르는 부분이 무너져 내렸다. 역대 최대 규모의 10분의 1이기는 하지만, **현대에 일어난 가장 큰 산사태**는 1980년 5월 18일에 일어났다. 미국 워싱턴에 있는 세인트헬렌스산에서 규모 5.1의 지진이 일어난 후 2.8세제곱킬로미터의 암반이 무너져 내리며 산사태가 발생한 것이다. 57명이 목숨을 잃었으며, 미국에서 화산으로 인해 일어난 가장 끔찍한 사건 중 하나이다.

가장 높은 쓰나미 파도
1958년 7월 9일 거대한 파도가 미국 알래스카주의 리투야만에서 발생하여 피오르드 해안 위 524미터에 달하는 나무들을 쓰러뜨렸다.

현대 장비로 측정한 가장 강한 화산 분출
2022년 1월 15일 남태평양 해저에서 대규모의 훙가통가-훙가 하파이 화산 분출이 일어났다. 분출이 가장 강했을 때의 위력은 **가장 강력한 핵폭발**이었던 러시아(당시 소련)의 1961년 차르 봄바 시험 발사의 4배에 달했다. 1883년 인도네시아 크라카타우산 폭발 이후 가장 규모가 큰 화산 폭발로, 해수면 위에 있던 화산 봉우리(오른쪽) 일부가 사라져 버렸다(오른쪽 아래).
이 화산 폭발은 수많은 기록을 남겼다. 그중에는 **가장 높은 화산 분출**(57킬로미터)과 **가장 빠른 대기파**(최고 초속 269미터) 기록 등이 있다.

최초로 확인된 운석공
미국 애리조나주에 있는 베린저 운석공은 5만 년 전 콜로라도 고원에 철과 니켈로 이루어진 운석이 충돌하면서 생겼다. 지름 1265미터로 처음에는 화산 가스가 분출하며 생긴 것으로 추측되었지만 1906년 미국의 지질학자 대니얼 베린저에 의해 운석공임이 밝혀졌다.

지진이 가장 활발하게 일어나는 지역
'불의 고리'는 태평양 대부분을 빙 둘러싼 4만 킬로미터의 환태평양 조산대이다(오른쪽 위). 지구의 지진 90퍼센트와 화산 폭발 75퍼센트는 이곳에서 일어나며 통가와 일본은 직접 영향을 받는다. 2024년 1월 1일에는 규모 7.5의 지진이 일본 노토반도에서 일어나(오른쪽) 최대 200명이 사망했다.

가장 강력한 지진
1960년 5월 22일 모멘트 규모 9.5의 지진이 칠레를 강타해 2000명 이상의 희생자가 발생했다. 이 지진으로 쓰나미가 일어나 일본과 하와이까지 덮쳐 인명 피해를 남겼다.

지진이 가장 많이 일어나는 나라
2023년 인도네시아에 규모 4 이상의 지진이 2212번 일어났다. 1834번을 기록한 멕시코가 다음 순위다.

가장 빨리 솟아오르는 산
8126미터 높이의 파키스탄 낭가파르바트산은 해마다 7밀리미터씩 높아진다. 유라시아판과 인도판이 끊임없이 충돌하기 때문이다.

가장 커다란 얼음덩어리
A23A로 불리는 빙붕은 2024년 2월 기준 면적이 3900제곱킬로미터에 이른다. 1986년 필히너-론 빙붕에서 떨어져 나와 30년 동안 웨들해에 머물렀고, 2023년 이동을 시작했다. 해류를 타고 남극 반도 끄트머리에 이르렀는데(위의 작은 사진) 따뜻한 공기와 지표수 때문에 결국 녹아 없어질 것으로 보인다.

화산 활동으로 만들어진 가장 큰 섬

면적이 10만 3000제곱킬로미터에 이르는 아이슬란드는 7000만 년 전 대서양 중앙 해령에서 일어난 화산 활동으로 만들어졌다. 대서양 중앙 해령은 북대서양 아래에 있는 경계선으로 유라시아판과 북아메리카판이 만나는 곳이다. 지표면으로 쏟아져 나온 녹은 암석이 식어 땅이 만들어지는 과정은 지금도 계속되고 있다. 현재 아이슬란드에 있는 활화산은 32개로, 평균 5년에 한 번씩 분출한다. 하지만 2021년 이후 속도가 눈에 띄게 빨라졌고, 파그라달스퍄들 화산(오른쪽)이 폭발하며 새로운 지질 활동을 예고했다. 아이슬란드 아래에 있는 판들이 꾸준히 멀어지고 있어 화산 활동은 계속될 것으로 보인다.

최대 해빙수 범람

1996년 11월 5일, 아이슬란드에서 가장 큰 빙하인 바트나이외쿠틀에 1초에 최대 4만 5000세제곱미터에 달하는 해빙수가 쏟아졌다. 이 범람은 현재 최고 기록이다. 다만 1918년에 미르달스예쿠르 아래에서 1초당 최대 40만 세제곱미터의 물이 나왔다고 추측되고는 있다.

파그라달스퍄들 화산은 2021년 3월 분출 전까지 휴화산이었다.

왼쪽은 2023년 12월 18일, 아이슬란드의 순드누쿠르 화산이 터지자 분화구 근처에서 연구를 하는 과학자들의 모습이다. 아일랜드 기상청에 따르면 화산 폭발은 약 320번 일어났고, 100미터 위로 솟구쳐 오른 용암이 1초에 200세제곱미터에 달하는 속도로 쏟아져 내렸다.

자연의 세계
극한의 날씨

비가 가장 많이 내린 기록
- 1시간: 304.8밀리미터, 1947년 6월 22일 미국 미주리주 홀트.
- 24시간: 1825밀리미터, 1966년 1월 7~8일 인도양 레위니옹섬 폭폭.

가장 높은 기온
1913년 7월 10일 미국 캘리포니아주 데스벨리의 그린란드 랜치(현재 푸르나스 크릭)에서 섭씨 56.7도가 기록되었다. 2012년 9월 13일 세계 기상 기구의 인증을 받았다.

가장 낮은 기온은 섭씨 영하 89.2도로, 1983년 7월 21일 남극의 보스토크 연구 기지에서 측정되었다.

인명 피해가 가장 많았던 날씨
- 벼락(직접적): 21명 사망, 1975년 12월 23일, 로데시아 동부(현재 짐바브웨)의 마니족 신탁 토지.
- 벼락(간접적): 469명 사망, 1994년 11월 2일 이집트 드롱카에 번개가 떨어지며 석유를 싣고 가던 화물 열차 3대에 불이 붙었다. 열차 아래의 철로가 홍수 때문에 무너졌고, 불붙은 기름이 물에 실려가 마을을 덮쳤다.
- 우박: 246명 사망, 1888년 4월 30일 인도 우타르프라데시주 모라다바드 근처.

가장 무거운 우박
2010년 7월 23일, 미국 사우스다코타주 비비언에서 얼음덩이리(위)가 떨어졌다. 무게 0.88킬로그램, 너비 20.3센티미터의 초대형 우박이었으며, 미국에서 가장 커다란 우박이라는 기록을 세웠다. 한편 세계 기상 기구는 무게 1.02킬로그램의 우박이 1986년 4월 14일 방글라데시 고팔간즈 지역에 떨어진 적이 있다고 밝혔다.

가장 커다란 눈송이
1887년 1월 27일 밤, 너비 38센티미터에 두께가 20센티미터나 되는 눈송이(눈 결정이 모인 것)가 미국 몬태나주 미줄라 근처 클라크 포크강의 협곡에 떨어졌다.

가장 커다란 눈 결정은 길이가 10밀리미터로 2003년 12월 30일 케네스 리브레히트가 캐나다 온타리오주 코크런에서 발견했다.

가장 많이 열대 저기압이 발생한 해
2020년 전 세계 총 104개의 열대 저기압이 발생했다. 그중 30개는 **대서양**에서 생겨나 연간 기록을 넘어섰다.

무엇이든 물어보세요!

기네스 세계 기록에서 기상학 자문가로 활동하고 있는 랜들 세르베니와의 인터뷰.

수많은 날씨 기록 중에 어떤 날씨가 가장 충격적이었나요?
번개와 관련된 기록이랍니다! **가장 길게 번쩍인 번개**(위)는 2020년에 미국 남부를 768킬로미터나 가로질렀어요. 영국 런던에서 독일 함부르크까지의 거리죠. 또 **가장 오랫동안 지속된 번개**는 17.1초 동안 하늘을 밝혔답니다.

기후 기록을 승인하기까지 오래 걸리는 이유는 무엇인가요?
관측을 할 때 절차를 올바르게 따랐는지 정확히 확인해야 해요. 장비도 제대로 작동해야 하고요. 꼼꼼히 조사를 하려면 시간이 걸린답니다.

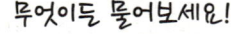

기후 변화로 날씨가 점점 더 극단으로 치닫는 것 같은데, 어떻게 생각하시나요?
맞아요, 저는 걱정이 많이 됩니다. 기후 변화에는 여러 이유가 있고, 실제로 변화가 일어나기까지는 특정 소요 시간이 필요해요. 예를 들어 화산 폭발로 인한 기후 변화는 1~4년 정도 지속돼요. 지구의 공전 궤도가 바뀌면 수천 년에 걸쳐 기후 변화가 일어나고요. 인류에 의한 기후 변화는 수십 년에 걸쳐 일어나요. 이 모두가 날씨와 기후에 영향을 주지요. 우리는 앞으로 우리가 나아가야 할 방향에 경각심을 가져야 합니다.

우리는 왜 날씨에 관심을 가질까요?
날씨는 하루도 빠짐없이 우리의 일상생활에 영향을 주기 때문이에요. 우리의 정체성과 살아가는 방식에 필수적인 부분이지요.

가장 오랫동안 뜬 무지개
2017년 11월 30일, 타이완 양밍산 꼭대기에 오전 6시 57분부터 오후 3시 55분까지 8시간 58분 동안 무지개가 떠 있었다.

가장 따뜻한 달
코페르니쿠스 기후 변화 서비스에 따르면 2023년 7월 전 세계 평균 기온은 섭씨 16.95도로, 1991년부터 2020년까지 7월의 평균 기온보다 섭씨 0.72도가 더 높았다. 기온이 오르면서 산불이 자주 일어났는데, 그리스 로도스섬(아래)에서는 산불 때문에 1만 9000명이 구조되기도 했다.

가장 오랫동안 지속되었던 열대 저기압

아직 세계 기상 기구의 승인을 받지는 못했지만, 열대 저기압 '프레디'는 그 어떤 폭풍보다 오래 살아남았다. 2023년 2월 6일부터 3월 11일까지 오스트레일리아 북서쪽 연안에서 시작되어 모잠비크 켈리마네 근처에 비를 퍼부을 때까지 33일 동안 지속되었다고 추정된다. 오른쪽 위성 사진은 2023년 2월 24일 모잠비크 위에 있던 프레디의 모습이다. 현재 공식 기록은 열대 저기압 '존'으로, 1994년 8월 11일부터 9월 11일까지 31일 동안 지속되었다. 프레디는 지나가는 자리마다 파괴의 흔적을 남겼다. 홍수를 일으켜 말라위의 도로를 갈가리 찢어 놓고(아래 큰 사진), 마다가스카르와 모잠비크의 잠베지아주에도 피해를 주었다(아래).

아직 조사 중이지만, 프레디는 폭풍누적에너지(ACE)도 가장 큰 것으로 추정된다.

열대 저기압 프레디는 오스트레일리아 북서쪽 해안에서 시작되었으며 마다가스카르에 비를 뿌린 뒤 모잠비크를 2번 강타했다. 아래 표시된 점의 색상은 지속 풍속 추정치이다. 세력이 가장 강했을 때 프레디의 풍속은 시속 약 270킬로미터였으며 영향을 준 범위는 1만 1000킬로미터가 넘었다. 한편 현재 **가장 멀리 이동한 열대 저기압** 존은 1994년 1만 3280킬로미터에 영향을 미쳤다.

사피어-심프슨 열대 저기압 풍속 등급
- 열대 저압부: 시속 62킬로미터 이하
- 열대 폭풍: 시속 63~118킬로미터
- 1등급: 시속 119~153킬로미터
- 2등급: 시속 154~177킬로미터
- 3등급: 시속 178~208킬로미터
- 4등급: 시속 209~251킬로미터
- 5등급: 시속 252킬로미터 이상
- 시작 ● 끝 → 이동 방향

3월 11일: 모잠비크 켈리마네.

2월 20일: 모리셔스 북부 140킬로미터 떨어진 곳에서 4등급 기록.

2월 6일: 1등급 열대 저기압.

2월 14일: 5등급 열대 저기압으로 올라감.

2월 21일: 마다가스카르 마난자리 근처 상륙.

2월 24일: 모잠비크 빌란쿨로 근처 상륙.

자연의 세계
종합

가장 오래된 박쥐 골격
작은박쥐류인 이카로닉테리스는 5200만 년 전 에오세 초기에 화석 2개가 발견되면서 알려졌다. 화석은 미국 와이오밍주 그린리버 지층의 화석호 퇴적물에서 나왔다. 발굴 기록은 2023년 4월 12일 《플로스 원》에 게재되었다.

가장 오랫동안 잠들어 있던 동물
기존에 알 수 없는 선충의 일종으로 여겨졌던 파나그로라이무스 콜리마엔시스는 무려 4만 6000년 동안 잠들어 있다가 깨어났다. 이 선충류 동물은 러시아의 시베리아 북동쪽 콜리마강 근처의 영구 동토층에서 채집되었는데, 후에 연구실에서 부활했다.

가장 독성이 강한 거미
브라질떠돌이거미와 오스트레일리아깔때기그물거미는 가장 독성이 강하다. 한 번만 물려도 죽음에 이를 수 있으며, 가장 치명적인 좋은 수컷 시드니깔때기그물거미다. 위의 사진은 가장 큰 독거미로 기록된 헤라클레스로 다리 너비가 7.9센티미터에 이른다. 2024년 초에 발견되어 거미에 물린 사람들을 돕는 공원에 기증되었다.

가장 밀도가 높은 페어리 서클 (요정의 원)
아프리카 남부와 오스트레일리아의 초원에는 일정한 무늬가 있는 특이한 땅이 곳곳에 있다. 무늬는 저절로 생겼다는 설과 곤충의 서식지라는 설 등이 있지만 정확한 이유는 아직까지 밝혀지지 않았다. 페어리 서클의 밀도가 가장 높은 곳은 오스트레일리아 서부의 필바라로, 1헥타르당 원이 78개까지 나타났다.

가장 완전한 형태의 플리오사우루스 두개골
2022년, 쥐라기 해양 파충류의 두개골이 영국 도싯에 있는 절벽에서 발굴되었다. 아마추어 화석 수집가인 필 제이콥스가 해변에서 발견했고, 지역 고생물학자인 스티브 에체스(오른쪽) 박사가 이빨 130개 포함 약 95퍼센트를 복원했다. 두개골의 나이는 1억 5000만 년 전까지 거슬러 올라간다.

두개골은 현재 발굴한 곳과 가까운 도싯주 키머리지의 에치스 컬렉션 박물관에 있다.

화석이 된 가장 오래된 숲
영국 서머싯주 행맨 사암 지대에서 지층을 연구하던 과학자들은 우연히 3억 9000만 년 된 숲을 발견했다. 숲에는 데본기 중반까지 거슬러 올라가는 클라독시로프시드스(양치식물과 가깝다고 추측되는 멸종 식물)의 나무 기둥과 부러진 나뭇가지가 있었다. 이 발견은 2024년 2월 23일 《지질학회》에 게재되었다.

목이 가장 긴 공룡
2023년에 발표된 연구에 따르면 용각류 공룡 마멘키사우루스는 목의 길이만 15.1미터나 되는 초식 공룡이었다. 현존하는 동물 중 **가장 목이 긴 수컷 기린**의 목보다 6배 더 길다. 1억 6200만 년 전 쥐라기 후기에 살았으며, 1987년 중국의 신장 위구르 자치구에서 처음 화석이 발굴되면서 존재가 알려졌다.

멸종 동물에게서 최초로 복원된 알엔에이(RNA)
살아 있는 모든 세포에 있으며 디엔에이(DNA)와 비슷한 RNA는 생물의 중요한 구성 성분이다. 2023년 9월, 스웨덴의 연구팀은 132년 된 태즈메이니아주머니늑대의 박물관 표본에서 RNA를 추출했다. 마지막 태즈메이니아주머니늑대는 1936년 오스트레일리아 태즈메이니아의 호바트 동물원에서 죽었다.

몸 크기 대비 가장 커다란 숙변
2018년 7월 21일, 미국 플로리다주 코코아비치에서 발견된 암컷 북부말린꼬리도마뱀의 위장 속에 22그램의 대변이 들어 있었다. 절반 정도 소화된 물질은 기름진 음식과 모래가 섞인 것으로 보이며 북부말린꼬리도마뱀 몸무게의 78.5퍼센트를 차지했다. 살아 있는 동물 중 몸 크기에 비해 몸속에 가장 많은 똥이 들어 있었다고 추측된다.

가장 멀리 활강하는 곤충

2023년의 연구에서 난초사마귀 유충이 수평으로 평균 6.09미터까지 미끄러져 내려갔다고 보고되었다. 어떤 난초사마귀는 14.7미터까지 활강하기도 했다. 난초사마귀는 처음 활강하는 모습이 관찰된 날개 없는 절지동물이다.

▶ 가장 높은 지위에 오른 펭귄

킹펭귄인 닐스 올라프 3세 경은 2023년 8월 21일 영국 에든버러 동물원에서 노르웨이 왕실 근위대의 소장이자 부베섬 남작으로 진급했다. 1972년 노르웨이 왕실 근위대는 동물원을 방문하여 펭귄을 마스코트로 입양했고 올라프 5세의 이름을 따서 붙이며 일병 계급을 주었다. 그 후, 펭귄 2마리가 뒤를 이어받았고 모두 '닐스 올라프'로 불렸다. 이 위풍당당한 조류의 지위는 꾸준히 오르고 있다.

몸길이가 가장 작은 개구리

몸길이가 7.7밀리미터인 페이도프리네 아마우엔시스는 2012년에 세운 기록을 2024년 2월 더 작은 개구리에게 넘겨주었다. 《줄로지카 스크립타》에 따르면 수컷 브라질 벼룩두꺼비는 주둥이부터 항문까지 길이가 7.1밀리미터이며, 6.5밀리미터밖에 되지 않는 경우도 있다. **가장 작은 양서류**이자 **가장 작은 사지동물**로, 모든 척추동물 중에서도 가장 작은 종 중 하나이다.

알을 낳는 가장 희귀한 포유동물

수십 년 동안 애튼버러긴코가시두더지는 1961년 인도네시아 파푸아주에서 죽은 채 발견되었다고 알려졌다. 하지만 2023년 11월, 파푸아주에서 멀리 떨어진 사이클롭스산맥에서 살아 있는 성체가 먹이를 찾는 모습이 영상으로 공개되었다. 영국 옥스퍼드 대학교의 과학자들이 설치한 카메라에는 발자국이 찍히기도 했다. 현재 몇 마리가 있는지는 알려지지 않았다.

평생 가장 많은 새를 발견한 사람

미국의 피터 캐스트너는 2024년 2월 9일 1만 번째 특이한 새를 찾아냈다. 필리핀 민다나오섬에서 주황털거미잡이새를 발견하며 세운 기록이다. 그는 『IOC 세계 조류 목록』을 안내서로 삼아 64년을 새 관찰에 바쳤다. 콜롬비아에서 발견된 새로운 땅개미새의 학명은 그의 이름을 따서 '그랄라리아 카에이스트너리'가 되었다.

가장 높이 자란 옻나무 덩굴

2023년 3월 12일, 캐나다의 로버트 페드록은 캐나다 온타리오주 파리에서 20.75미터 높이로 자란 옻나무를 발견했다. 옻나무 잎은 피부에 닿으면 간지럼을 일으키며, 북아메리카와 아시아가 원산지이다.

사육 중인 가장 나이가 많은 동물

- **고릴라**: 파토우라는 이름의 암컷 서부로랜드고릴라는 1959년부터 독일의 베를린 동물원에서 살고 있다. 동물원에 처음 왔을 때 2살로 추정되었고 2024년에는 67번째 생일잔치를 했다(동물원은 4월 13일을 파토우의 생일로 정했다).
- **나무늘보**: 수컷 린네두발가락나무늘보 얀은 2023년에 53살이 되었으며 1986년 4월 30일부터 지금까지 독일의 크레펠트 동물원에 살고 있다. 야생에서 두발가락나무늘보의 평균 수명은 대략 20년이다.
- **웜뱃**: 애기웜뱃 웨인은 2024년 1월 31일에 최소 34살 86일이 되었다. 일본 오사카부 이케다에 있는 사츠키야마 동물원에서 인증받았다.

가장 많은 꽃이 자라는 난초 (단경성난)

캐나다의 케빈 엥글리슈가 돌본 팔레놉시스 난초는 2023년 3월 30일 캐나다 온타리오주 워털루에서 131송이의 꽃을 피웠다. 단경성난은 하나의 줄기가 위로 자라며, 잎사귀는 다른 잎을 따라 번갈아 자란다. 팔레놉시스는 흔히 호접란이라 불린다.

사육 중인 가장 나이가 많은 오랑우탄

1961년 즈음 야생에서 태어나 1964년에 포획된 수마트라 오랑우탄 벨라는 2024년에 최대 63살이 된 것으로 추정된다. 1964년 4월 15일부터 독일 함부르크의 하겐베크 동물원에서 살고 있다. 오랑우탄은 야생에서 보통 35~40년 정도 산다.

ICON

제우스

그 레이트데인은 대형 견종 중에서도 압도적인 크기로 유명하다. 그중 기네스 세계 기록이 인증한 역대 가장 큰 수컷 개, 제우스를 만나 보자.

제우스는 의외로 평균 크기의 부모에게서 성체로 태어났다. 그래서 미국 미시간주 오체고에 살던 돌킨 가족은 반려견의 엄청난 크기에 대비하지 못했다. 제우스는 '운순한 거인'이었다. 대니스 돌킨은 제우스에 대해 이렇게 전했다. "제우스는 지구 일하던 병원에서 반려동물 치료사로 활동했어요. 너무 어린 사람들의 무릎에 앉는 걸 좋아했죠. 물론 거대한 반려동물과 사는 것은 어려운 일이다. 돌킨 가족은 제우스의 엄청난 식욕과 키에 맞는 제우스만이 되는 수의사의 조언 사이에서 균형을 맞추어야 했다.

사진에서 제우스는 역대 가장 큰 양컷 개 모건과 함께 있다. 어깨까지의 키가 98.15센티미터인 모건은 캐나다의 데이브와 캐시 페인의 반려동물이다. 모건은 잉글리시 그레이트데인 평균 키보다 10센티미터가 더 컸다. 안타깝게도 2014년에 우스와 모건 모두 세상을 떠났다.

개 소개

이름	제우스
생애	2008년 11월 26일~2014년 9월 3일
견종	그레이트데인
현재 보유한 세계 기록	● 역대 가장 큰 개 : 어깨까지 높이가 111.8센티미터 총 길이 223센티미터
뒷다리를 딛고 서울 때의 키	
가장 좋아하는 음식	코스트코 치조와 통조림 고기를 섞어서 익힌 닭고기

돌킨 가족은 15마리의 강아지 중 제우스를 골랐다. 제우스를 고른 이유는 새끼였다. "검정 강아지를 원했어요. 제우스의 몸이 제일 검었지요."

제우스는 뒷발을 딛고 서일 때의 키가 2미터가 넘어서 어린이들은 가끔 제우스를 말로 취급하기도 했다.

에이미와 케빈 돌킨 가족을 접신한 제우스와 돌킨 가족의 사진.

키다리 하운드들의 역사

2004 킹 트리코 부부: 2007년 107센티미터인 검둥과 10.16센티미터로 당시 세계에서 가장 작은 개로 부부가 만났다.

2012 젤다: 모건 이전 최장신 암컷 개로 94.93센티미터였다. 개의 흉상도를 가지는 대회에서 4번 우승한 경력도 있다.

2014 자이: 96.4센티미터로 함께 최장신이었던 암컷 개다. 미국 플로리다주에서 주인과 함께 살았다.

2016 프레디: 클레어 스톤맨의 반려동물인 프레디는 섰을 때의 키가 103.5센티미터였다.

2022 제우스: 이름이 같은 또 다른 개로, 브리타니 데이비스의 반려동물이다. 104.6센티미터로 살아 있는 개 중 최장신이다.

제우스의 체중은 8킬로그램이었다. 부부(아래)와 같은 치와와보다 30배 더 무겁다.

제우스에 대해 더 알고 싶다면 https://www.guinnessworldrecords.com/2025에 방문해 보자.

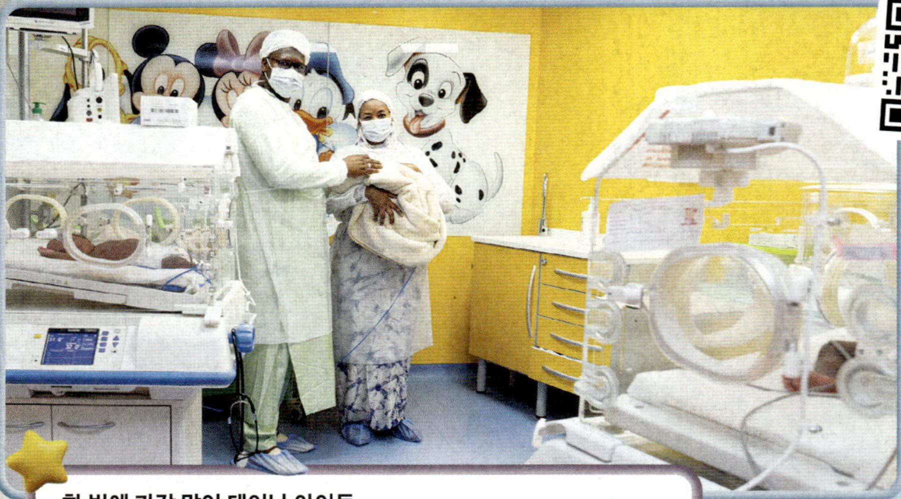

사람

한 번에 가장 많이 태어난 아이들

2021년 5월 4일, 말리의 할리마 시세와 압델카 아비는 자랑스러운 아홉 쌍둥이의 부모가 되었다. 모로코 카사블랑카에 있는 아인 보르자 병원에서 딸 5명과 아들 4명을 낳은 것이다. 아기들은 예정일보다 이른 30주에 제왕절개술로 태어났다. 아홉 쌍둥이는 생후 19개월 동안을 모로코에서 보낸 뒤, 2023년 5월 고향 말리로 돌아갔다. 아이들의 두 번째 생일 파티는 가족이 가장 좋아하는 텔레비전 쇼인 〈미라큘러스〉에서 열렸다. 아이들의 이름은 아다마, 바, 엘하지, 파투마, 하와, 카디디아, 무함마드 6세, 우마르, 우무이다.

목차	
역대 가장 큰 사람	62
크기로 기록을 세운 사람들	64
노인들	66
문신	68
머리카락과 수염	70
최고의 형제자매들	72
놀라운 인체	74
보디빌더	76
종합	78

할리마는 대부분의 임신 기간 동안 배 속의 아이들이 7명'뿐'인 줄 알았다!

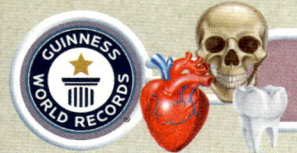

사람

역대 가장 큰 사람

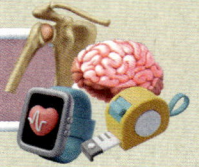

키가 가장 큰 사람만큼 자주 논쟁이 되었던 기록은 찾아보기 힘들다. 기네스 세계 기록조차 '후원인들의 경제적 사항을 참작하여 신장을 왜곡시킨 경우'를 매번 제대로 가려내지는 못했다. 정확한 기록 정보 전달을 위해 기네스 세계 기록이 인증한 역대 가장 큰 사람을 포함, 1900년 이후 반박의 여지가 없는 남성 14명과 여성 2명을 소개한다.

존 로건 (미국)
어른이었을 때 똑바로 설 수 없어 건강 검진을 통해 키를 쟀다.
1867~1905년
267센티미터
1900~1905년

표도르 마훈노프 (벨라루스)
자신의 모습을 보여주며 돈을 벌 때 '매드 맥스'라는 별명으로 불렸다.
1878~1912년
239센티미터
1905~1912년

프레더릭 켐스터 (영국)
1889~1918년
237센티미터
1912~1918년

버나드 코인 (미국)
1897~1921년
254센티미터
1918~1921년

엘레드 크레이머 (세네갈)
서커스 연기자로 일했으며, 관을 해체해드린다고 놀리기도 했다.
1897~1976년
237.5센티미터
1921~1933년

로버트 워들로 (미국)
1918~1940년
272센티미터
1933~1940년

뵈이에 밀리터레 (핀란드)
가장 키가 큰 군인이기도 했으며, 최장신 기록을 가장 오래 누렸다.
1909~1963년
251센티미터
1940~1959년

존 캐럴 (미국)
등이 휘었던 탓에 서서 측정한 키는 243.6센티미터였다.
1932~1969년
263.5센티미터
1959~1969년

출생 및 사망 연도　　키　　살아 있는 동안 세계 기록을 보유했던 해

 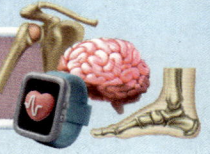

사람
노인들

최고령 게임 스트리머 (남성)
중국의 '할아버지 게이머' 양빙린(1935년 12월 10일생)이 중국 쓰촨성 루저우에서 88살 15일이 된 2023년 12월 25일에 최고령 게이머로 인증받았다. 중국의 동영상 플랫폼 빌리빌리에서 크리에이터로 활발히 활동하며 27만 3000명의 구독자를 두고 있다.

역대 최고령 전문 피아니스트
2023년 7월 1일, 프랑스의 콜레트 마제(1914년 6월 16일~2023년 11월 19일)가 109살 15일에 새 클래식 음반을 발매하여 **최고령 피아니스트가 낸 앨범** 기록을 세웠다. 「109년 피아노 인생」이라는 제목의 이 음반은 2004년 90살에 녹음을 시작한 그의 7번째 앨범이다.

최고령 기록

• 홀로코스트 생존 쌍둥이
헝가리 태생 쌍둥이인 페테르 쇼모기와 토마스 시몬(1933년 4월 14일생)은 1944년 7월 9일부터 폴란드에 있는 아우슈비츠 수용소에 갇혀 있다가 1945년 1월 풀려났으며, 2023년 10월 10일 90살 179일에 기록을 인증받았다.
홀로코스트를 겪은 쌍둥이 중 홀로 생존한 사람은 당시 유고슬라비아에서 태어난 아네타 아블(1924년 2월 4일생)로, 2024년에 100살이 되었다.

• 세쌍둥이 (남성)
2023년 11월 2일, 미국의 래리 A 브라운과 론 B 브라운, 진 C 브라운(1930년 12월 1일생)이 92살 336일에 미국 미주리주 레이모어에서 최고령 세쌍둥이로 인증받았다.

• 2인 낙하산 점프
스웨덴의 루트 린네아 잉게르드 라르손(1918년 9월 12일생)이 2022년 5월 29일, 103살 259일에 스웨덴 웨스테르예틀란드주 모탈라 상공에서 다이빙 전문가와 함께 뛰어내렸다.
가장 많은 나이에 실내 스카이다이빙을 한 사람은 노르웨이의 이바르 크리스토페르센(1921년 1월 8일생)으로, 2023년 6월 28일 102살 171일에 기록을 인증받았다.

• 윙 워커
영국의 존 시몬즈(1928년 2월 2일생)가 2023년 6월 20일, 95살 138일의 나이에 비행기를 타고 영국 글로스터셔주 사이런세스터 하늘 위를 걸었다.

• 오토바이 대회 참가자
뉴질랜드의 레슬리 해리스(1925년 2월 26일생)가 97살 344일에 2023년 2월 5일 뉴질랜드 오클랜드 푸케코헤에서 열린 제43회 클래식 오토바이 축제에 참가했다.

• 치과 의사
일본의 와타나베 에쓰로(1924년 10월 31일생)는 2024년 3월 12일 기준 99살 133일의 나이에도 일본 야마나시현 미나미쓰루에서 치과 진료를 했다.

• 철도 기관사
2024년 2월 20일, 81살 233일이 된 미국의 헬렌 안테누치(1942년 7월 2일생)는 미국 매사추세츠주 보스턴에 있는 철도국에서 일하고 있다.

가장 많은 나이에 수상 스키를 탄 사람 (여성)
2023년 8월 8일, 미국의 드완 제이콥슨 영(1931년 5월 1일생)이 92살 99일의 나이에 미국 아이다호주의 베어호를 누볐다. 그는 이렇게 조언했다. "나이를 먹었다고 새로운 스포츠에 도전하는 걸 두려워하지 마세요. 여러분은 생각보다 능력이 많답니다."

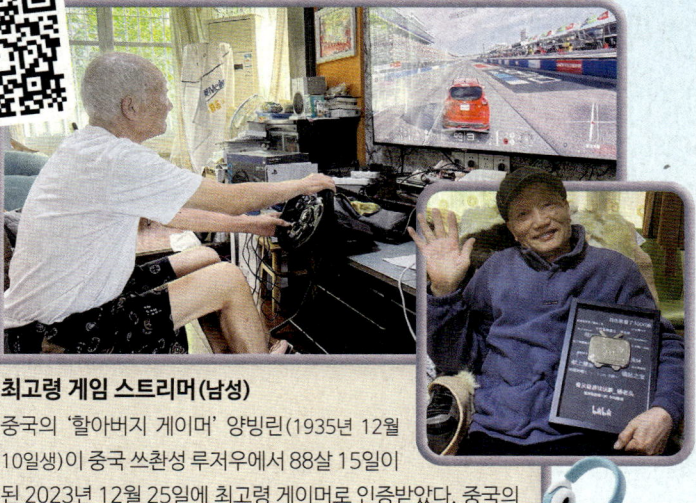

푯백 선수들은 콩 주머니를 땅에 떨어뜨리지 않고 얼마나 오래 차는지를 두고 겨룬다.

최고령 풋백 참가자
미국의 켄 몰러(1947년 7월 14일생)가 75살 331일에 2023년 미국 오픈 풋백 챔피언십에 참가했다. 대회는 펜실베이니아주 이리에서 열렸으며, 그는 중급 프리스타일 루틴 부문에 참가하여 1위를 기록했다!

역대 세계 최고령 10명

이름	나이
잔 칼망 (프랑스, 1875년 2월 21일~1997년 8월 4일)	122살 164일
타나카 카네 (일본, 1903년 1월 2일~2022년 4월 19일)	119살 107일
세라 크나우스 (미국, 1880년 9월 24일~1999년 12월 30일)	119살 97일
루실 랑동 (프랑스, 1904년 2월 11일~2023년 1월 17일)	118살 340일
마리-루이스 메이유 (캐나다, 1880년 8월 29일~1998년 4월 16일)	117살 230일
바이올렛 브라운 (자메이카, 1900년 3월 10일~2017년 9월 15일)	117살 189일
엠마 모라노 (이탈리아, 1899년 11월 29일~2017년 4월 15일)	117살 137일
미야코 치요 (일본, 1901년 5월 2일~2018년 7월 22일)	117살 81일
델피아 웰포드 (미국, 1875년 9월 9일~1992년 11월 14일)	117살 66일
마리아 브라뇨스 모레라 (에스파냐/ 미국 출생, 1907년 3월 4일생)	117살 51일

* 모든 나이는 2024년 4월 24일 기준으로, 노인학 연구소의 확인을 받았다.

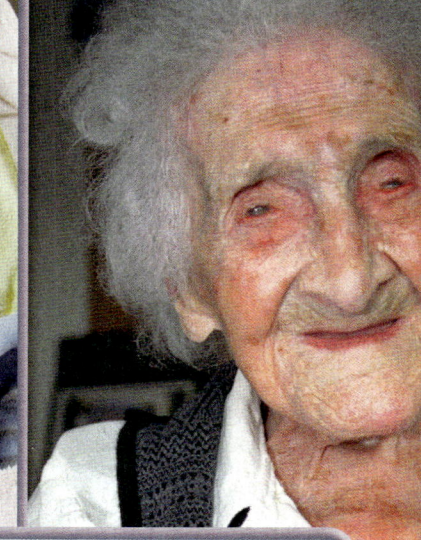

역대 가장 오래 산 노인

프랑스의 잔 칼망(1875년 2월 21일~1997년 8월 4일)은 122살 164일까지 살았다. 지금까지 사실로 입증된 인간의 최고 수명이다. 에펠 탑이 완공되기 14년 전에 태어난 그는 10대 시절에 빈센트 반 고흐를 만났고, 100살까지 자전거를 탔다. 그는 장수의 비결로 올리브유를 듬뿍 넣은 음식을 꼽았다.

역대 최고령 남성은 일본의 키무라 지로에몬(1897년 4월 19일생, 위에서 왼쪽)이며, 2013년 6월 12일에 116살 54일의 나이로 세상을 떠났다.

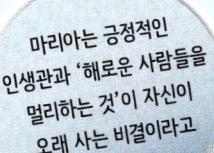

마리아는 긍정적인 인생관과 '해로운 사람들을 멀리하는 것'이 자신이 오래 사는 비결이라고 밝혔다.

현재 세계 최고령 10명

이름	나이
마리아 브라뇨스 모레라 (에스파냐/ 미국 출생, 1907년 3월 4일생)	117살 51일
이토오카 토미코 (일본, 1908년 5월 23일생)	115살 337일
이나 카나바로 루카스 (브라질, 1908년 6월 8일생)	115살 321일
엘리자베스 프랜시스 (미국, 1909년 7월 25일생)	114살 274일
에델 케이터햄 (영국, 1909년 8월 21일생)	114살 247일
하야시 오카기 (일본, 1909년 9월 2일생)	114살 235일
마쓰모토 마사 (일본, 1909년 11월 29일생)	114살 147일
샤를로프 크레슈만 (독일, 1909년 12월 3일생)	114살 143일
오카자와 이나 (일본, 1910년 3월 10일생)	114살 45일
시로이시 히사코 (일본, 1910년 5월 19일생)	113살 341일

* 모든 나이는 2024년 4월 24일 기준으로, 노인학 연구소의 확인을 받았다.

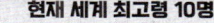

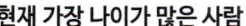

현재 가장 나이가 많은 사람

미국에서 태어난 마리아 브라뇨스 모레라(에스파냐, 1907년 3월 4일생)는 2024년 4월 24일 117살 51일이 되었다. 23년 동안 같은 양로원에서 지내고 있는 마리아는 놀라울 정도로 건강한 모습을 자랑하며 4살 때 일도 기억한다고 한다. 게다가 X 계정도 있는데, 프로필에는 이렇게 쓰여 있다. '나는 늙었어. 매우 늙었지. 하지만 바보는 아니야.'

한편 기네스 세계 기록은 베네수엘라의 후안 비센테 페레스 모라(1909년 5월 27일생, 오른쪽)가 2024년 4월 2일 114살 311일의 나이에 세상을 떠났다는 소식을 들었다. 후안은 역대 4번째로 오래 산 남성으로 인증받았다.

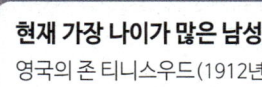

현재 가장 나이가 많은 남성

영국의 존 티니스우드(1912년 8월 26일생)가 2024년 4월 24일 기준, 111살 242일이 되었다. 제2차 세계 대전 참전 용사로서 현재 영국 머지사이드주의 요양원에서 지내고 있으며, 자신의 장수 비결을 "온전히 운이 좋았다."라고 말한다. 매주 금요일마다 피시 앤 칩스를 먹고 '자신이 태어나기 20년 전에 출범한' 리버풀 FC의 열혈 팬이다.

사람

문신

같은 밴드의 문신을 가장 많이 한 사람

밴드 메탈리카의 열렬한 팬인 노르웨이의 톰 M 엥엘브레흐는 43개의 문신을 했다. 그중에는 밴드의 기타리스트 커크 해밋(오른쪽 두 번째)과 제임스 헷필드(오른쪽 아래)의 연주 모습도 있다. 2023년 12월 5일에 인증받았다.

토끼 문신을 가장 많이 한 사람

영국의 크레이그 에반스는 2023년 11월 20일, 영국 카디프에서 69번째 토끼 문신을 했다. 2009년 7월부터 열광적인 토끼 마니아가 된 그는 타투이스트들이 원하는 대로 자유롭게 해석해서 토끼 문신을 그릴 수 있게 하기를 좋아한다.

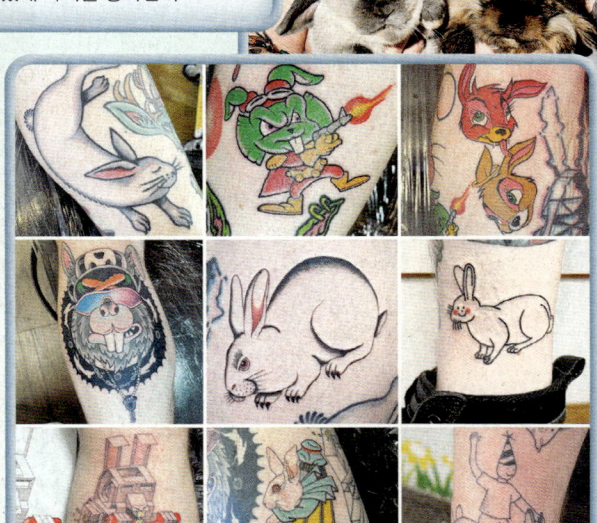

> **기네스 세계 기록에게…**
> 게임 <콜 오브 듀티>를 테마로 문신하면서 <콜 오브 듀티: 모던 워페어>를 할 거예요. 문신이 끝날 때까지 게임을 멈추지 않을 겁니다. 문신을 아주 크게 할 거거든요!

▶ 문신을 가장 많이 한 남자

오스트레일리아의 럭키 다이아몬드 리치는 1000시간이 넘게 온몸을 다양한 색깔로 문신했다가, 검은 물감으로 100퍼센트 뒤덮었다. 그러고는 피부 맨 위에 흰색과 여러 색의 문신을 더해, 현재는 200퍼센트 넘게 문신을 한 것으로 추정된다.
2024년 기네스 세계 기록이 만난 맥스 맥스(오른쪽) 역시 럭키처럼 온몸에 문신을 했다. 무려 전체 다 스스로 했다고 한다.

가장 큰 문신 예술 작품

2023년 7월 5일, 고인이 된 래퍼 테이크오프를 기리기 위해 미국의 애틀랜타 잉크, 아이언 팜 타투스, 페세 누와르가 7.39제곱미터의 초상화를 제작했다. 실리콘 위에 문신을 해서 만들었다.

ICON

▶ 역대 문신을 가장 많이 한 여성

미국의 에스퍼란스 푸에르치나는 몸의 99.98퍼센트에 문신했다. 2023년 9월 22일 멕시코 티후아나에서 인증받은 기록이다. 두피부터 발끝까지 몸의 대부분을 문신으로 덮기까지 약 10년이 걸렸으며, 여기에 더해 눈꺼풀과 잇몸, 혀에도 문신을 했다. 심지어 눈의 흰자위에도 검은색 물감을 넣었다.

2024년 2월 기준, 에스퍼란스는 몸의 형태를 89번 바꾸어 **최다 신체 개조 기록(여성)**도 세웠다. 이전 기록은 40번으로 10년이 넘도록 깨지지 않고 있었다. 그는 얼굴에 보형물을 5번 넣었고, (조직을 늘리기 위해) 구멍을 뚫는가 하면, 여러 곳에 피어싱도 했다. 이러한 시술은 위험이 따르고 고통스럽지만, 그는 이 모두를 진화의 과정으로 받아들인다고 말했다. "저는 제 몸의 형태를 바꾸며 인간의 몸이 어디까지 개조가 가능한지 알고 싶었어요."

아야! 겨드랑이는 매우 민감해서 문신을 받을 때 가장 아픈 곳 중 하나다.

배는 작약 무늬로 장식했다.

에스퍼란스는 피부밑 조직에 물질을 넣는 피하 이식을 13번 했고, 더 할 계획이다.

에스퍼란스는 자신의 보디 아트에 대해 '나를 어디로든 데리고 가 주는 추억의 집합체'라고 말했다.

발가락 사이에도 문신을 했다. 발도 문신을 할 때 매우 고통스러운 곳 중 하나다. 게다가 무척 간지럽기까지 하다!

머리카락과 수염

사람

수염을 가장 길게 기른 여성
2023년 2월 8일 미국 미시간주 카로에서 에린 허니컷(미국)의 수염 길이가 30센티미터로 확인되었다. 다낭성 난소 증후군의 부작용으로 털이 과도하게 자랐다고 한다.
캐나다의 사르완 싱은 2022년 10월 15일, 2.54미터의 수염 길이로 **남성** 기록을 인증받았다.

가장 기다란 수제 가발
나이지리아의 헬렌 윌리엄스는 2023년 7월 7일 나이지리아 라고스에서 351.28미터에 달하는 가발을 만들었다. 헬렌은 8년째 가발 제작 일을 하고 있으며, 이번 가발을 만들기까지 11일 동안 머리 뭉치 1000다발과 머리핀 6250개, 풀 35통과 헤어스프레이 12통을 썼다고 한다.

가장 높은 머리 모양
시리아의 다니 히스와니는 2022년 9월 16일, 아랍에미리트 두바이에서 머리를 2.9미터 높이의 크리스마스트리 모양으로 꾸미고 장식품까지 달았다.

면적이 가장 넓은 가발
오스트레일리아의 대니 레이놀즈가 2022년 11월 12일 오스트레일리아 애들레이드에서 자전거 헬멧과 수영장용 튜브로 틀을 잡은 2.58미터 너비의 가발을 선보였다.

턱수염에 막대 사탕을 가장 많이 꽂은 사람
미국의 조엘 스트래서는 2023년 12월 9일 미국 아이다호주 머리디언에서 구레나룻에 지팡이 사탕을 187개나 꽂았다. 그는 **바비큐 꼬치**(600개)와 **턱수염 장식**(710개), **담배 파이프 청소 도구**(1150개), **면봉**(2470개) 등을 자신의 북슬북슬한 얼굴에 꽂아 이미 여러 개의 **최다 기록** 보유자다.

가장 높다란 모히칸 스타일
2021년 4월 16일, 미국의 조셉 그리사모어가 미국 미네소타주 파크 래피즈에서 1.29미터 높이의 모히칸식 머리를 공개했다. 그는 2년 전에 이미 **머리 전체를** 1.08미터 높이의 **모히칸 스타일로 세워 최고 기록**을 달성한 바 있다. 머리 모양을 만들기 위해 고정 스프레이를 반 통이나 썼다고 한다.

가장 긴 머리카락을 기부한 사람
미국의 자하브 카말 칸은 2021년 8월 26일, 17년 동안 기른 길이 1.55미터의 머리카락을 미국 버지니아주 매클레인에 있는 탈모 어린이를 위한 재단에 기부했다. **남성** 기록은 일본의 후쿠시마 코다이가 2023년 4월 17일에 기록한 83센티미터다.

가장 커다란 아프로 스타일
미국의 애빈 두가스의 머리는 두피에서 머리끝까지의 높이가 26센티미터, 지름은 1.65미터에 이른다. 2022년 9월 11일 미국 루이지애나주 곤잘레스에서 측정되었다.

전미 턱수염 및 콧수염 챔피언십
2023년 11월 3일, 북슬북슬한 얼굴을 한 사람들이 미국 플로리다주 데이토나 비치에서 기록 3개를 달성하려 모였다.
• **가장 기다란 턱수염 사슬**(아래): 59.51미터, 86명 참여.
• **가장 기다란 콧수염 사슬**(오른쪽): 6.19미터, 27명 참여.
• **가장 기다란 부분 턱수염 사슬**(염소수염, 구레나룻, 카이저수염 등): 13미터, 24명 참여.

최고의 형제자매들

생일이 모두 같은 가족
2019년 기준, 파키스탄 라르카나에 사는 망기 가족 9명은 생일이 모두 8월 1일이다. 아빠 아미르, 엄마 쿠디자, 7명의 자녀들 모두 같은 날 태어난 것이다. 이들은 **생일이 가장 많이 겹치는 형제자매 기록**도 동시에 세웠다.

태어난 해의 10년 단위가 최초로 다른 쌍둥이
조슬린 그레이스 길렌 텔로는 미국 인디애나주에서 2019년 12월 31일 밤 11시 37분에 태어났다. 쌍둥이 남매 잭슨은 30분 뒤인 오전 12시 7분에 태어났는데, 10년 단위가 다른 2020년 1월 1일을 생일로 맞게 되었다.

최초로 다른 지역에서 태어난 쌍둥이는 영국의 캐서린과 하이디 로버츠였다. 하이디는 1976년 9월 23일 오전 9시 5분, 웨일스에서 태어났다. 이어 이들의 어머니가 합병증을 일으켜 병원을 이전하면서 캐서린은 잉글랜드의 병원에서 세상 밖으로 나왔다.

가장 이르게 태어난 쌍둥이
- ⓓ **쌍둥이**: 캐나다의 아디아 레일린과 애드리얼 루카 나다라자는 예정일보다 126일 빨리 태어났다.
- ⓓ **세쌍둥이**: 영국의 루비-로즈, 페이튼-제인, 포르샤-메이 홉킨스는 예정일보다 121일 빨리 태어났다.

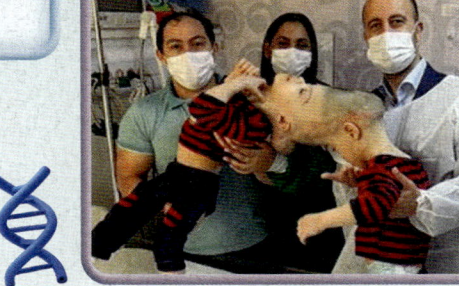

가장 오랫동안 떨어져 산 쌍둥이
미국의 엘리자베스 앤 하멜과 영국의 앤 퍼트리샤 헌트는 떨어져 산 지 77년 289일 만인 2014년 5월 1일에 다시 만났다. 1936년 2월 28일 어머니가 영국에서 둘을 낳은 뒤 각각 다른 곳으로 입양 보냈기 때문이다. 2024년 2월, 쌍둥이인 미국의 마우릴리아 차베스와 안드레아 로페즈가 헤어지고 81년 만인 2023년 12월에 만났다는 보도가 나왔다. 이 사연은 현재 기네스 세계 기록이 조사 중이다.

분리 수술을 한 최고령 머리 결합 쌍둥이
2022년 6월 8~9일, 브라질의 아서와 베르나르도 리마(2018년 8월 29일생)가 3살 284일의 나이에 분리 수술을 받았다. 이들은 머리와 뇌가 붙은 채 태어난 머리 결합 쌍둥이로, 결합 쌍둥이 중에서도 2~6퍼센트인 가장 드문 유형이다. 수술은 브라질 리우데자네이루에서 진행되었으며 27시간이 넘게 걸렸다. 노르 울 오와세 헬리니 신경외과 교수(왼쪽, 부모 아드리엘리와 안토니오와 함께)와 가브리엘 무파레즈 박사의 주도로 100여 명의 의료진이 참여했다.

가장 오래 산 결합 쌍둥이
미국의 로니와 도니 갤리언(1951년 10월 25일생)은 68살 253일의 나이에 심부전증으로 세상을 떠났다.

가장 오래 산 여자 결합 쌍둥이는 미국의 로리 린과 조지 샤펠(1961년 9월 18일생)이다. 2024년 4월 7일 세상을 떠났을 때 나이가 62살 202일이었다.

가장 높은 비율로 쌍둥이가 태어나는 나라
2020년에 발표된 135개국을 대상으로 한 연구에 따르면 코트디부아르에서 2010~2015년 사이에 출산 1000건당 24.9명의 쌍둥이가 태어났다.

최고령 네쌍둥이
영국의 앤과 어니스트, 폴, 마이클 마일스(1935년 11월 28일생)는 2023년 10월 10일 기준 87살 316일이 되었다. '세인트 네오츠의 네쌍둥이'라는 별명을 가진 이들은 어니스트 해리슨 박사의 도움을 받아 7주 일찍 세상에 나왔다. 박사는 일찍 태어나 많은 보살핌이 필요했던 네쌍둥이를 자신의 집에서 밤낮없이 돌보았다. 처음으로 무사히 태어난 네쌍둥이던 이들은 전 세계의 관심을 받으며 광고에 출연하기도 했다.

최고령 이란성 쌍둥이
영국의 엘시 파킨슨과 조지 브래들리(1927년 4월 9일생)가 2023년 7월 30일, 96살 112일의 나이로 인증을 받았다. 조지는 농부, 엘시는 보건 교사로 일하고 있다.

▶ 가장 키 차이가 큰 이란성 쌍둥이

일본의 키쿠치 요시에는 여동생 미치에보다 75센티미터 더 크다. 2023년 2월 23일 일본 오카야마에서 인증받았다. 유전 질환인 선천적 척추 이형성증을 앓고 있는 미치에는 한때 내성적인 성격이었지만 2020 도쿄 올림픽의 성화 봉송 주자로 선발되면서 한층 자신감이 생겼다. 또 54.6센티미터의 키로 **역대 최단신 남자 기록**을 세운 네팔의 찬드라 바하두르 당기의 이야기를 읽고 기네스 세계 기록에 도전할 용기를 얻었다고 한다.

▶ 키 차이가 가장 큰 일란성 쌍둥이

일란성 쌍둥이 자매인 미국의 시에나 버날(132센티미터)과 시에라(170센티미터)는 키가 38센티미터나 차이가 난다. 2018년에 미국 텍사스 톰볼에서 20살에 인증받았다. 시에나는 희귀 질환인 원시성 왜소증 때문에 키가 작다.

자매의 아버지는 절의 주지승이다. 미치에는 그곳에서 사람들을 돕는 것을 좋아한다.

사람
놀라운 인체

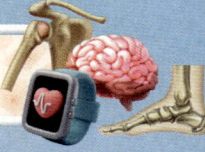

▶ **다리가 가장 긴 여성**
2020년 2월 21일 미국의 마시 커린은 키가 205.7센티미터이다. 더 놀라운 건 왼쪽 다리가 135.2센티미터, 오른쪽 다리는 134.2센티미터라는 점이다. 그는 이렇게 말했다. "키가 큰 여성들이 자신의 키를 축복이라 여기길 바라요."

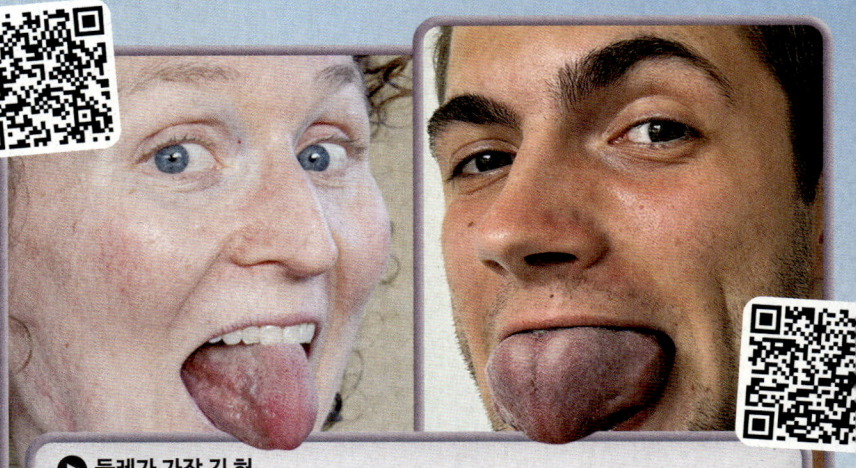

▶ **둘레가 가장 긴 혀**
미국의 브레이든 맥컬로우(오른쪽)는 자신의 혀를 골프공보다 더 큰 16센티미터까지 '부풀릴' 수 있다. 2023년 5월 23일 미국 웨스트버지니아주 그래프턴에서 측정된 기록이다. **여성** 기록은 미국의 제니 뒤밴더가 보유한 13.25센티미터로, 2023년 5월 17일 미국 오리건주 포틀랜드에서 인증받았다.

기네스 세계 기록에게…
수 년간의 연습 끝에 전 미국 국가 1절에 맞춰 방귀 소리를 낼 수 있게 되었어요. 이 노래는 길어서 저 같은 방귀 아티스트에게 무척 어려워요. 또 높은음을 내려면 엄청난 컨트롤이 필요하고, 전날 먹은 음식도 특별히 관리해야 하죠. 저희 동네 야구 팀의 이번 시즌 개막전에 제가 방귀로 국가를 연주하겠다고 신청해 두었어요. 아마 기네스 세계 기록 공식 심판을 보내셔도 될 거예요.

코가 가장 긴 사람
기록에 따르면, 18세기 영국의 서커스 공연자 토머스 웨더스는 코의 길이가 19센티미터였다고 한다. 가장 최근까지 이 기록을 보유한 사람은 코의 길이가 8.80센티미터였던 메흐메트 외지위레크였다. 하지만 그는 세상을 떠났고, 현재 기록 보유자는 없다.

허리가 가장 가는 사람
영국의 에델 그레인저는 1929년에서 1939년 사이에 허리둘레를 22인치에서 13인치까지 줄였다. 그는 점점 작은 코르셋을 입는 방식으로 서서히 허리둘레를 줄였다. 프랑스의 배우 폴레르(1874~1939년) 역시 자신의 허리둘레가 13인치라고 주장했다. 미국의 캐시 정은 코르셋을 착용하고 측정한 허리둘레가 15인치로, **살아 있는** 기록 보유자다.

역대 손이 가장 큰 여성
중국의 쩡진렌은 손목에서 손끝까지의 길이가 25.4센티미터였다. 그에 대해 더 알고 싶다면 **역대 키가 가장 큰 여성**을 소개한 63쪽을 보면 된다. **남성** 기록은 26쪽에 있다.

가장 커다란 신장 결석
2023년 6월 1일, 스리랑카의 카니스투스 쿵헤 몸속에 있던 13.37센티미터 길이의 신장 결석이 제거되었다. 무게는 당구공과 비슷한 800그램으로, **가장 무거운** 신장 결석 기록도 차지했다. 신장 결석은 몸속에서 소금과 미네랄이 뭉쳐서 생기며, 크기도 모래알만 한 것부터 완두콩만 한 것까지 다양하다.

▶ **입의 너비가 가장 긴 여성**
미국의 사만다 램스델의 입 너비는 10.33센티미터로, 맥도널드 감자튀김 라지 사이즈 한 통을 한 번에 넣을 수 있다. 그의 입 크기는 2022년 11월 29일 미국 코네티컷주 노워크에서 측정되었다.
사만다는 입을 벌렸을 때 위아래 앞니를 제외한 높이가 6.52센티미터로, **입을 가장 크게 벌리는 여성 기록**도 있다. 2021년 7월 15일에 인증받았다.

가장 오래된 젖니
2023년 3월 14일, 미국 테네시주 채터누가에 사는 90살 192일의 레너드 머리(1932년 9월 3일생)의 입안 오른쪽 아래에서 멀쩡한 젖니가 확인되었다.

▶ **눈알이 가장 많이 튀어나오는 사람**
브라질의 티오 치코는 눈알을 18.2밀리미터까지 튀어나오게 할 수 있다. 2022년 1월 10일 브라질 상파울루에서 측정되었다.
여성 기록은 미국의 킴 굿먼이 2007년 11월 2일 인증받은 12밀리미터이다.

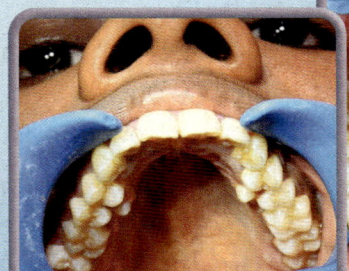
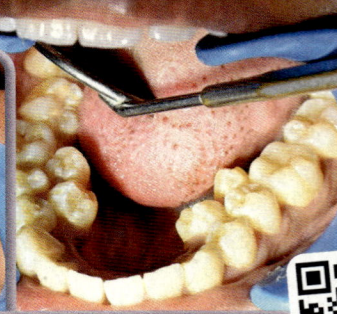

▶ **치아가 가장 많은 여성**
인도의 칼파나 발란(위)의 치아는 일반 성인보다 6개 이상 많은 38개다. 2023년 1월 24일 인도 타밀나두주 탄자부르에서 인증받았다. **남녀 통틀어** 최다 치아 기록은 41개로, 캐나다의 에바노 멜론이 보유하고 있다.

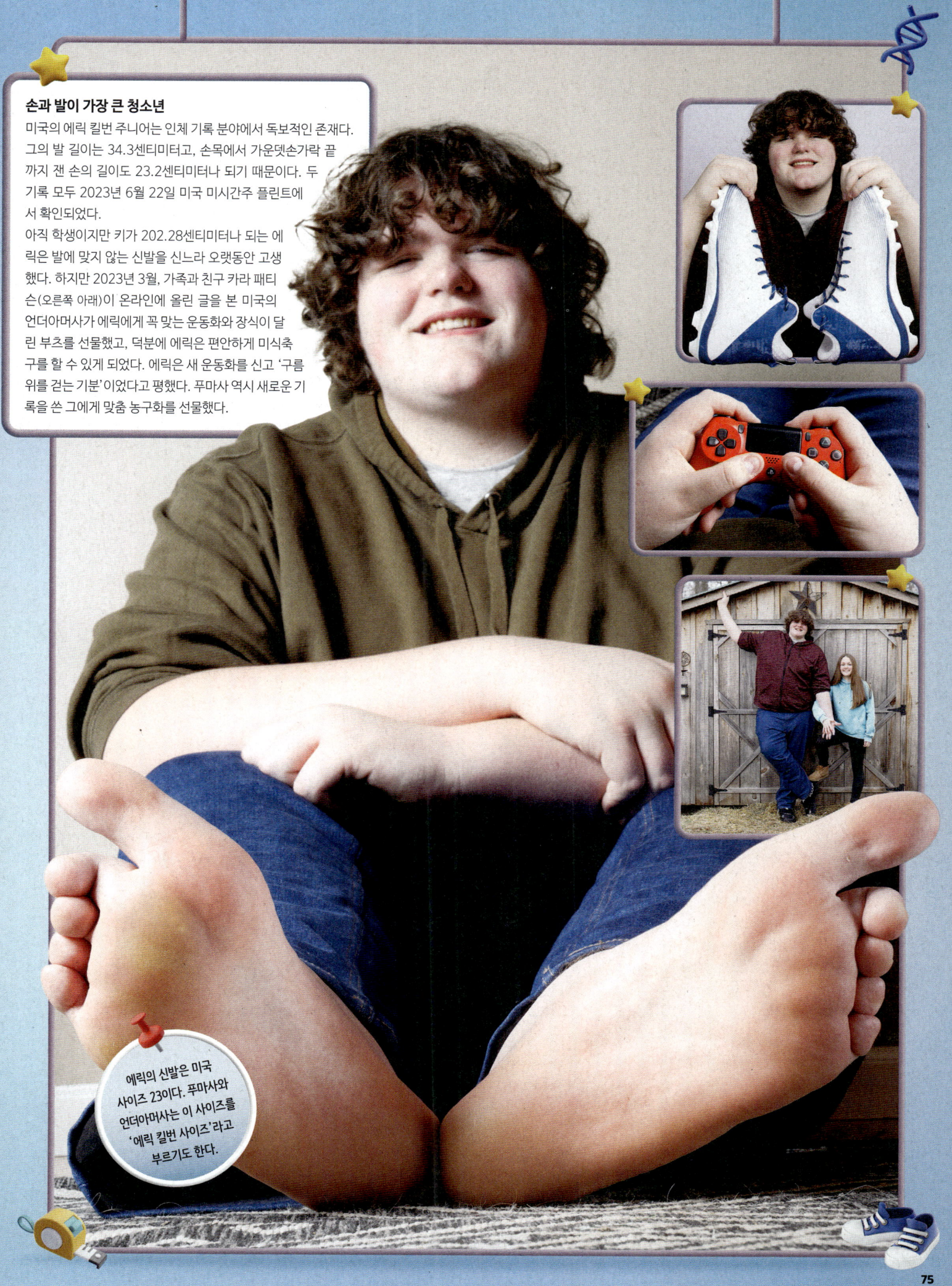

손과 발이 가장 큰 청소년

미국의 에릭 킬번 주니어는 인체 기록 분야에서 독보적인 존재다. 그의 발 길이는 34.3센티미터고, 손목에서 가운뎃손가락 끝까지 잰 손의 길이도 23.2센티미터나 되기 때문이다. 두 기록 모두 2023년 6월 22일 미국 미시간주 플린트에서 확인되었다.

아직 학생이지만 키가 202.28센티미터나 되는 에릭은 발에 맞지 않는 신발을 신느라 오랫동안 고생했다. 하지만 2023년 3월, 가족과 친구 카라 패티슨(오른쪽 아래)이 온라인에 올린 글을 본 미국의 언더아머사가 에릭에게 꼭 맞는 운동화와 장식이 달린 부츠를 선물했고, 덕분에 에릭은 편안하게 미식축구를 할 수 있게 되었다. 에릭은 새 운동화를 신고 '구름 위를 걷는 기분'이었다고 평했다. 푸마사 역시 새로운 기록을 쓴 그에게 맞춤 농구화를 선물했다.

에릭의 신발은 미국 사이즈 23이다. 푸마사와 언더아머사는 이 사이즈를 '에릭 킬번 사이즈'라고 부르기도 한다.

사람

보디빌더

최초의 보디빌딩 대회
1901년 9월 14일, 영국 런던의 로열 앨버트 홀에서 개최된 대회에서 약 1만 5000명의 참가자들이 자신의 몸매를 과시했다. 심사 위원으로 『셜록 홈스』의 작가 아서 코난 도일과 보디빌딩의 아버지라 불리던 유명 차력사 오이겐 산도프(독일, 왼쪽)도 있었지만 대중의 관심은 적었다. 이날 육상 선수이자 축구 선수이던 윌리엄 머리가 우승했으며, 오이겐이 새겨진 작은 금 조각상과 1050파운드의 상금을 받았다. 2024년 기준 화폐 가치 13만 6000달러(약 1억 8000만 원)와 맞먹는다.

보디빌딩 최고 상금
1965년부터 해마다 열리는 미스터 올림피아는 남성 프로 보디빌딩 대회에서 최고 권위를 자랑한다. 11월 2일부터 5일까지 열린 2023년 대회에서는 남성 오픈 체급 우승자에게 40만 달러(약 5억 4500만 원) 상금을 수여했는데, 2021년에 212 부문에서 우승한 적 있던 미국의 데릭 런스포드가 2번째 우승을 하며 상금을 가져갔다.

미스터 올림피아 최다 우승
두 선수가 남성 오픈 체급에서 연달아 8번 우승한 기록을 세웠다. 미국의 리 헤이니(1984~1991년)와 로니 콜먼(1998~2005년)이다. 그중 로니는 2001년 아놀드 클래식에서도 우승하여 한 해에 2개의 타이틀을 차지한 최초의 보디빌더가 되었다.

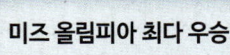

미즈 올림피아 최다 우승
미국의 아이리스 카일은 2004년에서 2014년 사이에 미즈 올림피아에서 10번 우승의 영광을 안았다. 농구 국가대표로 활약했던 그는 아놀드 스포츠 페스티벌의 미즈 인터내셔널에서도 7번 우승했다.

휠체어 올림피아 최다 우승
미국의 해럴드 켈리는 2018년과 2022년 사이에 열린 5개 대회에서 내리 우승했다. 프로 보디빌더인 그는 2007년 자동차 사고를 당해 허리 아래가 마비되었지만 재활 치료를 끝낸 후 자신에게 맞는 운동과 식이 요법을 시작했다.

최단신 보디빌더
인도의 역도 선수 프라틱 모히테는 똑바로 섰을 때의 키가 102센티미터이다. 의사에게 제대로 걷지 못할 것이라는 말도 들었던 프라틱은 18살에 웨이트트레이닝을 시작해 보디빌딩 대회에 40회 이상 참가했다. 2023년 7월 30일, 그는 인도 마하라슈트라주 라이가드에서 기네스 세계 기록 **단신 남성 부문 1분 팔굽혀펴기 최다 기록**(84회)도 세웠다.

미스터 올림피아 최단신 참가자
키가 147센티미터인 이탈리아의 플라비오 바치아니니는 미국 조지아주 애틀랜타에서 열린 1993년 대회에 참가하여 22명 중 13위에 올랐다.

최장신 남성 프로 보디빌더
네덜란드의 올리비에 리흐테르스는 2021년 4월 27일에 측정한 키가 218.3센티미터였다. 『인디아나 존스: 운명의 다이얼』(2023)에 출연한 배우이기도 하다. 확인된 **여성** 기록은 네덜란드의 마리아 바틀로, 2021년 1월 15일에 섰을 때 잰 키가 182.7센티미터다.

미스터 올림피아 최연소 우승자
미국의 아놀드 슈왈츠네거(1947년 7월 30일생)는 1970년 10월 3일, 23살 65일에 처음으로 미스터 올림피아에서 우승했다. 총 7번의 우승 뒤 1980년 은퇴한 그는 다큐멘터리 『펌핑 아이언』(1977)을 계기로 『터미네이터』(1984) 등에 출연하며 할리우드 스타가 되었다.

> 2024년 3월, 아놀드의 조각상은 가장 큰 캐릭터 인형으로 영원히 기록에 남게 되었다.

최고령 여성 보디빌더
미국의 에디스 윌마 코너(1935년 9월 5일~2020년 11월 28일)는 2011년 8월 20일, 75살 349일의 나이에 암브러스트 프로 짐 워리어 클래식에 참가했다.

이 90대의 근육맨은 10대 시절에는 '말라깽이'로 불렸다고 한다!

최고령 보디빌더

미국의 짐 애링턴(1932년 9월 1일생)은 2022년 10월 9일, 90살 38일에 미국 네바다주 리노에서 열린 국제 보디빌딩 피트니스 연맹(IFBB) 주최 프로 리그 대회에 참가했다. 그는 체육관에서 2시간씩 일주일에 3번 훈련을 했고, 올리브유와 버섯이 들어간 건강식을 먹었다고 한다.

짐은 어릴 때 건강이 좋지 않아 고생하다가, 15살이던 1947년부터 역기를 들기 시작했다. "저는 슈퍼 영웅이 되고 싶었어요." 그는 처음 참가한 보디빌딩 대회에서 2위에 올라섰고(맨 왼쪽) 다른 대회에도 60회 이상 참가했다. 2013년에는 미국 캘리포니아주의 유명한 머슬 비치에서 우승하기도 했다.

사람 종합

사람의 치아 모형을 가장 많이 수집한 사람
브라질의 로제메이르 아파레시다 마르케스는 치과 의사로 30년 넘게 일하며 환자의 치아 모형 3659점을 모았다. 2023년 10월 8일 브라질 상파울루에서 인증받았다.

신체 기관 모양을 만든 최다 인원
2024년 3월 16일, 빨간색과 초록색 옷을 입은 5596명이 필리핀 마닐라에 모여 폐 모양을 만들었다. 필리핀 보건부가 3월 24일 세계 결핵의 날을 앞두고 주최한 행사였다.

최초로 성공한 안구 이식
미국의 에런 제임스는 2023년 5월 미국 뉴욕에서 21시간에 걸친 수술 끝에 새 눈을 이식받았다. 아직 시력을 되찾지는 못했으나, 의료진은 이식받은 눈의 망막으로 혈액이 흐르는 것을 확인했다.

심장 이식을 받고 가장 오래 생존한 환자
현재 57살인 네덜란드의 베르트 얀센은 1984년 6월 6일 영국 런던의 헤어필드 병원에서 심장을 이식받은 후 39년 100일을 더 살았다. 2023년 9월 14일 확인되었다.

최고령 패션모델
영국의 다프네 셀프(1928년 7월 1일생)가 2023년 12월 6일 모델스1 에이전시에 등록했을 때의 나이는 95살 158일이었다. 그는 70년 넘게 모델로 활약하며 돌체앤가바나 등 브랜드의 모델을 했으며, 마리오 테스티노와 데이비드 베일리 등 저명한 사진 작가들과 작업하며 《보그》를 장식했다.

키 차이가 가장 큰 부부 (이성, 여성이 더 큰 경우)
미국의 래리 맥도널과 제시카 번스 맥도널은 86.36센티미터 키 차이가 난다. 2023년 12월 5일 미국 웨스트버지니아주 사우스 찰스턴에서 기록을 인증받았다. 부부는 초등학생 때 처음 만났으며, 결혼한 지 15년 가까이 되었다. 아이도 4명 낳았다.

신장 이식을 받은 최고령 환자
2023년 6월 11일, 인도의 월터 타우로(1935년 9월 22일생)가 캐나다 온타리오주 토론토에 있는 세인트 마이클 병원에서 87살 262일의 나이에 새 신장을 이식받았다.

최고령 일곱 쌍둥이
1997년 11월 19일, 미국 아이오와주 디모인에서 케니와 보비 맥커히 사이에서 태어난 케네스, 알렉시스, 나탈리, 켈시, 네이선, 브랜든, 조엘이 2023년 26번째 생일을 맞았다.

헌혈을 가장 많이 한 사람
2023년 11월 11일 기준 캐나다의 조세핀 미칼룩이 헌혈을 208번 한 것으로 캐나다 앨버타주 레드디어에서 확인되었다. 1987년 3월 25일에 처음 헌혈했으며, 이후 99리터 이상 피를 주었다고 한다.

▶ 가장 시끄러운 트림
오스트레일리아의 네빌 샤프는 2021년 7월 29일 오스트레일리아 노던준주 다윈에서 112.4데시벨에 달하는 요란한 트림을 뱉어 냈다. 1미터 떨어진 곳에서 듣는 전기톱 소리보다 더 큰 셈이다.

여성 트림 기록은 2023년 4월 28일, 미국 메릴랜드주 록빌에 사는 킴벌리 원터가 기록한 107.3데시벨이다. 요란한 트림을 하려고, 아침을 먹고 커피와 맥주를 벌컥벌컥 마셨다고 한다.

▶ 코로 휘파람 소리를 가장 크게 낸 사람
캐나다의 룰루 로터스가 2022년 6월 3일 캐나다 온타리오주 미시소가에서 코로 44.1데시벨에 달하는 휘파람을 냈다. 그는 목 근육을 이용해 입을 다문 채 콧구멍으로 소리를 냈다.

국적이 다른 최초의 쌍둥이
2016년 9월 16일, 앤드루(미국/캐나다, 왼쪽)와 엘라드 드바시뱅크스(이스라엘, 오른쪽) 부부는 대리모를 통해 이란성 쌍둥이를 낳았다. 아이들은 몇 분 차이로 캐나다에서 태어났지만, 에이든(가운데 왼쪽)만 미국 시민권을 받았다. 이선(가운데 오른쪽)은 2017년 시민권 발급을 거부당했는데, 쌍둥이가 각각 다른 아버지의 정자(에이든은 앤드루, 이선은 엘라드)에서 태어났기 때문이다. 몇 년간의 법적 싸움 끝에 마침내 2021년 2월 두 아이는 모두 미국 시민권을 획득했다.

합산 나이가 가장 많은 13남매(모두 생존 중)

네덜란드의 베르스 남매의 나이를 모두 더하면 2023년 2월 25일 기준 1106년 105일이다. 주인공은 리엑과 닉(둘 다 1928년 2월 26일생), 흐레(1930년 4월 5일생), 알리(1931년 7월 24일생), 리에트(1932년 12월 5일생), 트뤼스(1935년 8월 25일생), 보우트(1938년 1월 3일생), 시엠(1940년 8월 5일생), 코르(1942년 3월 30일생), 하름(1944년 1월 18일생), 빌(1945년 11월 7일생), 빌(1947년 9월 2일생), 요스(1949년 7월 27일생)다. 오른쪽은 부모와 함께 1953년에 찍은 사진이다.

12시간 안에 결혼한 최다 부부

2023년 5월 26일 인도 라자스탄주 바란에서 2143쌍의 부부가 인도의 비영리재단 슈리 마하비어 가우샬라 칼리얀 산스탄의 주최로 단체 결혼식을 올렸다. 힌두교와 무슬림 결혼이 함께 치러졌고, 100만 명이 넘는 하객이 참석했다.

1시간 동안 헤나 문신을 가장 많이 한 사람

2021년 7월 15일, 영국의 교사 사미나 후사인이 영국 랭커셔주 블랙번에 있는 웬즐리 폴드 CE 초등학교에서 임시 완장 600개를 만들었다. 그는 제자들의 도움과 지역 사회 단체인 원 보이스 블랙번의 후원을 받았다.

키가 가장 작은 밴드

미국의 밴드 미니키스는 평균 키가 138.55센티미터인 것으로 2023년 2월 4일 인증받았다. 미국 록밴드 키스의 헌정 밴드로 현재 아르투로 나이트, 리차드 휘젱가라요, 앤드루 제이콥스, 레이프 맨슨으로 이루어졌다.

팔에서 자란 가장 기다란 털

- 여성: 18.4센티미터, 미국의 메이시 데이비스 서덜랜드가 2023년 12월 5일에 기록.
- 남성: 21.7센티미터, 미국의 데이비드 리드가 2017년 8월 26일에 기록.

발이 가장 많이 돌아가는 사람(남성)

브라질의 헤나투 베이마 가이아가 2024년 1월 21일, 오른발을 210.66도까지 돌렸다.

합산 나이가 가장 많은 5남매(모두 생존 중)

2023년 12월 18일 기준 프랑스의 투티 남매 다섯의 나이를 모두 합하면 495살 352일이다.

최대 콧구멍 터널

미국의 콜튼 파이퍼가 미국 미시간주 먼로에서 두께 2.6센티미터에 달하는 보석을 콧속에 집어넣어 2023년 8월 17일에 인증받았다. 그는 콧속의 살을 없애고 그 틈으로 핫도그를 통과시키는 등 콧구멍을 개조하여 묘기를 부린다!

▶ 살에 가장 많은 구멍을 낸 사람

영국의 제임스 고스는 확장 피어싱으로 만든 구멍 17개를 2023년 3월 28일 영국 런던에서 인증받았다. 이미 구멍 15개로 기록을 세운 적이 있는 그는 콧구멍에 지름 4.5밀리미터의 구멍을 2개 더 뚫었다.

ICON

다이애나 암스트롱

세계 기록에는 온갖 흥미로운 이야기가 숨어 있는데, 세계에서 가장 긴 손톱을 지닌 사람처럼 지극히 개인적인 이야기일 수도 있다.

현재 양손에 세계에서 가장 긴 손톱을 지닌 사람은 미국의 미네소타주 미니애폴리스에 사는 다이애나 암스트롱이다. 이 말수 적은 할머니는 가족의 비극적인 죽음 후로 손톱을 자르지 않았다. 그리고 25년 뒤, 다이애나는 세계 기록자신의 이름을 새겨 넣었다.

원래 다이애나는 딸 라타샤에게 손톱을 손질받는 걸 좋아했다. 하지만 1997년 16살이었던 라타샤가 세상을 떠나자 다이애나는 라타샤와의 죽음을 떠올리게 하는 손톱 정리를 하지 않겠다고 다짐했다.

급성 천식으로 갑자기 세상을 떠난 딸 라타샤는 평소에도 "손톱을 자르지 말아요. 그러면 딸이 제 곁에 있는 것 같아요." 라고 말했다. 그래서 그냥 내버려두죠. 그러면 딸이 제 곁에 있는 것 같아요."

기네스 세계 기록 2022년 3월 다이애나를 처음 만났을 때, 그의 손톱 길이는 1306.58센티미터에 이르렀다. 역대 가장 긴 손톱이었다.

"손톱을 기르기 시작했을 때 책에 나오리라고 생각하지 않았어요. 이제 저는 사람들에게 너무 함부로 판단하지 말라고 해요. 다른 이가 어떤 일을 겪어올지 모르니까요."

인물 소개

이름	다이애나 암스트롱
태어난 곳	미국 미주리주 참스턴
직업	미용사(은퇴)
현재 보유한 세계 기록	가장 긴 손톱(양손), 역대 가장 긴 손톱
가장 긴 손톱	양손손가락 1306.58센티미터
가장 짧은 손톱	새끼손가락 109.2센티미터

> 1990년대 다이애나의 네 아이들. 앞쪽 맨 오른쪽이 딸 라타샤. 그의 죽음으로 다이애나는 평생 손톱을 기르게 되었다. "제 손톱을 볼 때마다 딸이 생각나요."

> 다이애나는 소매에 손톱을 넣거나 지퍼를 올리는 등 일상생활에 어려움이 생길 때 가족의 도움을 받는다. 운전은 최근에야 그만두었다. "자동차를 운전하려면 손톱 밖으로 내놓을 수밖에 없더라고요."

별별 기록들

스퀴시멜로우 인형을 가장 많이 모은 사람

미국의 사브리나 도스만은 2023년 12월 17일 기준, 1523개의 말랑쫀득한 인형을 모았다. 그는 2018년 밸런타인데이를 준비하던 중 처음 스퀴시멜로우를 보았는데, 보자마자 한눈에 반하고 말았다. 사브리나는 한정판 스퀴시멜로우를 찾을 수만 있다면 몇 시간이고 운전하여 상점을 찾아가 기다릴 수도 있다. 비록 완전 희귀 모델인 코너와 클리프는 여전히 숨바꼭질을 하고 있지만 말이다. 그가 가장 좋아하는 인형은 멍멍이 샘이다. 어릴 때 키웠던 개가 생각나기 때문이다. "스퀴시멜로우의 가장 좋은 점은 마음을 편하게 해 준다는 거예요." 기네스 세계 기록에 이렇게 말하면서 사브리나는 인형 덕분에 걱정을 덜 수 있었다고 덧붙였다.

스퀴시멜로우를 만든 조너선 켈리는 일본의 귀여운 장난감들에서 영감을 받았다고 한다.

목차

3x3x3 큐브 역대 최단 시간	84
연	86
화폐	88
장난감 블록의 장인들	90
요리할 준비 되셨나요?	92
치즈	94
격렬한 취미	96
두뇌 게임	98
핼러윈	100
별별 수집	102
환상적인 기술들	104
세계 괴짜 챔피언	106
공 다루기	108
최고의 기술	110
불꽃 묘기	112
코어 힘	114
종이 공예	116
종합	118

사브리나가 20년 동안이나 공들여 만든 '스퀴시 방'에 푹 파묻혀 있다.

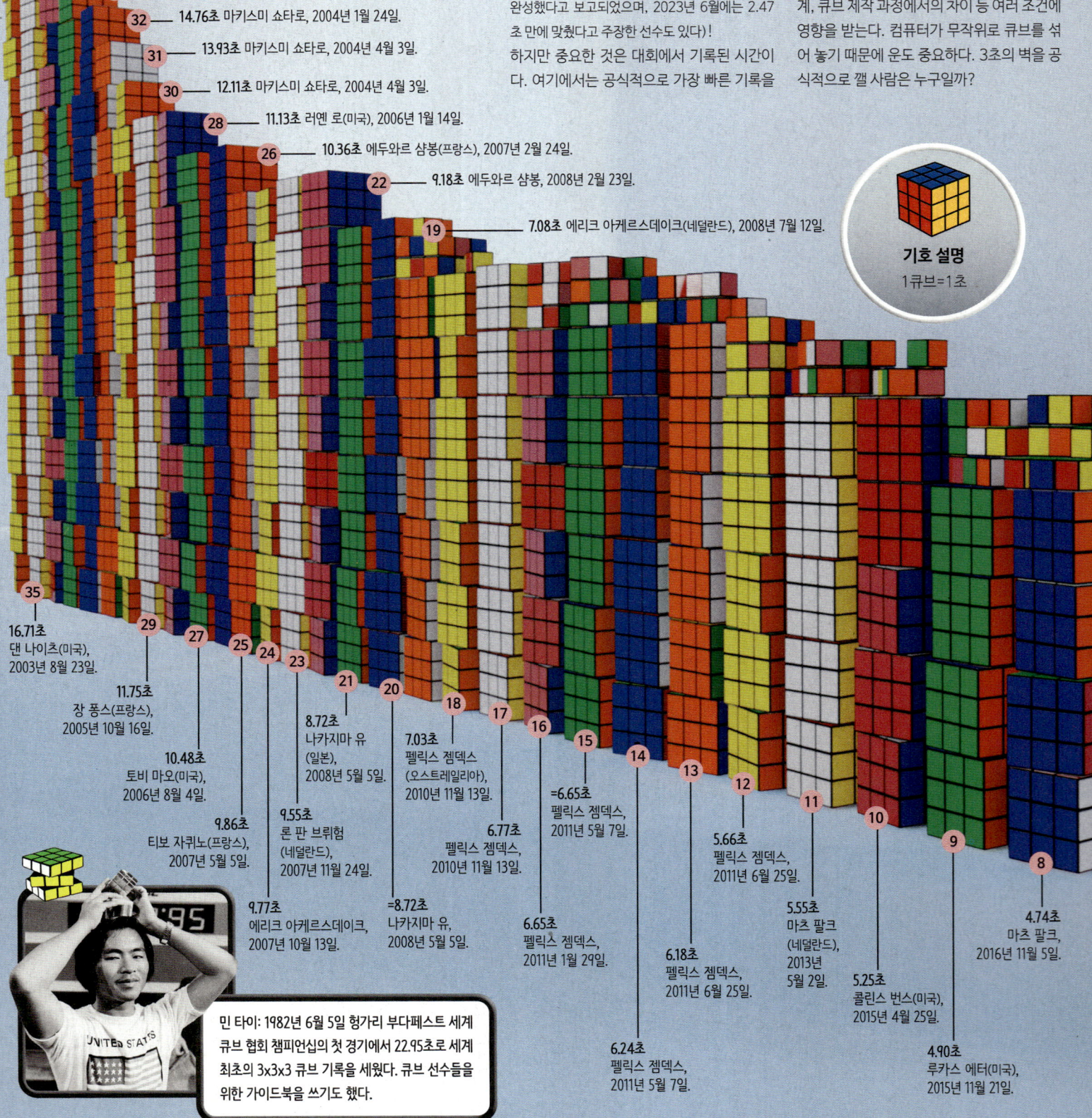

세계 큐브 협회 챔피언십 최다 우승

2명의 스피드 큐브 선수가 세계 큐브 협회가 주관하는 챔피언십에서 우승을 나란히 2번 차지했다. 주인공은 펠릭스 젬덱스(왼쪽, 2013, 2015년)와 맥스 박(미국, 오른쪽, 2017, 2023년)이다. 펠릭스는 3x3x3 단일 기록을 10번 달성했고, **3x3x3큐브 평균 최단 시간 신기록**을 몇 차례 경신하였으나, 지금은 그 기록을 중국의 왕이헝에게 넘겼다.

맥스는 지금까지 세계 큐브 협회 대회에 164번 출전하며, 다양한 부문에서 76개 기록을 달성했다.

▶ 3x3x3 평균 최단 시간

2023년 6월 20일 왕이헝이 3x3x3 큐브 평균 완성 시간을 4.48초로 단축했다. 5번 도전에서 각 소요 시간은 4.72초, 4.72초, 3.99초, 3.95초, 5.99초였으며, 규칙에 따라 가장 빠른 시간과 느린 시간은 제외한다. 겨우 9살의 나이에 이룬 업적이었다.

▶ 3x3x3 단일 최단 시간

맥스 박이 프라이드 인 롱비치 2023 대회에서 3x3x3 큐브를 맞추는 데는 고작 3.13초밖에 걸리지 않았다. 루빅스 큐브 공식 홍보 대사인 그는 **4x4x4, 5x5x5, 7x7x7 큐브**의 **단일 및 평균 최단 시간 기록**을 모두 보유하고 있다.

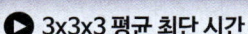

1. 3.13초 — 맥스 박, 2023년 6월 11일.
2. 3.47초 — 두유성(중국), 2018년 11월 24일.
3. 4.22초 — 펠릭스 젬덱스, 2018년 5월 6일.
4. =4.59초 — 펠릭스 젬덱스, 2018년 1월 27일.
5. 4.59초 — 조승범(대한민국), 2017년 10월 28일.
6. 4.69초 — 패트릭 폰스(미국), 2017년 9월 2일.
7. 4.73초 — 펠릭스 젬덱스, 2016년 12월 11일.

별별 기록들
연

세계에서 가장 오래된 연
1773년에 만들어져 최소 250년 이상 된 '프랑스 배 모양' 연이 네덜란드 레이던에 있는 건물을 보수하던 과정에서 발견되었다. 만들어진 지 오래되었지만 지금도 날 수 있을 것으로 보인다. 현재 뉴질랜드의 피터 린이 가지고 있다.

하늘을 날아오른 가장 커다란 연
2016년 10월 7일, 인도네시아 연 협회 재단은 인도네시아 자카르타에서 면적이 10.75제곱미터인 연을 공개했다. 잎을 엮어 만들었으며, 높이 5미터, 너비 4.3미터이다. 완성까지 2주가 걸렸다.

최초의 연
학자들은 기원전 5세기경 중국에서 연이 발명되었다고 본다. 중국의 사상가인 묵자(기원전 480~390년)와 목수 노반이 가벼운 대나무와 비단으로 최초의 '날아가는 새'를 만들었다는 설이 유력하다.

다른 기원설은 인도네시아 술라웨시 근처 무나섬에 있는 중석기 동굴 벽화(기원전 9000~9500년)에 근거한다. 벽화에 연을 날리는 인물이 묘사되어 있다고 보는 것이다. 하지만 이 주장은 논쟁의 여지가 있다.

연으로 움직인 최초의 자동차
영국의 발명가 조지 포콕은 1826년 연이 끄는 수레를 만들어 최초의 '말 없는 수송차' 특허를 냈다. 최대 시속 40킬로미터까지 속도를 낼 수 있었다는 이 '파격적인' 수레는 사람들의 이목을 끌었으나, 일상적인 교통수단으로는 한 번도 쓰이지 않았다.

규모가 가장 큰 연 박물관
중국 산둥성에 있는 웨이팡 세계 연 박물관은 면적이 8100제곱미터이며, 12개의 전시실이 있다. 전 세계에서 수집한 1000개 이상의 독특한 연을 포함해 연과 관련된 작품이 1300여 개가 전시되어 있다. 웨이팡은 이 분야에서 길고도 걸출한 역사를 자랑하는 도시다. 2500년 전 **최초의 연**도 이곳에서 만들어졌다고 한다. 해마다 웨이팡에서 국제 연 축제가 열리며 2023년에 40주년을 맞았다(아래).

가장 높이 올라간 연
오스트레일리아의 로버트 무어는 2014년 9월 23일, 면적이 12.3제곱미터인 연, DT 델타를 오스트레일리아 뉴사우스웨일스주에 있는 양 목장 너머 4879.54미터 위로 날렸다. 연을 높이 날리기 위해 실을 12.4킬로미터나 썼다.

꼬리에 꼬리를 문 연이 가장 높이 올라간 높이
9740미터로, 1919년 8월 1일 독일 기상청이 독일 린덴베르크에서 날렸다. 이 연은 변형된 상자 모양 연 8개로 구성되었다.

가장 빠른 속도로 난 연
미국의 피트 디지아코모가 만든 개조 플렉시포일 슈퍼10이 1989년 9월 22일 미국 메릴랜드주 오션시티에서 최고 시속 193킬로미터를 찍었다.

한 사람이 한 번에 가장 많이 날린 연
중국의 마칭화는 2006년 11월 7일 중국 산둥성 웨이팡에서 같은 실로 연 43개를 날렸다.

실 하나로 가장 많이 날린 연(팀)
은 1만 5585개로, 1998년 11월 14일 일본 아이치현 도요하시의 이나미 중학교 학생들이 날렸다.

웨이팡 국제 연 축제에서는 용부터 바다에 사는 동물들, 우주 정거장까지 온갖 모양의 연을 볼 수 있다!

하늘로 날아오른 가장 큰 연

가로 42.6미터, 세로 27.77미터인 연 '더 호프'는 면적이 테니스장 5개와 맞먹는 1210제곱미터다. 하늘에 떠서 완전히 팽창하면 면적이 약 7퍼센트 정도 줄어든다. 2018년에 뉴질랜드의 연 제조사인 피터 린 카이츠사(위 사진)가 만들었으며, 프랑스에서 열린 국제 연 축제에 참가해 처음으로 사람들 위에서 날아올랐다. 이 연은 쿠웨이트의 압둘라흐만 알파시가 이끄는 알파시 연 전시 팀의 의뢰로 만들어졌다.

피터 린 카이츠사의 거대 연 3개가 2019년 2월 알파시 국제 연 축제에서 날아올랐다. (왼쪽부터) 더 호프와 가오리 모양의 더 펄, 950제곱미터 너비의 쿠웨이트 국기 모양 연이다.

부양 면적이 680제곱미터에 달했던 초거대 연 메가바이트는 1997년에 **하늘을 날아오른 최대 연**으로 인정받았다. 피터 린과 그의 팀이 만들었다.

> 더 호프는 친환경을 주제로 '우리 행성을 사랑하자.'라는 메시지를 9개 언어로 담았다.

무엇이든 물어보세요!

연 제작 전문가인 피터 린과의 인터뷰

연이 상상력을 자극하는 이유는 무엇인가요?
연의 색상과 움직임 때문도 있지만, 중력을 거스른다는 점이 한몫해요. 지구에 사는 모든 것은 아래로 내려가려는 성질이 있죠. 하지만 연은 위로 올라가잖아요!

언제 연을 처음 만들었나요?
서너 살 즈음에 어머니의 도움을 받아서요. 아버지가 나무 소품을 제작하는 일을 하셔서 연에 필요한 나무를 얼마든지 구할 수 있었어요.

지금도 연을 날리나요?
항상요! 지금은 원단 1장에 실 하나로 구성된 새로운 연을 개발하고 있어요.

대형 연은 언제부터 만들었나요?
1990년대에 메가바이트(위)를 만들고는 서서히 크기를 늘려 갔어요.

대형 연을 만들 때 어려운 점은요?
커다란 연은 작은 연과 다르게 움직여요. 그러다 보니 무게와 면적 비율이 일정해도 안정성에 영향을 받는다는 점이 어려워요.

연 크기에 한계가 있을까요?
5000제곱미터까지는 특별히 없어요. 하지만 천으로 만든 연은 면적이 1250제곱미터만 되어도 경사 변형력에 문제가 생기기는 해요.

별별 기록들
화폐

가장 작은 지폐
루마니아는 제1차 세계 대전 중이던 1917년 동전을 대신할 긴급 지폐를 발행했다. 가장 작은 10바니는 인쇄된 크기가 가로 27.5밀리미터, 세로 38밀리미터였다.

최초의 지폐
중국의 송나라(960~1279년) 때 쓰촨성에 살던 한 상인이 '자오쯔'라는 약속 어음을 발행했다. 어음에는 암호와 위조를 구분하는 표시가 있었다.

현재까지 남아 있는 가장 오래된 지폐는 중국(명나라)에서 1375년에 발행된 '대명보초' 견본이다. 당시 지방 정부가 지폐 인쇄에 제한을 두지 않았고, 과잉 공급으로 99퍼센트의 가치를 잃어버렸다. 결국 쓸모없는 지폐 꾸러미로 모두 폐지되었고, 덕분에 오늘날에 꽤 흔한 수집품이 되었다.

세계 최대 합법 지폐
2017년 말레이시아 국립 은행은 말레이시아 연방 독립법 60주년을 기념하여 면적이 814제곱센티미터인 지폐를 발행했다. 1957년부터 말레이시아를 이끌었던 15명의 지도자들이 그려져 있으며, 화폐 가치는 600말레이시아 링깃(약 17만 원)이다.

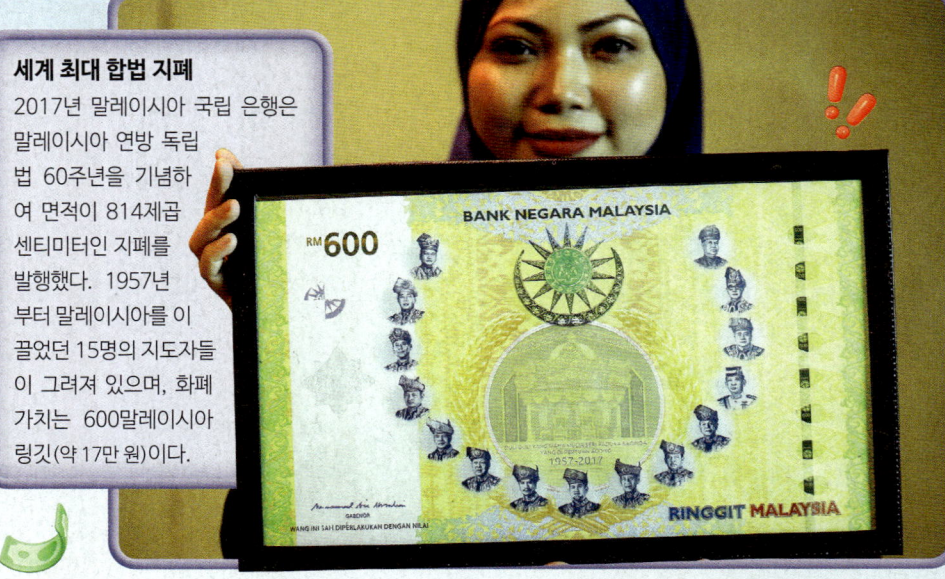

최대 규모의 위조지폐 작전
제2차 세계 대전 당시, 히틀러 치하의 나치 독일은 '베른하르트 작전'의 일환으로 위조지폐를 만들어 영국 통화를 교란할 계획을 세웠다. 900만 장이 넘는 위조지폐가 투입되었는데 총 가치가 무려 130만 파운드(약 22억 원)에 달했다. 전쟁이 끝날 무렵, 위조지폐 제작 도구와 남은 위조지폐는 오스트리아 토플리츠 호수에 던져 버렸다.
개인이 만든 최대 규모의 위조지폐는 미국의 프랭크 부라사가 2008~2010년에 만든 2억 5000만 달러(약 3400억 원)어치 미국 지폐이다. 캐나다 퀘벡의 한 농장에 불법 인쇄소를 차리고 20달러 지폐를 1250만 장 인쇄하여 액면가의 30퍼센트에 팔았다.

가장 비싼 오류 지폐
20달러짜리 '델몬트 지폐'가 2021년 1월 22일, 미국의 헤리티지 경매에서 39만 6000달러(약 5억 원)에 팔렸다. 이 지폐에는 델몬트 과일 스티커가 붙어 있는데, 전문가들은 한 직원이 인쇄 도중 일부러 지폐에 스티커를 붙인 것으로 추측한다.

경매에서 팔린 가장 비싼 동전
1933년에 제조된 '더블 이글'이 2021년 6월 8일 미국 뉴욕의 소더비스 경매에서 1887만 2250달러(약 256억 원)에 팔렸다. 이 동전은 미국의 마지막 금화다. 미국의 루즈벨트 대통령이 금본위제(금 일정량을 화폐 가치로 정하는 제도)를 폐지하고 남은 금화를 폐기했기 때문이다.

가장 높은 액면가
헝가리의 100만억 펭괴 지폐는 국가가 재정적으로 위기를 겪었던 1946년 6월 3일에 발행되었다. 헝가리는 제2차 세계 대전 동안 국가 자산의 40퍼센트를 점령국에 빼앗겼고, 전쟁 배상금으로 3억 달러(현재 시세로 약 4000억 원)를 지불해야 했다. 결국 극심한 인플레이션이 일어났다.
1946년 7월 헝가리는 **역대 가장 높은 인플레이션**인 4경 1900조 퍼센트의 물가 상승률을 기록했다. 하루의 물가 상승률은 207퍼센트로, 15시간마다 물건 가격이 2배씩 올랐다.
100만억 펭괴 지폐는 7월 31일에 폐지되었다. 새 지폐인 포린트가 발행되었고, 세금과 은행을 대대적으로 손보면서 국가 경제는 안정을 찾아갔다.

최대 복제 동전
'빅 니켈'은 1951년 나온 캐나다 5센트와 닮은 동전으로 너비 9.1미터, 두께 0.6미터다. 캐나다 온타리오주 서드베리에 있는 다이나믹 어스 과학관에서 1964년 7월 27일 공개되었다. 니켈의 화학적 분리와 분류의 200주년을 기념하기 위해 제작되었다. 서드베리는 니켈 채굴로 성장한 도시이기도 하다.

가장 오래된 동전
기록상 가장 오래된 동전은 현재 튀르키예 서부에 있던 고대 국가 리디아의 기게스왕이 기원전 620년에 발행한 것이다. 리디아는 유럽과 아시아의 무역로에 있어서 동전의 발달에 중요한 역할을 했다.

스웨덴 동전의 구리는 대부분 스웨덴의 팔룬 광산에서 나왔다. 이곳은 수백 년 동안 유럽 구리 생산량의 3분의 2를 차지했다.

가장 무거운 실제 사용 동전

1644년 만들어진 스웨덴의 10달레르 구리 판은 무게 19.7킬로그램에 크기는 가로 30센티미터, 세로 70센티미터나 된다. 이 대형 주석 동전은 1776년까지 스웨덴에서 꽤 흔하게 사용되었다. 1644년에서 1655년 사이에 대략 2만 5500개의 동전이 만들어졌는데, 지금까지 남아 있는 것은 고작 7개뿐이다.

가장 가벼운 실제 사용 동전은 0.06그램의 4분의 1 타라 은화이다. 크기가 작고 종이처럼 얇은 이 동전은 인도 남부 대부분을 지배했던 비자야나가르 왕국의 하리하라 2세 황제 재위 기간에 만들어졌다.

가장 커다란 동전(법정 통화)은 오스트레일리아의 100만 오스트레일리아 달러로, '캥거루 1톤'으로 불린다. 무게 1012킬로그램, 너비 80센티미터에 두께도 13센티미터로 순도 99.99퍼센트의 순금으로 만들어졌다. 2012년 2월 9일에 공개 당시 실질 가치는 약 9960만 오스트레일리아 달러(약 920억 원)였다. 수집가와 투자자를 위해 만들어져 실제 사용되지는 않는다.

장난감 블록의 장인들

별별 기록들

그림을 재현한 가장 커다란 레고 작품

클로드 모네의 걸작 「수련 #1」(1914~1926)이 중국의 아이 웨이웨이의 손에서 41.31제곱미터 크기의 레고 작품으로 재탄생했다. 그림에 들어간 블록은 22개 색상, 총 65만 개로 2023년 4월 영국 런던의 디자인 박물관 전시회에서 공개되었다. 웨이웨이는 2007년부터 12간지 동물의 초상 등 레고 작품을 만들고 있으며, 이 작품은 그의 작품 중 압도적으로 크다.

게임을 테마로 한 최대 레고 세트

'힘센 쿠파'는 《슈퍼 마리오 브라더스》에 등장하는 악당의 왕 쿠파를 2807개의 블록으로 재현한 제품이다. 2022년 10월 1일에 출시되었으며, 32센티미터의 쿠파는 우뚝 선 채 무시무시한 이빨을 드러내고 있고, 불덩어리를 발사할 수도 있다. 쿠파의 양쪽에는 '펑' 블록이 숨겨져 있는 불타는 탑 2개가 배치되어 있다.

레고 블록으로 만든 가장 큰 카드

2023년 9월 5일, 캐나다의 페이스 하우는 5만여 개의 블록으로 만든 가로 3.69미터, 세로 2.59미터 크기의 하트 퀸 카드를 공개했다. 전문 레고 아티스트가 꿈인 21살 페이스는 캐나다 뉴브런즈윅주 프레더릭턴에 있는 지역 도서관에서 9일 동안 카드를 만들었다.

쿠퍼는 세계에서 가장 커다란 2D 레고 세트인 세계 지도 1만 1695블록을 가장 빨리 조립한 기록도 세웠다.

레고 에펠 탑을 만든 최단 시간

1만 1개 블록으로 이루어진 에펠 탑은 현재 **세계에서 가장 큰 3D 레고 세트**이다. 2023년 4월 29일, 미국의 쿠퍼 라이트는 자신의 키와 비슷한 1.49미터 건축물을 9시간 14분 35초 만에 완성했다. 지금은 9036개의 블록으로 콜로세움을 만드는 속도전을 펼치고 있다.

레고 타이타닉을 만든 최단 시간

미국의 서배스천 하워스가 2022년 5월 22일 미국 버지니아주 스프링필드에서 비운의 침몰선 모델을 8시간 42분 12초 만에 완성했다. 15살의 나이에 이룬 기록이다. 타이타닉은 블록 개수 9090개, 길이 1.35미터로 2021년 출시되었을 때 **세계에서 가장 큰 3D 레고 세트**였다. 지금은 그 기록을 에펠 탑에 넘겨주었다(왼쪽 참조).

벤은 작업실에 틀어박혀 시간을 보낸 후 캐러밴 안에 있는 레고 침대 위에서 하룻밤 잠을 자기도 했다.

가장 큰 레고 캐러밴

오스트레일리아의 벤 크레이그(위)는 '브릭 건축가'로 공항에서 등대까지 모든 것을 축소하여 레고 모델로 만들었다. 2018년에는 작업을 또 다른 수준으로 끌어올렸다. 5주에 걸쳐 28만 8630개 블록으로 실제 크기의 1973년형 비스카운트 로열 캐러밴을 만든 것이다. 가스레인지(아래)와 냉장고, 물이 나오는 싱크대 등 설비도 완벽하게 갖추었다. 서랍에는 식기가 가득하고 심지어 베지마이트까지 있다. 이 프로젝트는 오스트레일리아의 캐러배닝 퀸즐랜드, 탑 파크스(현재 지데이 파크스), 존 코크런 광고사의 협찬을 받았다.

가장 큰 레고 트럭

복제 레고 캐러밴으로 성공을 거둔 벤은 2023년 5월 한 단계 더 뛰어올랐다. 길이 7.03미터, 높이 3.54미터인 실제 크기의 맥 트럭을 만든 것이다. 무려 100만 개의 레고 블록을 사용해 만들었는데, 완성까지 2달이 걸렸다.

별별 기록들
요리할 준비 되셨나요?

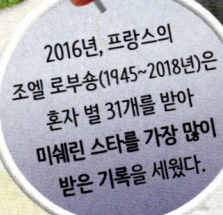

2016년, 프랑스의 조엘 로부숑(1945~2018년)은 혼자 별 31개를 받아 미쉐린 스타를 가장 많이 받은 기록을 세웠다.

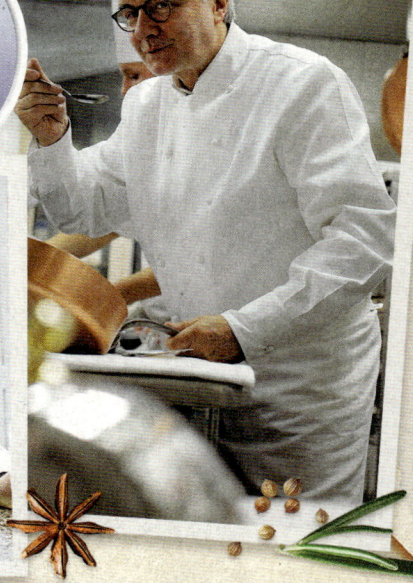

가장 비싼 감자튀김
뉴욕의 식당 세렌디피티3에서 '크렘므 드 라 크렘므 감자튀김' 1인분을 먹으려면 200달러(약 27만 원)를 내야 한다. 요리사 조 칼테론은 이 음식에 검은 송로버섯과 모네 소스를 곁들였고 23캐럿의 금을 뿌렸다.

가장 오래전에 인쇄된 요리책
『데 오네스타 보루프타테 에트 바레투디네(올바른 기쁨과 건강)』는 1474년에 나왔다. 이탈리아의 바르톨로메오 플라티나가 썼으며, 붉은 병아리콩 수프와 아몬드 등이 들어간 토르테 등의 요리법을 담았다.

최초의 텔레비전 요리 쇼
1937년 1월 21일 「쿡스 나이트 아웃」이 영국 BBC에서 방영되었다. 15분 분량의 텔레비전 방송으로 프랑스 요리사 마르셀 불레스탱이 오믈렛 만드는 법을 보여 주었다.

가장 많은 미쉐린 인증을 받은 나라
프랑스는 고급 식당 가이드북인 《2023 미쉐린 가이드》의 인증을 받은 식당이 630개로, 여전히 1위를 굳건히 지키고 있다. 2위는 414개 식당이 인증받은 일본인데, 이 중 200개가 몰려 있는 도쿄는 미쉐린 인증을 가장 많이 받은 도시 기록을 세웠다.

가장 많은 미쉐린 인증을 받은 현직 요리사
프랑스의 알랭 뒤카스가 운영하는 식당은 미쉐린 스타를 총 21개 받았다. 2023년 기준, 그는 모나코의 '르 루이 XV'를 비롯하여 고급 식당 23개의 주방을 관리한다. 프랑스의 안소피 피크(위 왼쪽)는 미쉐린 스타 10개를 받아 여섯 기록을 세웠다. 그중 프랑스 발랑스에 3스타를 받은 레스토랑 '메종 피크'가 있다.

24시간 동안 미쉐린 인증 식당을 가장 많이 방문한 사람
미국의 조슈아 픽센은 2023년 5월 25~26일에 미국 뉴욕에 있는 고급 식당 22곳에서 식사를 했다. 그는 각 식당에서 이동 시간을 포함하여 15분씩만 머물며 단품 요리만 먹었다. 25일 저녁에 16개 식당에서 식사를 한 뒤, 휴식을 취하고 다음 날 점심을 먹으러 6곳을 들렀다.

세계 최대 비프 웰링턴
2023년 5월 11일, 틱톡 요리사인 미국의 닉 디지오바니(오른쪽 작은 사진의 왼쪽)는 영국의 고든 램지와 팀을 이루어 25.76킬로그램의 스테이크를 만들었다. 5등분한 소고기 등심을 고기 접착제로 붙였고, 수비드 기계에 넣어 10시간 동안 익힌 뒤 토치램프로 구웠다.

닉의 초대형 요리

가장 큰 요리	기록	날짜
케이크 팝*	44.24킬로그램	2021년 11월 23일
치킨 너겟*	20.96킬로그램	2022년 5월 25일
도넛 케이크+	102.50킬로그램	2023년 4월 3일
포춘 쿠키+	1.47킬로그램	2022년 11월 12일
스시 롤 (너비)*	2.16미터	2022년 10월 7일

* 일본의 린 데이비스와 함께
+ 말레이시아의 엉클 로저와 함께

틱톡 팔로워가 가장 많은 요리사
아나톨리아 음식 전문가인 튀르키예의 CZN 부락(부락 오즈데미르)은 2024년 1월 17일 기준, 팔로워 수 74.6만 명을 기록하며 틱톡커 중 역대 8번째로 많은 팬을 보유하고 있다.

인도의 라타 톤돈: 87시간 45분, 2019년 9월 3~7일, 인도 레와에서 달성.

나이지리아의 힐다 바시: 93시간 11분, 2023년 5월 11~15일, 나이지리아 라고스에서 달성.

네덜란드의 로브 스밍크: 36시간 58분, 2012년 9월 29~30일, 네덜란드 니우블리우선에서 달성.

2010년 이후, 기네스 세계 기록이 선정한 최장 요리 시간 기록을 보유한 요리사는 전 세계 16개국에 있다(위의 세 사진이 예시). 2023년 5월에는 힐다 바시(가운데)가 나이지리아에서 돌풍을 일으키며 기록을 경신했는데, 그는 다른 이들이 세계 기록에 도전하도록 용기 부여를 해 주었다.

최장 요리 마라톤

2023년 9월 23일부터 아일랜드의 앨런 피셔는 119시간 57분 16초 동안 요리했다. 그는 아일랜드 요리를 알리기 위해 일본 시마네현 마쓰에에 세운 자신의 식당 교진 스튜하우스에서 기록을 달성했다. 5일이 넘는 시간 동안 300킬로그램 분량의 감자 껍질을 벗기며 다양한 수프와 스튜, 아일랜드 요리를 선보였다. 앨런은 극심한 피로를 느꼈고 심지어 헛것까지 보였지만, 마침내 10월 3일 마지막 3360인분째 요리를 완성했다!

놀랍게도 그는 3일(9월 25~27일)에 걸쳐 소다브레드 487개를 만드는 47시간 21분 21초(위)의 최장 베이킹 마라톤을 끝내고 겨우 하루 뒤에 요리 마라톤을 시작했다.

별별 기록들
치즈

세계 최대 치즈 조각

미국의 치즈 레이디, 사라 카우프만은 위스콘신 체다 치즈 한 덩이로 악어 모형을 조각했다. 2018년 11월, 미국 루이지애나주 커빙턴에 사는 에릭 악퀴스타파체가 조각을 의뢰했고, 케리 헤닝이 1415.6킬로그램의 치즈를 제공했다. '치즈계의 미켈란젤로'라 불리는 사라는 1981년부터 치즈로 기타에서 소까지 모든 것을 조각해 내고 있다.

사라는 치즈 조각을 하도 많이 해서 몇 개나 했는지 기억하지 않는다며 이렇게 말했다. "아마 4000개는 넘을걸요."

가장 오래된 치즈
치즈는 동물의 젖에 들어 있는 단백질이 고체 또는 반고체로 굳은 것으로, 숙성시켜 풍미를 더한다. 가장 오래된 고체 치즈는 기원전 13세기 이집트 멤피스의 시장이었던 프타메스의 무덤에서 나왔다. 깨진 항아리에서 발견되었을 땐 '희끄무레하고 단단한 물질'이었다고 알려졌다. 과학자들은 3200년 된 표본을 분석해 양 또는 염소의 젖을 소의 젖과 섞어서 만든 유제품임을 밝혀냈다.

기네스 세계 기록에게…
치즈를 가장 빨리 가는 기록에 도전하고 싶어요. 제 친구와 가족은 제가 치즈를 엄청나게 빨리 간다고 하더라고요. 생방송에 출연해서 사람들에게 즐거움을 줄 수도 있어요. 저의 재주를 새 기록으로 고려해 주세요. 답변 기다릴게요.
영국의 ▓▓▓▓으로부터.

세계 최대 소젖 치즈
캐나다의 낙농업체 아그로퓨흐는 1995년 9월 7일, 26.09톤에 달하는 체다 치즈 한 덩이를 만들어 캐나다 퀘백주 그랜비에 있는 로블로스 슈퍼마켓에 납품했다. 승용차 17대와 맞먹는 무게를 맞추려고 245톤의 우유를 사용했는데, 소 5000마리에서 하루 동안 쉬지 않고 젖을 짜야 나오는 양이다.

세계 최대 염소 치즈는 그리스 할키디키현 이에리소스에 있는 이오아니스 스태소리스사가 2010년 12월 29일에 만든 단단한 치즈로, 939킬로그램이나 나간다.

세계 최대 슬라이스 치즈는 목욕 수건과 크기가 맞먹는다. 두께는 15센티미터이고, 무게는 135.5킬로미터나 된다. 2012년 7월 13일 이집트 카이로의 할라야프 카틸로사가 만들었다.

냄새가 가장 고약한 치즈
영국 크랜필드 대학의 2004년 조사에 따르면 뷰 불로뉴사가 9주 동안 숙성한 프랑스 젖소의 연질 치즈가 가장 냄새가 고약했다. 사람 19명과 기계 1대로 15종의 치즈를 테스트했는데, 기계로는 치즈에서 나오는 가스 분자를 분석했다.

세계에서 가장 비싼 샌드위치
2014년 10월 29일 미국 뉴욕에 있는 디저트 카페 세렌디피티 3의 구운 치즈 샌드위치가 214달러(약 28만 원)에 팔렸다.

가장 큰 그릴 샌드위치는 2023년 10월 21일 미국 위스콘신주 밀워키에서 만든 3.32미터 길이의 토스트로, 미국의 유튜버인 엑소더스와 이기 초드리가 기록했다. 무게는 일반 그릴 샌드위치 900개와 맞먹는 189킬로그램이었다.

피자에 올라간 가장 다양한 치즈
2023년 10월 8일, 프랑스의 파비앵 몬텔라니코와 소피 하타 리샤르-루나, 플로리앙 오네어, 브누아 브뤼에는 1001가지 치즈를 피자 위에 얹었다. 각각 최소 2그램 이상의 치즈가 올라가야 하고, 피자 지름은 최대 30.5센티미터를 넘지 않아야 한다는 조건이 있었다.

가장 커다란 치즈 슬라이서

2015년 3월 7일 노르웨이의 크비트펠 스키장에 구드 브라스달 인더스트리어사가 크리스틴 군스타드에게 의뢰하여 세운 7.79미터의 치즈 슬라이서는, 치즈 슬라이서를 발명한 토르 비요 크룬드(1889~1975년)를 기리기 위한 작품이었다.

대회에 사용하는 치즈는 1980년대부터 스마츠 팜사가 제공하고 있다.

역사가 가장 오래된 치즈 굴리기 대회

영국 글로스터셔주 브록워스의 쿠퍼스힐에서 열리는 180미터 치즈 굴리기 대회의 전통은 기록만 따져 보아도 1826년까지 거슬러 올라간다. 하지만 역사가들은 이 축제가 기록된 것보다 수백 년 더 오래되었다고 보고 있다. 로마 시대 이전 토속 신앙의 다산 의식에 뿌리를 두고 있을 수도 있다고 한다.

대회 기록이 시작된 이후 **가장 많이 우승한 남성**은 영국의 크리스 앤더슨(위)으로, 2022년에 열린 첫 번째 경기에서 23번째 우승을 차지했다.

가장 많이 우승한 여성은 영국의 일제 쾨플러(1941~1944 우승)와 플로렌스 얼리(왼쪽 위; 2008, 2016, 2018~2019 우승)로, 각각 4번 우승했다. 플로렌스는 발목 부상을 입고 은퇴했다.

찰스 마치 기어(1869~1957년)가 그린 「글로스터셔주 쿠퍼스힐의 치즈 굴리기 대회」이다. 대회는 남성부와 여성부, 어린이부로 나뉘며 언덕 구르는 3.6킬로그램의 치즈를 잡거나, 가장 먼저 언덕 아래로 내려오면 이긴다.

격렬한 취미

별별 기록들

골대를 안 보고 가장 멀리서 넣은 슛
2024년 1월 11일, 미국의 조슈아 워커는 골대 반대 방향을 보면서 공을 던져 26.21미터 떨어진 농구 골대에 집어넣었다. 그는 같은 날 **눈을 가린 채 가장 멀리서 슛 넣기**(18.28미터)와 **등지고 가장 멀리서 슛 넣기**(17.22미터) 등 5가지 묘기 슛 기록을 세웠다.

30초 동안 2단 크로스오버 줄넘기를 가장 많이 한 사람
던신 더벰(가운데)이 2023년 8월 18일, 나이지리아 아쿠레에서 78번 성공했다. 그벵가 에제키엘(왼쪽)은 **1분 동안 한 다리로 2단 크로스오버 최다 기록**(144번)을, 필립 솔로몬(오른쪽)은 **30초 동안 한 다리로 크로스오버 최다 기록**(69번)을 달성했다.

1분 줄넘기 최다 기록
중국의 저우치는 2023년 4월 30일 중국 저장성 닝보에서 60초 동안 줄넘기 374번을 성공했다. 속사포 같은 발놀림을 자랑하는 이 청소년은 2013년부터 깨지지 않았던 일본의 미우라 다이스케의 348번 기록을 넘었다.

농구공을 드리블하며 뛴 마라톤 최단 시간(여성)
2023년 10월 15일, 캐나다의 마리아 바비뉴가 3시간 57분 40초 만에 TCS 토론토 워터프론트 마라톤을 완주했다. 그는 7주의 훈련 후 마라톤에 처음 참가했다.

1시간 동안 수직으로 가장 높이 암벽 등반 한 사람
미국의 저스틴 발리는 2022년 10월 8일 미국 네바다주 레드록캐니언을 390미터 올랐다. 1.65미터 등반을 100회, 1미터 등반을 225회 한 것이다. 그는 같은 날 **3분 동안 37.95미터를 오르는 기록**도 달성했다.

최다 연속 플라잉 바 점프(남성)
2023년 2월 21일, 〈닌자 워리어〉 챔피언인 체코의 요엘 마틀리가 막대를 잡고 27번 공중 점프에 성공했다. 2.4미터 높이에서 금속 막대에 매달린 채 공중 점프를 하며 1.2미터씩 앞으로 나아갔다.

30초 동안 최다 차 오르기(II2)
2023년 12월 8일, 미국의 첼시 워너가 미국 캘리포니아주 더블린에서 막대를 잡고 몸을 위로 들어 올리는 동작을 10번 성공했다. 다운증후군을 가진 그는 지적 장애 부문에서 30초 세계 기록을 여러 개 가지고 있다. **백 워크오버 최다 기록**(14회), **백 핸드 스프링 최다 기록**(16회), **턱걸이 최다 기록**(11회) 등이다. 세계 챔피언 2관왕으로 《보그》와 《데이즈드》 등의 잡지 표지 모델이 되기도 했다.

1시간 동안 36킬로그램 배낭을 메고 손가락 팔굽혀펴기 최다 기록(남성)
에스파냐의 알레한드로 솔레르 타리가 2024년 3월 21일, 에스파냐 알리칸테의 라마리나에서 손가락으로만 버티며 팔굽혀펴기 175번을 했다. 2023년 11월 19일에는 날고 있는 헬리콥터에서 **1분 동안 L자 턱걸이 최다 기록**(26번)도 세웠다.

1분 동안 스피드업 패들보드 360도 회전 최다 기록
2023년 9월 3일, 이탈리아의 빈첸조 마노비앙코가 이탈리아 풀리아주 바리에서 패들보드를 타고 20번 회전했다. 그는 국가대표 서핑 선수로 국제 카누 연맹의 세계 스탠드업 패들링 선수권 대회에 참가했다.

3분 동안 자전거를 타고 뒤로 공중 돌기 최다 기록
2023년 12월 8일, 노르웨이의 벤 일베르트손이 노르웨이 아그데르주 반세에서 180초 동안 15번 거꾸로 뛰어올랐다.

1분 스트레이트 펀치 최다 기록(여성)
이란의 아테페 사파에이가 2023년 8월 5일 이란 테헤란에서 1분 동안 복싱 패드를 385번 두드렸다. 1초당 평균 6번 이상을 때린 셈이다. **권투 글러브를 착용하고 달성한 기록**은 298번으로, 2023년 12월 8일 영국 웨일스 카디건에서 영국의 이오안 크로프트가 달성했다.

스케이트보드 백사이드 540 1분 최다 기록

2024년 5월 22일, 일본의 카와카미 에마는 일본 효고현 고베에서 하프파이프 안에서 13번의 점프를 성공했다. 한 번 뛰어오를 때마다 1바퀴 반을 돌며 한 손을 등 뒤로 뻗어 보드를 잡았다. 현재 9살인 에마는 5살부터 스케이트보드를 탔는데, 스케이트보드의 전설 토니 호크가 1999년 처음 선보인 2바퀴 반(900도)을 돌며 점프하는 에마의 영상이 퍼지며 유명세를 탔다. 토니 호크의 뒤를 잇는 재능의 소유자를 더 만나고 싶다면 187쪽을 펴 보자.

무엇이든 물어보세요!

스케이트보드를 타는 데 가장 큰 영향을 준 사람과 그 이유는 무엇인가요?
토니 호크와 손 화이트, 귀 큐리, 그리고 피에르릭 가뇽이요. 모두 어려운 기술을 스스로 만들고 처음 선보였지요. 저도 그들처럼 무언가 이루고 싶어요.

토니 호크가 인스타그램을 팔로우 한다는 걸 알았을 때 기분이 어땠나요?
정말 신이 났어요! 제가 동경하는 사람이거든요.

2023 원그램컵에서 1위를 했을 때 기분은요?
버티컬 대회는 처음이라 우승은 기대하지 않았어요. 귀 큐리도 참가할 거라고 들었거든요. 제 방식대로 기량을 펼쳤고, 생각대로 돼서 행복했어요.

이탈리아의 〈로 쇼 데이 레코드〉 참가는 어땠나요?
처음 외국에 간 거라 전부 재미있었어요. 카메라 앞에서는 좀 긴장했지만, 모두 친절했어요.

훈련할 때 어려움은 없었나요?
수직 경사로에서 540도 기술을 계속할 때, 어떻게 어지러움을 극복해야 할지가 난관이었어요.

스케이트보드는 얼마나 자주 타나요?
한 번에 3~4시간씩, 일주일에 4~5번 타요.

다른 취미는 뭐가 있나요?
스케이트보드 영상 보는 걸 좋아하고, 온라인으로 랩 배틀도 해요.

에마는 5살에 처음 대회에 참가했다. 스케이트보드를 탄 지 불과 6개월 만이었다.

별별 기록들

두뇌 게임

200조각 직소 퍼즐을 가장 빨리 맞춘 사람(II)
2023년 6월 20일, 아랍에미리트의 노라 하산 알 아이다로스는 아랍에미리트 두바이에서 2시간 16분 만에 200조각 직소 퍼즐을 다 맞추어 기네스 세계 기록 지적 장애 부문 신기록을 수립했다.

세계 직소 퍼즐 선수권 대회 최고령 참가자
에스파냐의 안토니아 마리아 가르시아 데 소리아(1930년 1월 26일생)는 2022년 6월 24일, 92살 149일의 나이로 에스파냐 바야돌리드에서 열린 세계 직소 퍼즐 대회에 참여했다. 후안 안토니오 아바레스 오소리오와 팀을 이루어 참가했으며, 87팀 중 73위를 기록했다.

3자리 숫자를 가장 많이 기억한 사람
2023년 3월 28일, 파키스탄의 시에드 나빌 하산 리즈비는 파키스탄 신드주 카라치에서 1초에 하나씩 무작위로 나타나는 3자리 숫자 40세트를 기억해 냈다.

미국 십자말풀이 대회 최다 우승
1978년에 시작된 미국 십자말풀이 토너먼트(ACP)는 미국에서 가장 규모가 크고 오래된 대회이다. 2023년 4월 2일 미국의 댄 페이어는 미국 코네티컷주 스탬퍼드에서 열린 대회에서 774명을 물리치며 9번째 우승을 확정했다. 《타임》 주최 십자말풀이 챔피언십 최다 우승은 12회로, 영국의 마크 구들리프가 1999년, 2008~2017년, 2019년에 달성했다. 그는 신문 스도쿠 챔피언십에서도 2번 우승했다.

세계 스도쿠 선수권 대회 최다 우승
일본의 모리니시 코타가 세계 스도쿠 선수권 대회에서 2014년과 2015년, 2017년과 2018년에 4번 우승을 차지했다.

1분 동안 동물의 학명을 가장 많이 구분한 사람
인도의 수다르사남 시바쿠마르는 2023년 1월 7일, 인도 타밀나두주 첸나이에서 동물 48종의 학명을 구분했다.

문장 10개의 글자 수를 가장 빨리 센 사람
2023년 10월 4일, 요르단의 무함마드 사야힌은 무작위로 나타나는 아랍어 문장 10개 속 글자 267개를 단 35.5초 만에 셌다. 그는 〈아랍 갓 탤런트〉에 참가했을 때 '아보 알호로프(글자의 아버지)'라는 별명으로 불렸다.

최대 규모의 철자법 대회
2023년 6월 18일, 총 2000명의 학생들이 이라크 바스라주에서 열린 초대형 철자법 대회에 참가했다.

4x4 클로츠키 퍼즐을 가장 빨리 푼 사람
2023년 1월 26일, 말레이시아의 림 카이 이는 말레이시아 피낭주 버터워스에서 밀어서 푸는 고전 퍼즐을 5.18초 만에 풀었다. 림은 아래 부문에서도 기록을 달성했다.
- 4x4, 한 손으로: 8.27초.
- 4x5: 5.20초.
- 4x4, 눈을 가리고: 6.35초.
- 4x4, 한 손으로: 9.24초.
- 4x4, 발로: 14.20초.

5자리 숫자 50개를 가장 빨리 암산한 사람
인도의 아라얀 슈크라는 2024년 2월 29일 이탈리아 밀라노의 〈로 쇼 데이 레코드〉에서 총합 267만 6355인 숫자 50개를 25.19초 동안 암산해 맞혔다.

1분 동안 2진수 순서를 가장 많이 기억한 사람
2023년 6월 20일, 파키스탄의 무스타파 알람은 파키스탄 신드주 카라치에서 0과 1로 이루어진 342자리 숫자를 기억해 냈다. 숫자를 외울 시간은 단 1분으로, 1초에 평균 5개의 숫자를 기억해야 했다.

퀴즈를 풀어 보자!
속사포처럼 퀴즈를 풀어낸 기록 보유자들처럼 아래 퀴즈를 풀어 보자. 답은 253쪽에 있다!

모든 국기를 가장 빨리 구분한 사람
2023년 8월 5일, 바레인의 아담 사이드는 바레인 마나마에서 2분 55초 만에 197개 국기를 모두 구분했다. 다음 3개 국기는 각각 어느 나라의 것일까?

1분 동안 「스타워즈」 캐릭터를 가장 많이 구분한 사람
2021년 1월 10일 인도의 아드하브 라자프라부는 캐릭터 34개를 구분했다. 다음 캐릭터들의 이름은 무엇일까?

1분 동안 축구 클럽 배지를 가장 많이 구분한 사람
2023년 10월 3일, 브라질의 알렉산드르 마이라노가 95개를 구분했다. 다음 3개는 어느 팀의 것일까?

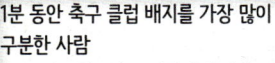

자유 낙하를 하며 큐브를 가장 빨리 맞춘 사람
2023년 4월 22일, 오스트레일리아의 샘 시에라키는 시속 약 200킬로미터로 웨스턴오스트레일리아주 주리엔만 위로 낙하하며 28.25초 만에 큐브를 완성했다. 그는 스카이다이빙 자격증 보유자이자 큐브 대회 선수이다.

마라톤을 하며 큐브를 가장 많이 맞춘 사람
일본의 스가 케이는 2022년 10월 15일, 일본 치바현의 카시와노하 캠퍼스 마라톤을 뛰며 큐브를 420번 맞췄다. 그가 42킬로미터를 뛴 시간은 4시간 34분 23초로 100미터마다 큐브를 1번씩 맞춘 셈이며, 이전 기록을 166번 앞당겼다.

기네스 세계 기록에게…
제 이름은 ▨▨이고 14살이에요. 저는 부러진 손목으로 루빅스 큐브를 가장 빨리 맞추는 세계 기록을 세우고 싶어요. 손목이 부러졌지만 재미있는 경험이 될 것 같아서 이 종목에 도전하기로 했어요. 가능한 답변을 빨리 주시면 좋겠어요. 손목이 영영 부러져 있지는 않을 테니까요. 고맙습니다.

물속에서 4면체 회전 큐브를 가장 많이 맞춘 사람
싱가포르의 다릴 탄 홍 안은 2021년 4월 18일, 한숨에 큐브 15개를 모두 맞췄다. 그는 이날 물속에서 **2x2x2 큐브 26개**, **3x3x3 큐브 16개**, **한 손으로 3x3x3 큐브 8개** 등 **최다 기록** 총 4개를 세웠다.

훌라후프를 돌리며 한 손으로 큐브를 가장 많이 맞춘 사람
2021년 2월 20일, 캐나다의 조시아 플렛은 캐나다 브리티시콜럼비아주 빅토리아에서 한 손으로 큐브를 531번 맞췄다. 그는 **두 손으로 큐브를 맞춘 최다 기록 1015번**도 보유하고 있다.

스피드 큐브 공식 기록

큐브		시간	기록 보유자	날짜
3x3x3	단일	3.13초	맥스 박 (미국)	2023년 6월 11일
	평균	4.48초	왕이형 (중국)	2023년 6월 20일
2x2x2	단일	0.43초	테오도르 자이데르 (폴란드)	2023년 11월 5일
	평균	0.92초	제인 카나니 (미국)	2024년 3월 9일
4x4x4	단일	16.79초	맥스 박	2022년 4월 3일
	평균	19.38초	맥스 박	2023년 3월 19일
5x5x5	단일	32.52초	맥스 박	2023년 12월 16일
	평균	35.94초	맥스 박	2023년 12월 16일
6x6x6	단일	59.74초	맥스 박	2022년 7월 31일
	평균	1분 6.46초	남동혁 (대한민국)	2024년 2월 4일
7x7x7	단일	1분 35.68초	맥스 박	2022년 9월 24일
	평균	1분 41.78초	맥스 박	2024년 1월 27일
클락	단일	2.54초	닐 구르 (인도)	2024년 1월 6일
메가밍크스	단일	23.18초	레안드로 마르틴 로페스 (아르헨티나)	2023년 12월 9일
피라밍크스	단일	0.73초	사이먼 켐럴 (미국)	2023년 12월 21일
스퀘어-1	단일	3.41초	라이언 필럿 (미국)	2024년 3월 2일

* 모든 기록은 2024년 4월 6일 기준 세계 큐브 협회의 비준을 받음.

별별 기록들
핼러윈

뱀파이어 복장으로 모인 최다 인원
2022년 5월 26일, 영국의 단체인 잉글리시 헤리티지는 브램 스토커의 소설 『드라큘라』 출간 125주년을 기념하여, 뱀파이어 복장을 한 팬 1369명을 휘트비 수도원에 초대했다. 영국 노스요크셔의 바닷가에 있는 이 수도원에는 영감을 자아내는 교회의 묘지가 있다.

가장 큰 빗자루
크레테암 2006은 32.65미터 길이의 마녀 빗자루로 2006년 9월 12일 네덜란드 제일란트주 신트 아날란트에서 만들어졌다.

오싹오싹 귀신들의 집합

종류	인원	주최/연도
망자의 날 해골	865	과나후아토 청소년 연합(멕시코), 2016
유령	1024	피셔스와 팬들(일본), 2023
마녀	1607	라 브루익사 도르(에스파냐), 2013
해골	2018	조커의 가장무도회(영국, 오른쪽), 2011
좀비	1만 5458	좀비 펍 크롤(미국), 2014

가장 큰 점괘판
2016년 10월 28일, 미국 펜실베이니아주에 있는 그랜드 미드웨이 호텔 지붕 위에 정령과 소통할 수 있는 크기 121제곱미터의 기구가 설치되었다. 밤이 되면 이곳에 처녀 귀신과 어린아이 유령이 나타난다고 한다.

「꼬마 유령 캐스퍼」 관련 최다 수집
2023년 10월 25일 미국의 텍사스주에 사는 바네사 이 리노는 「꼬마 유령 캐스퍼」 관련 수집품 1153개를 인증받았다. 그는 자신이 세운 기록을 통해 다른 이들이 자신의 열정에 자긍심을 가지면 좋겠다고 말했다.

가장 커다란 칼라베라 카트리나
멕시코의 '망자의 날'은 세상을 떠난 사랑하는 이를 기리는 날로, 보통 핼러윈부터 11월 2일까지이다. 2023년 멕시코 할리스코주에 28.15미터의 거대한 여성 해골 조각인 칼라베라 카트리나가 등장했다. 이 조각에는 사회적 지위나 신분에 상관없이 우리는 모두 언젠가 죽는다는 의미가 담겨 있다.

가장 많은 매출을 올린 공포 영화
스티븐 킹의 소설을 바탕으로 한 영화 「그것」(2017)의 주인공 페니와이즈는 아이들의 공포를 먹고 산다. 더 넘버스에 따르면 이 영화는 2024년 2월 28일까지 전 세계적으로 7억 101만 2746달러(약 9500억 원)의 매출을 올렸다. 가장 높은 매출을 올린 공포 영화 시리즈는 「컨저링」으로, 같은 날 기준 22억 5092만 4388달러(약 3조 원)를 기록했다.

매버릭과 타이거 킹은 모두 미국의 마이크 루돌프가 조각했다.

가장 무거운 호박 초롱
미국의 조각가 에릭 존슨은 2023년 11월 9일에 1246.9킬로그램의 호박을 호박 초롱(왼쪽, 사진의 오른쪽 사람이 에릭)으로 탈바꿈시켰다. 재료에 쓰인 호박이 **가장 무거운 호박**으로 인증받은 후 1달 뒤에 세운 기록이다. 에릭은 미국 재향 군인의 날에 영감을 받아 호박 초롱에 현역 군인과 개를 조각했다. 호박 초롱은 둘레만 642.6센티미터나 되어 지름이 **가장 긴 호박 초롱**이라는 기록도 세웠다.
에릭보다 이전에 기록을 세운 호박 초롱도 있다. 매버릭(가장 큰 사진)과 타이거 킹(맨 위 사진)을 조각한 호박 초롱인데, 2개 모두 미국의 트레비스 진저가 기른 거대 호박을 조각한 것이다.

가장 커다란 호박 모자이크
영국 햄프셔주 사우샘프턴 근처 서니필드 농장에 사는 영국의 넬슨 가족(오른쪽, 사진 속 사람은 톰 넬슨)은 핼러윈에 늘 호박과 박으로 거대한 예술 작품을 만든다. 2023년 10월 18일에 만든 작품은 면적만 193.35제곱미터에 달한다. 개봉한 지 30년이 지난 팀 버튼의 애니메이션 『크리스마스의 악몽』을 기념하기 위해 만들었다.

별별 수집

별별 기록들

〈아바타: 아앙의 전설〉 수집품
미국의 제시카 캐리는 봉제 인형과 의류 등 〈아바타〉 수집품 2026점을 모아 2023년 2월 13일 미국 오클라호마주에서 인증받았다. 제시카는 기네스 세계 기록에 이렇게 전했다. "제 수집품은 저만의 예술과 이야기를 만들도록 용기를 북돋워 주어요."

〈짱구는 못 말려〉 수집품
2022년 5월 12일 기준, 일본의 틱톡커 스즈키 사야카는 〈짱구는 못 말려〉 수집품을 2854점이나 모았다. 13살부터 짱구 팬이었던 그는 30주년 기념 배지 세트를 가장 아낀다.

머리핀
9살인 인도의 알리나 굽타가 2023년 8월 3일까지 머리핀 1124개를 모은 것으로 인도 델리에서 확인되었다. 알리나는 4살부터 머리핀을 모았다고 한다.

축구 유니폼
2023년 3월 17일 기준, 멕시코의 산티아고 항크 게레이로는 축구 유니폼 1077장을 보관하고 있다. 그는 아버지에게 2018년 월드컵의 유니폼들을 선물받은 후 수집을 시작했다.

어마어마한 수집품들

연필
6만 9255개, 미국 아이오와주 콜팩스에 사는 애런 바톨메이.

벽돌
8882개, 미국 오클라호마주 털사에 사는 클렘 레인케메이어.

휴대폰
3456개, 루마니아 클루지주의 아르헨티스에 사는 안드레이 빌비에.

크리스마스 전구
3101개, 노르웨이 외스트폴에 사는 카렌 토르프.

예수 구유 세트
2324개, 미국 아이오와주 워싱턴에 사는 마이클 자스.

기네스 세계 기록 관련 수집품

2024년 2월 1일, 영국의 마틴 토비는 기네스 세계 기록 관련 수집품을 3089점 모은 것으로 인정받았다. 특별판 816권을 포함해 **『기네스 세계 기록』 연감을 가장 많이 모으기**도 했다. 그는 기네스 세계 기록 공동 편집인이었던 노리스 맥워터의 친필 교정이 있는 1960년판을 가장 자랑스럽게 여긴다.

토끼 관련 수집품

미국의 캔디스 프레이지와 스티브 루반스키는 토끼 관련 물품을 4만 550점 모아 미국 캘리포니아주 앨터디너에 있는 토끼 박물관에 전시했다. 이들은 1999년에 수집품 8437점으로 처음 세계 기록을 달성했다.

부부의 토끼 사랑은 1993년 밸런타인데이에 스티브가 캔디스에게 토끼 인형을 선물하면서 시작되었다.

수제 양말 원숭이
2098개, 미국 일리노이주에 사는 알린 오쿤.

직소 퍼즐
2022개, 미국 인디애나주 카멀에 사는 존 왈자크.

도끼
1023개, 코소보 페치에 사는 카드리 프레카이.

프링글스 통
629개, 미국 일리노이주에 사는 살라크닙 몰리나.

다트 날개
501개, 영국 에식스주 클랙튼온시에 사는 패트릭 홉킨스.

별별 기록들
환상적인 기술들

가장 많은 나이에 윙슈트를 입고 난 사람
노르웨이의 비다르 시에(1961년 7월 13일생)가 62살 55일에 윙슈트를 입고 고도 3810미터 위 비행기에서 뛰어내려 2분 동안 날았다. 그의 스카이다이빙은 2023년 9월 6일 노르웨이 베스트폴주의 튄스베르 공항 위에서 펼쳐졌으며, 그는 상공 1219미터에서 낙하산을 폈다.

12시간 동안 휠체어를 타고 계단을 가장 많이 내려온 사람
2023년 9월 24일, 이탈리아의 하키 도쿠가 독일 프랑크푸르트에서 1만 2000개 계단을 내려와 자신의 기록을 500개 더 늘렸다.

가장 멀리 도끼를 던진 사람
이탈리아의 시모네 프레디가 2023년 6월 10일, 이탈리아 고리치아의 그라디스카 디존초에서 도끼를 40.1미터 거리까지 던져 너비 91센티미터의 목표물을 맞추었다. 이전 기록보다 약 13미터 더 멀리 던진 것이다.

1분 동안 공중에 매달린 후프 사이로 재주넘기를 가장 많이 한 사람
2023년 2월 8일, 멕시코의 얌엘 로드리게스가 미국 네바다주 라스베이거스에서 1분 동안 공중에 매달린 후프를 47번 뛰어넘었다. 그는 유튜브 강의로 기초를 배운 뒤 캐나다의 유명한 서커스 학교에서 기술을 연마했다.

불타는 통나무를 어깨 위에 올리고 가장 오래 돌린 사람
2023년 12월 13일 이탈리아 몬자에서 몽골의 바툴가 바토그톡이 불타는 나무 기둥을 어깨에 올리고 1분 19.11초 동안 돌렸다. 같은 날, 그는 **이로 불타는 통나무를 가장 오래 돌린** 기록(38.27초)도 달성했다.

까치발로 가장 빨리 걸어간 사람
불가리아의 요아나 체코바가 2023년 9월 23일, 불가리아 소피아에서 발레 슈즈를 신고 까치발로 21분 동안 400미터를 걸어갔다.

몸 전체를 얼음에 묻고 가장 오래 버틴 사람
폴란드의 얼음 수영 선수 크시슈토프 가예프스키(오른쪽)가 2023년 7월 23일, 폴란드 이노브로츠와프에서 얼굴을 제외한 몸 전체를 얼음 속에 파묻고 3시간 11분 27초를 버텼다.
▶ **여성** 기록은 3시간 6분 45초로, 폴란드의 폴레 카타지나 야쿠보프스카(위)가 2023년 12월 30일 폴란드 미엥지즈드로예에서 달성했다.

1분 동안 캐롤라이나 리퍼를 가장 많이 먹은 사람
미국의 프레디 루비오가 2023년 8월 13일, 미국 오리건주의 포틀랜드 핫소스 엑스포에서 1분간 122그램의 초특급 매운 고추를 먹어 치웠다. 캐롤라이나 리퍼는 한때 **가장 매운 고추**였으나 지금은 미국 퍼커벗 페퍼 컴퍼니의 에드 커리가 기른 '페퍼 X'에게 그 지위를 넘겨주었다. 페퍼 X는 스코빌 지수가 무려 269만 3000스코빌이라고 한다.

몸이 지탱한 가장 무거운 무게
2023년 7월 15일, 코소보의 물리 부자르가 자신의 고향 부슈트리에서 1531킬로그램 상당의 시멘트 꾸러미를 가슴 위에 올려놓았다. 이는 경차 1대를 올려놓는 것과 비슷한 무게다.

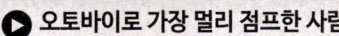

▶ 오토바이로 가장 멀리 점프한 사람
오스트레일리아의 부부이자 스턴트 배우인 제이크 베넷과 멜 에케르트는 2023년 7월 16일, 오스트레일리아 뉴사우스웨일스주 픽턴에서 혼다 CRF450을 타고 37.1미터 거리를 뛰어넘었다. 이들은 거의 23년 전에 세워진 이전 기록을 7미터 이상 넘어섰다.

30초 동안 머리 위에서 대포알을 가장 많이 돌린 사람

영국의 다니엘 테플리츠키가 2023년 12월 6일, 영국 버밍엄에서 머리 위로 알루미늄 대포알들을 26번 돌렸다. 대포알들은 쇠사슬로 연결되었고 각각의 무게는 약 20킬로그램이었다. 현재 10대 후반인 다니엘은 7살부터 훈련을 시작해 부모님이 운영하는 곡예 아카데미 '엘리트'에서 연기를 했으며, 10살에는 영국에서 유일한 어린이 '차력 저글링 곡예사'가 되었다. "저는 제 분야에서 최고가 되기 위해 열정을 불태웁니다. 기록을 세우는 것만큼 최고가 되는 좋은 방법이 또 뭐가 있겠어요?"

다니엘은 4대를 이어 온 저글링 곡예사이다. 그의 아버지는 러시아의 모스크바 주립 서커스단의 차력 곡예사였다.

세계 괴짜 챔피언

별별 기록들

가장 오래 개최된 연간 늪지 축구 대회

2000년 핀란드 하이린살미에서 제1회 늪지 축구 세계 챔피언십이 열렸다. 6명이 한 팀을 이루어 가로 30미터, 세로 60미터의 진흙탕 경기장에서 승부를 겨룬다.

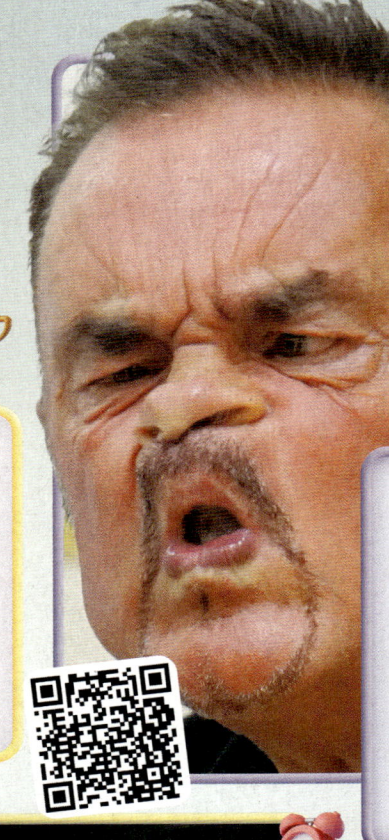

얼굴 찡그리기 대회 최다 우승

영국 컴브리아주의 게 축제에서는 150년이 넘는 역사를 가진 얼굴 찡그리기 대회가 열린다. 2023년에는 얼굴로 '으르렁대는 늑대'를 표현한 영국의 토미 매틴슨이 **남성** 부문에서 18번째 우승을 했다.
여성 기록은 28회로, 1977년부터 2014년 사이에 우승한 영국의 앤 우즈(오른쪽 위)이다.

가장 오랫동안 개최된 체스복싱 챔피언십

체스와 복싱을 번갈아 가며 하는 스포츠로, 첫 세계 체스복싱 협회 챔피언십은 2003년 11월 14일에 열렸다. 이때 이 스포츠의 창시자인 이에페 뤼빙(네덜란드)이 장-루이 베인스트라를 상대로 승리를 거두었다.

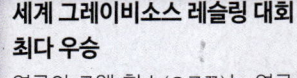

세계 그레이비소스 레슬링 대회 최다 우승

영국의 조엘 힉스(오른쪽)는 영국 랭커셔주의 로즈 앤 보울 펍에서 해마다 열리는 이 소스 레슬링 대회 **남성** 부문의 6회 우승자이다. **여성** 기록은 2회로 엠마 슬레이터와 록시 아프잘(아래, 모두 영국)이다. 2분 동안 그레이비소스 속에서 참가자들은 격투 기술, 외형, 재미 등을 심사받는다.

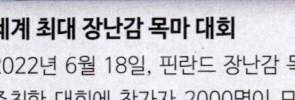

세계 최대 장난감 목마 대회

2022년 6월 18일, 핀란드 장난감 목마 협회가 주최한 대회에 참가자 2000명이 모였다. **가장 높이 점프한 기록**은 1.41미터로, 핀란드의 마리에 캐르캐이넨이 2019년 6월 15일에 달성했다.

이 대회에서 자유형 같은 수영 영법은 금지된다. 많은 선수들이 늪지용 오리발을 신는다.

가장 오랫동안 개최된 세계 늪지 스노클링 대회

1985년부터 영국 웨일스 란우르티드 웰스 마을의 웨인 리드 이탄 습지에서는 해마다 진흙탕 수영 대회가 열린다. 대회에 참가하는 용감한 선수들은 과감히 늪으로 뛰어들어 55미터 길이의 도랑을 왕복한다. 스노클 장비와 오리발, 마스크가 필요하며 멋진 옷은 선택 사항이다. 2023년에는 바비 인형 분장을 한 사람(아래)이 참가하기도 했다. 지금까지 기록된 최대 출전 인원은 2009년의 200명이다.

물이 가득 들어찬 도랑은 길이가 55미터, 깊이는 약 1미터이다.

세계 늪지 스노클링 대회 최단 시간

2023년 8월 27일 영국의 닐 루터가 1분 12.35초의 기록으로 승리를 거머쥐었다. 자신의 **최다 우승**(5번, 모두 연속) 기록을 늘리며, 2018년에 그가 세운 최단 시간 역시 경신했다. **여성** 기록은 1분 22.56초로, 영국의 커스티 존슨이 2014년 8월 24일에 세웠다.

별별 기록들

공 다루기

머리 위에 축구공 올려놓은 채 사다리를 타고 가장 많이 올라간 사람
2023년 8월 10일, 나이지리아의 토니 솔로몬은 나이지리아 예나고아에 있는 방송탑을 타고 150걸음을 올랐다. 그는 76미터 구조물을 올라가는 데 걸린 12분 남짓의 시간 동안 끊임없이 균형을 맞추며 머리 위에 공을 딱 붙이고 있었다.

1시간 동안 발을 바꾸어 가며 축구공 볼 터치를 가장 많이 한 기록
2023년 중국의 프리스타일 축구 선수 2명이 기록을 연달아 경신했다. 2월 26일에 10살 탕진판(위 왼쪽)은 중국 광둥성 선전에서 8147번 공을 튕겼다. 이 기록은 14주 후 60살의 저우다오화(위 오른쪽)가 6월 4일 중국 장쑤성 쉬저우에서 8407번 튕기며 깨졌다.

발로 축구공을 저글링 하며 가장 빨리 100미터를 이동한 사람
멕시코의 아브라함 무뇨스는 2009년 8월 9일, 미국 뉴욕 퀸즈의 요크 대학에서 공을 저글링 하며 100미터 육상 트랙을 17.53초 만에 주파했다. 같은 부문에서 **16킬로미터**는 8분 17.28초, **마라톤**은 5시간 41분 52초의 기록을 세웠다.

1시간 동안 머리로 공을 튕기며 뒤로 이동한 가장 먼 거리
2022년 6월 11일, 폴란드의 다리우시 콜로지에이치크는 폴란드 호주프에서 머리로 공을 다루며 2.4킬로미터를 거꾸로 뛰었다.

축구공 컨트롤 최장 시간(여성)
2023년 7월 2일, 브라질의 라켈 베네티가 브라질 상파울루에서 10시간 22분 8초 동안 쉬지 않고 공을 띄웠다. 그는 6살 때 텔레비전에서 클라우디아 마티니가 기록을 세우는 모습을 보고 프리스타일 축구를 하기로 결심했다.

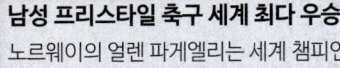

남성 프리스타일 축구 세계 최다 우승
노르웨이의 얼렌 파게엘리는 세계 챔피언에 10번 올랐다. 그는 19살이던 2016년에 처음 우승했으며, 2023년 11월 케냐 나이로비에서 10번째 우승을 한 뒤 은퇴했다. **홉더월드 최다 기록**(92번)과 **사이드헤드 스톨 최다 기록**(131번)도 있다.

여성 프리스타일 축구 세계 최다 우승
프랑스의 멜로디 동쉐와 폴란드의 아구시카 므니흐는 모두 우승을 6번 차지했다. 멜로디는 레드불 스트리트 스타일에서 4번 우승했으며, 슈퍼볼과 월드 투어에서도 1번씩 우승했다. 아구시카는 슈퍼볼에서 4번, 레드불 스트리트 스타일에서 1번 우승했으며, 2023 세계 프리스타일 축구 선수권 대회에서도 우승을 거머쥐었다.

발로 축구공을 가장 오래 컨트롤한 여성
이란의 사이드 모미반드는 2022년 12월 2일, 이란 테헤란주 파라드에서 정확히 12시간 동안 축구공을 튕겼다. 이전 기록을 2시간이나 늘린 기록이다.

1분 동안 러닝머신 위에서 발로 축구공 볼 터치를 가장 많이 한 사람
2023년 3월 13일, 이란의 모하데세흐 고다시에이는 이란 테헤란에서 178번 공을 튕겼다. 이란 여성 19세 이하(U19) 축구 팀에서 뛴 적이 있는 그는 이전 기록 보유자인 라우라 비온도의 기록을 8개 앞섰다.

1분 동안 팔 위에서 축구공을 가장 많이 굴린 사람
2023년 7월 14일, 방글라데시의 코녹 카르마카르는 방글라데시 치타공에서 1분 동안 축구공을 팔 위에서 147번 굴렸다. 그의 사촌 안타르도 30초 동안 축구공을 이마에서 굴린 최다 기록(52회)을 세웠다.

30초 동안 목으로 축구공을 가장 많이 패스한 사람
파키스탄의 다니엘 알리와 예멘의 아마르 알쿠다이리는 2023년 8월 9일 아랍에미리트 두바이에서 오직 목으로만 축구공을 27번 주고받았다. **1분 기록**은 52번으로, 노르웨이의 얼렌과 브린야르 파겔리 형제가 2022년 11월 12일 노르웨이 스타방에르에서 달성했다.

줄넘기 중에 양발을 바꾸어 가며 축구공 볼 터치를 가장 많이 한 사람
2023년 8월 14일, 줄넘기와 프리스타일 축구를 접목한 묘기로 유명한 중국의 이빙성이 중국 베이징에서 125번 공을 튕겼다.

▶ **프리스타일 축구 최연소 세계 챔피언**

영국의 이사벨 윌킨스(2007년 8월 29일생)는 8월 11일, 체코 프라하에서 열린 2023 슈퍼볼 결승전에서 세계 챔피언인 케이틀린 슈레퍼를 꺾고 15살 347일의 나이에 우승의 영광을 안았다. 코로나19로 이동이 제한된 시기 프리스타일 축구를 시작한 그는 학교가 끝난 후 2시간씩 연습했다. 겨울에는 집의 창고를 개조해서 연습을 이어 나갔다.

2024년 1월 8일, 기네스 세계 기록은 이사벨의 집을 찾아가 **30초 동안 홉 더 월드 최다 기록**(47번), **1분 클리퍼 여성 최다 기록**(46번), **1분 하프 백 어라운더 월드 최다 기록**(12번), 그리고 **30초 아바스 어라운더월드 최다 기록**(18번)까지 기록 4개를 달성하는 현장을 지켜보았다.

미래의 프리스타일 축구 챔피언은 2살 때에도 공과 늘 함께했다.

프라하에서 열린 2023 슈퍼볼 월드 오픈에 참가한 프리스타일 축구 선수는 211명이었다. 참가자들은 10점 만점을 받기 위해 자신의 장기를 마음껏 선보였다. 이때 준결승에서 15살 난 이사벨이 세계에서 가장 성공한 프리스타일 축구 선수 중 한 명인 아구시카 므니흐(아래 사진에서 왼쪽)를 물리쳤다.

최고의 기술

별별 기록들

가장 기다란 죽마

2023년 10월 17일, 캐나다의 공연가 더그 더 그레이트가 16.76미터 죽마 한 쌍을 타고 캐나다 온타리오주 브랜트퍼드를 걸었다. 67살의 더그는 강한 바람에도 굴하지 않고 14걸음이나 성큼성큼 걸어 자신의 2002년 기록을 새로 썼다.

지름이 가장 긴 호박

2023년 10월 9일, 미국의 트레비스 진저가 미국 캘리포니아주에서 열린 세계 호박 무게 겨루기 대회에서 둘레 6.42미터인 호박을 내놓았다. 무게는 1246.9킬로그램으로, **가장 무거운 호박** 기록도 세웠다. 영국의 개러스 그리핀은 8.97킬로그램의 **가장 무거운 양파**를 2023년 9월 15일 영국 노스요크셔주에서 열린 해러깃 가을 원예 박람회에서 선보였다.

카드로 만든 가장 커다란 건물

인도의 아르나브 다가는 카드 14만 3000장으로 콜카타를 대표하는 건물인 라이터스 빌딩과 샤히드 미나르, 솔트레이크 스타디움, 세인트 폴 성당을 재현했다. 15살인 그는 6주 동안 총 면적 62제곱미터에 높이 3.47미터인 이 건물들을 완성했고, 가장 높은 건물 모형으로 2023년 1월 23일에 인증받았다.

외발자전거를 타면서 가장 저글링을 많이 한 사람

2023년 5월 7일, 영국의 제임스 코젠스는 영국 케임브리지에 있는 셀르윈 대학에서 10초 동안 공 7개를 저글링 했다. 벨기에의 재스퍼 모엔스가 2022년 4월 30일에 세운 기록과 동률이다.

불타는 햇불을 가장 오래 저글링 한 사람

2023년 7월 14일, 미국의 에이든 웹스터는 미국 플로리다주 세인트피터즈버그에서 5분 2.31초 동안 햇불 3개를 던지고 받았다. 해양과 학생인 그는 같은 날 **1분 동안 뒤로 공중 돌기 최다 기록**(11회)과 **데드행 자세에서 한 손으로 물건 2개 저글링 최다 기록**(162회)을 함께 세웠다.

이 거대한 커피는 닉이 던킨사와 협업하여 출시할 '쉐프 닉' 음료를 기념하기 위해 만들어졌다.

대단한 메르쿠리오 부자

이탈리아의 로코 메르쿠리오는 아들들과 함께 기록 2개를 추가했다. 그는 크리스티안(왼쪽)과 2023년 2월 10일에 **2명이서 물병 6개를 가장 빨리 뒤집은 기록**(3.78초)을 세웠다. 미카엘(오른쪽)과는 5월 15일에 **한 손으로 테니스공을 가장 많이 잡은 기록**(8개)을 세웠다.

세계 최대 아이스 라테

미국의 닉 디지오반니와 던킨사는 2024년 3월 20일, 미국 매사추세츠주 캔턴에서 1044.9리터의 음료를 내놓았다. 던킨사의 독자적인 라테 제조법에 따라 20명이 24시간 동안 에스프레소 94.6리터에 우유 378리터를 사용해 만든 음료였다. 닉의 초대형 요리 기록을 보고 싶다면 92쪽을 펴 보자.

불꽃 묘기

1분 동안 불 막대 2개를 입에 넣어 가장 많이 끈 사람

2023년 4월 22일 일본의 서커스 공연가 히로(미야기 히로쿠니)는 일본 니가타현에서 불꽃 막대 94개를 입속에 넣고 껐다. 2022년 6월 11일 **30초 동안** 불꽃 57개를 먹어 치우며 1초에 약 2개의 불꽃을 먹은 기록을 세운 것에 이은 두 번째 세계 기록이다.

1분 동안 불타는 칼을 가장 많이 잡은 사람

연속 기록 보유자인 미국의 데이비드 러시는 2023년 2월 27일 불타는 칼날을 1분 동안 136번 던지고 잡았다. 2022년 10월에는 눈썹이 타도록 활활 타오르는 촛불 150개를 입에 넣어 **입속에 촛불을 가장 많이 넣은 기록**을 세웠다.

불꽃 릴레이 경주 최단 시간

2022년 1월 29일 이탈리아의 스턴트맨 이반 폴라이노와 마르코 라스카리가 독일의 라파엘 암브로스터, 요제프 퇴틀링과 팀을 이루어 불꽃 릴레이 경주를 시도했다. 불이 붙은 사람이 다음 사람에게 불을 붙이며 이어 가는 경주였는데, 이들은 100미터를 1분 8.74초에 완주했다.

기네스 세계 기록에게…

안녕하세요, 제 이름은 ▓▓▓예요. 뉴욕 ▓▓▓에서 방송되는 FM 라디오 ▓▓▓와 ▓▓▓에서 쓰고 있어요. 우린 몸무게가 231킬로그램인 남자의 방귀에 불을 붙일 거예요. 공식 심판관이 오셔서 불꽃이 기록을 깰 정도로 멀리 나갈지 판정해 주실 수 있을까요?

불 붙은 채 20미터 줄을 가장 빨리 건넌 사람

2022년 2월 이탈리아의 줄타기 곡예사 마우리치오 자바타는 얼어붙은 몸을 녹일 기발한 방법을 생각해 냈다. 자신의 몸과 균형 잡는 봉에 불을 붙여 20미터 줄을 단 14.34초 만에 건넌 것이다.

⚠️ 이 기록은 철저히 전문가들만을 위한 것이다. 절대 따라 하지 말 것!

불타는 공을 가장 오래 저글링 한 사람

캐나다의 마이클 프랜시스는 2021년 6월 5일 온타리오주 키치너에서 방열 장갑을 끼고 불타는 공을 2분 25.2초 동안 저글링했다. 기록에 도전할 때 특히 손을 조심스럽게 다루었는데, **연속으로 동전을 가장 많이 굴리기**(353회)를 포함한 각종 손재주 관련 기록 보유자이기 때문이다.

몸에 불을 붙인 채 가장 높은 곳에서 번지 점프 한 사람

2012년 9월 14일 프랑스의 요니 로흐는 프랑스 노르망디의 65미터 높이 솔리부르 다리 위에서 온몸에 불을 붙이고 뛰어내렸다. 그가 강으로 뛰어들자, 불은 재빨리 꺼졌다.

입 밖으로 가장 높이 치솟은 불꽃

2011년 1월 미국의 안토니오 레스티보는 네바다주 라스베이거스에서 입속에 등유를 가득 머금고 불꽃을 8.05미터 높이까지 쏘아 올렸다. 10년이 넘도록 깨지지 않고 있는 기록이다.

불이 붙은 채 산소 없이 가장 멀리 뛴 사람

2022년 9월 10일 프랑스의 소방관 조너선 베로는 온몸에 불이 붙은 채 272.2미터를 뛰었다. 이 도전은 프랑스의 한 육상 경기장에서 펼쳐졌는데, 동료들이 불이 꺼지지 않도록 조너선에게 계속 연료를 뿌렸다.

최초로 불이 붙은 채 파도타기를 한 사람

미국의 전문 서퍼 제이미 오브라이언은 프랑스령 폴리네시아의 타히티섬에서 2015년 7월 22일 몸에 불을 붙이고 인간 횃불이 되어 파도를 타는 데 성공했다. 인스타그램에 달린 댓글에서 아이디어를 얻었다고 한다.

4륜 오토바이를 타고 불붙은 터널을 가장 멀리 운전한 사람

남아프리카공화국의 엔리코 슈만과 안드레 드 콕은 하우텡주에서 36.5미터의 불을 뚫고 나왔다. 엔리코는 연기와 불꽃 때문에 몸의 기억에 의지해 운전해야 했다.

불타는 사나이: 요제프 퇴틀링

오스트리아의 스턴트맨 요제프 퇴틀링은 2013년 처음 기네스북에 이름을 올린 이래 기네스 세계 기록에서 가장 이름난 불꽃 사나이다. 그는 **가장 오랫동안 산소 없이 온몸에 불을 붙인 기록**을 보유하고 있는데, 기록을 달성하는 5분 41초 동안 불꽃이 얼굴로 옮겨붙지 않도록 조심스럽게 부채질을 해야 했다. 여기서 멈추지 않고 그는 **몸에 불을 붙인 채 차를 타고 가장 멀리 이동한 기록**(582미터)도 세웠다. 최근에는 **불이 붙은 채 200미터를 자전거로 달린 최단 시간 기록**(2022년 1월 〈로 쇼 데이 레코드〉에서 기록한 49.5초), **불붙은 몸으로 짚 와이어를 타고 가장 멀리 이동한 기록**(2023년 5월 사우디아라비아 제다에서 펼쳐진 〈블랙 로즈 스턴트쇼〉에서 이동한 61.45미터) 등을 세웠다.

스턴트맨들은 낮은 온도에도 불이 붙는 연료와 방화복, 냉각 젤을 사용해 위험을 줄인다.

별별 기록들

코어 힘

움직이는 트럭 2대 사이에서 턱걸이를 가장 많이 한 사람

2023년 6월 23일 아르메니아의 그리고르 마누키얀은 아르메니아 탈린에서 움직이는 HGVs 트럭 2대 사이에 놓인 철봉에서 44번의 턱걸이를 했다. 그의 18번째 생일이 지나고 겨우 몇 주 후였고, 전해에는 **1분 동안 헬리콥터에서 최다 턱걸이를 한 기록**(36회)을 세웠다.

손으로 가장 오래 균형을 유지한 사람

우크라이나의 발레리아 다비덴코는 2023년 5월 4일, 프랑스 오랭에서 1시간 10분 3초 동안 손으로 몸을 지탱했다. 서커스 곡예사인 그는 한 손으로만 번갈아 지지대를 잡았고 기록을 11분 늘렸다.

물속에서 요가 자세를 연속으로 가장 많이 한 사람

인도의 카말 칼로이는 2020년 7월 3일, 베트남 남딘의 수영장에서 요가 자세 21개를 했다. 놀라운 폐활량과 유연한 팔다리를 가진 그는 단 한 번의 호흡으로 약 4분 동안 5초에 1번씩 자세를 바꾸었다.

가장 많은 사람이 참여한 패들보드 요가 교실

2022년 9월 11일 305명이 독일 위버링겐에 있는 보덴호에 모여 독일의 라파엘라 쇠펠레(가운데에 분홍색 상의를 입고 서 있는 사람)에게 요가 수업을 받았다.

요가 자세별 최장 시간 기록(표기가 없는 경우 모두 인도 기록)

1		2		3		4		5	
	옴(자궁): 8시간 34분 11초. 야시 모라디야, 2022년 10월 25일.		거북: 7시간 55분 45초. 야시 모라디야, 2022년 10월 23일.		나무: 7시간 53분. 야시 모라디야, 2022년 10월 24일.		원숭이: 3시간 10분 12초. 스미타 쿠마리, 2022년 12월 17일.		엎드린 개: 1시간 30분 38초. 세두 람 쿠마르 쿠마르, 2023년 6월 25일.

최연소 요가 강사
인도의 프란비 굽타(2015년 6월 15일생)는 2022년 11월 27일, 강사 자격을 인증받았을 때 나이가 7살 165일이었다.
남성 기록은 인도의 레얀시 수라니(2011년 12월 20일생)로, 8살 219일에 강사가 되었다.

가장 오래 인간 깃발 자세를 유지한 사람(여성)
일본의 나카마스 미키는 2021년 5월 15일 일본 오키나와현 나카가미에서 수평 물구나무서기를 36.80초 동안 했다.
그는 2023년 4월 9일에 **링 머슬업 여성 최다 기록**(11회)을 거머쥐며, 2023년 8월 26일에는 일본의 와키나구기 토모키와 **2인 혼성 팔굽혀펴기 최다 기록**(34회)을 세웠다.

1분 동안 휠체어를 타고 턱걸이를 가장 많이 한 사람
휠체어를 타는 시리아의 아드난 알무사 알페름리는 2023년 11월 23일 에스파냐 테네리페섬에서 1분 동안 10번의 턱걸이를 했다. 다음 날에는 32.6킬로그램의 휠체어를 탄 채 턱걸이를 해 **휠체어를 타고 최대 중량 턱걸이를 한 기록**을 세웠다.
그는 패럴림픽 핸드사이클 국가 대표 선발 준비와 자신처럼 전쟁 지역에서 장애를 입은 어린이들을 위한 모금 활동을 하고 있다.

복부 플랭크 자세로 가장 오래 버틴 사람
체코의 요세프 샬레크는 2023년 5월 20일 체코 플젠에서 9시간 38분 47초 동안 복부 플랭크 자세로 버티는 기록을 세웠다.
여성 기록은 2019년 5월 18일 미국 일리노이주 네이퍼빌에서 4시간 19분 55초를 버틴 캐나다의 다나 글로와카가 가져갔다. 다나의 아들이 『기네스 세계 기록』을 읽고 기록에 도전할 것을 제안했다.

6 인어공주: 1시간 15분 5초, 루바 가세산, 2023년 1월 1일.

7 수레바퀴: 55분 16초, 야시 모라디야, 2022년 6월 21일.

8

9 독수리: 33분 12초, 모니카 쿠마라트, 2021년 12월 13일.

공작: 30분 53초, 야시 모라디야, 2022년 6월 21일.

10 딤바사나: 30분 3초, 오스트리아의 스테파니 밀링거, 2022년 7월 14일.

별별 기록들

종이 공예

최대 퀼링 꽃 전시
퀼링은 가느다란 종이를 말고 자르고 붙여서 복잡한 모양을 만드는 종이 공예 기법으로, 여러 개를 조합해 하나의 큰 작품을 만든다. 퀼링이라는 이름은 종이를 다룰 때 쓰던 깃털에서 따왔다. 아일랜드의 브리드 매캔은 퀼링으로 여러 세계 기록을 세웠다. 2019년 6월 30일 아일랜드 골웨이의 고트에 1만 4072송이의 퀼링 꽃을 전시했고, 이후 퀼링 **천사**(3239개, 2019년 11월 14일, 왼쪽), **눈송이**(1736개, 2021년 12월 23일) 등으로도 기록을 세웠다.

최대 퀼링 인형 전시
페이스북의 '인형 만들기를 사랑하는 모임' 회원 39명은 2022년 9월 18일 인도 타밀나두주 첸나이에서 종이 인형 3441개를 선보였다. 이전보다 1200개 넘어선 기록이다.

가장 큰 종이 코뿔소
중국의 예술가 리우 통은 차원이 다른 종이 공예에 나섰다. 첫 기록은 길이 7.83미터, 높이 4미터인 코뿔소로 시작되었다. 리우와 동료들은 100킬로그램의 종이로 3시간에 걸쳐 종이 코뿔소를 만들었으며, 2017년 4월 19일 중국 허난성 정저우의 쇼핑몰에 전시했다.
그해 12월 19일, 리우는 자신의 기록에 더 큰 종이 동물을 3마리 더했다. 4.64미터 높이의 **비둘기**와 5.15미터 길이의 **고래**, 3.7미터 길이의 **표범**이었다.

가장 큰 종이 달팽이
중국의 종이접기 공예가 페이 하오쳉과 동료들은 50킬로그램의 금박 종이로 만든 길이 4.1미터, 높이 1.3미터의 달팽이를 2023년 3월 11일 중국 장쑤성 난징에서 공개했다. 페이는 2022년 9월 9일에 **종이 한 장으로 가장 많은 꽃을 접은** 기록을 세우기도 했다.

종이학 1000개를 가장 빨리 접은 사람
영국 에섹스주 콜체스터의 이블린 치아는 의료계 종사자 기금 모금을 위해 2021년 6월 22일, 9시간 31분 13초 만에 종이학 1000개를 접었다. 일본에서 종이학은 평화와 신의, 행운을 상징한다.

최대 종이 심장 전시
2023년 4월 11일 캄보디아 시엠립의 앙코르와트(**세계 최대 종교 건축물**)는 청소년 연합과 자원 봉사자 1만 명이 만든 391만 7805개의 알록달록한 심장으로 가득찼다. 캄보디아의 제32회 동남아시아 경기 대회, 제12회 아시아 패러게임 개최를 축하하는 의미였다.

가장 큰 종이 백조
미국의 폴 프라스코와 라이언 동은 2023년 6월 23일 미국 뉴욕의 종이접기 대회에서 가로세로 5.5미터 종이로 4.69미터 길이의 새를 만들었다. 폴은 2020년 8월 9일 미국의 종이접기 디자이너 슈리칸트 라이어와 함께 이틀에 걸쳐 길이 3.87미터, 높이 1.99미터의 **가장 큰 종이 용**을 완성한 적도 있다.

가장 큰 종이 심장
2022년 1월 29일 이란의 아르샤 샤흐리아리와 필리핀의 암라 마흐무드는 아랍에미리트 건국 50주년을 기념하기 위해 사랑을 상징하는 4.01미터 크기의 종이 심장을 제작했다.

가장 많이 접은 종이 동물 기록

1	2	3	4	5

학: 233만 1631마리, 2022년 7월 31일, 중국 GP43사.	**비둘기**: 3만 3206마리, 2021년 11월 3일, 일본 신도리즈바사 학교.	**나비**: 2만 9416마리, 2019년 12월 5일, 남아프리카 공화국의 주안느 피에르 드 아브레우.	**말**: 2만 2500마리, 2022년 7월 26일, 미국 브리들 업 재단.	**기린**: 1만 8490마리, 2015년 5월 6일, 오스트리아 쇤브룬 동물원.

이 작품을 만드는 데 들어간 종이띠를 한 줄로 쭉 늘어놓으면, 총 58킬로미터에 이른다!

최대 퀼링 모자이크 그림

2022년 4월 8일, 베트남의 연하장 제조사 퀼링 카드가 베트남 호치민에서 빈센트 반 고흐의 유명한 작품 「별이 빛나는 밤에」를 26.73제곱미터 크기로 재현했다. 회사 창립 10주년을 기념하는 이 작품(맨 위)은 만드는 데 3399시간이 걸렸고, 풀 12킬로그램과 종이띠 19만 1948개가 들어갔다. 이 작품은 원본보다 39배 더 크며, 설치 미술품으로 제작되어 전 세계에서 전시 가능하다.

같은 날, 회사에서는 공예 장인 300명(위)을 모아 퀼링 생일 카드를 제작했다. 이때 **동시에 가장 많은 사람들이 모여 퀼링 공예를 한 기록**을 세웠다.

6 물고기: 1만 8303마리, 2021년 2월 25일, 일본 미야기현.

7 백조: 1만 593마리, 2023년 1월 15일, 인도의 자트밀라 나바가왈라.

8 고래: 9210마리, 2023년 6월 10일, 일본 세이린 소학교.

9 박쥐: 6239개, 2015년 11월 3일, 미국 코너 프레리 박물관.

10 토끼: 3988마리, 2023년 4월 4일, 일본 무라타 제조사.

종합

24시간 동안 팔 뜨개질로 만든 최다 담요
영국의 댄 소어가 2024년 4월 5일 자신의 팔을 바늘 삼아 이불 19개를 뜨개질하여 기금 2300파운드(약 400만 원)를 모았다. 그는 틱톡에 팔 뜨개질 영상을 올려 현재 30만 명이 넘는 팔로워를 보유하고 있다.

죽마 보행을 한 최다 인원
2024년 1월 24일, 인도 아삼주 카르비 앙롱에서 721명이 '캉 동 당'이라고 알려진 지역 전통 대나무 죽마에 올라 2.4킬로미터의 줄을 이루었다. 카르비앙롱 시의회가 주관한 제50회 카르비 유소년 축제에서 세운 기록이다.

런던 모노폴리 보드게임에 나오는 런던의 실제 장소를 자전거로 가장 빨리 방문한 사람
영국의 바클리 브램은 2023년 8월 20일, 모노폴리 보드게임에 나오는 영국 런던의 실제 장소를 1시간 12분 43초 만에 모두 거쳐 갔다.

「기네스 세계 기록」 이미지의 라벤스브루거 파노라마 직소 퍼즐을 가장 빨리 맞춘 팀
2023년 9월 24일, 에스파냐 바야돌리드에서 열린 세계 직소 퍼즐 챔피언십의 결승전에서 8명의 팀이 1시간 24분 4초 만에 퍼즐 조각 2000개를 모두 맞추었다.

가장 큰 축구화
2022년 10월 1일, 인도의 무함마드 D가 길이 5.35미터, 높이 2.05미터, 너비 1.70미터의 축구화를 카타르 도하에서 공개했다.

가장 긴 워터 스키
멕시코의 훌리안 마시아스 리사올라와 미국의 에릭 줄리안 마르시아스-세다노가 길이 6.07미터의 목재 스키를 만들어 2023년 3월 18일에 인증받았다.

가장 큰 보블헤드
2022년 9월 28일, 미국의 할인 판매점 '올리'가 미국 펜실베이니아주 해리스버그에서 5.04미터 높이의 모형 인형을 세웠다. 브랜드 창립 40주년을 기념하며 4개월에 걸쳐 만든 것으로, 올리의 마스코트가 고개를 끄덕이는 모습을 바탕으로 했다.

가장 긴 묵주
사이프러스의 안젤로스 로시프는 4년이 넘는 기간 동안 점토와 과일 씨로 317.9미터의 수제 묵주를 만들었다. 길이는 2023년 5월 17일 사이프러스 니코시아구 스트로볼로스에서 측정했다.

1분 동안 고추냉이를 가장 많이 먹은 사람
일본의 스즈키 타카마사가 2024년 2월 29일, 이탈리아 밀라노에서 열린 〈로 쇼 데이 레코드〉에서 391그램의 고추냉이를 삼켰다. 캐나다의 앨레이나 밸런타인은 2023년 4월 29일 캐나다 온타리오주 미시소가에서 238그램의 꿀을 먹어 **1분 동안 꿀을 가장 많이 먹은 기록**을 세웠다.

가장 긴 줄다리기 줄
2024년 3월 1일, 영국 카마든셔주 체펀 시든 해변에서 길이 516.85미터의 줄을 끌고 당기는 줄다리기가 펼쳐졌다. 100명의 참가자가 1분 15초 동안 서로 힘을 겨루었다.

같은 훌라후프를 통과한 최다 인원
2023년 8월 16일, 홉스 데졸레 서커스의 4명의 연기자가 첫 번째 사람이 뒤로 던져 주는 훌라후프를 한 번에 통과하는 묘기를 선보였다. 캐나다 퀘벡 출신의 4인조는 2017년 자칭 '정신 나간 서커스 회사'를 설립했다.

최대 전동 칫솔
영국의 유튜버 루스 에이머스와 숀 브라운은 2미터 길이의 전동 칫솔을 만들어 2023년 11월 22일에 인증받았다. 그들의 채널 '키즈 인벤트 스터프'의 구독자인 8살 조지에게서 아이디어를 얻었다고 한다.

풍선 동물 모양의 최대 초콜릿 모형
프랑스의 아모리 기숑이 2024년 1월 18일, 높이 1.60미터 너비 1.62미터의 분홍빛 초콜릿 과자를 선보였다. 페이스트리 요리사이자 초콜릿 전문가인 그의 틱톡 팔로워가 2400만 명이 넘는다.

가장 오랫동안 포옹한 사람들
아일랜드의 스티븐 래티건, 브라이언 콜리, 니키 커니, 로버트 투오메이는 아일랜드 메이요주 캐슬바에서 2019년 5월 4일부터 5일까지 30시간 1분 동안 서로를 안았다.

퀴즈 장인이 개최한 최장 퀴즈 마라톤
2023년 4월 1일부터 2일까지, 루마니아의 졸트 코바치가 루마니아 사투마레에서 34시간 35분 45초 동안 두뇌싸움을 벌였다.

최다 기록
• 캐논 롤

미국의 스턴트맨 로건 홀러데이가 2022년 12월 1일, 오스트레일리아 시드니에서 영화 '스턴트맨'을 촬영하며 지프 그랜드 체로키를 타고 8바퀴 반을 굴렸다.

• 몸에 수저 올려놓기

2023년 11월 17일, 이란의 아볼파즐 사브르 모크타르가 이란의 카라지에서 수저 88개를 몸에 올려놓고 최소 필요 시간인 5초를 버텼다. 2021년 세운 자신의 기록을 3개 더 늘린 것이다.

• 피클볼 시범 경기 최다 참가자

2023년 11월 5일, 264명이 미국 텍사스주 파머스 브랜치에서 열린 2023 미국 피클볼 전국 선수권 대회의 시범 경기에 참가했다. 피클볼은 테니스, 탁구, 배드민턴을 합친 스포츠이다.

• 스카이콩콩 연속 점프

미국의 제임스 루멜리오티스가 2023년 9월 9일 미국 매사추세츠주 보스턴에서 열린 스카이콩콩 마라톤에서 스카이콩콩을 타고 11만 5170번 튀어 올랐다. 그는 참전 용사를 위한 기금 모금 재단인 '호핑 포 히어로즈'의 홍보를 위해 도전에 나섰다.

스케이트보드에 손을 짚고 가장 오래 탄 사람 (LA3)
미국의 캐냐 세서가 2023년 12월 9일 미국 캘리포니아주 로스앤젤레스에서 보드에 손을 짚고 19.65초 동안 버티는 데 성공했다. 그는 태국에서 발이 없는 상태로 태어나 버려졌지만, 다양한 분야에서 성공을 거두었다. 재능 넘치는 스케이트 및 스케이트보드 선수이자 배우, 여러 브랜드의 모델로도 활약 중이다.

가장 큰 건담 코스프레
2024년 2월 24일, 미국의 토머스 드페트릴로가 미국 로드아일랜드주에서 3.12미터 높이의 RX-78-2 건담 코스프레를 선보였다. 1979년 일본에서 방영된 애니메이션 「기동전사 건담」에 등장하는 로봇이다. 위 사진은 제작에 도움을 준 할리 피퍼콘과 함께 사진을 찍은 모습이다. 할리는 악당 비행사 샤아 아즈나블 의상을 입었다.

ICON

인물 소개

이름	데이브 월시
태어난 곳	영국 이스트서시스주 브라이튼
생년월일	1986년 12월 13일
현재 보유한 세계 기록	휠체어를 타고 가장 무거운 운송 수단 끌기 (2023)
현재 보유한 차력 타이틀	세계에서 가장 강한 장애인 마그누스 버마그누스 장애인 차력 선수권 대회 우승 (2023), 영국 최강 장애인 대회 우승 (2023)

"저는 일어선 사람 중 가장 강했어요. 지금은 앉아 있는 사람 중 가장 강하죠. 그러니 여전히 가장 강한 사람이에요!"

데이브 월시

앞에 있는 황소와 불타는 영국의 데이브 월시는 강인한 체력과 결단력으로 인생을 바꾸는 도전에 맞서 왔다. 그리고 달성할 수 없을 것 같았던 세계 기록도 이루었다.

그는 2012년 건강한 사람을 대상으로 하는 차력 대회에 나가기 시작했다. 그런데 2014년 훈련을 하던 도중에 몸이 마비되기 시작했고, 다발성 경화증이라는 충격적인 진단을 받았다. 진단을 받자마자 그는 굳이 아래를 움직일 수 없게 되어 휠체어에 앉게 되었다. 데이브가 자기에게 닥친 현실을 인정하기까지는 꼬박 2년이 걸렸다. 그러다 2016년 어느 날, 유튜브에 이후 데이브의 장애인 차력 대회 영상을 보고는 2017년부터 출전하기 시작했다.

서 우연히 장애인 차력 대회 영상을 보고는 2017년부터 출전하기 시작했다. 그중에는 세계에서 가장 강한 장애인을 연속 우승하는 반은 것도 있고, 영국 최강 장애인 차력까지 차곡차곡 쌓였다. 그중에는 세계 장애인 대회에서 2번 우승하여 받은 것도 있었다. 2023년 5월 28일에는 휠체어를 타고 가장 무거운 운송 수단을 끄는 데 성공하며 기네스 세계 기록의 역사를 새로 썼다. 영국 글로스터에서 폭스바겐의 VW 비틀 7.5톤에 맞먹는 9360킬로그램의 트럭을 17.5미터까지 끈 것이다.

데이브는 스포츠를 다시 할 수 있게 된 것에 대해 "내게 커다란 영향을 주었고, 인생을 바라보는 시선마저 바뀌었다."고 말하며 "장애인 차력 대회에 참가하면서 부정적인 생각을 긍정적으로 바꿀 수 있었다."라고 덧붙였다. 그는 2만 5000킬로그램 트럭 끌기 도전에 나설 수도 있다며 자신의 기록을 경신하겠다는 뜻을 내비쳤는데, 그의 패력과 불굴의 의지가 만나다면 아마도 많이 보인다.

위 사진은 2012년 영국 윌트셔주 스윈던에서 열린 대회에서 처음으로 아틀라스 스톤을 들어 올린 후 찍은 것이다. 오른쪽은 2014년 영국 브리스톨에서 열린 트로이 대회에 출전한 모습이다. 그는 이 대회에 나가고 2주 후 다발성 경화증 진단을 받았다.

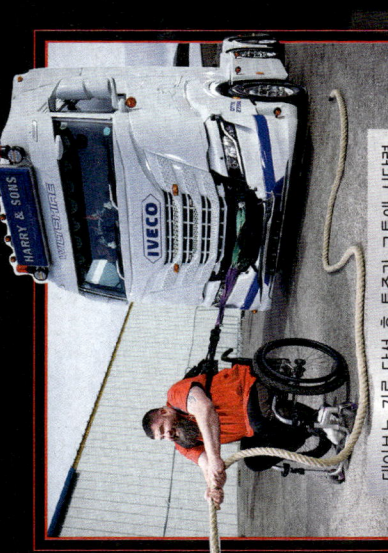

데이브는 기록 달성 후 통증과 고통에 시달렸다(그가 끈 무게는 그의 경쟁자가 도전한 무게보다 2.5배 이상 나갔다). 하지만 그는 다음 단계로 나는 다시 훈련을 시작했다.

세 아이의 아빠지인 데이브가 막내아들 라저와 함께 한 모습(위). 2023년에는 데이브 가족들과 미국 플로리다주에 있는 월트 디즈니 월드에 방문했다(아래). 데이브에게 가족과 함께하는 시간은 언제나 특별하다.

2022년, 데이브는 영국 웨스트미들랜즈주 버밍엄에서 열린 브리티시 클래식 드 그랜드 파워리프팅 챔피언십 최강 장애인 대회에서 646킬로그램을 들어 올리며 남자 하체 데드리프트 기록을 세웠다. 그는 "600킬로그램 이상을 들어 올린 건 그때가 처음이었어요."라고 전했다.

데이브는 2022년 아놀드 클래식 드 최강 장애인 대회에서 우승했다. 한 쪽 사진은 시상식을 하고 2위에 오른 스티븐 무어와 함께 찍은 것이다.

2022년 세계에서 가장 강한 장애인 대회에서 우승하는 모습이다. 어떤 무게도 거뜬히 제압하는 그는 '앉아 있는 힘장사'라는 별명을 얻었다.

아이콘 부문에서 데이브에 대해 더 알고 싶다면 www.guinnessworldrecords.com/2025에 방문해 보자.

탐험가 세상

높은 고도에서 가장 빠르게 달린 사람(LA4)

2022년 4월 1일, 이탈리아의 안드레아 란프리는 해발 고도 5346미터에 위치한 네팔의 에베레스트산 베이스캠프에서 1.6킬로미터를 9분 48초 만에 완주했다. LA4(기네스 세계 기록 등급 기준 양쪽 무릎 아래에 의족 착용)에서 가장 빠른 기록이다. 안드레아는 2015년 29살에 뇌수막염에 걸렸다. 한 달 동안 혼수상태에 빠져 있다가 깨어났으나, 손가락 7개와 양쪽 다리 아래가 사라졌다는 걸 알게 되었다. 하지만 그는 굴하지 않고 자신이 너무 좋아하던 등산에 다시 도전하기로 했다. 한동안 장애인 육상 선수로 활약했던 그는 후원금으로 특수 의족을 달았고, 점점 더 높은 곳에 도전했다. 베이스캠프에서 기록을 깨고 6주 뒤인 2022년 5월 13일, 안드레아는 **세계에서 가장 높은 산**으로 향했다.

안드레아는 지금까지 각 대륙의 최고봉인 세븐 서미츠 중 4곳의 정상에 올랐다.

목차

역대 가장 높이 올라간 사람	124
에베레스트산	126
기구 비행	128
곡예비행	130
세계 일주	132
극한 수영	134
바다에서	136
개척자들	138
극지 탐험	140
종합	142

안드레아는 에베레스트산에 의족 2세트를 가지고 갔다. 하나는 트래킹용(왼쪽)이고, 다른 하나는 등산용(위)이다.

탐험가 세상
역대 가장 높이 올라간 사람

기네스 세계 기록은 인간의 절대 고도 기록을 시간별로 소개하고자 한다. 이것은 단순한 기록이 아닌, 중력에서 벗어나 하늘로 진출하고자 하는 인간의 꿈에 관한 이야기이다. 혹은 그 이상이 될지도 모른다!

사람이 장기간 생존할 수 있는 최대 높이는 해발 약 5000미터이다. 이 높이의 티베트고원과 안데스산맥에서 고대에 사람이 산 흔적이 발견되기도 했다. 현재는 해발 5100미터에 위치한 페루의 라 린코나다 마을이 사람이 사는 가장 높은 정착지의 기록을 가지고 있다.

선사 시대부터 두려움을 모르는 영혼들은 보다 더 높은 곳으로 올랐지만 대부분은 흔적이 남지 않았다. 비행기구가 발명되기 전 사람이 오른 가장 높은 곳의 기록은 6739미터였다. 아르헨티나 칠레 국경에 있는 유야이야코산 정상으로, 여기에서 1500년경에 세워진 잉카인들의 제단이 발견되어 **가장 높은 고고학 현장이라는 기록**을 세웠다.

비행이 가능해지자 하늘은 더 이상 한계가 되지 못했다. 여기서 지난 220년간 하늘로 솟아올랐던 인류의 역사를 알아보자.

- 1931년 체코의 물리학자 오귀스트 피카르와 조수 파울 키퍼는 가압된 곤돌라 FNRS호를 타고 1만 5781미터 위로 날아올랐다. 그 후 오귀스트가 설계한 곤돌라와 역대 최대의 풍선을 합친 기구가 잇따라 등장했고, 부피가 무려 10만 세제곱미터나 되는 익스플로러 II호로 정점을 찍었다.

- 1951년 더글러스 항공사의 시험 비행사 빌 브릿지먼(미국)은 미국 캘리포니아주 에드워즈 공군 기지에서 D-558-2호를 타고 2만 4230미터 위를 날았다. 모하비 사막에서 실험용 로켓 비행기가 세운 최초의 속도 및 고도 기록이었다.

- 1923년 프랑스의 시험 비행사 조제프 사디-르코인테는 개조한 뉴포트-드라주 NiD. 29 복엽기를 타고 1만 1145미터 위로 날아올라 **고도 기록을 깬 최초의 비행사**가 되었다.

- 1804년 프랑스의 조제프 루이 게이뤼삭은 160세제곱미터 부피의 수소 기구를 타고 파리의 7016미터 위로 날아올랐다. 고리버들로 만든 바구니를 단 가스 기구는 이후 1세기가 넘도록 기록을 갱신했다.

- 1953년 미국의 매리온 칼, 더글러스 스카이로켓, 2만 5370미터.
- 1935년 미국의 앨버트 스티븐스와 오빌 앤더슨, 익스플로러 II호, 2만 2066미터.
- 1933년 러시아(당시 소련)의 게오르기 프로코피예프, 콘스탄틴 고두노프, 에른스트 비른바움, CCCP-1호, 1만 9000미터.
- 1932년 오귀스트 피카르와 벨기에의 막스 코신스, FNRS호, 1만 6201미터.
- 1927년 미국의 호손 그레이, 1만 2874미터.
- 1954년 미국의 킷 머레이, 벨 X-1A호, 2만 7566미터.
- 1901년 독일의 아르투르 베르존과 라인하르트 쉬링, 프로이센호, 1만 800미터.
- 1956년 미국의 아이벤 킨첼로, 벨 X-2호, 3만 8456미터.
- 1862년 영국의 헨리 콕스웰과 제임스 글레이셔, 매머드호, 9144미터.
- 1838년 영국의 찰스 그린과 조지 러시, 나소호, 8274미터.

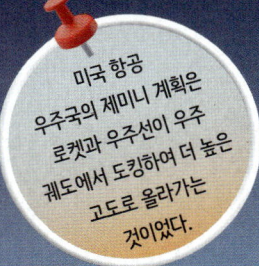

미국 항공 우주국의 제미니 계획은 로켓과 우주선이 우주 궤도에서 도킹하여 더 높은 고도로 올라가는 것이었다.

1968년 아폴로 8호를 탄 미국의 프랭크 보먼, 짐 러벌, 윌리엄 앤더스는 최초로 지구 궤도를 떠나 비행하며 달의 뒷면을 보았다. 이들은 지구에서 37만 7349 킬로미터 떨어진 곳까지 비행했다.

1966년 9월 미국의 피트 콘래드와 리처드 고든, 제미니 11호, 1368.9킬로미터.

1966년 7월 미국의 존 영과 마이클 콜린스, 제미니 10호, 763.4킬로미터.

1969년 미국의 톰 스태포드, 존 영, 유진 서넌: 아폴로 10호, 39만 9820킬로미터.

1961년 4월 러시아(당시 소련)의 우주 비행사 유리 가가린이 4월 12일 **우주에 간 최초의 인간**이 되며 종전의 모든 기록을 깨트렸다. 개량된 R-7 대륙 간 탄도미사일의 맨 위에 있던 유리 가가린의 보스토크 캡슐은 지구에서 327킬로미터 떨어진 원지점(달이나 인공위성의 궤도에서 지구와 가장 먼 곳)의 궤도로 발사되었다.

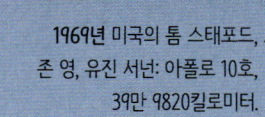

1965년 보스호트 2호를 탄 러시아(당시 소련)의 우주 비행사 알렉세이 레오노프는 동료 파벨 벨라예프의 도움을 받아 **최초로 우주 유영**을 했다. 그러나 이들의 임무는 기술 문제로 발목이 잡히고 말았다. 부스터 로켓이 너무 오래 연소되어 우주선을 계획보다 100킬로미터 더 먼 475킬로미터 원지점까지 보낸 것이다.

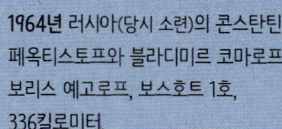

1964년 러시아(당시 소련)의 콘스탄틴 페옥티스토프와 블라디미르 코마로프, 보리스 예고로프, 보스호트 1호, 336킬로미터.

1960년 미국의 로버트 화이트, 노스 아메리칸 X-15호, 4만 1605미터.

1961년 3월 미국의 조 워커는 3월 30일 XLR 99 로켓 엔진을 장착한 X-15호를 타고 5만 1694미터 위를 비행했다. 그는 기록을 1만 미터 이상 높였지만, 우주 시대를 맞이하며 겨우 2주 만에 유리 가가린에게 기록을 내주고 말았다. X-15호는 1967년 미국의 피트 나이트가 세운 시속 7270미터의 **지구 대기권 내 최고 속도** 기록을 여전히 보유하고 있다.

가장 높은 고도까지 올라간 사람

1970년 4월 11일, 아폴로 13호가 달 표면에 인류의 세 번째 발자국을 남기기 위해 발사되었다. 하지만 임무 시작 이틀 후 산소 탱크가 폭발하여 승무원들의 생존이 위태로워졌고, 우주 비행사 프레드 헤이즈와 짐 러벌, 잭 스위거트(모두 미국, 왼쪽부터 오른쪽)는 우주선을 '자유 귀환' 궤도로 진입시켰다. 이전의 임무들보다 더 높은 고도인 달의 뒷면을 돌아 지구로 돌아오는 계획이었다. 아폴로 13호가 지구에서 가장 멀리 있을 때의 거리는 40만 41킬로미터였고, 4월 17일 무사히 지구로 돌아온 승무원들의 기록은 50년 이상 깨지지 않았다.

탐험가 세상

에베레스트산

최초로 에베레스트산을 오른 여성

1975년 5월 16일, 일본의 타베이 준코가 에베레스트산에 올랐다. 1992년 7월 28일에는 엘브루스산 정상에 올라 **세븐 서미츠(각 대륙 최고봉)를 오른 최초의 여성**이 되었다. 그는 2016년 세상을 떠나기 전까지 총 70개의 최고봉에 올랐다.

산소통 없이 가장 많이 등반한 사람

네팔의 셰르파 앙 리타는 1983년 5월 7일부터 1996년 5월 23일까지 산소통 없이 에베레스트산을 10번 올랐다. 1987년 12월 22일에는 **최초로** (현재까지 유일하게) **산소통 없이 겨울에 오른 기록**도 세웠다. 또한 겨울에 산소통 없이 세계에서 3번째로 높은 8586미터의 칸첸중가산 정상을 밟았다.

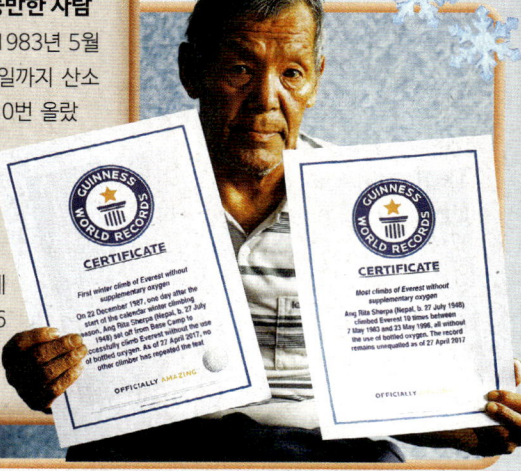

최초 등반

• 겨울

폴란드의 크시슈토프 비엘리츠키와 레셰크 치히는 1980년 2월 17일, 산소통을 달고 에베레스트산에 올랐다. 겨울 등반은 특히 어려운 도전이다. 극도로 추울 때 주변 환경은 더욱 위험해지고, 대기 속 산소의 양도 적어져 금세 피곤해지기 때문이다.

• 단독

이탈리아의 라인홀트 메스너가 1980년 8월 20일 최초로 혼자 에베레스트산을 올랐다. 6500미터 위 베이스캠프에서 정상까지 오르는 데 3일이 걸렸으며 산소통을 달지 않아 더 힘들게 등반했다.

최고령 여성 등반

일본의 와타나베 타마에는 2012년 5월 19일, 73살 180일의 나이에 에베레스트산에 올랐다. 일본의 미우라 유이치로는 2013년 5월 23일, 80살 223일에 **남성과 전체 기록을 모두 석권**했다.*

* 에베레스트산 최연소 등반 기록은 2010년 13살의 조던 로메로가 달성했지만, 기네스 세계 기록은 16세 이하 등반 기록을 받아들이지 않는다.

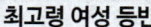

해수면 높이에서 출발

1990년 5월 11일, 오스트레일리아의 팀 매카트니 스네이프는 인도의 해안 강가 사가르부터 1200킬로미터를 트래킹 한 후 세계 최고봉의 정상을 밟았다. 그는 셰르파의 도움을 받거나 산소통을 사용하지 않았다.

의족 착용

1998년 5월 27일 영국의 톰 휘태커가 오른쪽 다리에 의족을 달고 에베레스트산에 올랐다.
여성 기록은 2013년 5월 21일 왼쪽 다리에 의족을 달고 정상에 오른 인도의 알루니마 신하가 가지고 있다.

시각 장애인

2001년 5월 25일, 미국의 에릭 웨이헨마이어가 에베레스트산 정상에 닿았다. 그는 망막층간분리증을 안고 태어나 13살에 완전히 시력을 잃었다.
2008년 8월 26일에는 **세븐 서미츠를 모두 등반한 최초의 시각 장애인**이 되었다.

• 한 계절에 3번

네팔의 셰르파 4명은 2007년 봄 에베레스트산 정상에 3번 올랐다. 4월 30일에 처음 정상을 찍고 6월 14일에 마지막 등반을 완료했다. 기록의 주인공은 푸르바 타시(5월 15일에 2번째 등반), 손 도르제와 라크파 누루(모두 5월 21일), 도르제 소남 갈젠(5월 22일)이다.

양쪽 무릎 절단 수술을 받고 최초로 등반한 사람

네팔의 하리 부다 마가르는 장애에 대한 인식을 개선하고자 2023년 5월 19일에 에베레스트산 정상에 올랐다. 구르카 용병이었던 그는 2010년 아프가니스탄에서 두 다리를 잃었다.
두 다리를 잃고 최초로 에베레스트산을 등반한 사람은 2006년 5월 15일에 기록을 세운 뉴질랜드의 마크 잉글리스다.

최다 등반

2023년 5월 23일 오전 9시 20분, 네팔의 셰르파 카미 리타는 28번째로 에베레스트산 정상을 밟았다. 그의 **8000미터 이상 14개 최고봉 최다 등반** 기록은 현재 39개이다.
여성 기록은 네팔의 셰르파 라크파가 가지고 있다. 2022년 5월 12일 10번째 에베레스트산 정상에 올랐다.

ICON

세계에서 가장 높은 산

높이가 해발 8848.86미터에 이르는 에베레스트산은 지구에서 가장 높은 산이다. 티베트인들에게 에베레스트산은 '초몰룽마(세계의 어머니)'이며, 네팔에서는 '사가르마타(하늘의 여신)'라 일컬어진다. 정상은 세계에서 가장 높은 산맥인 히말라야산맥 내의 네팔과 중국 국경에 자리하고 있다.

에베레스트산은 기록의 정점에 서 있다. 실제로 에베레스트산 최초 등반 2년 후인 1955년에 『기네스 세계 기록』 초판(아래)이 출간되었을 때 첫 장을 에베레스트산이 장식했다. 그리고 70년이 지난 지금, 기네스 세계 기록은 에베레스트산 등반가들이 가장 자주 오르는 코스 중 하나를 아래에 안내한다. 이곳은 네팔의 남동쪽 능선을 넘어 정상으로 이르는 세계에서 가장 유명한 길이다.

정상: 8848.86미터

남쪽 정상

남동 능선과 낮은 고개

제네바 스퍼: 얼음과 눈으로 뒤덮인 암벽.

캠프 4: 7925미터
옐로 밴드와 제네바 스퍼를 힘겹게 지난 등반가들은 이곳에서 산소통을 가득 채운다.

캠프 3: 7470미터
힘겨운 등반 후 쉬는 구간이나, 눈사태가 일어날 위험이 큰 곳이기도 하다.

캠프 2: 6500미터
얼음과 눈으로 뒤덮인 계곡이 햇빛을 반사하며, 자외선 지수가 높고, 기온도 치솟는다. 깊은 구덩이 위에 다리처럼 눈이 얼어 있는 얇고 약한 스노 브리지도 조심해야 한다.

캠프 1: 6065미터
쿰부 아이스폴의 크레바스를 가슴 졸이며 건너고 나면 나타나는 첫 번째 경유지로, 등반가들이 특히 반가워한다.

쿰부 아이스폴
600미터 높이의 불안정한 빙하로, 깊이 갈라진 크레바스가 있다.

최초 등반
1953년 5월 29일 오전 11시 30분, 뉴질랜드의 에드먼드 힐러리와 네팔 셰르파인 텐징 노르게이가 에베레스트산 정상에 올랐다. 후에 에드먼드는 기사 작위를, 텐징은 조지 메달을 받았다.

베이스캠프: 5364미터
산에 익숙해지기 위해 여기서 2주를 머문 후, 얼음이 가장 단단해지는 새벽 3시에 캠프 1로 떠난다.

탐험가 세상

기구 비행

기구를 타고 가장 오래 여행한 사람
영국의 브라이언 존스와 체코의 베르트랑 피카르는 1999년 3월 1일부터 21일까지 총 19일 21시간 47분 동안 브라이틀링 오비터 3호를 탔다. 이들은 총 4만 814킬로미터를 여행하며 **최초로 열기구를 타고 한 세계 일주**와 **기구를 타고 가장 멀리 한 여행** 기록을 세웠다.

최초로 기구를 타고 날아오른 사람
1783년 10월 15일, 프랑스의 장-프랑수아 필라트르 드 로지에는 땅에 밧줄을 묶은 뒤 기구를 타고 25미터 위로 날아올랐다. 그는 곤돌라에 불을 붙이고, 고도를 조절하며 4분 동안 프랑스 파리의 공중에 머물렀다. 그가 **최초로 동물 승객**(오리, 양, 수탉)을 태우고 비행을 성공적으로 마친 후 한 달 뒤의 일이었다.

최초로 기구를 타고 대서양을 건넌 사람
영국의 리처드 브랜슨과 스웨덴의 페르 린드스트란드는 1987년 7월 2일부터 3일까지 미국 메인주 슈거로프에서 영국 북아일랜드 리머배디까지 비행했다. 버진 애틀랜틱 플라이어호와 함께한 이들의 대장정은 총 31시간 41분이 걸렸고, 4947킬로미터를 이동했다. 그들은 1991년 1월 15일부터 17일까지 열기구를 타고 **최초로 태평양을 횡단**하는 기록도 세웠다. 버진 오츠카 퍼시픽 플라이어호는 일본에서 캐나다 노스웨스트 준주까지 1만 880킬로미터를 이동했다.

열기구를 타고 가장 높이 올라간 사람
2005년 11월 26일, 인도의 비제팻 싱하누이 박사는 67살에 인도 뭄바이에서 열기구를 타고 2만 1027미터 위로 솟아올랐다.

고든 베넷컵 최다 우승자
1906년에 처음 열린 고든 베넷컵은 세계에서 가장 오래된 장거리 기구 대회이다. 비행사들은 1000세제곱미터 분량의 가스를 채우고 출발점에서 가장 먼 거리를 가는 것으로 경쟁한다. 프랑스의 빈센트 레이스는 1997년부터 2017년까지 9번 우승했다.

최초로 사람을 끈으로 묶지 않은 기구
1783년 11월 21일 프랑스의 장-프랑수아 필라트르 드 로지에와 다를랑데스 후작이 프랑스 파리 위로 날아올랐다. 불로뉴 숲에서 출발한 기구는 센강을 지나고 도시 중심의 지붕 위를 25분 동안 날다가 파리의 남동쪽에 내렸다.

기구를 타고 가장 멀리 간 사람 (여성: AX-04 부문)
2022년 11월 22일 영국의 얼리셔 헴플먼-애덤스는 AX-04 등급의 기구를 타고 301.9킬로미터를 이동했다. 총 7시간 39분 30초를 비행하며 이 부문에서 **가장 오랫동안 비행**을 한 기록도 세웠다.

열기구에는 아르헨티나 후후이주의 리튬 광산을 비판하는 구호가 적혔다.

태양광 열기구로 가장 멀리 비행한 사람
2020년 1월 25일 아르헨티나의 레티시아 노에미 마르케스가 태양광으로 충전한 아에로세네 파차호를 타고 667.85미터 높이까지 올라 살리나스 그란데스 소금 사막을 건넜다. 이 친환경 열기구는, 화석 연료를 쓰지 않고 차세대 항공기를 만드는 아에로세네 프로젝트의 1인승 열기구다. 스카이텍스라는 섬유로 만든 무광 검정색 열기구는 태양광을 효과적으로 흡수한다고 한다.

비행사 레티시아 노에미 마르케스는 열기구의 안전 끈을 자신의 몸에 묶고 조종하여 열기구를 땅 위 272.1미터까지 끌어올렸다.

동시에 가장 많은 열기구가 하늘로 솟아오른 기록

2019년 10월 6일 제48회 앨버커키 국제 열기구 축제에서 날아오른 524대의 열기구가 미국 뉴멕시코의 상공을 뒤덮었다. 해마다 열리는 이 축제는 '특별한 모양의 열기구 곡예, 황홀하게 반짝이는 열기구 불빛, 열기구가 가득한 생기 넘치는 하늘'을 약속하며 미국과 전 세계의 열기구 애호가들을 끌어모은다.

탐험가 세상

곡예비행

공중 돌기를 한 가장 무거운 항공기
36.74톤의 록히드마틴 LM-100J(왼쪽)이 2018년 7월 18일 영국 판버러 국제 에어쇼에서 공중 돌기를 선보였다. **뒤집어서 비행한 가장 무거운 비행기**는 41.78톤인 보잉 367-80이다. 1955년 8월 7일 미국의 앨빈 존스턴이 미국 워싱턴주 시애틀 근처에 있는 워싱턴호 위에서 선보였다.

최초로 원을 그리며 날아오른 헬리콥터
1949년 5월 9일, 미국의 시험 비행사 해럴드 E 톰슨은 시코르스키 S-52를 타고 미국 코네티컷주 브리지포트 위에서 연속으로 원을 그렸다. 그해 초에 한 미 해군 비행사가 급강하에서 빠져나오며 피아세키 헬리콥터를 뒤집었으나, 완전한 원을 그렸는지는 불확실하다.

뒤집어진 채 가장 오래 비행한 항공기
1991년 7월 24일 미국의 조안 오스테러드(1945~2017년)는 얼티밋 10-300S 복엽기를 뒤집어 캐나다 밴쿠버에서 밴더후프까지 4시간 38분 10초 동안 비행했다. 그는 조종석을 창고 천장에 붙이고 20분 동안 매달려 있는 훈련을 했다.
조안은 알래스카 항공 최초의 여성 상업 항공기 비행사로, **역 공중 돌기 최다 기록**도 보유하고 있다. 1989년 7월 13일에 슈퍼노바 하이퍼바이프를 타고 미국 오리건주 위에서 2시간 동안 208번의 역 공중 돌기를 했다.

뒤집어서 곡예비행을 한 최다 비행기
'연막 비행대'라 불리는 공중 시범 비행대는 브라질 공군의 항공 시범 비행 팀이다. 2006년 10월 29일, 캄푸 폰트넬 공항에서 팀의 조종사들은 T-27 투카노 12대를 뒤집어 30초 이상 비행했다.

세계 글라이더 곡예비행 챔피언십 최다 우승
폴란드의 예지 마쿨라는 1985년에서 2011년 사이, 국제 항공 연맹의 프리미어 글라이딩 대회에서 7번 우승했다. 그는 폴란드의 **최다 팀 우승 기록**(9번)에도 기여했다.

공중 돌기를 한 최다 비행기
1958년 9월 4일 영국 공군 '블랙 애로스'는 영국 햄프셔주에서 열린 판버러 국제 에어쇼에서 V자 형으로 정렬한 비행기 22대의 공중 돌기를 선보였다. 블랙 애로스는 곡예비행 팀 중 하나로 영국 공군 소속이었으나, 1965년 레드 애로스로 교체되었다.

곡예비행을 선보인 최다 군 소속 제트 항공기
1961년에 창설된 프레체 트리콜로리는 이탈리아 공군의 특수 비행 팀이다. 아에르마키 MB-339 훈련기 10대로 곡예비행을 선보이는데, 9대는 밀집 대형으로, 1대는 단독으로 비행한다. 각 비행사의 호출 부호는 '포니'로, 숫자는 대형 위치를 나타낸다.

레드불 에어 레이스 챔피언십 최다 우승
영국의 폴 보놈(아래)은 비행 장애물 코스에서 2009, 2010, 2015년에 3번 우승했다. 가족이 모두 조종사인 그는 18살에 비행사 면허증을 따고 몇몇 상업 항공기도 조종했다. 폴은 2003년 대회가 시작된 후 65번 참가했으며, 19번 우승했다. 2015년에 레드불 우승 후 비행 경주에서 은퇴했다.

항공기가 지나간 가장 긴 터널
이탈리아의 곡예 비행사 다리오 코스타는 2021년 9월 4일 튀르키예에 있는 1.73킬로미터 길이 차량자 터널을 통과했다. 날개 끝과 터널 벽 사이의 틈이 겨우 4미터에 불과했지만 평균 시속 245킬로미터로 44초 동안 터널 속을 비행했다. 비행 직후에는 성공을 축하하며 반 바퀴 공중 돌기도 선보였다.

2023년의 내셔널 챔피언십 에어 레이스는 리노스테드 공항에서 열리는 마지막 대회였다. 새 장소는 아직 물색 중이다.

최장 거리 비행 경주 대회

리노 에어 레이스로도 알려진 내셔널 챔피언십 에어 레이스는 1964년부터 매년 미국 네바다주 리노에 있는 스테드 공항에서 열린다. 제2차 세계 대전에 참전했던 조종사 빌 스테드가 처음 개최했으며, 다양한 1인승 항공기가 철탑으로 표시된 12.8킬로미터 타원 코스 주변을 높은 속도와 낮은 고도로 비행하며 우승을 겨룬다. 대회는 몇 개 등급으로 나뉘는데, 현대 곡예 비행기와 소형 제트기용 경주도 있지만 가장 주목을 받는 것은 '무제한' 부문으로, 개조한 제2차 세계 대전 전투기로 참가한다.

미국의 스티븐 힌턴 주니어는 내셔널 챔피언십 에어 레이스 무제한 부문 최다 우승자다. 2009년에서 2023년까지 8번 우승했다. 또 2017년 9월 2일, 피스톤 엔진 항공기로 가장 빨리 비행한 기록도 세웠다.

세계 일주

정기 항공 편으로 가장 빨리 세계 일주를 한 사람
체코의 토마스 레이싱게르는 2022년 6월 14일부터 15일까지 41시간 18분 만에 세계를 한 바퀴 돌며 이전 기록을 5시간 앞당겼다. 그는 단 2번 경유했는데, 싱가포르 창이 국제공항에서 싱가포르 항공 SQ 22를 타고 미국 뉴저지의 뉴어크 리버티 국제공항에 갔다가, 같은 항공사의 SQ 21을 타고 싱가포르로 돌아왔다(SQ 21은 한 번에 18시간 30분을 비행하여, **직항으로 가장 오랫동안 비행**한 기록을 썼다). 토마스의 기록은 현재의 기술로는 더 이상 앞당겨 질 수 없어 도전이 중단된 상태다.

자전거로 가장 빨리 세계 일주를 한 사람
영국의 마크 버몬트는 2017년 7월 2일부터 9월 18일까지 78일 14시간 40분 동안 자전거를 타고 세계를 누볐다. 출발과 도착 지점은 프랑스 파리의 개선문 근처로, 세계 신기록을 깨는 동안 16개 나라를 거쳤다.
동료 브릿 제니 그레이엄은 124일 11시간으로 **여성 기록**을 세웠다. 2018년 6월 16일에 독일 베를린을 떠나 10월 18일에 다시 돌아왔다.

자동차를 타고 가장 빨리 세계 일주를 한 기록
주행 길이가 지구의 둘레(40,075킬로미터)보다 더 길어야 한다는 1989년과 1991년 적용 규정에 따라, 자동차를 타고 6개 대륙을 돌며 가장 처음, 그리고 가장 빨리 세계 일주를 한 남녀 기록은 인도의 Saloo Choudhury(살루 초두리)와 그의 아내 Neena Choudhury(니나 초두리)가 가지고 있다. 이들 부부의 여행은 1989년 9월 9일부터 11월 17일까지 총 69일 19시간 5분이 걸렸다. 부부는 1989년산 힌두스탄 '콘테사 클래식'을 타고 인도 델리에서 출발하여 같은 곳으로 돌아왔다.

스케이트보드를 타고 가장 빨리 미국을 횡단한 사람
미국의 채드 카루소는 2023년 3월 24일부터 5월 19일까지 57일 6시간 56분 만에 캘리포니아주 베니스 비치에서 버지니아주 버지니아 비치까지 미국 대륙을 횡단했다. 그는 중독을 일으키는 원인 및 정신 건강 악화에 대한 인식을 높이고자 기록에 도전했다.

남극 주위를 가장 빨리 항해한 여성
오스트레일리아의 리사 블레어는 2022년 2월 21일부터 5월 25일까지 92일 18시간 21분 22초 동안 15.2미터 크기의 단일선체 보트를 타고 남극을 한 바퀴 돌았다. 그는 이 여행을 완수한 3번째 모험가로, 2만 5920킬로미터의 안타티카캡 오션 레이스 우승컵을 품에 안았다.

발로 가장 빨리 뉴질랜드를 횡단한 여성
엠마 티미스가 고국 뉴질랜드를 횡단하는데 걸린 시간은 2021년 12월 18일부터 2022년 1월 7일까지, 20일 17시간 15분 57초였다. 북섬 레잉가곶을 출발한 뒤 하루 평균 100킬로미터 이상을 뛰어 남섬 최남단인 블러프 마을에 도착했다.

자전거를 타고 가장 빨리 세계 일주를 한 부부
프랑스의 카롤린 수바이루와 영국의 데이비드 퍼거슨은 2021년 9월 25일부터 2022년 4월 16일까지, 204일 17시간 25분 동안 자전거로 세계를 일주했다.

미니 클래스 범선을 타고 가장 빨리 대서양을 건넌 사람
미국의 제이 톰슨은 2023년 8월 3일 저녁 6시 35분 뉴욕을 떠나 17일 9시간 51분 9초 만인 8월 21일 새벽 4시 26분 영국 콘월주의 리저드곶을 통과했고, 프랑스 브레스트의 샤토항까지 항해했다. 이 범선은 길이 6.5미터에 너비 3미터이며, 한 손으로 운전한다.

자전거를 타고 가장 빨리 인도를 서쪽부터 동쪽까지 횡단한 여성
2022년 11월 15일, 인도의 프리티 마스케는 자전거를 타고 3954킬로미터를 13일 18시간 38분 만에 횡단했다. 장기 기증을 홍보하는 리버스 재단을 알리기 위한 여정이었다.
2023년 2월 24일에는 11일 22시간 23분의 **남북 종단 최단 시간 기록**도 세웠다.

피터는 패들보드에 옷과 음식, 캠핑 장비를 넣은 방수 가방을 실었다.

스탠드업 패들보드를 타고 가장 멀리 여행한 사람

오스트레일리아의 피터 찰스워스는 2023년 3월 4일부터 6월 11일까지 패들보드에 서서 노를 저어 2677.34킬로미터를 여행했다. 그는 혼자 오스트레일리아에서 가장 긴 머리강을 건너며 흄 호수와 멀왈라 호수, 앨버트 호수, 알렉산드리나 호수를 한 바퀴 돌았다. 그는 2020년 심장 우회 수술을 받은 후, 심장 건강의 중요성을 알리고자 18개월간 계획을 세우고 여행에 나섰다.

탐험가 세상

극한 수영

6개 대륙 10킬로미터 야외 수영 최단 시간
미국의 조와 존 제마티스 형제가 단 4일 23시간 43분 만에 전 세계를 돌며 장거리 수영을 완주했다. 이들은 2023년 6월 6일 콜롬비아 카르타헤나를 출발해 6월 11일 오스트레일리아 시드니에 도착했다. 미국과 모로코를 거쳤으며 튀르키예에서 2개 대륙(유럽과 아시아)을 수영했다.

계영으로 노스 해협을 최단 시간에 건넌 기록 (LA)
2022년 6월 22일, 데이비드 버크, 메리 클루로우, 앤드류 스미스, 케이트 선리와 존티 바르네켄이 모인 영국의 '빗츠 미싱' 팀이 돌아가며 영국 북아일랜드에서 스코틀랜드까지 15시간 8분 35초를 헤엄쳤다. 모두 의족을 사용했고, 35킬로미터를 헤엄친 최초의 장애인 팀이었다. 2023년 9월 8일 존티는 15시간 22분 41초 동안 홀로 노스 해협을 건넜다 되돌아오며 **단독 LA2 기록**을 세웠다.

말라위호 수영 최고령 기록
2023년 5월 22일, 미국의 팻 갤런트-샤레트(1951년 2월 2일생)는 72살 109일에 곰보곶에서 센가만까지 23.5킬로미터를 헤엄쳤다.

오션스 세븐 장거리 수영 최연소 달성
2023년 3월 1일, 인도의 프라바트 콜리(1999년 7월 27일생)는 23살 217일에 기록을 세웠다.
여성 기록은 같은 해 3월 14일, 크로아티아의 디나 레바치치(1996년 3월 14일생)가 27번째 생일에 세웠다.

최장 거리 얼음 수영
2023년 4월 19일 폴란드의 크시슈토프 가예브스키는 폴란드 시에나 근처 호수에서 1시간 46분 16초 동안 6킬로미터를 헤엄쳤다. 그는 국제 얼음 수영 협회의 규정에 따라 표준 규격의 수영복과 수영모, 물안경만 착용하고 수온 섭씨 5도 이하에서 수영했다.

1.6킬로미터 얼음 수영 최단 시간
2023년 3월 12일 폴란드의 마르친 사르팍은 폴란드 시비엠토흐워비체에 있는 실외 수영장에서 1.6킬로미터를 19분 27초 만에 헤엄쳤다.
얼음 수영 최고령 기록은 영국의 제리 로버츠로 2023년 12월 1일, 73살 158일에 영국 스코틀랜드 록의 모어리치호에서 54분 43초 만에 1.6킬로미터를 수영했다.

모노핀을 착용하고 가장 빨리 수영한 사람
2023년 4월 15일 에스토니아의 멀 리반드는 미국의 비스케인만에서 오직 모노핀만 움직이며 50킬로미터를 14시간 15분 동안 헤엄쳤다. 그는 세계 수영 선수권 대회 야외 수영 부문 챔피언으로서 해양 오염을 종식하자는 메시지를 전하기 위해 이번 도전에 나섰다.

역류 수영장 최장 시간 수영
2023년 12월 28일부터 30일까지, 네덜란드의 마르턴 판 데르 베이던은 45살에 암으로 세상을 떠난 친구를 기리며 네덜란드 퓌흐트에서 45시간 동안 역류하는 물에 맞서 헤엄쳤다. 마르턴 역시 20대 초반 백혈병을 극복했으며, 2008년 베이징 올림픽 때에는 바다 수영 부문에서 금메달을 땄다.

영국 땅끝에서 존 오그로우츠까지 교차 수영 최단 시간 (여성)
영국의 재스민 해리슨은 2022년 7월 1일부터 10월 18일까지 109일 55분 동안 영국 전체를 돌며 1040킬로미터를 헤엄쳤다. 하루 최대 12시간 동안 해안을 따라 수영을 한 뒤, 요트에 올라 휴식을 취했다.

카탈리나 해협 노스 해협 영국 해협 쓰가루 해협

쿡 해협

카이위/몰로카이 해협

지브롤터 해협

오션스 세븐은 2008년 세븐 서미츠에 착안해 시작된 수영 마라톤이다. 전 세계 7곳의 험난한 해협을 수영하는데, 아일랜드의 스티븐 레드몬드가 2012년 7월 14일에 최초로 완주했고, 2024년 3월 20일까지 단 26명만이 도전했다.

지브롤터 해협(에스파냐에서 모로코까지)

노스 해협(영국 북아일랜드에서 스코틀랜드까지)

오션스 세븐 장거리 수영 최단 시간

영국의 앤디 도널드슨은 총 63시간 2분 9초에 걸쳐 험난한 바다 수영 그랜드 슬램을 달성했다. 그는 2022년 8월 7일 영국 해협을 출발해 2023년 7월 27일 일본 쓰가루 해협에 도착했다. 이는 오션스 세븐 달력(355일)을 상징하는 시간이기도 하다. 앤디는 오스트레일리아의 정신 건강 재단인 블랙 독 협회의 기금 모금을 위해 이 도전에 나섰다. 이 재단은 앤디에게 소중한 곳으로, 그와 그의 가족들이 모두 정신적으로 힘들었을 때 도움을 주었다. 앤디는 2023년 3월 기록 도전 중 **뉴질랜드의 쿡 해협**을 4시간 33분 50초 만에 헤엄치며 **최단 시간 기록**도 세웠다. 미국 하와이의 카이위/몰로카이 해협을 건널 때는 몹시 지쳐 병원 신세를 지기도 했다. 이때는 15시간 51분이 소요되었다.

카탈리나 해협(미국의 카탈리나섬에서 캘리포니아주까지)

탐험가 세상
바다에서

패들보드에 엎드려서 영국 해협을 가장 빨리 건넌 사람
아일랜드의 마크 월턴이 2023년 10월 2일, 3시간 54분 50초 만에 프랑스의 타흐 딩겐에 도착했다. 선박 항로를 지날 때에는 물밖으로 나와 지원정을 탔다.
연속으로 가장 빨리 건넌 기록은 5시간 9분으로 미국의 열정 서퍼 마이클 오소너 시가 2006년 7월 18일에 달성했다.

아일랜드해를 가장 빨리 건넌 2인용 쌍동선
영국의 애나 버넷과 존 김슨이 2023년 9월 26일, 2개의 선체를 갑판으로 연결한 나크라17을 타고 북아일랜드 뱅거에서 영국 스코틀랜드 포트패트릭까지를 1시간 30분 41초 만에 건넜다. 도쿄 올림픽 은메달리스트이자 2024년 파리 올림픽 국가대표인 이들은 탄소 배출을 하지 않는 해양 기술을 알리고자 기록에 도전했다.

카약을 타고 최초 남대서양 횡단 (동쪽에서 서쪽)
2022년 12월 18일 남아프리카공화국 케이프타운을 출발한 남아프리카공화국의 리처드 콜러는 노를 저어 2023년 2월 19일 브라질의 살바도르에 도착했다. 그는 누구의 도움도 받지 않은 채 6170킬로미터를 63일 7시간 만에 이동했다.

최초 기록
• 해양 탐험 그랜드 슬램
2019년, 아이슬란드의 피안 폴이 여러 선원들과 함께 오대양을 횡단했다. 2011년에 대서양을 동쪽에서 서쪽으로 건넌 것을 시작으로, 2019년 남극해를 횡단하며 탐험을 마무리했다. 그는 선장으로서 6인 팀을 지휘해 **최초로 남극해를 노를 저어 건넌 기록**도 세웠다. 이들은 오하나호를 타고 2019년 12월 13일 칠레의 혼곶에서 출발하여 12월 25일에 남극 대륙의 찰스 포인트에 닿았다.

• 노를 저어 남극해 횡단
2023년 1월 11일부터 17일까지, 오스트리아의 리사 파토퍼는 5인 팀의 일원으로 남극 주변 바다에 있는 킹조지섬에서 로리섬까지 노를 저었다. 이로써 그는 **극지 바다에서 노를 저은 최초의 여성**이 되었다. 팀원들은 여행을 하며 기록을 8개 더 달성했는데, 그중에는 **노를 저어 남극해 가장 멀리 항해한 기록**(753킬로미터)도 있다.

• 무지원으로 카약을 타고 태평양을 항해
프랑스의 시릴 데루무는 2022년 6월 21일부터 9월 20일까지 카약 발렌타인호를 타고 3728킬로미터를 항해했다. 미국 캘리포니아주 몬테레이에서 시작해 하와이 힐로에서 마친 여정은 총 90일 9시간이 걸렸다.

• 오스트레일리아에서 아프리카까지 노를 저어 인도양을 항해
2023년 4월 25일에서 7월 20일까지, 오스트레일리아의 로버트 바턴은 오스트레일리아의 카나번에서 탄자니아 탕가까지 8943킬로미터를 혼자 항해했다. 개방형 보트를 탔으며, 85일 12시간 9분이 걸렸다.

최다 기록
• 노를 저으며 바다에서 보낸 날
튀르키예계 미국인 공학자 에르덴 에루츠는 2005년 11월부터 2022년 3월까지 1167일을 혼자 또는 2인 팀의 일원으로 바다에서 보냈다.
그는 **단독으로 바다를 항해한 누적 거리도 가장 길었는데**, 무려 4만 9457킬로미터를 홀로 노를 저으며 이동했다.

• 단독으로 노를 저으며 바다 횡단
2001년에서 2019년 사이에 프랑스의 에마뉘엘 코인드레는 단독으로 대양을 7번 건넜다. 그는 대서양을 5번 횡단했고, 태평양과 인도양도 1번씩 건넜다.

• 시드니 호바트 요트 대회 연속 완주
오스트레일리아의 린제이 메이가 2023년 12월 31일, 마지막 50번째 경주를 마쳤다. 이 대회는 오스트레일리아 뉴사우스웨일스주를 출발해 배스 해협을 지나 1163킬로미터 떨어져 있는 태즈메이니아섬 호바트에 도착한다.
최다 완주 기록은 54회로, 오스트레일리아의 토니 엘리스가 1963년에서 2023년 사이에 달성했다.

24시간 동안 카약을 타고 가장 멀리 바다를 이동한 여성
2022년 9월 12~13일에 오스트레일리아의 보니 행콕은 서프 스키 카약을 타고 오스트레일리아 퀸즐랜드주 연안 235킬로미터를 이동했다. 출항한 지 254일 6시간 만인 8월 28일에 **오스트레일리아 일주 최단 시간(여성) 기록**을 세운 지 겨우 2주 만이었다.

최고령 단독 대서양 횡단

영국의 프랭크 로스웰은 2023년 12월 13일, 73살 157일의 나이에 에스파냐의 카나리아 제도에 있는 산세바스티안의 라고메라섬을 출발했다. 그는 64일 동안 노를 저어 대서양을 건넜으며, 2024년 2월 15일, 73살 221일에 앤티가바부다에 있는 잉글리시하버에 도착했다. 그는 배 이름을 도전과 어울리는 '결코 늙지 않아'로 지었다.

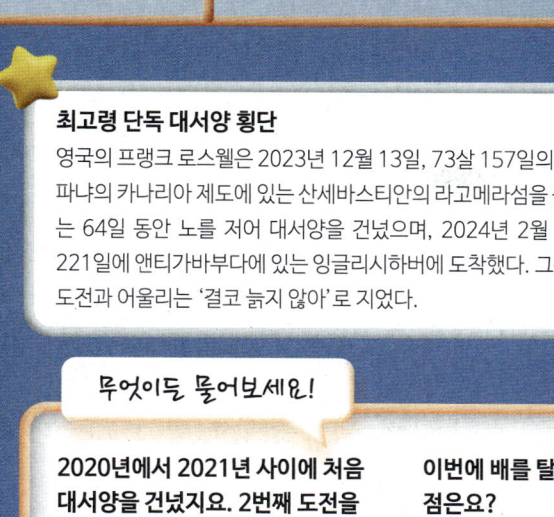

무엇이든 물어보세요!

2020년에서 2021년 사이에 처음 대서양을 건넜지요. 2번째 도전을 결심한 이유는요?
처음 대서양을 건넜을 때 영국의 알츠하이머 연구에 쓰일 수 있게 100만 파운드(약 17억 원)를 모금했어요. 그러다 2023년에 제 가장 친한 친구인 필 위겟이 알츠하이머로 상태가 악화되는 모습을 보며 노를 저어서 모금을 해야겠다고 생각했지요.

바다에서 보낸 시간 중 가장 좋았던 추억은 무엇인가요?
배 뒤쪽으로 약 10미터 떨어진 곳으로 8미터 정도 되는 고래가 지나가는 장면을 보았을 때예요.

도전에 앞서 어떤 훈련을 하셨나요?
날씨를 가리지 않고 항상 날마다 최대 48킬로미터씩 연습했어요.

이번에 배를 탈 때 가장 힘들었던 점은요?
무풍지대(적도 근처에 바람이 불지 않는 곳)와 역 무역풍 때문에 1번째 도전보다 훨씬 힘들었어요.

선생님의 연세에 극한 모험에 도전하고자 하는 사람들에게 조언을 한다면요?
100퍼센트 확신할 수 있는 일이어야 안전하게 완수할 수 있어요. 다른 이들의 생명을 위험에 빠뜨려서는 안 되고, 다른 사람이 자신을 구하러 온다는 기대도 하지 말고요.

앞으로도 기록을 깨는 도전에 나설 계획인가요?
75살이 되는 2025년에는 태평양을 건너고 싶어요.

프랭크의 배는 4번이나 뒤집어졌지만, 배에 밧줄로 몸을 묶어 놓아서 무사할 수 있었다.

개척자들

엘카피탄을 최초로 오른 하반신 마비 장애인(여성)

영국의 카렌 다크가 2007년 10월 5일, 4일 만에 미국 캘리포니아주 엘카피탄의 정상에 올랐다. 그는 914미터 높이의 거대한 화강암산에서 팔굽혀펴기 4000번과 맞먹는 강도로 힘겹게 몸을 끌어 올렸다. 카렌은 21살에 가슴 아래가 마비된 이후에도 캐나다에서 알래스카까지 카약을 탔고, 패럴림픽 핸드사이클에서 금메달을 땄으며, 남극 탐험에도 나섰다.

미국의 마크 웰먼은 1989년 7월 26일 하반신 마비 장애인(남성) 최초로 엘카피탄을 등반했다.

기구를 타고 가장 깊이 내려간 사람

오스트리아의 이반 트리포노프는 2014년 9월 18일, 열기구를 타고 크로아티아 오브로박에 있는 마멧 동굴에서 206미터를 내려가 바닥을 찍고 25분 만에 다시 올라왔다. 소설가 쥘 베른의 작품인 「지구 속 여행」 출간 150주년을 기념하는 여행이었다. 이반은 1996년 4월 21일 **기구를 타고 혼자 최초로 북극을 비행한 기록**과 2000년 1월 8일 **남극**을 비행한 기록도 달성했다.

제트 추진 날개를 달고 최초로 공중 돌기를 한 사람

전투기 조종사였던 체코의 이브 로시는 2010년 11월 5일 제트 추진 날개를 달고 공중에서 1바퀴 도는 기록을 세웠다. 그는 스위스 베흑쉐의 2400미터 상공에서 에스프리 브라이틀링 오비터 기구에서 뛰어내려 기록을 세운 적도 있다.

다르바자 분화구를 최초로 탐험한 사람

2013년 11월, 캐나다의 조지 쿠루니스가 '지옥의 문'으로 불리는 투르크메니스탄의 다르바자 분화구에 들어갔다. 알루미늄 방호복을 입고 안전 끈에 매달린 상태였다. 천연가스가 뿜어져 나오는 이 분화구는 1971년 처음 불이 붙었으며, 2024년 3월 기준 **최장 기간 불타고 있는 메테인 분화구** 기록을 세웠다.

최고 높이 웨이크베이스 점프

2023년 11월 29일, 미국의 브라이언 그럽은 맞춤 제작한 드론이 끄는 웨이크 보드를 타고 루프탑 수영장을 건넌 뒤, 수영장 끝에서 294미터 아래로 뛰어내려 해변에 완벽하게 착지했다. "저는 가장 먼저 웨이크 스케이팅과 베이스 점프를 접목하고 싶었어요. 그러다 두 도전을 한 번에 할 수 있는 아주 멋진 장소(아랍에미리트 두바이의 어드레스 비치 리조트)를 찾아냈죠." 웨이크 스케이트의 개척자인 그는 베이스 점프 전문가인 마일스 데이셔와 함께 자유 낙하에 필요한 기본 요소를 익히며 1년 동안 점프 기술을 갈고 닦았다.

브라이언의 묘기는 호텔의 77층에서 펼쳐졌다. **최고 높이 야외 인피니티 풀에서 웨이크 보드를 탄 기록**이다.

카약을 타고 가장 높은 폭포에서 뛰어내린 여성

프랑스의 누리아 누망(아래)은 2021년 2월 18일, 에콰도르 오레야나주 푸쿠노강에 있는 31.69미터 높이의 돈윌로 폭포에서 뛰어내렸다. **남성** 기록은 57.6미터로 2009년 4월 21일 미국의 타일러 브랫이 미국 워싱턴주 팔루스 폭포에서 달성했다.

얼어붙은 나이아가라 폭포 최초 등반

2015년 1월 27일, 베테랑 등반가인 캐나다의 윌 가드는 캐나다와 미국 국경에 있는 나이아가라 폭포 중 하나인 호스슈 폭포를 기어올랐다. 동료인 캐나다의 세라 휴니켄은 다음 날 합류하여 얼어붙은 나이아가라 폭포를 오른 **최초의 여성**이 되었다.

우유니 사막을 맨발로 가장 빨리 건넌 사람

브라질의 바우모르 피아몬시니가 **세계에서 가장 넓은 소금 사막**인 볼리비아의 우유니 사막을 33시간 4분 10초 만에 횡단했다. 이카에서 출발한 그는 2023년 5월 11일 우유니시에 도착했다. 횡단 거리는 마라톤을 4번 뛴 것과 비슷한 170킬로미터였으며, 낮에는 온도가 섭씨 40도까지 오르고 밤에는 섭씨 영하 10도까지 떨어지는 혹독한 날씨를 견뎌야 했다. 그는 3년 동안 이 여행을 준비했고 동료들은 여행에 필요한 물품을 자동차로 실어 주며 힘을 보탰다.

탐험가 세상

극지 탐험

미국의 앤 밴크로프트는 1986년 5월 2일에 **북극점에 도달한 최초의 여성**이 되었다. 그는 미국의 월 스테거가 이끄는 스테거 국제 극지 탐험단 8명에 속해 있었다.

최초로 혼자 남극점에 도달한 사람

노르웨이의 엘링 카게는 1993년 1월 7일, 홀로 무지원 트래킹을 하여 남극점에 도착했다. 버크너섬을 출발해 1400킬로미터를 이동하는 데 걸린 시간은 50일이었다.

일본의 우에무라 나오미는 1978년 4월 29일 최초로 혼자 **북극점**을 탐험한 기록을 세웠다. 그는 3월 5일, 캐나다 엘즈미어섬에서 개 썰매에 보급품을 실은 후 북극 해빙 위 770킬로미터를 모험했다.

그린란드 빙상을 무지원으로 스키를 타며 가장 오래 탐험한 사람들

2008년 3월 25일부터 7월 16일까지, 113일 동안 영국의 알렉스 히버트와 조지 불러드는 스키를 타고 세계에서 2번째로 큰 빙상 위 2211킬로미터를 횡단했다.

최초로 남극점에 도달한 사람들

로알 아문센은 노르웨이인 5명과 개 썰매를 타고 훼일스만에서 53일 동안 이동해 1911년 12월 14일 남극점에 닿았다.

미국의 셜리 메츠와 빅토리아 머든은 1989년 1월 17일에 **육로로 남극점에 도달한 최초의 여성**이 되었다. 이들은 스키와 설상차, 재공급 물품을 이용해 탐험에 나선 11인에 속해 있었다. 노르웨이의 잉리 크리스텐센과 아우구스타 소피 크리스텐센, 잉에비에르그 릴리모르 라클루, 솔베이 비데뢰가 1937년 1월 30일 **여성 최초로 남극 대륙에 도착**한 이래 50년이 지나서야 달성한 기록이다.

최초로 북극점에 도달한 사람

이 기록은 아직 논쟁의 중심에 있다. 매슈 헨슨과 여행에 나섰던 로버트 피어리는 자신이 1909년 4월 6일 북극점에 도달했다고 주장했다. 하지만 프레더릭 쿡(모두 미국)은 자신이 1908년 4월 21일에 먼저 도착했다고 진술했다. 두 주장 모두 날짜가 확실히 입증되지는 않았다.

극지 울트라마라톤 도보 최장 거리

오스트레일리아의 도나 어커트(위)는 2023년 12월 15일에서 2024년 1월 14일까지 남극 유니온 빙하 위에서 1402.21킬로미터를 달렸다. 하루에 50킬로미터씩 달린 셈이다. 그는 풍동과 냉동 창고(왼쪽)에서 훈련하며 극한 환경에 대비했다. 그는 이렇게 말했다. "저는 기록을 발판 삼아 스포츠계의 젊은 여성들을 알리고 지원하며 그들이 가능성을 찾을 기회를 주고 싶었어요."

스키에 앉아 남극을 가장 오래 이동한 사람

영국의 패럴림픽 선수 카렌 다크는 2022년 12월 22일부터 2023년 1월 5일까지 스키에 앉아 남극 309.7킬로미터를 횡단했다. 마이크 웹스터와 마이크 크리스티가 카렌의 곁에서 함께 스키를 탔다.

최초로 혼자 남극을 무지원으로 횡단한 사람

1997년 1월 17일, 노르웨이의 보우에 오슬란은 스노카이트를 타고 웨델해 버크너섬에서 맥머도만까지 2999킬로미터를 63일 만에 건넜다. 이로써 **최초로 혼자 무지원 남극 대륙 횡단 최단 시간** 기록도 함께 세웠다.

무지원으로 혼자 스키를 타며 최초로 남극점에 도달한 사람

프랑스의 뱅상 콜리야르는 22일 6시간 8분 동안 헤라클레스만에서 남극점까지 총 1130킬로미터를 스키로 이동해, 2024년 1월 11일에 도착했다.

스키를 타고 남극점을 가장 많이 간 사람

영국의 해나 매킨드는 2004년 11월 4일부터 2013년 1월 9일 사이, 스키로 남극 해안에서 남극점까지 6번 여행했다. 캐나다의 데본 맥더미드가 2002년 11월에서 2023년 1월 사이에 세운 기록과 동률이다.

최장 거리 극지 얼음 수영

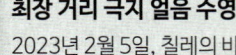

2023년 2월 5일, 칠레의 바르바라 에르난데스 우에르타가 그리니치섬 연안 디스커버리만에서 2.5킬로미터를 헤엄쳤다.

남성 기록은 폴란드의 우카시 트카치가 2017년 6월 22일 노르웨이 스발바르 제도 스피츠베르겐섬에서 세운 1.85킬로미터이다.

범례
- 기지/본부/활주로
- 외곽 해안
- 내부 해안
- 빙상
- 퀸모드랜드
- 서포트포스 빙하
- 버크너섬
- 메스너 출발 지점
- 헤라클레스만
- 캔자스 빙하
- 레베렛 빙하/스폿 로드
- 악셀하이베르그 빙하
- 섀클턴 빙하

4 혼자 남극점 스키 탐험을 한 최고령 남성
데이브 토머스는 여행 중 68살이 되었다. 그는 여행 전 가족에게 축하 카드를 받았고 동료 앨런 챔버스의 축하도 받았다.

2 혼자 남극점 스키 탐험을 한 최연소 여성
헤드빅 헤르테이커는 가장 힘든 시간을 보낼 때, 극지 탐험가 엘링 카게의 조언을 떠올렸다. "엘링은 어떤 여행을 하든, 그 여행이 얼마나 고되든, 한 발을 먼저 내딛는 것이 중요하다고 했어요. 그리고 큰일은 잘게 나누어 하라고 했지요."

3 혼자 무지원으로 남극점 스키 탐험을 한 최고령 남성
64세인 제임스 백스터는 탐험에 앞서 해변에서 자동차 바퀴를 5킬로미터나 끌었고, 30킬로그램 배낭을 매고 언덕을 오르내렸다.

1 혼자 무지원으로 남극점 스키 탐험을 한 최연소 기록
피에르 에당에게 가장 큰 어려움은 남극의 예측하기 힘든 날씨였다. "몇 주 동안 눈보라가 휘몰아쳐서 아무것도 보이지 않았어요. 최저 기온이 섭씨 영하 40도까지 내려갔고 바람까지 분 데다 눈이 너무 많이 내렸죠. 악몽 같은 탐험이었답니다."

지도 지명: 유니언 빙하 캠프, 론 빙붕, 헤라클레스만, 버크너섬, 틸코너 스키웨이, 필히너 빙붕, 로스 빙붕, 아문센 스콧 기지(미국), 맥머도 기지(미국), 트롤 기지(노르웨이)

최연소/최고령 남극 모험가들

최연소		이름	나이	연도	
단독 무지원 완전 남극점 스키 탐험		여 안야 블라하(독일, 1990년 6월 18일생)	29살 205일	2020	
		남 엘링 카게(노르웨이, 1963년 1월 15일생)	29살 358일	1993	
무지원 완전 남극점 스키 탐험		여 안야 블라하	29살 205일	2020	
		남 엘링 카게	29살 358일	1993	
단독 무지원 남극점 스키 탐험		남 피에르 에당(프랑스, 1997년 10월 24일생)	26살 75일	2024	1
		여 안야 블라하	29살 205일	2020	
무지원 남극점 스키 탐험		여 제이드 해미스터(오스트레일리아, 2001년 6월 5일생)+	16살 219일	2018	
		남 피에르 에당	26살 75일	2024	
단독 남극점 스키 탐험		남 피에르 에당	26살 75일	2024	
		여 에드비 에르타케르(노르웨이, 1994년 4월 4일생)	28살 285일	2023	2
남극점 스키 탐험		남 루이스 클라크(영국, 1997년 11월 18일생)+	16살 61일	2014	
		여 제이드 해미스터	16살 219일	2018	
완전 남극 스키 횡단		남극 외곽 해안 사이를 완전히 횡단한 기록(단독, 팀, 지원 또는 무지원)은 아직 달성되지 않음.			
단독 남극 스키 횡단		남 콜린 오브래디(미국, 1985년 3월 16일생)	33살 285일	2018	
		여 펠리시티 애스턴(영국, 1977년 10월 7일생)	34살 108일	2012	
무지원 남극 스키 횡단		남 세실리 스코(노르웨이, 1974년 8월 9일생)	35살 165일	2010	
		남 라이언 워터스(미국, 1973년 8월 27일생)	36살 147일	2010	
남극 스키 횡단		남 알렉스 브레지어(영국, 1990년 7월 18일생)	26살 187일	2017	
		여 제니 스티븐슨(영국, 1989년 4월 29일생)	28살 266일	2018	
무지원 남극 완전 스노카이트 횡단		남 뵈르 오슬란(노르웨이, 1962년 5월 31일생)	34살 231일	1997	
		여 -	-	-	
무지원 남극 스노카이트 횡단		남 롤프 베(노르웨이, 1975년 1월 9일~2008년 8월 1일)	26살 27일	2001	
		여 -	-	-	
남극 스노카이트 횡단		남 테오도로 요한센(노르웨이, 1991년 8월 14일생)+	20살 151일	2012	
		여 예릴 우스타(노르웨이, 1982년 8월 23일생)+	29살 142일	2012	
최고령		**이름**	**나이**	**연도**	
단독 무지원 남극점 스키 탐험		남 제임스 백스터(영국, 1959년 10월 11일생)	64살 100일	2024	3
		여 마우고자타 보이타츠카(폴란드, 1965년 12월 12일생)	51살 44일	2017	
단독 남극점 스키 탐험		남 데이브 토머스(영국, 1955년 12월 10일생)	68살 40일	2024	4
		여 메레테 스필링 예르트센(노르웨이, 1947년 10월 8일생)	60살 96일	2008	
무지원 남극점 스키 탐험		남 제임스 백스터	64살 100일	2024	
		여 알렉산드라 구리예바(오스트리아, 1968년 12월 30일생)+	54살 12일	2023	
남극점 스키 탐험		남 데이브 토머스	68살 40일	2024	
		여 메레테 스필링 예르트센+	60살 96일	2008	

모든 기록은 극지 탐험 분류 체계(PECS)의 확인을 받음.
- +: 안내인이 동행함.
- **완전 남극점 탐험**: 외곽 해안 끝에서 시작함.
- **완전 남극 횡단**: 외곽 해안 끝에서 시작해 반대쪽 외곽 해안 끝에서 끝남.
- **무지원**: 스스로 보급품을 들고 가야 하며, 길이나 자동차 도로, 자국이 난 길을 따라가거나 지원 차량을 사용할 수 없음.

탐험가 세상

종합

잠수정을 타고 최초로 챌린저 해연에 도달한 사람

2023년 11월 12일, 92살에 세상을 떠난 미국의 돈 월시(사진 아래)는 1960년 1월 23일, 스위스의 자크 피카르(2008년에 사망)와 함께 잠수정 트리에스테호를 타고 태평양 1만 911미터 아래로 내려가 **바다에서 가장 깊은 지점**인 챌린저 해연에 최초로 도달했다.

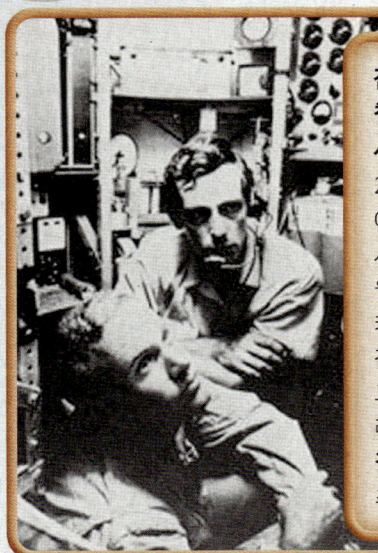

레마날리 고속도로를 걸어서 가장 빨리 완주한 사람

인도의 수피야 수피가 2023년 8월 27일에서 31일까지, 단 4일 2시간 27분 만에 인도 북부의 430킬로미터를 횡단했다. 높은 고도로 인해 희박한 산소와 섭씨 0도를 밑도는 추위를 이겨 내고 달성한 기록이었다.

남성 기록은 4일 21시간 13분으로, 2022년 7월 7일 인도의 마헨드라 마하잔이 달성했다.

최초의 번지 점프

1979년 4월 1일, 영국의 데이비드 커크(2023년 사망)는 고무로 만든 밧줄로 몸을 묶고 영국 브리스틀에 있는 76미터 높이의 클리프턴 현수교에서 뛰어내렸다. 그는 남태평양의 바누아투에서 성행하던 뛰어내리기 의식을 보고 영감을 받았다. 바누아투에서는 남자들이 발목에 나무 넝쿨을 묶고 나무 탑 위에서 뛰어내리는 의식을 치른다. 이렇게 용감한 행동을 하면 얌 농사에 성공할 수 있다고 믿기 때문이다.

최고 높이 윙슈트 점프

2023년 7월 1일, 미국의 에런 스미스가 항공기의 비행 고도보다 약 2킬로미터 높은 미국 테네시주 화이트빌 위 1만 3192.7미터에서 아래로 활강했다.

그랜드 캐니언 최고령 횡단

에스파냐의 알프레도 알리아가 부르디오(1931년 8월 28일생)가 2023년 10월 15일 92살 48일에 기록했다. 지리학자이기도 한 그는 어릴 때 그랜드 캐니언을 여러 번 하이킹 했으며, 이 경이로운 자연을 '지리 교과서'에 비유하고는 했다.

눈 위에서 맨발로 하프마라톤을 가장 빨리 뛴 사람

체코의 요제프 샬레크는 2024년 2월 18일 체코의 페츠 포트 스네슈코우에서 21킬로미터를 1시간 50분 42초 만에 완주했다. **복부 플랭크 최장 시간 기록** 보유자인 그는 반바지만 입고 체코에서 가장 높은 산인 스네슈카산 근처 계곡의 코스를 달렸다.

새로운 세계 7대 불가사의를 가장 빨리 여행한 사람

2023년 3월 6~12일, 영국의 제이미 맥도널드가 트래블포트의 지원을 받아 중국의 만리장성, 인도의 타지마할, 요르단의 페트라, 이탈리아의 콜로세움, 브라질의 예수상, 페루의 마추픽추, 멕시코의 치첸이트사를 6일 16시간 14분 만에 돌아보았다.

영국 해협 최단 시간 수영

독일의 안드레아스 바슈부르거는 2023년 9월 8일, 영국 켄트에서 프랑스 그리네곶까지 6시간 45분 25초 동안 헤엄쳤다. 아래 표에서 다른 유명한 영국 해협 횡단 기록을 살펴보자.

영국 해협 수영 기록

최초 기록	이름	날짜
1회 횡단 (남성)*	매슈 웹 (영국)	1875년 8월 24~25일
1회 횡단 (여성)	거트루드 에덜 (미국)	1926년 8월 6일
2회 횡단 (남성)	안토니오 아베르톤도 (아르헨티나)	1961년 9월 20~22일
2회 횡단 (여성)	신디 니콜라스 (캐나다)	1977년 7월 7~8일
3회 횡단 (남성)	존 에릭슨 (미국)	1981년 8월 11~12일
3회 횡단 (여성)	앨리슨 스트리터 (영국)	1990년 8월 2~3일
세로 수영	루이스 퓨 (영국)	2018년 7월 12일~8월 29일
4회 횡단	세라 토머스 (미국)	2019년 9월 15~17일

* 미국의 폴 보이턴이 1875년 5월 28일부터 29일까지 공기 주입 수영복을 입고 그리네곶부터 영국 켄트주 사우스 포어랜드까지 헤엄쳤다. 나폴레옹 시대의 군인 조반 마리아 살라티(이탈리아)가 1815년 7월 또는 8월에 도버 해협을 지나가던 포로선에서 뛰어내려 프랑스 불로뉴까지 헤엄쳤다고 알려졌으나 입증할 수 없다.

호박 배를 타고 가장 멀리 이동한 사람

미국의 스티브 쿠에니는 2023년 10월 8일, 미국 미주리주 캔자스시티에서 나폴리언까지 이르는 63.04킬로미터 길이의 미주리강을 노를 저어 건넜다. 그는 자신이 기른 호박으로 손수 배를 만들었다고 한다.

2인용 카약으로 템스강을 가장 빨리 건넌 기록

영국의 스티브 백쉘(아래)과 톰 맥기본이 영국에서 2번째로 긴 강을 20시간 29분 만에 노를 저어 건넜다. 이들은 2023년 8월 8일에 글로스터셔주 레치레이드에서 출발해 다음 날 런던 테딩턴 수문에 도착했다. 백쉘은 이렇게 말했다. "훈련할 때 톰과 저는 강의 각 구간에서 돌아가면서 노를 저었어요. 특히 어두울 때 구불구불한 곳에 익숙해지려 했지요. 덕분에 밤에 길을 잃거나 둑으로 노를 젓지 않을 수 있었답니다!"

화산 서핑 최고 속도

2021년 1월 24일, 미국의 체이스 베링거는 개조한 스노보드를 타고 멕시코 파리쿠틴산에서 화산재가 덮인 비탈을 최고 시속 45.06킬로미터로 내려왔다. 그는 이렇게 말했다. "속도를 늦출 수 있는 구간이 없었어요. 그저 가파른 화산뿐이었고 내리막길의 끝은 커다란 암석 절벽이었지요. 서핑을 멈출 수 있는 방법은 충돌하는 것뿐이었답니다!"

전동 스케이트보드를 타고 한 나라를 가장 오래 여행한 사람

이탈리아의 스테파노 로텔라는 손수 제작한 전동 스케이트보드를 타고 2023년 5월 27일부터 2023년 6월 14일까지 고국을 여행했다. 그는 일반 스케이트보드에 건전지와 모터를 달아 전동 스케이트보드로 개조했다. 그는 **전동 스케이트보드를 타고 가장 많은 나라를 방문한 기록(단독 여행)**도 세웠다. 2023년 8월 10일부터 24일까지 이탈리아와 오스트리아, 독일, 체코, 슬로바키아, 헝가리를 여행한 것이다.

오토바이를 타고 오스트레일리아 사막 10곳을 최단 시간에 모두 건넌 사람

오스트레일리아의 니콜라스 알리는 2023년 7월 25일부터 8월 7일까지 14일 2시간 12분 동안, 2021년산 스즈키 DR650을 타고 오스트레일리아의 사막을 모두 달렸다.

24시간 동안 산악자전거를 타고 가장 먼 거리를 내려온 사람

뉴질랜드의 애니 포드는 2023년 3월 15일부터 16일까지 뉴질랜드 퀸스타운의 코로넷 피크를 100번 내려왔다. 이렇게 하강한 총 거리는 4만 1900미터에 이른다.

엘카피탄을 혼자서 가장 빨리 등반한 사람

미국의 닉 에먼은 2023년 10월 10일, 미국 요세미티 국립 공원에 있는 914미터 높이 화강암 절벽을 단 4시간 39분 만에 올랐다. 이전 기록 보유자이자 2017년 6월 3일 **최초로 혼자 엘카피탄을 오른** 미국의 알렉스 호놀드의 기록을 1시간 앞당긴 것이다.

맨발로 가장 멀리 여행한 사람

폴란드의 파베우 두라카에비치는 2023년 7월 19일부터 2024년 1월 9일까지 맨발로 이베리아반도을 3409.7킬로미터를 탐험했다.

로벤섬에서 가장 많이 헤엄쳐 건넌 사람

2023년 8월 2일, 남아프리카공화국의 하워드 워링턴은 남아프리카공화국 로벤섬에서 케이프타운 블루버그 해변까지 155번째 수영을 마쳤다. 이곳은 길이 7.5킬로미터 구간으로, 낮은 수온과 백상아리 때문에 경험이 많은 바다 수영 선수에게도 매우 어려운 곳이다!

24시간 동안 리컴번트 자전거를 타고 가장 많은 나라를 방문한 사람

이집트의 레이드백 자전거 선수인 무함마드 엘레와는 2023년 6월 24~25일에 유럽 5개 나라를 통과했다. 그는 네덜란드 팔스에서 출발하여 독일, 벨기에, 룩셈부르크를 지나 프랑스 에브랑주까지 총 240킬로미터를 여행했다.

8000미터 이상 최고봉을 가장 빨리 오른 사람

노르웨이의 크리스틴 아릴라와 네팔의 셰르파 텐젠 라마가 2023년 7월 27일에 K2 정상을 밟으며, 해발 8000미터 이상인 14개 산을 92일 만에 등반한 기록을 세웠다. 크리스틴이 2023년 5월 3일에 세운 278일 기록을 경신한 것이기도 하다.

카약을 타고 그린 가장 커다란 GPS 그림

2023년 11월 12일, 오스트레일리아의 클라우디아 산토리는 오스트레일리아 시드니 항구에서 10.38킬로미터를 노를 저어 위디 해룡(위) 모양을 만들었다. 그의 가장 큰 관심사는 오스트레일리아의 멋진 해양 야생 동물을 알리며, 그들이 멸종 위기에 처한 현실을 보여 주는 것이다.

ICON

프릿 챈디

인물 소개

- 이름: 하프릿 챈디
- 태어난 곳: 영국 더비
- 생년월일: 1989년 2월 7일
- 현재 보유한 세계기록: 4개, 단독 무지원 남극점 스키 탐험 최단 시간 기록 (여성)과 단독 무지원 북극 스키 탐험 편도 최장 거리 기록 등
- 수상 경력: 대영제국훈장

탐험가 프릿 챈디는 새로운 도전을 찾아 살아왔다. 그중에는 남극을 넘나드는 도전도 있었다.

광활한 황무지를 탐험하는 극단적인 극한의 도전도 있었다.

프릿은 어렸을 때부터 자신에게 향했던 캐케묵은 기대에 굴복하지 않았다. "단순히 유리 천장을 깨뜨려 버리고 싶었어요. 아주 산산조각 내고 싶었죠." 10대에는 체로 티니스 아카데미에 다녔고, 영국에 돌아와서는 울트라마라톤 대회에 참가했다. 그리고 영국군에 입대하여 물리 치료사로서 네팔과 케냐, 남수단에 파병을 가기도 했다. 하지만 여전히 한계에 도전하고 싶었던 프릿은 2019년, 스키를 타고 남극점에 가기로 마음먹었다.

프릿은 남극으로 떠나가 전 2년 동안 노르웨이와 그린란드에서 훈련을 하며 첫 번째 탐험을 준비했다. 2021년 11월 21일 헤라클레스만에서 남극 대륙으로 도착한 뒤에는 기온이 섭씨 영하 50도까지 곤두박질치는 날씨와 싸우며 하루에 13시간 동안 스키를 탔다. 2022년 1월 3일, 그는 자신의 목표를 이루었고 홀로 **스키를 타고 남극점에 도달한 최초의 아시아계 여성**이 되었다. 이후로도 그는 일 련의 대륙에 2번 더 가서 새로운 기록을 세웠다.

프릿과 오빠인 파르드팁, 자그딥과 함께 할아버지의 손에서 자랐다. 그는 할아버지의 지지 덕분에 시크교 여성에 대한 기준에 맞서 싸울 수 있었으며, 극지 탐험에 나서는 데 중요한 원동력이 되었다.

2023년 2월 21일, 프릿은 북극 탐험을 달성한 공으로 대영제국훈장을 받았다. 그는 탐험을 달성할 수 있는 것도 "제가 할 수 있다면 그 누구라도 해낼 수 있어요."라고 말했다.

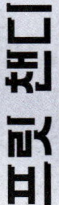

훈련할 때에는 팔다리에 바퀴를 묶었다. 프릿은 눈구덩이에서 파고 있던 20미터 길이의 썰매다. 프릿은 원정에 잠을 포함하게 썼다. 2번째 탐험(아래)에서는 간식으로 하리보 젤리 25봉지를 준비하는 여유도 보였다.

2번째 극지 탐험을 하던 도중에 주위 때문에 생긴 오른쪽 종아리 통증에 '엘사'라는 애칭을 붙여 주었다. 탐험을 하면서 몸무게와 근육이 빠졌지만, 물리 치료사인 그는 자신의 몸 상태를 읽어낼 수 있었다.

"어떤 사람들은 제가 극지 탐험가처럼 보이지 않는다고 말해요. 그런 사람들에게 외모는 중요하지 않다는 걸 보여주고 싶었어요."

아이콘 부문에서 프릿 챈드에 대해 더 알고 싶다면 www.guinnessworldrecords.com/2025에 방문해 보자.

2021~2023년
처음으로 극지 탐험에 나선 프릿은 2022년 1월 3일에 남극점에 홀로 도달한 최초의 아시안계 여성이 되었다. 그는 40일 7시간 3분 만에 완주하며 여성 단독 스키 탐험가로도 빠른 기록을 달성했다.

2022~2023년
혹독한 날씨 때문에 포기하고 싶을 때도 있었지만, 결국 1484.53km로 마침내 어느 대륙도 횡단하여 단독 무지원 극지 스키 탐험 편도 최장 거리 기록을 세웠다.

2023년
프릿은 3번째 탐험에서 단독 무지원 남극점 스키 탐험 최단 시간 기록(여성)을 달성했다. 11월 26일 헤라클레스만에서 출발해 31일 13시간 19분이 지난 12월 28일에 남극점에 도착했다.

과학과 기술

가장 큰 로켓

스페이스X 스타십은 재활용 가능한 우주 발사체로, 높이 121미터, 너비 9미터로 연료 용량은 5000톤에 이른다. 56년 동안 이 기록을 보유했던 달 탐사용 대형 로켓인 새턴 V보다 2000톤 이상 더 나가며, 높이도 10미터 더 높다.

2023년 11월 18일, 스타십은 최초로 전 출력으로 발사되었다. 이번 발사는 스페이스X가 '하드웨어를 강화한' 개발 과정의 일환으로, 시제품 수십 개를 만들어(이번 발사체는 25번) 시험했다. 첫 번째 시기는 계획한 대로 진행되었으나 착륙에 실패했고, 두 번째 시기에서는 우주 경계와 맞닿은 150킬로미터 상공까지 도달했으나 폭발했다.

69미터 높이의 '슈퍼 헤비' 1단계는 액체 메테인과 산소를 태우는 랩터 엔진(총 33개)의 동심원 고리 3개로 작동한다. 각 엔진이 해수면에서 2300킬로뉴턴을 발생시켜 스페이스X 스타십은 **가장 강력한 로켓**이 되었다. 가동할 준비가 갖춰지면, 스타십은 150톤의 적재물이나 국제 우주 정거장보다 가압 용량이 더 큰 거주 공간을 들어 올릴 수 있을 것으로 기대된다.

사진 속 금속 구조물은 2019년에 발사되었던 스페이스X의 수직 착륙 시험 비행체 스타호퍼다.

목차

역대 가장 높은 건축물	148
인공 지능	150
시계의 세계	152
천문학	154
최첨단 기술	156
독특한 탈것	158
철도	160
재생 가능 에너지	162
해양 구조	164
구멍 파기	166
원격 조종	168
종합	170

스타십의 높이는 자유의 여신상을 지지대부터 횃불 끝까지 잰 높이보다 3분의 1 정도 더 길다.

121m
93m

과학과 기술
역대 가장 높은 건축물

최초로 영구적인 건축물을 세우기 시작한 이래, 건축물의 높이는 물리학과 상상력 사이의 끊임없는 싸움 속에서 결정되었다. 여기에서는 **세계에서 가장 높은 건축물**의 역사를 소개한다. 선사 시대의 초기 사원부터 하늘을 찌를 것 같은 고딕 성당의 첨탑, 현대 도시를 점령한 유리와 철강 마천루까지 이어진다.

1. 인클로저 D (기원전 약 9600~8000년 전) 5.5미터
이 둥근 건축물은 현재의 튀르키예에 있는 괴베클리 테페 선사 시대 주거지에 한때 우뚝 서 있었다. 이 건물이 어떤 용도로 쓰였는지는 확실히 밝혀지지 않았다. 중앙에 있는 구부러진 기둥 2개의 높이는 성인 남자 키의 약 3배 정도이며 그보다 더 작은 구부러진 기둥 11개가 바깥벽에 세워져 있다.

2. 예리코 탑 (기원전 8000~4000년 전) 8.5미터
둥근 형태에 가깝게 자연석을 쌓아 올린 이 건물은 현재 요르단강 서안 지구의 고대 예리코 정착지에 있다. 고고학자 캐슬린 캐넌이 1956년에 발견하였으며, 석기 시대 후기의 것으로 추정했다. 최근 조사를 통해 시대는 확인되었으나 건물의 용도는 여전히 수수께끼로 남아 있다.

3. 우르크 백색 신전 (기원전 4000~2670년 전) 12미터
메소포타미아의 태양신 아누를 기리기 위해 세워진 이 신전은 오늘날 이라크인 우르크 평원에 있는 지구라트 (꼭대기가 평평한 피라미드 모양 건물)에 지어졌다. 석고로 이음새를 메운 벽이 햇빛에 반사되어 멀리서도 신전을 볼 수 있었다.

4. 조세르 피라미드 (기원전 2670~2600년 전) 62.5미터
파라오 조세르를 위해 석회암으로 지은 피라미드이다. 이집트의 사카라 네크로폴리스에 있으며, 처음에는 마스타바(평평한 지붕으로 덮인 지하 묘지)로 지어졌다. 대부분의 마스타바는 진흙 벽돌로 지어졌는데, 건축가이던 임호텝은 벽돌 대신 돌을 사용해 무덤을 더 크고 튼튼하게 지었다. 그의 건축물을 보면 그가 설계의 기본을 확실히 이해하고 있음을 알 수 있다. 이를테면 각진 벽으로 내부에 작용하는 힘을 만들어 피라미드의 무게로 가해지는 외부의 힘을 지탱한 것이다.

5. 메이둠 피라미드 (기원전 2600년 전) 70미터
파라오 후니와 스네프루의 지시로 만들어졌다는 피라미드로, 건설 중에 무너졌던 것으로 보인다. 70미터의 석회암 골조만 남아 있으며, 풍화로 65미터까지 줄어들었다. 이집트의 수도 카이로에서 남쪽으로 약 72킬로미터 떨어진 나일강의 서쪽 둑 위 암석 고원에 있다.

6/7. 굴절 피라미드와 레드 피라미드 (기원전 약 2600~2580년 전) 104.7미터
높이가 같은 석회암 피라미드로 파라오 스네프루의 재위 기간에 지었으며, 이집트의 다흐슈르 네크로폴리스에 있다. 굴절 피라미드를 먼저 세우기 시작했지만 구조적인 문제로 건설이 중단되었으며 여러 번 다시 설계했다. 레드 피라미드는 일부가 무너진 메이둠 피라미드와 이전 피라미드에서 겪은 시행착오를 보완하여 설계했다.

8. 쿠푸왕 대피라미드 (기원전 2580년 전~1131년) 146.7미터
3890년 동안 **세계에서 가장 큰 건축물**이라는 기록을 유지한 기념비적인 묘지로, 현재까지도 **가장 큰 피라미드**이다. 현재 카이로 근처 나일 계곡이 훤히 보이는 고지대인 기자에 있다. 3가지 벽돌을 썼는데 묘실은 화강암으로 만들었고, 주벽은 거칠게 자른 석회암 벽돌을 이용했으며, 질감이 부드러운 하얀 석회암으로 마감했다.

9. 링컨 대성당 (1311~1548년) 152.4미터
영국 링컨셔주에 있는 이 고딕 성당의 첨탑은 높이가 160미터에 이르렀던 것으로 보인다. 거의 4000년 동안 가장 높은 건축물이었던 쿠푸왕 대피라미드의 기록을 넘어선 최초의 건축물이었다고 추측된다. 1240년에 건설을 시작했고, 1306년경 숙련된 석공이었던 리처드 스토가 주도하여 첨탑이 세워지기 시작했다. 첨탑은 1311년에 완공되었으나, 1548년 폭풍에 휘말려 무너지고 말았다.

10. 독일 슈트랄준트의 세인트 메리 교회 (1548~1679년) 151미터
교구 교회에서 대성당으로 발전하며 독일의 한자 동맹 항구 도시였던 슈트랄준트의 번영을 반영했다. 1416년과 1647년 사이에 탑과 첨탑이 세워졌으나, 첨탑은 1647년에 번개에 맞아 불이 나며 파괴되고 말았다.

11. 스트라스부르 대성당 (1647~1874년) 142미터
현재 프랑스의 스트라스부르에 1200~1439년경에 지어진 거대 고딕 대성당이다. 세인트 메리 교회의 첨탑이 무너지자 **가장 높은 건물**의 지위를 넘겨받았다. 파리의 노트르담 대성당의 서쪽 쌍둥이 탑 정면과 똑같은 형태로 만들 계획이었으나 재정적 문제로 북쪽 탑만 만들었다.

12. 독일 함부르크의 성 니콜라스 교회 (1874~1876년) 147.8미터
영국의 건축가 조지 길버트 스코트가 고딕 스타일로 설계한 성 니콜라스 교회는 19세기 후반에 유행했던 대형 교회 중 하나다. 공학적 지식이 진일보하면서 하중과 응력을 정확히 계산할 수 있게 되어 건물이 높아졌고, 기계를 사용하며 건축 기간과 비용도 크게 줄었다.

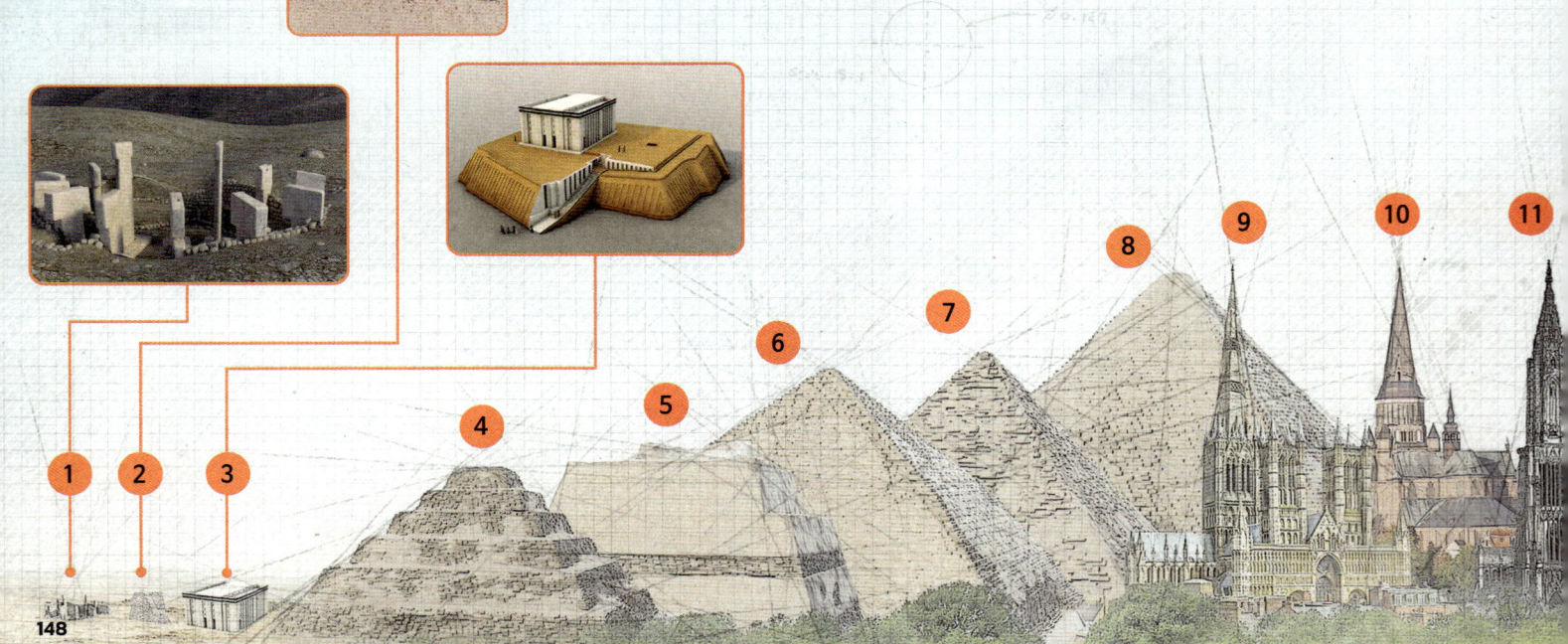

13. 루앙 대성당 (1876~1880년) 151미터

1822년에 화재가 일어난 뒤, 장 안투안 알라부안의 설계로 이 중세 건물에 무쇠(당시에는 상당히 값비싼 건축재였다.)로 만든 첨탑을 얹었다. 하지만 경제적·정치적 혼란으로 완공되기까지 50년 넘게 걸렸고 세공 장인 페르디낭 마루가 마지막 세부 양식을 더했다.

14. 퀼른 대성당 (1880~1885년) 157.2미터

독일에 있는 쌍둥이 대성당으로 1248년에 주춧돌을 올렸다. 하지만 공사 속도는 매우 더뎠고, 종교 개혁이 일어나 중단되고 말았다. 게르하르트 폰 라일이 설계한 원설계도가 복원된 후 1820년대에 건축이 재개되었으며, 첫 건축이 시작된 이래 632년이 지나서야 완공되었다.

15. 워싱턴 기념탑 (1885~1889년) 169미터

미국의 초대 대통령 워싱턴을 기리기 위해 1791년 계획을 시작했지만, 1845년까지 설계도가 채택되지 않았다. 공사는 남북 전쟁 때문에 중단되었다가 1876년 재개되었다. 텅 빈 오벨리스크 모양으로 철제 뼈대에 화강암으로 마감된 벽이 위로 올라갈수록 가늘어진다.

16. 에펠 탑 (1889~1930년) 300미터

1889년 만국 박람회를 위해 지어진 역사적 건물로 지금도 프랑스 파리의 하늘로 우뚝 솟아 있다. 화려한 장식을 뺀 미니멀리즘과 혁신적인 설계는 건축 당시 영향력 있는 대다수 파리 시민의 반감을 샀다. 원래는 임시 건물이었지만 인기가 높아지자 해체하지 않기로 했다. 탑의 높이는 방송 수신용 안테나가 올라갔을 경우 330미터까지 올라가 현재에도 **세계에서 가장 큰 철제 건축물**이다.

17. 크라이슬러 빌딩 (1930~1931년) 318.9미터

미국 뉴욕에 있는 아르데코 양식의 건축물로 건축가 윌리엄 반 알렌이 설계했다. 외부 장식은 알루미늄과 강철이며, 강철 소재의 독수리 머리 형상과 아치는 각각 크라이슬러 자동차의 후드 장식과 바퀴 덮개를 상징한다. 크라이슬러 빌딩은 최초로 **가장 높은 건물**(건물 높이의 절반 이상에 거주할 수 있는 공간이 있어야 함.)과 처음으로 모든 종류에서 **가장 높은 구조물**이 되었다.

18. 엠파이어 스테이트 빌딩 (1931~1967년) 443.2미터

뉴욕을 상징하는 고층 건물로, 건축가 윌리엄 램이 처음 구상했을 때는 지붕이 평평했다. 하지만 1930년에 크라이슬러 빌딩이 첨탑으로 높이를 늘려 모두를 깜짝 놀라게 하자, 엠파이어 스테이트 빌딩의 후원자이던 존 래스콥이 설계를 바꾸어 **가장 높은 건물**로 완성할 것을 지시했다. 윌리엄은 비행선을 정박시키는 계류탑 용도로 전망대와 첨탑을 추가했고, 1971년 세계 무역 센터가 완공되기 전까지 세계에서 가장 높은 건물이라는 지위를 누렸다.

19. 오스탄키노 타워 (1967~1976년) 537.4미터

현재 러시아 모스크바에 있는 텔레비전 및 라디오 탑으로, 소련 시대에 니콜라이 니키틴이 수석 설계자로 공사를 총괄했다. 공사는 1960년에 시작되었지만 기초에 문제가 생겨 더디게 진행되었다. 압축 응력으로 강도를 높인 콘크리트로 지어져 매우 높은 유연성을 자랑한다. 바람이 강하게 불 때, 상층부가 몇 미터씩 흔들리도록 설계되었다.

20. CN 타워 (1976~2010년) 555.3미터

캐네디언 내셔널(Canadian National)의 약자로 캐나다 철도 공사가 지은 방송 송신탑이며 토론토를 상징하는 건물이다. '슬립폼' 공법을 도입했는데, 콘크리트를 거푸집에 넣으면 유압잭을 타고 저절로 올라가서 틈이 없고 강한 구조물이 만들어진다. 이전까지 규모가 큰 공사에 쓰지 않았지만, 현재는 고층 건물의 중심부를 지을 때 쓰는 표준 기술이 되었다.

▶ 21. 부르즈 할리파 (2010년~현재) 828미터

아랍에미리트 두바이에 있는 다목적 건물로 2004년에 착공되어 2009년 10월 1일에 완공되었다. 에마르사가 개발을 맡았고, 솜(SOM)사의 에이드리언 스미스가 설계했다. **역사상 가장 높은 건물**이며 **구조물**이다. 총 163층으로 **가장 많은 층수**를 자랑하며, 385미터 위에 아파트가 있어 **가장 높은 주거지**라는 기록도 가지고 있다.

크라이슬러 빌딩의 가장 위층에는 펜트하우스가 들어섰는데, 당시 세계에서 가장 높은 화장실도 있었다.

*이 연대표는 역사상 가장 높은 독립 구조물을 보여 준다. 일부는 그 시대의 가장 높은 건물보다 더 높은 탑 또는 기념물이었다.

과학과 기술
인공 지능

최초의 인공 신경망
1958년 7월 9일, 미국의 프랭크 로젠블랫은 경험으로 학습하는 컴퓨터, 퍼셉트론을 공개했다. 퍼셉트론은 훈련용 이미지를 몇 개 본 후 흰 카드 위에 찍은 검은 점의 위치를 맞힐 수 있었는데, 각각의 화소를 '신경'에 전송하는 방식으로 작동했다.

경매에서 가장 비싸게 팔린 인공 지능 작품
2018년 10월 25일 「에드몬드 데 벨라미」가 43만 2500달러(약 6억 원)에 낙찰되었다. 프랑스의 예술 기업 오비어스의 아이디어로 탄생한 이 작품은 '생성적 대립 신경망'이라 불리는 인공 지능이 초상화 1만 5000개를 연구하여 만든 작품이다.

최초의 챗봇
1964년에서 1966년 사이에 미국의 요제프 바이젠바움(독일 출생)은 매사추세츠 공과 대학에서 사람과 대화하는 프로그램 엘리자를 개발했다. 하고 싶은 말을 컴퓨터로 입력하면 엘리자는 키워드 중심으로 검색을 하고 관련된 규칙에 따라 대답을 생성했다.
전체 프로그램의 코드는 200줄 정도밖에 되지 않았지만, 모호한 질문만 하는 정신분석학자의 모습을 따라 한 덕분에 개인적인 걱정과 말 못 할 비밀이 있던 실험 참여자들을 기계와 대화하도록 이끌 수 있었다.

손으로 쓴 문자를 해독한 최초의 신경망
손 글씨를 디지털 문자로 바꾸는 일은 1960년대 인공 지능 학자들에게 가장 큰 어려움 중 하나였다. 하지만 1980년대에 이르러 입력과 출력 사이에 신경망 층을 추가로 넣은 새로운 신경망 설계 시스템 '딥 러닝'이 등장하며 이 문제가 해결되었다. 1989년 프랑스의 얀 르쿤이 AT&T 연구소(미국)의 동료들과 함께 설계한 신경망은 미국 우편 공사가 제공한 2007개의 손 글씨 우편 번호 중 95퍼센트를 인식했다.

가장 큰 전문가 시스템
오늘날 인공 지능 설계에는 신경망을 이용하는 것 외에 다른 기술도 있다. 전문가 시스템은 일종의 인공 지능으로, 복잡한 논리 규칙을 이용하여 전문가의 논법을 따라 하도록 설계되었다. 가장 큰 전문가 시스템은 미국의 사이코프사에서 관리하는 Cyc로, 3000만 개 규칙을 바탕으로 결정을 내린다.

가장 빠른 자율 주행 자동차
2022년 4월 27일에 달라라 AV-21이 미국 케네디 우주 센터에서 왕복 평균 시속 309킬로미터를 기록했다. 이 자율 주행 자동차는 이탈리아의 폴리무브 자율 주행차 레이싱 팀이 장착한 컴퓨터 프로그램으로 제어된다.

미국 변호사 시험에서 인공 지능이 올린 가장 높은 점수
최근 인공 지능에서 주류로 떠오른 대규모 언어 모델(LLMs)은 수십억 개의 단어를 샅샅이 찾아 이해하는 방식으로, 시스템 독해와 쓰기에 강점을 보인다.

최초의 로봇 배틀 래퍼
2020년 2월, 이스라엘의 길 와인버그가 개발한 로봇 시몬이 래퍼 대시 스미스와 랩 배틀에 나섰다. 시몬은 대시의 가사를 바탕으로 신경망 네트워크와 음성 합성 소프트웨어를 이용해 실시간 라임을 만들었다.

GPT4라 부르는 챗GPT 서비스는 2023년 5월 미국 변호사 시험에 응시해 400점 만점에 298점을 받았다. 응시자의 90퍼센트보다 더 높은 점수를 받아, 이론적으로는 변호사로 일할 자격이 있다. GPT4는 2023년 3월에 치러진 미국 대학 입학시험에서도 1600점 만점에 1410점을 받아 **인공 지능으로서는 가장 높은 점수**를 기록했다.

자율 주행 차량이 이동한 최대 총 거리
미국의 자율 주행 자동차 회사인 크루즈(왼쪽)와 웨이모(오른쪽)가 2023년 9월 기준 총 주행 거리 800만 킬로미터를 기록했다. 자동차는 운전자가 탑승하지 않지만 인간이 간혹 원격으로 조종을 해야 하는 자율 주행 4단계에서 운행되었고, 카메라와 라이다(빛 감지 및 범위 측정)를 이용하여 모은 주변 환경 데이터를 딥 러닝 신경망으로 해석했다.

연구팀은 스피치 그래픽스의 만화영화 제작자들과 함께 앤의 원래 목소리를 재현해 말하는 아바타를 만들었다.

뇌-컴퓨터 인터페이스를 이용한 가장 빠른 의사소통

미국의 에드워드 챙 박사가 이끄는 캘리포니아 샌프란시스코 대학(UCSF) 연구팀은 1분에 78개 단어의 속도로 신경 신호를 문자로 바꾸는 인공 지능 기반 인터페이스를 개발했다.

이 '신경 보정술' 덕분에 근육 마비로 말을 할 수 없는 사람들도 의사소통을 할 수 있게 되었다. 시제품의 실험에 나선 지원자는 앤(위)이라고만 알려진 여성으로, 30살부터 뇌졸중을 앓고 있다.

시스템의 원리는 딥 러닝 네트워크와 연결된 뇌 주입 물질을 이용해 음성 언어를 문자 언어로 해독하여 화면에 나타내는 것이다. 18년 동안 안구 추적 장치로 문자를 썼던 앤은 상담가로서 새로운 경력을 시작할 희망을 갖게 되었다.

프로젝트의 신경망은 문자와 단어를 의식적으로 읽는 앤의 뇌 활동을 추적 관찰하도록 훈련받는다. 이후 반복 학습하며 이러한 패턴과 언어적 의도를 엮어서 연상하는 법을 배운다.

실험에 사용된 주입 물질은 얇은 플라스틱 필름에 촘촘하게 인쇄된 전기 센서로 '표면 뇌파도'라고 부른다. 이 필름을 두개골 속 뇌 표면에 놓으면 뇌 속에 이식하지 않아도 뇌의 활동을 자세히 파악할 수 있다.

과학과 기술
시계의 세계

최초의 모래시계
모래시계는 11세기부터 쓰였지만, 1338년까지의 사용 기록은 거의 남아 있지 않다. 왼쪽 그림은 이탈리아 화가 암브로조 로렌체티가 그린 프레스코화 「좋은 정부와 나쁜 정부의 비유」 중 한 장면이다.

최초의 시간 기록 기구는 고대의 해시계와 모래시계처럼 작동하는 물시계였다.

기네스 세계 기록에게…
저는 오늘 시간이 가는 것을 지켜보았어요. 시계를 대략 2시간 동안 쳐다보고 있었지요. 시계는 반지름이 16센티미터 정도였고, 시침과 분침, 초침이 있었어요. 눈을 깜박이기는 했지만 2시간 동안 한 번도 시계에서 눈을 뗀 적이 없답니다. 고개를 다른 쪽으로 돌리지도 않았어요. 시계만 뚫어져라 바라봤지요. 결국 누군가가 제 집중력을 흩트리긴 했지만요. 그의 이름은 ■이에요.

최초의 전자시계
1972년 4월 4일 최초의 디지털 시계 펄사가 출시되었다. 금과 은 두 가지로 판매된 이 시계의 가격 중 대부분은 수정 회로와 LED 화면이 차지한다. 시계는 현재 시세로 따지면 1만 5500달러(약 2000만 원)에 달하는 가격이다.

버튼을 눌러야 화면에 숫자가 나온다.

최초의 진자시계
실에 추를 매달아 좌우로 왔다 갔다 하게 만든 물체를 진자라고 하는데, 1656년 네덜란드의 과학자 크리스티안 하위헌스는 이 진자의 원리를 이용한 시계를 설계했다. 그의 발명 덕분에 시간을 초 단위까지 정확하게 알 수 있게 되었고, 이전 기계식 시계에 비해 엄청난 발전을 이루었다. 크리스티안은 네덜란드의 시계 제작사 살로몬 코스터에 진자시계 특허를 팔았다. **세계에서 가장 오래된 진자시계**는 네덜란드의 레이던 부르하버 국립박물관에 소장되어 있는데, 1657년에 크리스티안의 허가로 만들어진 코스터의 제작품이다.

가장 정확한 공기 중 진자시계
시계 제작은 더 이상 첨단 산업이라 불리지 않지만, 시계 제작자들은 여전히 진자시계의 설계를 조금씩 수정하고 있다. 현재 기록을 보유하고 있는 (진공 상태가 아닌) 가장 정확한 시계는 영국의 마틴 버지스가 설계한 '클락 B'인데, 시계 제작 장인 존 해리슨의 아이디어를 바탕으로 만든 것이다. 2014년 그리니치 천문대의 실험 결과 100일에 단 0.125초의 오차를 보였다.

최초의 수정시계
수정은 전류를 흘리면 일정하게 진동하는 압전 효과가 나타난다.

1920년대 중반, 벨 연구소의 학자였던 미국의 워런 매리슨과 J W. 호튼은 이 진동을 계속 내보내는 회로를 설계했고, 이를 시간 기록용으로 개조하여 1927년 10월에 공개했다. 작고 값싼 수정 진동자 시계는 현재 전자 제품 어디에나 들어있다.

최초의 원자시계
원자시계는 원자가 일정한 진동수의 전자기파만 흡수한다는 성질을 이용한 시계이다. 1948년 미국의 과학자 해럴드 라이언스는 미국 연방 표준국에서 암모니아를 사용한 원자시계를 개발했다. 해럴드의 시계는 개념을 증명하는 수준이었지만, 그의 설계는 현재 국제 시간 표준을 정하는 데 쓰이고 있다.

현재 사용되는 원자시계의 핵심은 세슘 원자의 흐름이다. 세슘 원자가 마이크로파 사이를 통과하며 방출하는 에너지의 상태를 측정하는 것이다. 마이크로파 방출기의 진동수는 원자의 공명 주파수에 정확히 도달할 때까지 조정되는데, 예측치 안에서 낮은 값부터 점점 높은 값으로 밀어 넣는다. 진동수가 안정되면 1초를 정의하는 데 쓰이는 마이크로파의 진동수는 91억 9263만 1770회가 된다. 1억 년에 1초 정도의 오차만 발생한다.

가장 정확한 시계
광격자 시계는 일종의 원자시계인데, 중국계 미국인 준 여가 개발했다. 2022년 기준, 150억 년에 1초 이하의 오차만 보일 만큼 매우 정확하다. 시계는 원자를 향해 여러 방향에서 레이저를 쏘아 격자 모양을 만들어 가둔 뒤 고유 진동수와 동일한 주파수를 발생시켜 시간을 측정한다.

가장 커다란 시계판
마카 클록 로열 타워는 사우디아라비아 메카의 거리 위 450미터 높이에 있어, 도시 어디에서나 볼 수 있다. 화려한 모양을 한 각각의 바늘(위)은 지름이 43미터에 달하는 시계판 위를 돈다. 빅 벤이라는 이름으로 유명한 영국 런던의 엘리자베스 타워에 있는 시계보다 6배 더 크다.

152

가장 비싼 회중시계

2014년 11월 11일 스위스 제네바의 소더비 경매에서 헨리 그레이브스 슈퍼컴플리케이션이란 이름의 회중시계가 치열한 경쟁 끝에 낙찰되었다. 익명의 낙찰자는 2323만 7000스위스 프랑(약 354억 원)이라는 어마어마한 금액을 지불했다. 시계의 이름은 엄청나게 많은 기능이 시계 하나에 통합되었다는 의미로 붙여졌다.

크라운
시간을 조정하고 태엽을 감음.

밤하늘
계절의 변화에 따라 판이 바뀌고, 밤이 되면 헨리가 사는 뉴욕 5번가 아파트 위 밤하늘이 보이도록 설계됨.

달 형상 다이얼
매달 달의 모습에 따라 바뀜.

스톱워치
시작 / 멈춤 버튼

내부 다이얼 1
바깥쪽 다이얼은 최대 12시간인 스톱워치를, 안쪽 다이얼은 알람의 태엽이 감긴 정도를 보여 줌.

일출/일몰
일출과 일몰 시간을 보여 줌.

24시간 판
항성시 표시.

균시차
극도로 정밀한 시계학 정보인 항성시(고정된 별을 기준으로 지구가 도는 시간)와 태양시(태양을 기준으로 지구가 도는 시간)를 보여 줌.

주 시계 판
시침과 분침, 알람 시간을 알려 주는 바늘, 초침, 스톱워치용 바늘까지 앞면에 총 5개의 바늘이 있음.

알람 작동 스위치

내부의 작동 원리
완전 기계식이며, 정성들여 만든 톱니바퀴와 태엽, 캠을 통해 복잡한 기능이 작동된다. 모두 컴퓨터 또는 전자계산기 등장 전에 설계되었으며, 복잡한 수학식을 종이에 직접 풀어 만들었다. 파텍 필립은 이 시계를 만들며 스위스의 시계 제작자 수십 명과 계약을 맺었고, 헨리는 1만 5000달러(약 2000만 원)를 지불했다. 현재 시세로 32만 2000달러(약 4억 5000만 원)에 달하는 가격이다.

음소거 스위치
벨 소리를 끔.

외부 케이스
37밀리미터 두께의 금으로 만듦.

소리 모드
돌려서 알람 소리의 종류를 정함.

달력
바깥쪽 다이얼은 날짜, 안쪽 바늘은 요일과 달을 나타냄. 2100년까지 연도 조정 가능.

분 반복기
버튼을 누르면 시와 분을 각기 다른 알람 소리로 알려 줌.

내부 다이얼 2
외부 다이얼이 스톱워치로 분을 기록하는 동안 큰 태엽의 전력 상태를 표시함.

파텍 필립은 미국의 은행가 헨리 그레이브스 주니어를 위해 1928년부터 1932년까지 이 시계를 만들었다.

최초의 항해용 정밀 시계

영국의 시계 제작자 존 해리슨이 1730년에서 1735년 동안 개발한 H1은 최초의 기계식 항해용 정밀 시계이다. H1은 1736년 런던에서 리스본으로 가는 배에서도 정확한 시간을 알려 주었다. 존이 남긴 최고의 업적은 오랜 시간 바다를 건널 때 쓸 수 있는 회중시계 크기의 항해용 시계, H4를 만든 것이다.

항해사들은 현지의 태양시를 기준 시계와 비교하여 동쪽이나 서쪽으로 얼마나 멀리 갔는지 알 수 있었다.

가장 비싼 손목시계

2019년 11월 4일, 슈퍼컴플리케이션의 현대식 모델이 스위스의 크리스티스 경매에 등장해 3100만 스위스 프랑(약 470억 원)에 팔렸다. 파텍 필립 그랜드마스터차임이라는 이름의 이 손목시계는 20개의 복잡한 기능이 있다.

과학과 기술

천문학

지구에서 가장 가까운 블랙홀
블랙홀 가이아 BH1은 땅꾼자리 방향으로 지구에서 1560광년 떨어져 있다. 2023년 1월 하버드의 천문학자 카림 엘-바드리와 그의 연구 팀이 발견했다. 이 블랙홀은 질량이 태양보다 9.62배 더 나간다.

지구에서 가장 가까운 별
지구에서 1억 4960만 킬로미터 떨어진 태양은 천문학적으로 가장 가까운 별이다. **그 다음으로 가까운 별**은 프록시마 켄타우리로, 태양보다 25만 배 더 멀리 떨어져 있다.

지구에서 볼 때 가장 밝은 별
천문학자들은 직녀성(0등급)을 기준으로 한 겉보기 등급으로 별의 밝기를 측정한다. 숫자가 클수록 지구에서 흐릿하게 보인다. 아주 선명한 천체는 마이너스(-) 등급이 될 수 있다. 시리우스 A(큰개자리 알파)는 아주 밝아서 -1.46 등급에 해당한다.

지금까지 관측된 가장 밝은 별
천문학자들은 2022년 10월 9일에 발견된 GRB221009A 감마선 폭발에 'BOAT (Brightest Of All Time: 역대 가장 밝은)'라는 별명을 붙였다. 이 폭발은 이전 기록보다 70배 더 밝았다. 초당 최대 650만 개의 감마선 입자가 방출되었고, 각 입자는 18 테라전자볼트를 실어 날랐다.

가장 커다란 은하수
아벨 2029 은하단의 중심에 있는 IC 1101은 직경이 무려 560만 광년이다. 우리은하보다 50배 더 큰 수치로, 여기서 방출하는 빛은 태양 2조 개와 맞먹는다.

지구에서 가장 멀리 떨어진 블랙홀
제임스 웹 우주 망원경이 발견한 블랙홀 CEER 1019는 지구에서 131억 광년 떨어져있다. 빅뱅 이후 5억 7000만 년 후에 생겼다는 뜻이다. 이 블랙홀의 질량은 태양보다 900만 배 더 크지만, 초기 우주에서 발견한 블랙홀에 비하면 놀라울 정도로 작다.

최연소로 태양계 외 행성을 발견한 사람
영국의 톰 와그(1997년 11월 30일생)는 2013년 2월 13일, 15살 75일의 나이에 거대 가스 행성 WASP-142b를 발견했다. 그는 킬 대학교에서 1시간의 현장 실습을 마치고 광역 행성추적 프로그램(WASP)으로 모은 전천 탐사 망원경의 데이터를 검토하고 있었다. 이 행성이 실제 행성으로 확인받기까지 2년이 걸렸다.

아마추어 천문학자가 발견한 최다 초신성
일본의 이타가키 코이치는 일본 야마가타현 언덕의 개인 관측소에서 폭발하는 별 172개의 목록을 작성했다. 독학으로 천문학자가 된 그는 일본 전역의 컴퓨터 제어 망원경 7대로 밤하늘을 샅샅이 뒤진다. 가장 최근 발견으로는 바람개비은하 속 초신성 SN 2023ixf가 있다. 2023년 5월에 등록되었다.

하늘 위의 눈
지구의 천체 관측소는 여전히 중요한 역할을 맡고 있지만, 이 장에 소개된 대부분의 발견은 아래의 우주 망원경 3대가 관측한 것이다. 우주 망원경은 지구에서 관측에 영향을 주는 빛 공해와 전자기 방사선을 피할 수 있다. **최초의 우주 망원경**은 1968년에 미국이 제작하여 발사한 OAO-2이었다.

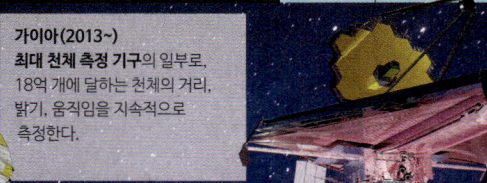

케플러(2009~2018)
태양계의 행성의 신호를 찾아 지속적으로 항성을 추적 관찰하도록 설계되었다. 총 2778개 항성을 발견하여 **태양계 외 행성을 가장 많이 발견한 망원경이라는 기록**을 세웠다.

가이아(2013~)
최대 천체 측정 기구의 일부로, 18억 개에 달하는 천체의 거리, 밝기, 움직임을 지속적으로 측정한다.

제임스 웹 우주 망원경(2021~)
적외선을 관측하며, 주 거울의 지름이 6.5미터에 달하는 **세계 최대 우주 망원경**이다.

제임스 웹 우주 망원경이 찾아낸 원거리 은하는 거대 소용돌이가 휘몰아치는 우리은하보다 크기가 작고 선명하지도 않다. 사진(위)은 천문학자들이 생각한 초기 은하의 모습이다.

가장 멀리 떨어진 은하

2022년 12월, 제임스웹 우주 망원경에서 보낸 데이터를 연구하던 천문학자들은 새로운 은하 JADES-GS-z13-0(이하 z13)의 발견을 발표했다. 이 은하의 적색 편이 값은 13.2로 z13의 빛이 망원경에 도달하기까지 걸린 시간이 132억 년이라는 뜻이며, 빅뱅이 일어나고 3억 2500만 년 후에 생겼다는 말이다. 따라서 현재 발견된 **가장 오래된 은하**가 된다.

우주는 지금도 계속 팽창하고 있기 때문에, z13은 현재 지구에서 336억 광년 떨어진 것으로 추정된다.

기네스 세계 기록 초판본에 쓰였던 표현으로 바꾸면 317,900,801,000,000,000,000,000 킬로미터이다! z13 은하는 제임스 웹 우주 망원경의 심우주 은하 조사(JADES)로 발견되었다. 이 프로젝트는 화로자리 성단의 별들 사이에 텅 비어 보이는 암흑의 점에 망원경의 초점을 맞춘다. 점의 크기는 보름달의 10분의 1에 불과하다.

1995년 기네스 세계 기록에 처음 실린 기록으로, '은하계 외 성운'이라고 언급되었다.

ONE

THE UNIVERSE

The universe is the entirety of space and matter. The remotest known heavenly bodies are extra-galactic nebulæ at a distance of some 1,000 million light years or 6,000,000,000,000,000,000,000 miles. There is reason to believe that even remoter nebulæ exist but, since it is possible that they are receding faster than the speed of light (670,455,000 m.p.h.), they would be beyond man's "observable horizon".

REMOTEST KNOWN BODIES

과학과 기술
최첨단 기술

가장 긴 맨틀 암석 표본
2023년 5월, 탐사선 조이데스레절루션호의 연구원들은 지각이 매우 얇은 대서양 아래로 1268미터를 뚫고 내려가 암석 표본을 얻었다. 여기에는 최근의 지질 활동으로 밀려 올라온 1000미터 지점의 맨틀도 있었다. 맨틀은 지구 부피의 최대 86퍼센트를 차지하지만, 대부분 지각 아래 깊은 곳에 있어 연구하기 어렵다.

가장 강력한 엑스선 레이저
LCLS-II는 선형 방사광 가속기로, 전자를 광속에 가깝게 가속시킨다. 발생한 에너지는 엄청나게 밝은 엑스선으로 전환되어 1초에 100만 번 깜빡이는 속도로 목표물을 향해 나아갈 수 있다. LCLS-II로 과학자들은 순간적인 화학 반응을 시험할 수 있으며, 이를 통해 의학과 청정 에너지 기술이 발전할 것으로 기대할 수 있다. 이 실험은 미국 에너지부가 운영한다.

가장 빠른 DNA 염기 순서 분석법
2021년 3월 16일 유안 애슐리와 미국 스탠포드 대학교의 연구팀은 옥스퍼드 나노포어 프로메티온-48 기계로 5시간 2분 만에 인간 유전체의 염기 순서를 분석했다. 염기 순서 분석은 DNA 분자에서 가장 기본적인 유전 정보인 염기 또는 뉴클레오티드의 정확한 순서를 알아내는 일이다. 이를 통해 질병 및 유전 질환의 진단과 치료를 도울 수 있다.

가장 효율적인 태양 전지
상업적으로 사용 가능한 태양 전지의 효율은 평균 20~25퍼센트다. 하지만 2023년 7월 독일의 헬름홀츠-첸트룸 베를린 연구소가 공개한 실리콘-페로브스카이트 탠덤 태양 전지는 태양광 에너지의 32.5퍼센트를 전기로 전환할 수 있다.

플라스틱 태양 전지 역시 2023년에 기록의 주인이 바뀌었다. 중국의 홍콩이공대학 연구팀은 고분자를 이용해 19.31퍼센트의 효율을 달성했다. 플라스틱 태양 전지가 특히 각광을 받는 이유는 더 가볍고 반투명해서 창문 필름으로 전기를 만들 수 있는 가능성이 있기 때문이다.

가장 큐비드가 많은 양자 컴퓨터
2023년 10월 24일 미국의 아톰 컴퓨팅이 1180큐비트에 달하는 양자 컴퓨터를 공개했다. 큐비트는 광자체 속에 가둔 과냉각 이터븀 원자로, 양자 컴퓨터의 기본 단위이다. 컴퓨터는 기존의 2진법 대신 무한대로 다양하게 변하는 양자의 상태를 이용하여 작동한다.

리튬 이온 전지를 충전한 최저 온도
미국의 빌라스 폴 에너지 연구실은 리튬 이온 전지를 섭씨 영하 100도에서 충전했다. 이 전지가 여러 공간, 특히 우주의 진공 상태에서 쓰일 수 있음을 나타내는 결과이다. 실험은 2022년 12월 21일 미국 인디애나주 웨스트 라파예트에 있는 퍼듀 대학교에서 이루어졌다.

가장 빠른 위성 데이터 링크
2023년 4월 28일, 미국 항공 우주국의 패스파인더 3 위성에 장착된 소형 레이저 송신기가 1초 당 200기가바이트의 속도로 데이터를 지상으로 전송했다. TBIRD(티버드; 테라바이트 적외선 전송)라 불리는 송신기는 휴지 갑과 크기가 비슷하고, 일반적인 위성 연결보다 약 100배 더 빨리 데이터를 보낸다.

열 차폐체 — 플라스마와 자기 코일 사이의 장벽.

폴로이달 방향 코일

플라스마 — 높은 열을 받으면 전기가 충전됨.

토로이달 방향 코일

가장 큰 토카막
2023년 12월 1일, 일본 이바라키현 나카에서 처음으로 JT-60SA(위)가 가동되었다. JT-60SA는 핵융합이 일어나는 온도와 압력에서 강력한 자기장을 이용하여 도넛 모양 장치에 플라스마를 담아 두는 실험 장치다. 토카막으로 불리며, 원자가 서로 융합하면 언젠가는 청정 에너지로 쓰일 에너지를 방출할 것으로 기대된다.

135세제곱미터에 달하는 플라스마를 가둘 수 있는 JT-60SA는 프랑스 카다라슈에 건설 중인 국제 핵융합 실험로 자원 연구에도 쓰일 예정이다. 국제 핵융합 실험로는 2024년 3월 **세계 최대 초전도 자석** 완성으로 세계 기록을 달성한 초대형 프로젝트이다. 폴로이달 방향 코일 3과 4(왼쪽)로 알려진 이 실험로는, 지름 24미터에 무게가 350톤에 달해 JT-60SA보다 6배 더 나갈 것으로 보인다.

레이저는 이온화된 공기 경로를 만들어 전도성 플라스마의 보이지 않는 '필라멘트'로 번개를 끌어 내린다.

최초의 레이저 유도 번개

2021년 7월 24일, 오후 4시가 막 지난 무렵 레이저가 스위스 젠티스산 위 하늘을 지나던 번개의 경로를 바꾸었다. 프랑스의 오헬리엉 아우아르와 체코의 예안-피에레 볼프는 산 정상 근처 방송탑을 수시로 때리는 번개를 막기 위해 테라와트 근적외선 레이저를 설치했다. 번개의 섬광은 레이저를 따라 50미터를 갔다가 원래의 목표물로 되돌아갔다. 자세한 실험 내용은 2023년 1월 16일《네이처 포토닉스》에 게재되었다. 앞으로 비슷한 고출력 레이저를 이용하여 공항 등 기존 피뢰침의 사용이 어려운 곳에서 번개를 우회시킬 수 있을 것으로 기대된다.

과학과 기술

독특한 탈것

가장 빠른 외바퀴 오토바이
영국 모노휠 팀 소속 마크 포스터가 2022년 9월 25일, 영국 노스요크셔주 엘빙턴 비행장에서 외바퀴 오토바이 트로얀을 타고 최고 시속 129.890킬로미터를 기록했다. 마크를 포함한 엔지니어 4명으로 구성된 모노휠 팀은 2010년부터 빠른 외바퀴 오토바이를 개발했다. 마크는 2019년에도 트로얀을 타고 시속 117.346킬로미터를 찍어 기록을 달성했다.

LED 조명이 가장 많이 달린 승합차
2022년 7월 19일, 태국의 카니발 매직 테마파크가 주최한 공원 개장 기념 행사에서 총 6만 5759개의 알록달록한 전구로 장식한 12인승 토요타 승합차가 등장했다.

가장 빠른 바퀴 달린 쓰레기통
2023년 5월 24일, 영국의 마이클 월헤드가 영국 노스요크셔주 엘빙턴 비행장에서 개조한 쓰레기통을 타고 시속 88.344킬로미터로 달렸다. 그는 이 쓰레기통에 스즈키 GP125의 2행정 엔진, 5단 기어 박스, 스티어링 댐퍼를 장착했다.

가장 빠른 전기 이동 수단
루게릭병으로 목 아래가 대부분 마비된 영국의 제이슨 리버시지는 2020년 고카트를 바탕으로 설계한 특수 휠체어(아래)를 타고 최대 시속 107.546킬로미터로 달려 **세계에서 가장 빠른 전기 이동 수단**(오른쪽) 기록을 세웠다. 2년 후 그는 악화된 몸 상태에 맞추어 특수 휠체어를 개조해 시속 77.92킬로미터를 달성했고, **머리로 작동하는 가장 빠른 전기 이동 수단** 기록을 남겼다. 제이슨은 2023년 8월, 47살로 세상을 떠났다.

제이슨은 웨일스에서 가장 높은 봉우리인 스노든산도 탔다!

특이한 이동 수단을 가장 많이 전시한 박물관

인도 텔랑가나주 하이데라바드에 있는 수다 자동차 박물관에는 2023년 기준 57대의 별난 자동차들이 모여 있다. 인도의 칸야보이나 수다카르가 모은 것으로, 크리켓을 테마로 한 '배트모빌'(위)과 운동화 모양 자동차(아래)도 있다. 그는 폐품 처리장에서 나온 부품들을 재활용하여 스포츠용 공 자동차(왼쪽 아래)와 같은 자신만의 자동차를 손수 만든다. 2005년에는 길이 11.37미터에 앞바퀴 지름이 5.18미터인 **세계 최대 세발 자전거**도 만들었다.

왼쪽 사진은 2012년 국제 여성의 날을 기념해 제작한 주행 가능한 하이힐 모양 자동차이다.

칸야보이나가 만든 모든 자동차는 주행이 가능하다. 최대 속도는 시속 45킬로미터에 이른다.

높이가 가장 낮은 차

자동차 개조 전문가인 이탈리아의 코키 루디, 마테오 마르체티, 니콜라 과다닌은 피아트 판다를 반으로 잘라 높이 59.5센티미터인 자동차를 만들었다. 차 아랫부분은 고카트 프레임으로 교체했고, 슈퍼마켓 카트에 쓰는 소형 바퀴를 달았는데, 놀랍게도 운전자가 탈 수 있다. 자동차는 2024년 1월 23일 이탈리아 밀라노에서 100미터를 시범 주행 하는 데 성공했다.

과학과 기술

철도

가장 많은 승객을 태우는 도시 철도
사우디아라비아 메카에 있는 알 마샤에르 알 무가다 샤선은 1시간에 7만 2000명을 태울 수 있다. 2010년 11월에 운행을 시작했으며 1년에 단 열흘, 메카 순례 기간 동안에 미나, 무즈달리파, 아라파트 등 주요 지점을 왕복한다. 노선은 길이 18.1킬로미터로 3000명이 타는 객차 12량이 달려 있다.

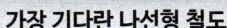

가장 기다란 나선형 철도
두리산 나선 철도는 아리산 삼림 철도의 일부로, 1912년 타이완 자이의 벌목 산업을 위해 설치되었다. 나선 철로의 시작과 끝은 570미터에 불과하지만, 높이 차이는 233미터에 이른다. 때문에 장나오랴오에서 리위안랴오로 가려면 굽이굽이 휘어진 5.1킬로미터를 가야 한다.

최초의 증기 기관차
조지 스티븐슨의 스톡턴-달링턴 철도는 2025년 설립 200주년을 맞는다. 영국에 있는 같은 이름의 마을 사이 40킬로미터 거리를 잇는 이 노선은 1825년 9월 27일에 첫 승객을 싣고 달렸다. **최초의 여객 열차**는 오이스터머스 철도로, 말이 열차를 끄는 방식으로 1807년 영국 스완지에서 운행을 시작했다.

최초의 공공 전차
1881년 5월 16일 그로스-리히터펠데 전기 열차가 독일 베를린의 리히터펠데에서 달리기 시작했다. 길이 2.5킬로미터로 승객 26명을 태웠고, 각 차량은 180볼트 직류 전기 모터로 움직였다.

기차를 가장 자주 타는 나라
2022년 기준 스위스 국민은 1년에 기차를 타고 평균 2113.35킬로미터를 오간다. 승객이 이동하는 거리를 인구수로 나누어 산출한 수치다.
2022년 10월 29일에는 **최장 협궤 열차**가 175주년을 맞았다. 길이 1906미터로, 레티안 알프스산맥의 구불구불한 산길을 통과한다.

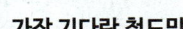

가장 기다란 철도망
국제철도연맹(UIC)에 따르면, 미국은 2023년 기준 총 14만 8533킬로미터의 철도가 운행 중이다.
중국은 평균 시속 200킬로미터 이상의 **가장 긴 고속 철도망**을 운영하고 있는데, 전기 고속선으로 움직이는 총 거리는 4만 2233킬로미터이다.

가장 붐비는 철도
• **지하철**: 중국의 상하이 지하철은 2022년에 하루 평균 이용자 736만 3500명을 기록했고, 1년 동안 22억 8791만 7700명을 실어 날랐다. 이는 중국의 베이징 지하철보다 약간 더 많은 수치로, 베이징은 코로나19 제한 때문에 승객 수 회복이 다소 더뎠다.
• **철도망(국가)**: 일본의 2023년 열차 탑승객은 65억 6570만 명이었다. 단일 운영사로는 최대 규모인 동일본 여객 철도는 인도 철도 다음으로 승객 수가 많다.
• **화물 철도망(국가)**: 중국의 철도 노선은 2023년에 화물 2조 5700억 톤을 실어 날랐다.

가장 가파른 철도
포르투갈 리스본 거리에 있는 칼사다 데 상프란시스쿠의 경사는 7.9도에 이른다. 이 노선은 리스본 전차 선로 시스템의 28번 노선 중 일부이다. 경사가 너무 가파른 탓에, 28번 노선은 대형 연결식 차량을 쓰지 않고 전차 1량만 운행한다.

가장 붐비는 역
일본 도쿄의 신주쿠역은 2022년 매일 270만 명의 승객이 오갔다. 반면 파리의 리옹역과 뉴욕의 그랜드 센트럴역은 매일 70만 명이 이용했다. 신주쿠역의 승객 수는 코로나19 이전에 비하면 급감한 것으로, 2019년에는 하루에 약 370만 명이 이 역을 드나들었다.

증기 기관차 '빅 보이'는 4200톤급 화물 열차도 끌 수 있다.

가장 강력한 증기 기관차

미국 유니언 퍼시픽사의 빅 보이 4014는 시속 16킬로미터의 속도에서 60만 2178 킬로뉴턴에 달하는 견인력(끄는 힘)을 자랑한다. 빅 보이 25개 차량은 1941년에서 1944년 사이에 만들어졌으며, 시속 112킬로미터까지 속도를 낼 수 있다. 4014 차량은 1941년 11월 유니언 퍼시픽 철도용으로 만들어졌고, 1959년 7월까지 운행했다. 1962년에 미국 캘리포니아주 로스앤젤레스의 레일자이언츠 철도박물관에 전시되었다가 2012년에 유니언 퍼시픽으로 돌아왔고, 2019년 5월 4일부터 관광 열차로 달리고 있다.

과학과 기술
재생 가능 에너지

가장 큰 수력 발전소
중국 후베이성 이창에 있는 싼샤 댐의 전기 발전량은 2만 2500메가와트다. 벨기에 전체에 전기를 공급하고도 남을 양이다. 32대의 주 발전기 중 26대는 2.09킬로미터 길이의 댐을 따라 늘어서 있으며, 양쯔강의 물로 전력을 일으킨다.

가장 큰 양수 발전소
2021년에 완공된 중국 허베이성 펑닝 양수 발전소의 발전량은 3600메가와트에 달한다. 전기를 1초당 360줄씩 전력망에 보낼 수 있는 양이다.
전력 수요가 낮을 때는 8716기가와트시의 잉여 전기로 고도가 높은 곳에 있는 저수지로 물을 보내는 데 쓴다. 참고로, 기가와트시는 1시간에 전기 10억 와트를 공급할 때 필요한 에너지의 양으로 3조 6000억 줄과 맞먹는다. 수요가 높아지면 터빈을 통해 물을 내보내 전기를 전력망에 공급한다.

가장 큰 조력 발전소
영국 블루멀 사운드에 위치한 셰틀랜드 조력 발전소는 발전량이 600킬로와트인 M100 해저 고정식 조력 발전 터빈 6기로 구성되어 있다. 영국의 노바 이노베이션이 개발했으며, 2016년에서 2023년 사이에 단계적으로 배치되었다.
조력 발전 터빈은 풍력 발전과 비슷한 원리를 사용해, 물의 흐름을 방해하지 않고 파도에서 에너지를 모은다. 이는 1966년 11월 26일 프랑스 브르타뉴에서 가동을 시작한 **최초의 조력 발전소**인 랑스 발전소와 완전히 다른 방식이다. 랑스 조력 발전소는 바닷물이 밀물일 때 가둬 두고, 썰물이 되면 터빈을 통해 내보낸다.

24시간 동안 가장 많은 전력을 생산한 풍력 터빈
중국 푸젠성에 있는 골드윈드 GWH252-16은 2023년 9월 1일에 불어닥친 태풍 하이쿠이 덕분에 384.2메가와트시의 전력을 생산했다. 터빈은 장푸현 리우아오 연안 풍력 발전 지대에 설치되어 있으며, 로터의 지름이 252미터에 달한다.
골드윈드 GWH252-16은 2023년 6월 8일부터 7월 18일까지 **가장 큰 풍력 터빈**이었으나, MySE 16-260에 기록을 넘겨주었다. **가장 많은 전력을 생산하는 풍력 터빈** 기록은 두 터빈이 공동으로 가지고 있다.

재생 가능 에너지원에서 생산한 최대 전력
이 페이지 곳곳에 나와 있듯이, 중국은 세계 최대의 재생 에너지 생산 국가이다. 국제 재생 에너지 기구에 따르면 2021년 중국 전력망에 공급된 재생 가능 에너지의 양은 240만 5538기가와트시에 달한다.
하지만 이는 중국의 국가 전력 공급량의 28퍼센트에 지나지 않는다. **가장 높은 재생 가능 에너지 사용 비율** 기록은 수많은 나라들이 공동으로 갖고 있다. 사실상 100퍼센트 재생 가능한 전력망을 구축하고 있기 때문이다. 예를 들어 수력 발전 댐 하나에서 모든 전력을 공급받는 식이다. 대표적인 나라는 노르웨이로, 전력망의 98.8퍼센트가 수력 전기이다.

가장 큰 풍력 터빈
2023년 7월 18일 가동을 시작한 MySE 16-260은 날개 길이가 123미터에 달하고, 로터의 지름도 260미터가 된다. 중국의 밍양사가 푸젠성 연안의 풍력 발전 지대에 지었는데, 날개가 완전히 한 바퀴를 돌면 34.2킬로와트시의 전력이 생산된다.

가장 큰 지열 발전소
미국 캘리포니아주 마야카마스산의 간헐 온천 지대에는 117제곱킬로미터에 달하는 면적에 최대 출력 1517메가와트의 지열 발전소 22개가 있다. 방대한 지하수에서 나오는 천연 증기를 이용하기 위해 350개가 넘는 우물을 설치했다.

가장 큰 조력 발전기
아구사도라 조력 발전소는 발전량이 2.25메가와트에 달한다. 1500가구에 전력을 공급할 수 있는 양이다. 2008년 9월 28일부터 11월 1일까지 포르투갈 북부의 대서양 연안에 설치되었으며, 펠라미스 P1조력 변환기 3대로 구성되어 전력을 생산했다.

가장 높은 타워형 태양열 발전기

아랍에미리트 두바이에서 남쪽으로 50킬로미터 떨어진 곳에 있는 무함마드 빈 라시드 알막툼 태양광 공원의 타워형 태양열 발전기는 높이가 263.12미터이다. 보통 빅벤이라 불리는 엘리자베스 타워보다 약 3배 더 높다. 이 발전기는 7000개의 거울이 붙은 일광 반사 장치가 있는 들판에 위치하고 있으며, 이 장치가 태양의 움직임을 쫓아 탑으로 빛을 모은다. 이렇게 모은 빛은 열에너지로 저장되며, 수증기를 일으켜 터빈을 돌리고 전기를 생산할 수 있다. 2023년 5월 29일에 완공된 이 타워형 태양열 발전기는 아랍에미리트의 태양광 발전소 개발의 4단계 사업으로, 누르 에너지1과 두바이 수전력청이 감독한다.

타워형 태양열 발전기의 역사는 프랑스의 발명가 오귀스탱 무쇼가 태양열 스팀 엔진을 개발한 1866년까지 거슬러 올라간다.

과학과 기술

해양 구조

인명 구조원으로 가장 오래 일한 사람

영국의 크리스 루이스는 1965년 15살에 자원봉사로 인명 구조 활동을 시작해 58년이 지난 2024년 3월, 72살에도 여전히 해변에서 순찰을 돌고 있다. 해양 안전에 기여한 공로로 대영 제국 훈장을 받았다.

최초의 헬리콥터 밧줄 구조

1945년 11월 29일, 유류 바지선의 조셉 파울리크와 선원 스티븐 페닝거가 거센 폭풍우를 만나 미국 코네티컷주 페어필드 연안에 좌초되었다. 파도가 너무 높아 배로 접근이 불가능했고, 헬리콥터에서 밧줄을 내려 사람들을 안전하게 들어 올리며 헬리콥터 구조의 새 역사를 썼다.

남아 있는 가장 오래된 구명보트

1802년 헨리 프랜시스 그레이트헤드가 제작한 제틀랜드호는 현재 영국 노스요크셔주 레드카에 있는 헨리의 박물관에 놓여 있다. 78년 동안 임무를 수행하며 최소 502명을 구조했고, **최초의 구명보트** 설계를 바탕으로 만들어졌다.

말이 바다에서 구조한 가장 많은 인원

1773년 6월 1일, 네덜란드 선박 데 용어 토마스호가 남아프리카공화국 케이프타운의 테이블만에서 침몰했다. 남아프리카공화국의 농부 울라드 볼타데는 말 봉크(불꽃이라는 뜻)를 타고 현장으로 달려갔지만 침몰선에 가까이 갈 수 없었다. 그는 선원 2명에게 바다로 뛰어내려 말의 꼬리를 잡으라고 한 뒤, 해변으로 그들을 끌고 올라왔고, 같은 방법으로 총 14명을 구조했다. 하지만 마지막에 선원 6명이 한꺼번에 울라드와 지친 말에게 달려드는 바람에 모두 물에 빠져 목숨을 잃고 말았다.

최초의 구조선

1790년 영국의 조선업자 헨리 프랜시스 그레이트헤드가 영국 타인위어주에서 오리지널호를 만들었다. 길이 9미터의 구조선으로 선원 12명을 포함, 20명을 구조할 수 있었다. 배 안에 코르크를 덧대어 부력을 높였다는 점이 어선 같은 일반적인 배와 다른 특징 중 하나였다. 이 배는 1790년 1월 30일 첫 임무에 나서 영국 사우스타인사이드 허드 샌드에서 침몰한 배에 갇혀 있던 사람들을 구조했다.

최대 규모 헬리콥터 해양 구조

1953년 1월 31일 밤, 폭풍우가 몰아닥치며 영국과 벨기에, 네덜란드에 엄청난 규모의 홍수가 일어났다. 결국 네덜란드의 해안 방벽이 무너졌고, 독일에 있던 미국 헬리콥터와 영국 햄프셔주 고스포트에 주둔해 있던 705 해군 항공 대대의 드래건플라이 헬리콥터 등 다국적 구조대가 출동했다. 구조대는 1953년 2월 첫 2주 동안 영국과 유럽 대륙 해안에서 최소 810명을 구조했다.

한 번에 가장 많이 구조된 사람들

2012년 1월 13일, 유람선 코스타 콩코르디아호가 이탈리아 투스카니 연안 질리오섬 근처에서 암초에 부딪혔다. 선체의 강철이 찢기고 물이 엔진실로 쏟아져 들어왔다. 이탈리아 해군과 해안 경비대, 공군이 협력해 승객과 선원 4196명을 구명보트와 모터보트, 헬리콥터로 구조했으나, 33명은 목숨을 잃은 것으로 전해졌다.

가장 빠른 구명보트

SAR 60은 최대 속도가 시속 111.1킬로미터에 이르는 구명보트로, 이탈리아의 모터보트 제작자이자 레이서인 파비오 부치가 설계했다. 이 배는 2016년 7월 12일 모나코 몬테카를로를 출발해 이탈리아 베네치아까지 2074킬로미터를 단 22시간 5분 42초 만에 항해하여 평균 시속 96.9킬로미터를 기록했다.

최대 해안 경비함

과학 연구와 법 집행, 해양 구조 등의 임무를 맡고 있는 128미터 길이 쇄빙선 USCGC 힐리호는 배수량이 1만 6000톤에 달한다.
길이가 가장 긴 해안 경비함은 중국 해안 경비대의 자오터우급 경비함으로, 뱃머리에서 선미까지가 165미터다.

가장 오래된 국립 인명 구조 협회

1824년 3월 4일, 영국에서 국립 난파선 인명 구조 협회가 발족했다. 1854년에는 왕립 국립 구명정 기관으로 이름을 바꾸었고 영국과 아일랜드, 채널 제도와 맨섬 주변 바다에서 14만 4000명 이상의 목숨을 구했다. 왕립 국립 구명정 기관은 자선 단체로, 소속 인원 대부분이 자원봉사자들이며 주로 기부금으로 운영된다. 구조대의 200년 역사는 개개인의 눈부신 활약과 놀랍고도 용감한 업적으로 가득하다. 몇몇 사례는 아래에서 확인할 수 있다.

왕립 국립 구명정 기관 초소 중 가장 바쁜 곳은 템스강의 탑이다. 2002년에 문을 열었고 2023년에 1만 번째 구조 요청을 받았다.

1. 바다에서 생명을 구하는 기관을 만들 것을 영국 국회에 강력히 청한 윌리엄 힐러리 경은 '협회의 아버지'라 불린다.
2. 1838년 9월 7일, 그레이스 달링과 등대지기이던 아버지 윌리엄은 노섬벌랜드 연안에서 침몰한 증기선 포파셔호에서 사람들을 구조했다. 그레이스는 국가적 영웅이 되어 여성 처음으로 왕립 국립 구명정 기관에서 무공 훈장을 받았다.
3. 1947년에 은퇴한 헨리 블로그는 금메달 3개와 은메달 4개 등 왕립 국립 구명정 기관에서 가장 많은 훈장을 받은 구명보트 승무원이었다. 53년 동안 노퍽주의 크로머에서 387건의 구조 활동으로 873명의 구조를 도왔다.
4. 1907년 3월 17일, SS 수에빅호가 콘월주 리저드곶에서 좌초했다. 16시간의 구조 작업 끝에 구명보트 승무원 약 60명이 승객과 선원 456명을 모두 구조하여 **구명보트로 가장 많은 인원을 구조한 기록**을 남겼다.

과학과 기술
구멍 파기

가장 큰 빗물 배수관
일본 도쿄 외곽의 지하에는 태풍이 왔을 때 홍수를 막는 거대 빗물 배수관인 지캔이 있다. 저장고 5곳은 가로 65미터, 세로 32미터의 크기로 총 6.4킬로미터의 터널이 연결되어 있다. 가장 큰 저장고(왼쪽)는 가로 177미터, 세로 78미터, 높이 25.4미터로 약 6층 높이 건축물과 맞먹는다.

가장 긴 철도 터널
57킬로미터의 고트하르트 베이스 터널은 스위스 괴셰넨과 아이롤로를 연결하며, 2016년 6월 1일 운행을 시작했다. 2011년 3월 23일 완공되었는데, 알프스산맥 아래 2000미터까지 들어가 마지막 암석을 드릴로 뚫었다.

가장 긴 터널
2차선으로 지어진 레르달 터널은 길이가 24.5킬로미터로 2000년에 공개되었다. 노르웨이에서 가장 큰 두 도시, 오슬로와 베르겐 사이를 이어 주는 고속도로에 있으며 아우르란드에서 레르달까지 이어진다.

가장 큰 보행자 터널 망
'지하상가' 또는 '지하 도시'로 불리는 캐나다 퀘백주 몬트리올의 레소는 32킬로미터 길이의 보행로와 쇼핑몰이 이어진 공간으로 몬트리올 시내 지하에 지어졌다.

가장 긴 하수 터널
2019년 11월 29일에 완공된 멕시코시티의 동부 배수 터널은 지름 7미터에 길이가 62.1킬로미터가 된다. 멕시코시티는 자연 배수가 가능한 분지가 없어 홍수의 위험이 높다. 그래서 터널을 통해 초당 150세곱미터의 물을 도시에서 목테수마강 유역으로 옮긴다.

가장 빠른 굴착 속도
로빈슨 Mk 12C 터널 굴착기는 오스트레일리아 블루마운틴의 카툼바 캐리어(하수 방향 전환 터널)를 파기 위해 만들어졌다. 1994년 8월, 지름 3.4미터의 장비로 하루에 172.4미터를 파는 기록을 세우며 1565.3세곱미터에 달하는 암석을 제거했다.

가장 큰 광산
1819년 구리를 캐기 시작한 칠레 중부의 엘테니엔테 구리 광산은 여전히 세계에서 가장 생산량이 많다. 하루에 광부 5000명이 3500킬로미터가 넘는 갱도와 1.5킬로미터에 달하는 통로로 이루어진 지하 미로로 내려간다. 엘테니엔테는 산을 수평으로 뚫고 들어가기 때문에 아래로 깊게 내려가지 않는다. **가장 깊은 광산**은 남아프리카공화국 가우텡주에 있는 음포넹 광산으로, 최대 4킬로미터 아래까지 내려간다.

손으로 가장 깊게 판 우물
영국 이스트서식스주 브라이튼 근처에 있는 우딩딘 우물은 미국의 엠파이어 스테이트 빌딩의 높이와 비슷한 391.6미터 아래까지 내려간다. 1858년부터 1862년 3월 16일까지 우물을 팠는데, 270미터까지 파 내려가서야 물이 스며들기 시작했다.

가장 큰 군사 벙커
816 원자력 발전소는 중국 충칭시의 산 아래 150만 792세곱미터의 흙을 없애고 지어졌다. 일급 비밀 원자로로 설계되었으나 지금은 해체되었다. 길이 20.9킬로미터로 원자로 설비용으로 만든 거대 공간이 있다. 더 큰 군사 시설이 있을 것으로 추정되나 시설 자체가 은밀한 곳이어서 정확한 규모는 알려지지 않았다.

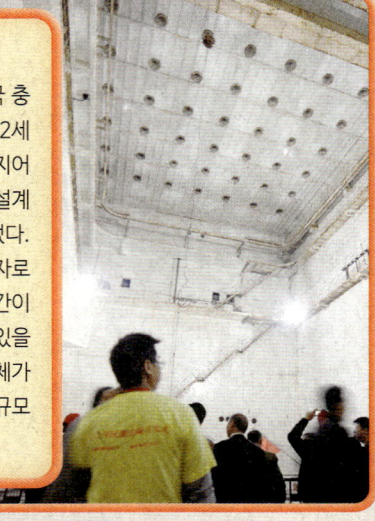

가장 깊은 곳에 있는 도로 터널
뤼필케 터널은 해수면 아래 292미터에 있으며 노르웨이 남서쪽 호르게피오르드 밑으로 스타방에르와 뤼필케를 잇는다. 14.4킬로미터의 길이로 2019년에 운행을 시작했으며, 하루 7000대의 차들이 오간다. 예술가 비엘 비에르 케세트 안데르센은 터널에 색이 바뀌는 조명 시설을 설치했다(오른쪽 사진).

최초의 수로 아래 터널
영국 런던의 템스 터널은 2025년에 완공 200주년을 맞는다. 프랑스-영국 발명가 마크 브루넬이 아들 이점바드의 도움을 받아 설계한 365미터 길이의 터널로, 당시에 기술 혁신을 일으켰다. **최초로 터널 보호 장치**를 이용한 건설 과정은 매우 어려웠다.

과학과 기술
원격 조종

태양열로 가장 오래 비행한 원격 조종 (RC) 모형 비행기
미국의 대니얼 라일리가 만든 삼각 날개 비행기가 2020년 8월 22일에 미국 워싱턴주 시애틀 상공 위를 8시간 30분 동안 날았다. 대니얼은 2009년에 'RCTEST-FLIGHT'라는 유튜브 채널을 개설했다.

동시에 가장 많이 비행한 RC 수동식 고정 날개 비행기
2023년 2월 11일 이란 이스파한의 실내 체육관에서 이란의 아스가리 렘지리 알리가 원격 조종 비행기 한 쌍을 날렸다. 청소년인 그는 한 손으로 비행기 하나를 조종하고, 다른 하나는 발로 조종했다.

1분 동안 가장 많이 뒤집은 RC 멀티콥터
2023년 2월 5일, 영국의 핀리 레드퍼드는 영국 웨스트 서식스주 호샴에서 드론 멀티콥터를 1분 동안 46번 뒤집었다. 공학에 관심이 많았던 그는 기네스 세계 기록 데이터를 샅샅이 뒤져 달성할 만한 기록을 찾은 뒤 집에서 혼자 멀티콥터를 만들었고, 이전 기록인 15번을 훌쩍 넘어섰다.

가장 빠른 로봇 청소기
오스트레일리아의 알리스터 레이들로가 개조한 초고속 진공청소기 '브룸바'가 2022년 10월 8일 오스트레일리아 사우스웨일스주 앨버리에서 최고 시속 57킬로미터를 기록했다.

가장 작은 RC 자동차
2002년에 일본의 히노 미치히로가 만든 1대 90 비율의 스마트 포투 모형은 길이가 25밀리미터이며, 완전히 충전했을 때 약 15분 움직일 수 있다.

가장 빠른 RC 자동차
- **로켓 동력 자동차**: 2016년 5월 4일, 블랙 나이트, 시속 338.14킬로미터. 하이브리드 로켓 자동차로, 영국의 토니 로버링이 만들고 운전했다.
- **건전지를 장착한 모형 자동차**: 2014년 10월 25일, R/C 불릿, 시속 325.12킬로미터. 미국의 닉 케이스가 제작했다.
- **자동차(도로가 아닌 곳)**: 2022년 10월 2일, 영국의 케빈 탈봇은 RC 자동차를 반으로 가른 뒤 각각 스노보드 양 끝에 고정해서 안정성을 높였다.
- **궤도 차량**: 2023년 3월 20일, 미국 워싱턴주 시애틀의 설상차. 미국의 대니얼 라일리가 제작했다.

RC 모형 항공 모함에서 이착륙을 한 최초의 RC 모형 비행기
2023년 10월 15일, 영국의 제임스 웜슬리는 영국 스태포드셔주 루디야드호에서 미국의 보우트 F4U 콜세어 모형 전투기를 RC 항공 모함의 갑판 위에 착륙시켰다. 그는 **RC 제트 추진식 자동차 최고 속도 기록**(시속 152.50킬로미터) 보유자이기도 하다.

대축척 제트 추진 원격 조종 모형 항공기
독일의 오토 비틀로이터가 2년간 제작한 1대 6 비율의 초음속 콩코드 모형 항공기는 길이가 10미터에 달한다. 이 RC 모형 비행기는 4인승 경비행기 세스나 172보다 더 크고, 강력한 제트캣 P300 프로 엔진 4개를 달았다.

가장 높이 올라간 원격 조종 모형 비행기
2019년 10월 13일 미국의 고등학생 폴 카우프, 제이크 민커 등 6인은 미국 뉴멕시코주 스페이스 포트 아메리카 공항에서 RVJET를 기상 관측 기구에 실어 성층권 위로 띄워 올렸다. 이 비행기는 1만 607미터 높이에서 기구에서 분리된 뒤 스스로 육지로 돌아왔다.

가장 멀리 경사로 점프를 한 RC 자동차
2019년 11월 12일, 영국의 존 호웰스가 조종한 56센티미터 길이의 전기 트럭이 40.21미터 경사로 위를 달렸다.

물 위에서 가장 멀리 움직인 RC 자동차
2020년 7월 28일 미국의 마이클 스탤론은 타이어가 노모양인 트랙사스 X-맥스 몬스터 트럭을 미국 뉴욕 리치필드 스프링스 근처의 호수 위에서 1.53킬로미터 움직였다.

가장 많은 엔진을 단 RC 모형 비행기

2021년 8월 4일, 폼 보드지로 만든 비행기가 엔진 50개를 달고(아래 큰 사진) 미국 오하이오주 멜번 상공을 날아올랐다. 미국의 피터 스리폴은 자원봉사자들의 도움을 받아 항공 축제에서 자신의 아이디어를 현실로 만들었다. 비행기의 날개 길이는 10미터로, 각 날개마다 25개의 엔진이 달려 있다.

유튜버이기도 한 피터는 특이한 항공기로 실험하는 것을 좋아한다. 그는 2023년 12월 4일에 올린 동영상으로 다음 기록 2개를 추가했다. 영국 항공 개척자 호레이쇼 필립스의 설계에 영감을 받아 만든, 날개가 20개 달린 원격 조종 모형 비행기 '비진티플레인'으로 **날개가 가장 많이 달린 RC 모형 비행기** 기록을 세웠으며, 다른 하나는 탱크 바퀴를 소품으로 이용하여 만든 **최초 탱크 바퀴 프로펠러 RC 모형 비행기** 기록이다(아래).

피터의 다중 모터 모형 비행기인 기가채드는 항공 축제 코스를 절반 가까이 날았다.

과학과 기술

종합

▶ 세계 최대 유리 바닥 전망대
중국의 허난 바오콴 여행사는 2023년 4월 24일 중국 허난성 신샹에 면적이 716.09제곱미터인 유리 바닥 전망대를 설치했다. 바오콴 관광 리조트 안에 있는 놀이공원 클리프 월드의 시설 중 하나이다.

100미터를 가장 빨리 뛰어간 네발 로봇
2023년 10월 26일 로봇 하운드가 직립 자세로 출발하여 100미터를 19.87미터에 주파했다. 이 기록은 대한민국 대전에 있는 한국과학기술원의 육상 트랙에서 세워졌다. 카이스트(KAIST) 동적 로봇 설계 및 제어 연구실이 이 발 빠른 로봇을 만들었다.

가장 빠른 전기-제트 엔진 추진 자동차
사페리아 블루버드가 2023년 5월 21일 영국 노스요크셔주에 있는 엘빙턴 비행장에서 시속 75.53킬로미터에 도달했다. 전기와 제트 터빈으로 작동하는 하이브리드 세 발 자동차로, 영국의 사페리아 블루버드 프로젝트를 맡고 있는 포뮬러 그래비티가 제작했다. 팀의 장기 목표는 공학, 과학, 기술 분야로 더 많은 학생들을 이끄는 것이다.

달의 가장 남쪽에 착륙한 달착륙선
인도의 달 탐사기 찬드라얀 3호에 속한 무인 탐사선 비크람(아래)이 2023년 8월 23일 달의 남위 69.37도에 착륙하며 1968년 미국 항공우주국의 서베이어 7호가 세운 기록을 넘어섰다. 하지만 이 기록은 오래가지 않았다. 2024년 2월 21일에 미국의 인튜이티브 머신스가 보낸 오디세우스호가 남위 80.13도에 있는 분화구 말라퍼트 A 가까이에 착륙했기 때문이다.

하루에 가장 많이 쏘아 올린 로켓(단일 모델)
미국의 스페이스X사가 만든 팰컨 9은 2023년, 91번의 발사에 성공했다. 4일에 1번꼴로 쏘아 올린 셈이다. 이전 기록은 2022년에 같은 회사가 달성한 60번이었다. 팰컨 9의 코어 B1062는 2024년 4월 13일 20번째 발사에 성공하면서 1단 로켓 추진체로는 가장 많은 발사인 20회 기록을 달성했다. 미국 플로리다주의 케이프커내버럴 우주군 기지에서 23개의 스타링크 위성을 싣고 날아오르며, 2023년 12월 23일 코어 B1058이 세운 19회 기록을 넘어선 것이다. 이 베테랑 추진 로켓은 오랫동안 팰컨 9의 리더였지만, 기지로 돌아오는 바지선에 착륙하다가 태풍을 만나 부서졌다.

달에 설치된 최초의 아마추어 라디오 방송국
JS1YMG은 일본 우주항공연구개발기구(JAXA)가 2024년 2월 2일에 등록한 아마추어 라디오 방송국이다. 라디오 송신기는 일본의 무인 달 탐사선 슬림이 달 표면으로 보낸 소형 LEV-1 '호퍼' 로버에 장착되었다. 로버의 원격 측정 신호(성능 데이터)는 437.41메가헤르츠 주파수에서 햄(아마추어) 무선 대역을 통해 전송되었다. 먼 거리와 낮은 전력(1와트) 때문에 일반적인 장비로는 신호를 받을 수 없어, 전 세계의 아마추어 라디오 팬들은 이 신호를 포착할 수 있는 장비를 만들기 시작했다.

가장 단단히 묶인 구조물
Au6 매듭은 금과 인, 산소로 구성된 54개의 원자가 삼엽 매듭으로 얽혀서 사슬로 연결된 고리이다. 가장 단순하지만 비범한 매듭으로, 사슬이 스스로 교차하는 지점에 3개의 끝이 있다. 끈의 끝을 서로 묶는 일반적인 오버핸드 매듭과 같은 원리다. 중국의 리즈원과 장징징, 리가오가 중국의 다롄화학물리학연구소에서 만들었으며, 캐나다의 리처드 퍼디펏이 캐나다의 웨스턴온타리오 대학교에서 원격으로 협력했다.

로봇이 쌓은 가장 큰 돌담
로봇 굴착기 힙(자율 주행 유압식 굴삭기)이 스위스 취리히에서 접착제 없이 길이 10미터, 너비 1.7미터, 높이 4미터의 벽을 세웠다. 체코의 그라마지오 코흐레르 연구소와 취리히 연방 공과 대학교의 로봇 공학 연구소가 추진한 프로젝트로, 2023년 11월 22일에 세부 내용이 공개되었다.

시험 착공이 성공적으로 끝난 후, 힙은 스위스 오버글라트에서 65미터 길이의 옹벽을 세웠다.

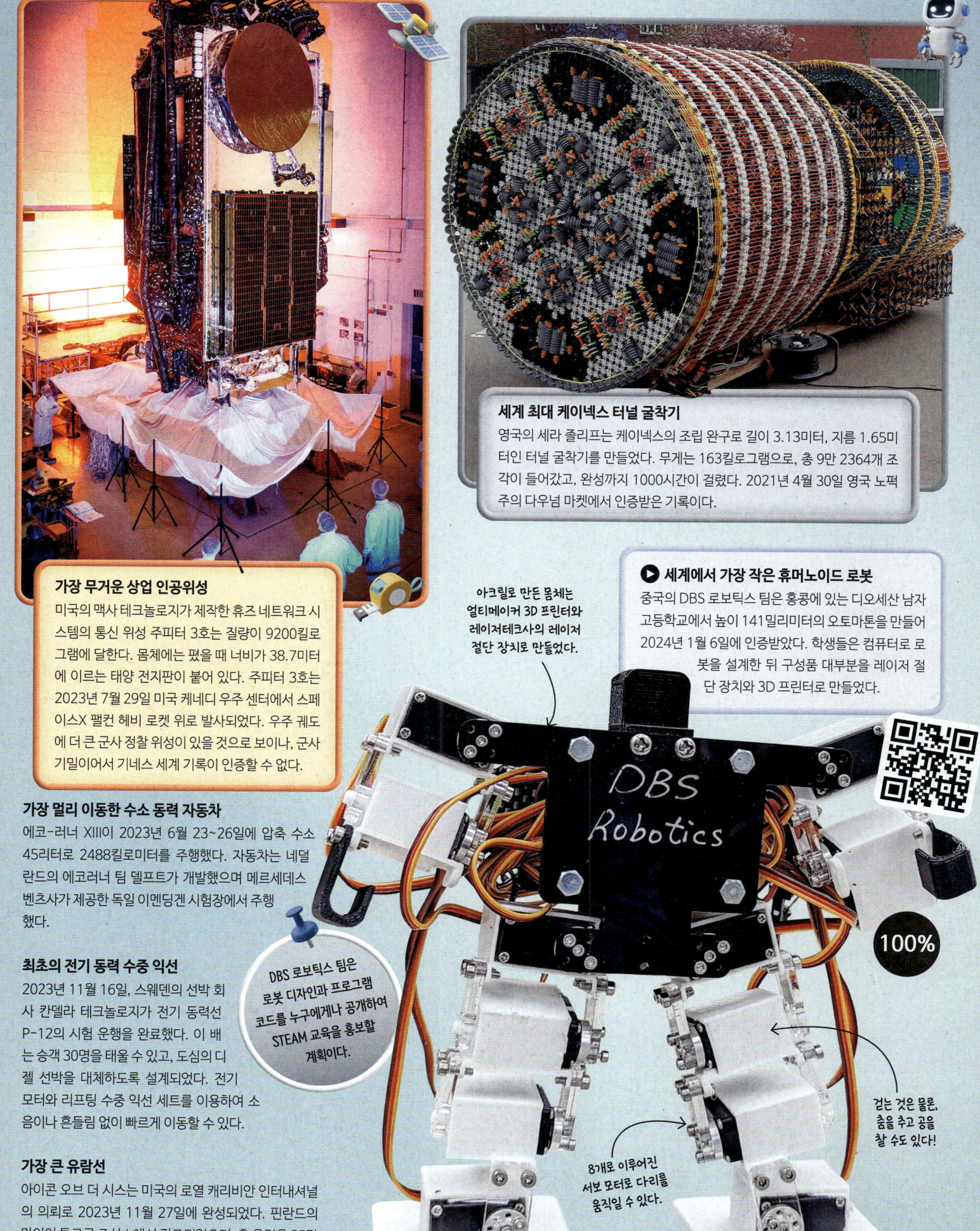

세계 최대 케이넥스 터널 굴착기
영국의 세라 즐리프는 케이넥스의 조립 완구로 길이 3.13미터, 지름 1.65미터인 터널 굴착기를 만들었다. 무게는 163킬로그램으로, 총 9만 2364개 조각이 들어갔고, 완성까지 1000시간이 걸렸다. 2021년 4월 30일 영국 노퍽주의 다우넘 마켓에서 인증받은 기록이다.

가장 무거운 상업 인공위성
미국의 맥사 테크놀로지가 제작한 휴즈 네트워크 시스템의 통신 위성 주피터 3호는 질량이 9200킬로그램에 달한다. 몸체에는 폈을 때 너비가 38.7미터에 이르는 태양 전지판이 붙어 있다. 주피터 3호는 2023년 7월 29일 미국 케네디 우주 센터에서 스페이스X 팰컨 헤비 로켓 위로 발사되었다. 우주 궤도에 더 큰 군사 정찰 위성이 있을 것으로 보이나, 군사 기밀이어서 기네스 세계 기록이 인증할 수 없다.

가장 멀리 이동한 수소 동력 자동차
에코-러너 XIII이 2023년 6월 23~26일에 압축 수소 45리터로 2488킬로미터를 주행했다. 자동차는 네덜란드의 에코러너 팀 델프트가 개발했으며 메르세데스 벤츠사가 제공한 독일 이멘딩겐 시험장에서 주행했다.

최초의 전기 동력 수중 익선
2023년 11월 16일, 스웨덴의 선박 회사 칸델라 테크놀로지가 전기 동력선 P-12의 시험 운행을 완료했다. 이 배는 승객 30명을 태울 수 있고, 도심의 디젤 선박을 대체하도록 설계되었다. 전기 모터와 리프팅 수중 익선 세트를 이용하여 소음이나 흔들림 없이 빠르게 이동할 수 있다.

가장 큰 유람선
아이콘 오브 더 시스는 미국의 로열 캐리비안 인터내셔널의 의뢰로 2023년 11월 27일에 완성되었다. 핀란드의 마이어 투르쿠 조선소에서 건조되었으며, 총 용적은 25만 800톤, 뱃머리에서 선미까지 길이는 364.75미터에 이른다.

▶ 세계에서 가장 작은 휴머노이드 로봇
중국의 DBS 로보틱스 팀은 홍콩에 있는 디오세산 남자 고등학교에서 높이 141밀리미터의 오토마톤을 만들어 2024년 1월 6일에 인증받았다. 학생들은 컴퓨터로 로봇을 설계한 뒤 구성품 대부분을 레이저 절단 장치와 3D 프린터로 만들었다.

아크릴로 만든 몸체는 얼티메이커 3D 프린터와 레이저테크사의 레이저 절단 장치로 만들었다.

DBS 로보틱스 팀은 로봇 디자인과 프로그램 코드를 누구에게나 공개하여 STEAM 교육을 홍보할 계획이다.

8개로 이루어진 서보 모터로 다리를 움직일 수 있다.

걷는 것은 물론, 춤을 추고 공을 찰 수도 있다!

ICON

미스터비스트

미스터비스트로 유명한 미국의 제임스 도널드슨은 유튜브에서 동물을 일으킨 사업가이자 자선가다. 너무 유명해서 여기에 나온 내용을 이미 다 알고 있을 수도 있다.

제임스는 유튜브에서 구독자와 수입(약 7조 원)을 가장 많이 번 것으로 추정된다. 그해 《타임》은 그를 가장 영향력 있는 100인에 선정하기도 했다. 13살에 처음 유튜브에 영상을 올린 제임스는 수년 동안 플랫폼 알고리즘을 연구하며 사람들이 이끌릴 수 있는 호응을 얻는 동영상이 무엇인지 분석했다. 그 영상이 성공을 거두면서 낚시성 영상을 동시다발적으로 올린 것이 배탈이 되었다. (전자레인지를 전자레인지에 넣어 볼 사람?)과 같은 기발한 영상이나 (100만 달러짜리 아이템 줍을 덮으시오?)와 같은 결단한 영상들이, 시청자들에게 화려한 상품이나 현금을 선물하기도 한다. 이제 그의 사업 모델은 점점 확고해지고 있다. 자신은 수많은 도움이 필요한 사람들에게 쓰는 것이다. 실제로 그는 그의 채널 〈비스트 필란트로피〉나주 그린비에서 음식 기부 운동 이주족 기증, 백대장 수술 지원 등이 선행을 펼치고 있다.

한편 미스터비스트 팀은 2020년 9월 미국 노스캐롤라이나주 그린비에 40명이 넘는 사람들과 함께 2092.4제곱미터로 가장 큰 제식 버거를 만드는 기록을 세웠다.

2022년에는 미스터빌이라는 내 브랜드를 만들었다. 제임스 는 초콜릿을 홍보하기 위해, 윌리 왕카 부잣집을 하고 알기나 초콜릿 공장을 재현한 공장에 지었다. 그는 첫을 방문한 10명의 참가자들 중 마지막 라운드에 주이 사고 끝까지 남아(야) 하는, 우승자에게 초콜릿 공장을 받게 될 수 있게 운영의 주인이 될 수 있게 했다. 그는 상금 50만 달러(약 8000)에게는 상금 기관을 주겠다!

인물 소개

이름	제임스 스티븐 도널드슨
태어난 곳	미국 캔자스주 위치타
생년월일	1998년 5월 7일
현재 보유한 세계 기록	개인 유튜버 최다 구독자 수 2024년 4월 21일 기준 2억 5000만 명
수상 경력	스트리머 어워드(11회), 니켈로디언 키즈 초이스 어워드(2회), 쇼티 어워드(2회), 피플스 초이스상(1회)

제임스는 2022년과 2023년에 니켈로디언 키즈 초이스 어워드에서 올해의 남성 크리에이터 부문에서 2번 수상했다. 2022년 그는 니켈로디언의 트레이드마크인 초록 슬라임을 맞는 1000명 중 하나였다.

2021년 제임스는 '4만 6000달러(약 6억 원)를 놓고 겨루는 현실판 오징어 게임'을 개최하고 참가자 456명을 모집했다. 이 행사를 위해 재작비로만 300만 달러(약 40억 원)를 썼다. 다행에 나섰던 세트장들을 독같이 꾸며줬다. 2024년 1월까지 5억 5900만 명이 영상을 시청하여 그의 영상 중 가장 많은 사람이 시청한 기록을 세웠다.

미스터비스트는 몸을 아끼지 않은 동료들의 도움이 있어 화제의 영상을 만들 수 있었다. 왼쪽부터 크리스 타이슨, 챈들러 할모우, 놀란 핸드, 타라 산티에, 칼 제이콥스이다.

2019년 구독자 2000만 명을 달성했을 때, 팬들의 제안으로 #TEAMTREES 프로젝트가 탄생했다. 미스터비스트 팀과 미국 식목일 재단과 동료 유튜버들 다수가 모금에 동참한 덕분에 나무 한 그루를 심었다. 닷달간 해양 쓰레기 0.45킬로그램을 수거하는 #TEAMSEAS도 이어졌다. 그 결과 2024년 1월, 2400만 그루가 남는 나무를 심었고 1526만 킬로그램 상당의 쓰레기를 치웠다.

미스터비스트에 대해 더 알고 싶다면 https://www.guinnessworldrecords.com/2025에 방문해 보자.

어린이 세상

기네스 세계 기록은 세상의 재미가 어른들만의 것이라 생각하지 않는다. 그래서 어린이 독자들을 위해 많은 노력을 기울이고 있다. 올해 가장 흥미진진한 사실은 16세 이하 기록이 엄청나게 늘어나고 있다는 점이다! 그러니 어른들은 손대지 말 것! 포켓몬 이름을 모두 외우든, 피파 게임에서 득점을 올리든, 학교 가방을 가장 빨리 싸든, 누구에게나 딱 어울리는 도전이 기다리고 있다.

어린이 세계 기록 보유자들에 걸맞은 능력을 가지고 있다고 생각한다면, 아래의 안내를 차근차근 따라 해 보자. 동기가 필요하다면 어린이 기록 보유자들의 이야기(182~189쪽)를 읽어 보는 것도 좋다. 나이는 숫자에 불과하다는 말이 진짜인지 확인하고 싶다면 kids.guinnessworldrecords.com에 방문하거나 유튜브에서 'GWR Kids'를 검색해 보자. 오랫동안 기네스 세계 기록 마니아였다면 세계 기록 퀴즈(190~191쪽)에 도전해 보는 것도 좋다.

어떤 기록은 장소를 빌려야 한다. 전문 감독관을 고용하거나 특수 장치를 갖추어야 할 수도 있다.

1

출발

고르기
수천 개 기네스 세계 기록 중 하나에 도전하거나 아예 새로운 도전을 할 수 있다. 둘 중에 하나를 고른 뒤, 기네스 세계 기록 웹사이트에서 계정을 만들자. guinnessworldrecords.com에 접속하고 화면 맨 위에 있는 등록 버튼을 클릭한다. 단 몇 분이면 끝난다!

경험이 많은 기록 보유자들은 도전을 하기 전에 오랫동안 훈련을 해!

새로운 아이디어를 내기 전에 일단 숙제부터 끝내자. 그다음 『기네스 세계 기록』과 웹사이트에서 마음에 드는 도전을 찾아보자.

기록에 도전할 때 필요한 도구는 모두 가지고 있니? 기네스 세계 기록이 제공하는 지침서를 꼭 살펴봐.

연습하기
도전할 기록을 골랐다면, 기네스 세계 기록 계정을 통해 지원서를 제출하자. 만약 이미 누군가 가지고 있는 기록이라면 (혹은 새로운 도전이라면) 자세한 지침서를 받게 될 것이다. 하나하나 잘 따라서 해야 하므로 지침서를 자세히 읽고, 가장 중요한 단계인 훈련을 시작하자!

2

목차	
16세 이하 기록	176
가족과 함께 달성한 기록	178
놀이 시간!	180
YOUNG ACHIEVERS (어린이 세계 기록)	182
기네스 세계 기록 퀴즈	190

도전하기

그동안 열심히 연습했고, 규칙에 따른 준비도 끝냈으며, 중요한 장비가 제대로 작동하는지도 점검했다면 준비 완료! 당연히 긴장되고, 일이 생각대로 잘 풀리지 않을 수도 있다. 그러니 처음에 제대로 되지 않더라도 여유를 가지고 다시 시도해 보자. 기록 자체를 즐기는 태도도 잊지 말 것!

3

무엇이든 물어보세요!

데이브 윌슨은 기네스 세계 기록의 공식 심판이다. 기네스 세계 기록은 그에게 잠시만 심판지를 내려놓고 독자들의 질문에 대답해 달라고 간곡히 요청했다.

어떻게 하면 기록을 세울 수 있을까요?
우선 기네스 세계 기록 웹사이트에서 검색을 하세요! 취미든 기술이든, 여러분이 지원할 만한 기록은 이미 달성되었을 가능성이 높아요.

완전히 새로운 기록을 제안해도 되나요?
새로운 기록 도전은 언제든 좋아요. 하지만 이룰 수 있고 측정도 가능해야 한다는 규칙이 있어요. 가장 중요한 점으로 누구에게나 열려 있어야 하지요. 아이디어를 제안하기 전에 기록을 달성할 수 있는 여건이 갖추어져 있는지 꼭 확인하세요.

데이브는 어떤 기록에 도전해 보고 싶나요?
안타깝게도 기네스 세계 기록 심판은 기록에 도전할 수 없어요.

기네스 세계 기록 심판관의 좋은 점은요?
많은 사람들에게 큰 의미가 있는 기록에 한몫한다는 점이 좋아요. 이 유명한 심판 복장을 입는 것도 영광이지요.

몇 살이든 기록을 깨는 일은 어려워! 생각처럼 기록을 깨기 힘들다면 다른 기록에 도전하는 것도 생각해 봐!

증명하기

기네스 세계 기록의 확인을 받으려면 영상이나 사진, 참관인의 설명이 필요할 수 있다. 어느 하나도 잊으면 안 된다! 증빙 자료를 검토하는 데에는 몇 주가 걸릴 것이다. 만약 기록 달성에 성공했다면, 확인 메일을 받은 후 공식 기네스 세계 기록 증서를 받게 된다.

4

완료

5

차근차근 순서를 밟으면 공식적인 기록 보유자가 될 수 있어! 이제 이 증서를 어디에 걸지?

어린이 세상

16세 이하 기록

모든 기록은 나이에 상관없이(가장 위험한 도전은 빼고!) 도전할 수 있다. 2021년부터 기네스 세계 기록은 어린이들을 위한 장을 마련하기로 결정했다. 여기에는 어린이들이 달성하기 좋은 16세 이하 부문의 기록들을 다루었다. 아래의 예는 모두 아직 기록이 없는 부문이다. 여러분이 최초로 기록을 달성할 수도 있지 않을까? 그렇다면 기네스 세계 기록의 역사를 만든 다른 어린이들과 어깨를 나란히 하게 될 것이다!

장난감

가장 빨리 미스터 포테이토 헤드를 부수고 다시 조립하기

장난감을 다루며 기록을 세우기 위해서는 재빠른 손놀림이 필요하다.

- 모든 부품이 완벽하게 조립된 미스터 포테이토 헤드를 준비한다.
- 시작하기 전까지 손은 바닥에 둔다.
- 장난감을 분해하여 부품을 앞에 펼쳐 놓는다.
- 미스터 포테이토 헤드를 다시 조립한다.
- 조립을 끝내고 장난감을 똑바로 세운 즉시, 타이머를 멈추고 손을 들어 끝났음을 알린다.

• **기록 인정 시간: 15초.**

기네스 세계 기록에 도전하고 싶다면?
아래 QR코드를 스캔 해 봐! 기네스 세계 기록 키즈 웹사이트의 '기록 세우기' 페이지가 바로 열릴 거야. 16세 이하 기록 도전의 범위를 알 수 있고, 앞 페이지에는 안내문도 있지. 잠깐, 누구도 생각하지 못했던 새로운 기록이 있다면 꼭 알려 줘!

계절

가장 빠른 크리스마스 크래커 릴레이(4명 팀)

친구와 크리스마스를 즐기는 가장 좋은 방법은 바로 기록 도전이다!

- 바닥에 5미터 간격으로 줄 2개를 긋고 2명이 각 줄에 서서 크리스마스 크래커(2명이 잡아당겨 열어 선물을 꺼내는 튜브)를 손에 든다.
- 타이머가 울리면 첫 번째 사람이 선에 서 있는 친구 중 1명에게 뛰어가서 함께 크래커를 연 뒤 안에 든 종이 모자를 머리에 쓴다. 그래야만 다음 친구가 게임을 이어 나갈 수 있다.
- 모두가 5미터를 뛰고 종이 모자를 머리에 썼을 때 타이머를 멈춘다.

• **기록 인정 시간: 31초.**

사용한 크래커는 꼭 재활용하자. 재활용이 되지 않는 부분은 트리에 장식품으로 걸거나 장난감으로 써도 좋다!

재활용 봉투 속 물건을 가장 빨리 분류한 기록(2명 팀)
34.78초, 2023년 10월 16일, 미국 노스캐롤라이나주 모리스빌에서 미국의 다크샤나와 사나 카르틱.

직각 레고 블록으로 20층을 가장 빨리 쌓은 기록
13.33초, 2023년 3월 23일, 일본 이치현 나고야에서 일본의 아라카와 료마.

30초 동안 도미노를 가장 많이 세우고 무너뜨린 기록(2명 팀)
20개, 2023년 7월 12일, 영국 런던에서 캐나다의 타일러 타이와 리드 쿽.

음식

가장 빨리 컵케이크 피라미드 만들기

달콤한 간식으로 멋진 기록을 세우고, 끝나면 맛있게 먹어 보자!

- 직접 만들거나 가게에서 산 컵케이크 6개를 준비한다.
- 컵케이크를 각각 평평한 바닥에 놓고 타이머를 켠다.
- 한 손만 사용해서 바닥에 3개, 중간에 2개, 꼭대기에 1개의 컵케이크 층을 쌓는다. 한 번에 하나의 컵케이크만 들 수 있다!
- 피라미드는 적어도 5초 이상 서 있어야 한다. 그 안에 무너진다면 다시 도전한다.
- **기록 인정 시간**: 10초.

게임

〈마인크래프트〉에서 가장 빨리 앵무새 길들이기

가장 많이 팔린 비디오 게임 속 희귀한 앵무새를 얼마나 빨리 훈련시킬 수 있을까?

- 메뉴에서 '플레이' 버튼을 누르고 '월드 생성' 후 서바이벌 모드, 보통 난이도로 설정한다.
- 월드 시드(배경)를 정글로 맞추고 손을 등 뒤에 놓는다.
- 기록 도전 과정은 도전자와 게임 화면이 보이도록 영상으로 촬영한다.
- 10부터 1까지 센 다음, 도전을 시작하고 앵무새 무리를 길들인 다음 '그만!'이라고 외친다.
- 타이머를 멈추고 앵무새를 바닥이나 캐릭터 어깨 위에 앉혀 증명한다.
- **기록 인정 시간**: 30초.

스포츠

1분 동안 가장 많은 농구공 패스하기(2명 팀)

여러분과 친구의 이름을 『기네스 세계 기록』 속으로 몰고 가 보자!

- 보통 크기의 농구공을 준비한다.
- 친구와 최소 3미터 떨어져 선다.
- 카운트다운이 시작되면 친구와 공을 주고받는다. 패스할 때는 반드시 두 손을 사용한다.
- 공을 바닥에 튀기지 않고 주고받거나 들고 있어야 한다.
- 공을 떨어뜨리면 패스는 인정되지 않는다. 공을 다시 잡으면 도전을 이어 갈 수 있다.
- **기록 인정 개수**: 30개.

1분 동안 손가락으로 스케이트보드에서 알리를 가장 많이 한 기록
128개, 2023년 12월 16일, 미국 버지니아주 버지니아비치에서 미국의 줄리아 쿠시마.

30초 동안 발에 양말을 가장 많이 신은 기록
26개, 2023년 7월 1일, 미국 오하이오주 레바논에서 미국의 랜던 윌리엄슨.

1분 동안 눈을 가린 채 봉제 인형을 가장 많이 잡은 기록(2명 팀)
20개, 2023년 9월 24일, 인도 마하라슈트라주 잘가온에서 인도의 지비카 방과 프렉샤 라티.

어린이 세상
가족과 함께 달성한 기록

밤마다 보드게임을 하고 영화를 보는 게 지겹다면? 가족과 함께 새로운 일에 도전하고 싶다면? 그럼 함께 세계 기록을 깨 보는 건 어떨까? 형제자매와 부모님, 할머니와 할아버지, 사촌 또는 친구들까지 누구와도 좋다. 함께 팀을 이루어 공식적으로 놀라운 기록을 깨는 여행을 떠나 보자. 어떤 기록을 깨면 좋을지 궁금하다면 이미 기록을 세운 가족들의 이야기를 먼저 살펴보아도 좋다!

크리스티안 사바는 아빠 실비오처럼(모두 이탈리아) 여러 세계 기록을 가지고 있다. 2021년 1월 7일에 둘은 이탈리아 밀라노에서 10.31초 만에 **도미노를 가장 많이 쌓은 기록(2명 팀)**을 세웠다. 하지만 아들이 기네스 세계 기록을 가장 많이 보유한 기록(200개)을 세운 아버지를 따라잡으려면 좀 더 노력해야 한다.

오스트레일리아의 라라(왼쪽)와 애슐리 누난 자매는 빨리 기억하기의 왕이다! 오른쪽 표에서 자매의 기억력이 얼마나 어마어마한지 살펴보자.

누난 자매의 기록

마블 캐릭터 구분 (1분)*	88개	2021년 9월 5일
만화 캐릭터 구분 (1분)	102개	2022년 1월 6일
미국 대통령 구분 (30초)	40개	2022년 5월 22일
회사 로고 구분 (1분)	102개	2022년 9월 14일
해리포터 등장인물들의 명연 구분 (1분)	44개	2022년 12월 23일

* 마블 캐릭터 구분 기록은 2023년 6월 17일 인도의 슈레야스 M이 98개를 구분하며 깨졌다.

프레데릭은 딸이 4명 있는데, 딸들이 16살을 맞을 때마다 함께 여행을 다닐 계획이다!

16살을 맞은 프랑스의 마틸드 드 라누벨은 아버지 프레데릭과 2023년 8월 16일부터 31일까지 **2인용 자전거를 타고 프랑스 주변 2162킬로미터를 여행하며 GPS로 가장 커다란 하트를 그렸다(팀)**. 이 초대형 하트 덕분에 자선기금 2만 6000유로(약 4000만 원)가 모였다고 한다.

2023년 3월 1일, 세르비아의 형제 루카와 일리야, 아버지 다라간 페요브스키가 국영 텔레비전에서 **가장 큰 건물을 지었다**. 이들이 지은 건물은 자석 장난감을 이용한 3.46미터 높이의 초고층 빌딩이었다.

라시다 알메이리 삼남매는 아랍에미리트에서 온 언어 천재들로, 도서 관련 기록이 여러 개 있다.

① 알다비(2014년 7월 13일생, 1)는 2023년 3월 9일, 8살 239일에 **최연소로 이중 언어 도서 시리즈를 출간(여성)**했다.

② 사이드(2018년 8월 30일생, 2)는 2023년 3월 9일, 4살 218일에 **최연소로 책을 낸 기록(남성)**을 세웠다.

③ 알마하(2020년 2월 22일생, 3)는 2024년 1월 7일, 3살 319일에 **최연소로 도서 시리즈를 출간(여성)**했다.

영국의 버블아티스트 에런 바클러(하일랜드 조커)는 자신의 아이들에게 거품 묘기의 비밀을 전수했다. 2018년 11월 25일에는 아들 루치안과 함께 2개의 라켓 사이에서 거품을 터트리지 않고 가장 기다란 줄의 거품을 만들었다. 이후 기록이 깨지자 2022년 11월 13일에 영국 와이트섬 뉴포트에서 딸 파이케아와 다시 기록을 세웠다(위). 2018년 12월 22일에 아내 로렌과 함께 1분 2.92초 동안 거품 안에 머물며 최장 시간 기록도 세웠다.

2023년 7월 29일, 미국의 채드 켐펠(맨 위)은 자녀 다섯을 데리고 달리기 경주에 나섰다. 일곱 아이들의 아버지인 채드는 미국 아이다호주 이글에서 유모차 5대를 끌고 1킬로미터를 5분 34초 만에 완주해 **남성 최단 시간** 기록을 세웠다. 영국의 레이첼 로즈데스트벤스카야(위)는 2022년 5월 1일, 영국 맨체스터에서 유모차에 딸을 태우고 10킬로미터를 39분 24초에 주파하며 **여성 최단 시간** 기록을 세웠다.

미국의 메이슨 곤잘레스와 할아버지 팀 트레빗은 2023년 9월 2일 미국 캘리포니아주 수잔빌에서 소방관 사다리에 핫휠 트랙을 28개 연결하여 **최다** 기록을 세웠다.

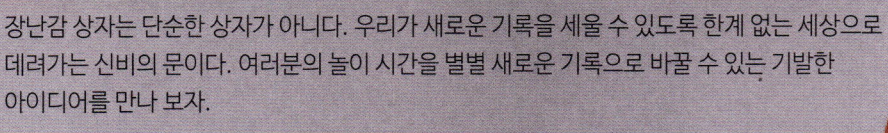

놀이 시간!

장난감 상자는 단순한 상자가 아니다. 우리가 새로운 기록을 세울 수 있도록 한계 없는 세상으로 데려가는 신비의 문이다. 여러분의 놀이 시간을 별별 새로운 기록으로 바꿀 수 있는 기발한 아이디어를 만나 보자.

피젯스피너를 가장 오래 돌린 시간
- 한 손가락: 25분 43.21초, 싱가포르의 윌리엄 리.
- 발가락 한 개: 6분 52.28초, 오스트레일리아의 브렌던 켈비.

1분 동안 가장 많이 한 저글링
영국의 시메온 그레이엄이 달성.
- 공 5개: 423번.
- 공 6개: 396번.
- 공 7개: 378번.

세계 최대 장난감 수레
2016년 12월 20일, 미국의 라디오플라이어사는 100주년을 기념하며 시카고에 있는 본사에 기업을 상징하는 초대형 수레 모형을 세웠다. 길이 8.05미터, 높이 3.55미터, 너비는 3.59미터에 이른다.

1분 동안 가장 많이 없앤 젠가 블록
- 개인: 33개, 말레이시아의 림 카이 이.
- 2인 팀: 22개, 림 카이 이와 중국의 정 하오란.

가장 큰 케이넥스 타워
30.87미터, 총 5만 342개 조각으로 만들었다.

- 테디 베어 최다 수집: 2만 367개, 헝가리의 이스트바네 어르노츠키.
- 가장 길게 늘어선 테디 베어: 1만 5534개, 영국의 핀레이 처치.

가장 빨리 만든 미스터 포테이토 헤드 인형
- 개인: 5.43초, 림 카이 이.
- 2인 팀: 9.5초, 림 카이 이와 앙 분 홍.
- 눈을 가리고: 10.88초, 림 카이 이, 브렌던 켈비.

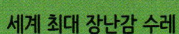
16세 이하 기록은 176쪽 참조.

가장 오래 팽이를 돌린 시간
- 단일 회전: 1시간 37분 42초, 일본의 모리 이노스케.
- 연속 회전: 7시간 1분 14초, 미국의 애시리타 퍼먼.

베스는 3년 넘게 '와요' 요요를 만들었고 기록을 세우기 전 3번의 연습을 했다.

장난감 총으로 목표물 5개를 가장 빨리 쓰러뜨린 기록
3.94초, 미국의 데이비드 러시.

세계 최대 요요
2012년 9월 15일, 미국의 베스 존슨은 지름 3.62미터, 무게 2.09톤의 요요 '와요'를 상업용 기중기에서 던졌다. 요요는 36.5미터 아래까지 내려갔다가 다시 튕겨 올랐다.

· 동시에 가장 많은 요요를 돌린 기록: 19개, 캐나다의 마이클 프랜시스.
· 1분 동안 요요의 플래닛 홉스 기술 최다 기록: 73회, 일본의 테라사와 나오시.
· 요요를 하며 가장 멀리 개와 산책한 기록: 9.75미터, 마이클 프랜시스.

· 슬링키로 가장 많은 계단을 내려간 기록: 30계단, 영국의 마티 좁슨과 휴 헌트.
· 슬링키를 양손으로 가장 많이 주고받은 기록: 1045회, 캐나다의 대니얼 지라드 볼덕.

· 최장 핫 휠 트랙: 751.13미터, 오스트레일리아의 「핏지&위파 쇼」.
· 최다 고리 모양 트랙: 10개, 인도의 로한과 라훌 다얄.

트롤 인형 최다 수집 기록: 8130개, 미국의 세리 그룸.

〈헝그리 헝그리 히포 게임〉 최단 시간 완료
· 개인: 14.69초, 미국의 도널드 맥닐.
· 4인 팀: 4.833초, 중국의 예 자시, 양 신징, 양 시니, 장 팅.

첸나이 후퍼스

누군가에게 훌라후프는 그저 재미있는 놀이이겠지만, 인도의 어린이 선수들에게 훌라후프는 정체성 그 자체이다.

훌라후프 선수이자 강사인 비제이얄락시미 사라바나는 2018년에 첸나이 훌라후프 스쿨을 세웠다. 작은 공간에서 몇몇 학생들로 시작했지만, 지금은 학생 500명 이상이 훈련을 받는 곳으로 성장했다.

첸나이 훌라후프 스쿨이 처음 기네스 세계 기록을 신청한 2019년, 타룬 알 에스가 **1분 동안 무릎으로 훌라후프를 가장 많이 돌린 기록**(194회)을 세웠다. 첸나이 훌라후프 스쿨에서는 이후 6년 동안 총 30개가 넘는 기네스 세계 기록이 나왔다. 기네스 세계 기록은 2023년 1월 런던의 본사로 3명의 뛰어난 선수들을 초청했다. 이날 발라사라니타 발라지와 자나니 사라바나, 마마티 비노스(사진 왼쪽부터 오른쪽)는 9개의 기록을 깼다. **30초 동안 어깨로 가장 많이 돌리기**(53회, 발라), **1분 동안 팔꿈치로 가장 많이 돌리기**(46회, 자나니), **1분 동안 발목으로 돌리며 가장 많이 뛰기**(110회, 마마티) 등이다. 기네스 세계 기록이 한 일은 그저 선수들을 열심히 응원한 것뿐이었다!

* 모두 인도의 기록 보유자들이다.

첸나이 훌라후프 스쿨에서 75명의 학생들이 대면과 비대면 수업을 통해 훌라후프를 즐기고 있다.

10살인 샤시와스 에스는 2023년 4월 22일 1분 동안 팔꿈치로 훌라후프를 가장 많이 돌린 기록(218회)을 세웠다. 그는 이전 기록을 깼다면서 이렇게 말했다. "자신감이 생겼어요. 기록을 더 깰 수 있겠어요."

훌라후프의 어떤 점이 좋은가요?
마마티: 에너지를 발산할 수 있고, 목표를 이루면서 성취감도 느낄 수 있지요.

존경하는 훌라후프 선수가 있나요?
자나니: 저에게 동기를 준 우리 엄마, 비제이얄락시미요.
발라: 제 친구 마고냐요. 마고냐가 훌라후프를 하는 걸 보고 저도 호기심이 생겨 시작했어요.

기록을 세웠을 때 기분이 어땠나요?
마마티: 너무 기뻤어요. 열심히 노력해 결과를 이루었으니까요.

훌라후프를 시작하는 친구들에게 전하고 싶은 말이 있나요?
자나이: 초보자들을 가르쳐 보니 겨우 몇 분 만에 자기 실력에 좌절한다는 걸 알았어요. 훌라후프를 하려면 인내심을 기르는 것이 가장 중요해요. 포기하지 말고 계속해 보세요.

훌라후프를 가르쳐 보니 어때요?
자나이: 초보자들을 가르치면서 수줍음이 많았던 제 성격이 좀 더 적극적으로 변했어요.

앞으로도 계속 훌라후프를 할 건가요?
발라: 물론이죠. 훌라후프는 포기하지 않는 마음가짐을 일깨워 준 저의 가장 큰 기쁨이랍니다.

비제이얄락시미 사라바나(첫 번째 줄 맨 오른쪽)는 선수들을 뒷받침해 주고 있다.

첸나이 훌라후프 스쿨은 2023년 9월 기준 30개가 넘는 기네스 세계 기록을 보유했다.

올리와 해리 퍼거슨 형제

버킷 리스트가 500개나 되는 건 흔치 않다. 게다가 학교를 졸업하기 전에 버킷 리스트를 모두 이루려는 사람은 더욱 적을 것이다.

영국의 올리와 해리 퍼거슨 형제에게는 500개의 특별한 버킷 리스트가 있다. 형제는 19살이 되기 전에 500개의 버킷 리스트를 모두 이루는 도전을 하는 중이다. 형제는 이미 사금 채취, 발효한 청어 먹기, 화석 발굴 등 500개 중 456개를 끝냈다. 올리와 해리가 세계 기록에 이름을 새긴 것은 플레이모빌사의 장난감 배를 통해서였다. 2017년, 둘이 그들이 조립한 어드벤처호에 '병 속의 편지'를 실어 바다에 띄웠다. 스코틀랜드를 출발한 배는 스웨덴에 도착한 후 선박에 실려 서아프리카로 간 뒤, 대서양 해류를 타고 카리브해에 도착했다. 이렇게 6072.5킬로미터를 여행한 어드벤처호는 **가장 멀리 여행한 장난감 배**라는 기록을 세웠다.

이 용감한 형제는 여기에서 만족하지 않고, 다른 가족들과 힘을 합쳐 또 다른 항해를 준비하고 있다.

1 어드벤처호: 올리(왼쪽)와 해리가 부력을 높이는 장치와 위성 추적기 등을 추가한 배를 조립하고 있다. 이 배는 2번의 위대한 여행을 했는데 첫 번째는 스코틀랜드에서 스칸디나비아까지, 두 번째는 카나리아 제도에서 바베이도스까지였다.

2 어드벤처 2호: 잭스와 카이 형제(모두 위)와 트리니다드 토바고의 핀 루이스가 퍼거슨 가족의 도움을 받아 조립했다. 2020년 9월 기아나에서 띄운 이 배는 허리케인을 2번이나 만났지만 무사히 멕시코만에 도착했다! 그리고 미국 동부 해안으로 올라가 2021년 11월 대서양에서 사라졌다. 배는 1만 5439킬로미터를 여행하며 새로운 기록을 썼다.

3 에레버스호와 테러호: 영국 군함 에레버스호와 테러호를 본뜬 배로, 2023년 여름 남극 대륙을 도는 것을 목표로 출항했다. 최대 2년 동안 2만 2000킬로미터를 여행할 예정이다.

첫 번째와 두 번째 항해가 달라진 점이 있나요?
해리: 첫 번째 항해가 너무 잘돼서 배를 바꿀 필요는 없었어요. 그래서 어드벤처 2호도 똑같은 방법으로 만들었죠. 이번에는 잭스와 카이, 핀 루이스와 함께 만들었다는 점이 다르겠네요.

바다에서 장난감 배를 띄울 때 어떤 길로 갈지 알았나요?
올리: 바다의 흐름에 완전히 맡겼어요. 바닷물의 방향을 거의 다 알아서 원하는 방향으로 가도록 배를 띄우기만 하면 되었죠. 하지만 종종 어떤 해류가 똑바로 가지 않아서 문제를 일으킨 적도 있어요. 배가 계속 제자리에서 뱅글뱅글 돌면서 건전지만 낭비했죠.

남극 탐험은 이전과 어떻게 다른가요?
해리: 배를 만드는 데에만 2년이 걸렸어요! 200년 된 느릅나무로 만든 선체에 구리를 입혔지요.
올리: 1839년에 만든 선박처럼 남극 주변을 도는 해류를 타고 대기와 바닷물의 온도, 배의 산성도 등 과학 자료를 수집할 예정이에요.

다른 버킷 리스트에 대해서도 이야기해 주세요.
올리: 우리 모험하는 버킷 리스트가 500개나 있었어요. 그리고 2023년 9월까지 456개를 달성했지요. 레고 미니피겨를 우주와 배로 보내는 게 가장 힘들었어요. 지금 하고 있는 것 중 어려운 건 각기 다른 30개 교통수단을 운전하는 일이에요!

16세 이하 세계 기록에 대해 더 알아보고 싶은가요?
kids.guinnessworldrecords.com을 들어가 보자.

시마르 쿠라나

어린이들은 비디오 게임을 하는 것을 좋아한다. 그런데 시마르 쿠라나는 비디오 게임 만들기를 좋아한다.

시마르는 6살에 부모의 권유로 코딩을 배우기로 마음먹었다. "코딩 교실을 찾기는 쉽지 않았어요." 아버지 파라스는 이렇게 말했다. 하지만 결국 선생님을 찾아 코딩의 세계로 입문했다. 시마르의 학습 속도가 매우 빠르다는 걸 안 파라스는 시마르가 **최연소 비디오 게임 개발자**가 될 수 있겠다고 생각했다. 문제는 최연소 기록을 위해 4개월 안에 게임을 만들어야 한다는 것이었다. 파라스는 이렇게 말했다. "시마르는 노력할 준비가 되어 있었어요. 6살짜리가 학교 공부를 하면서 저녁 수업도 듣고, 숙제에 코딩 프로젝트까지 한다고 생각해 보세요. 어른에게도 무척 힘든 일이었지요!" 하지만 시마르는 해냈다. 6살 364일이라는 가장 어린 나이에 〈건강한 음식에 도전하세요〉라는 게임을 온라인으로 배포했다.

"코딩 덕분에 컴퓨터를 배우고 다른 사람들과 소통할 수 있어서 너무 좋아요."

코딩을 하지 않을 때, 시마르는 춤을 추거나 체조와 가라테 수업을 듣는다.

코딩의 어떤 점에 끌렸나요?
수학은 제가 가장 좋아하고 아주 잘하는 과목이에요. 유치원에 다닐 때 2학년 수학을 할 줄 알았죠. 아주 어렸을 때 유튜브 영상을 보며 혼자 수학을 배웠어요. 뿐만 아니라 게임이나 물건을 만들기도 좋아해요. 그래서 아빠가 코딩을 해 보라고 말씀하셨죠.

〈건강한 음식에 도전하세요〉라는 게임의 주제는 어떻게 정하게 되었나요?
저는 음식을 많이 먹는 걸 좋아하지 않았어요. 그래서 의사 선생님이 제 언니와 저에게 건강한 음식을 먹어야 한다고 하시며 무엇이 건강한 음식인지 보여주셨지요. 그때 주제를 정했답니다.

게임을 만들면서 어려움은 없었나요?
시간이 무척 오래 걸려서 인내심이 필요해요. 밖에 나가 놀고 싶을 때도 있었지만 참았지요.

평소에는 무얼 하며 노나요?
〈로블록스〉를 가장 좋아해요. 미술과 만들기도 좋아하고, 〈시마르 월드〉라는 유튜브 채널도 있답니다.

시마르는 게임을 통해 건강한 음식과 그렇지 않은 음식의 차이와 정크 푸드를 너무 많이 먹었을 때 건강에 미치는 악영향을 알리려 했다.

코딩을 시작하려는 이들에게 조언을 한다면요?
어렵겠지만 걱정하지 말아요. 일단 배우면 절대 잊어버리지 않을 거예요.

어떤 꿈이 있나요?
저는 게임과 애플리케이션 개발자가 되고 싶어요. 기네스 세계 기록을 또 세운다면 정말 멋지겠죠!

16세 이하 세계 기록에 대해 더 알고 싶다면 kids.guinnessworldrecords.com에 방문해 보자.

내미와 알레나 스텀프 자매

스케이트를 배울 때는 상처 입고 멍이 든다. 하지만 내미와 알레나 스텀프 자매는 포기하지 않았다.

스위스에서 온 쌍둥이 자매는 8살 때 인라인스케이트를 시작했다. 배우는 과정에서 수없이 넘어졌지만, 이들의 열정은 꺾이지 않았다. 이를 증명하듯 2023년 10월 14일 자매는 3.9미터 버트 램프 기록을 2개 세웠다. **30초와 1분 동안 인라인스케이트를 타고 싱크로나이즈드 묘기를 펼친 최다 기록**(각 11개, 21개)이다.

이들은 브라질의 인라인스케이트 선수 파비올라 다 실바의 이야기를 읽고 기록에 도전했다. 파비올라는 **여름 엑스 게임에서 금메달을 7개 따내며 여성 최다 기록**을 세웠다.

사실 자매는 기록을 깨는 것이 불가능하다고 생각했다. 알레나가 겨우 2살이었을 때 뇌종양에 걸려 잦은 두통과 기억력 장애에 시달렸기 때문이다. 하지만 14살이 된 알레나는 걸림돌들을 넘어서 내미와 함께 기록을 달성했다.

싱크로나이즈드 인라인스케이트를 잘하는 비결이 뭔가요?
서로를 잘 알아야 해요. 그래야 소통할 필요 없이 묘기를 더 잘 부리는 사람에게 맞춰 줄 수 있지요.

가장 좋아하는 스케이트 묘기는요?
저(내미)는 바라니 플립과 에어리얼 점프를 즐겨 해요. 알레나는 핸드플랜트와 백플립을 더 좋아하고요.

기록을 세우기 위해 어떤 훈련을 하나요?
연속으로 할 묘기를 정한 뒤 정확히 같은 높이와 같은 속도가 되도록 연습해요.

훈련을 할 때 어떤 점이 가장 힘들었나요?
알레나가 뇌종양으로 생긴 기억 장애 때문에 순서를 자꾸 잊어버렸어요. 그래서 몇 주 동안 함께 순서를 외웠어요.

기록을 세우던 날에는 기분이 어땠나요?
실패할까 봐 엄청나게 긴장했고, 세계 기록을 세울 기회를 얻게 되어 무척이나 기뻤어요.

세계 기록을 세우고 무엇을 했나요?
기록을 세울 때 도와준 사람들을 초대해 저녁 식사를 대접하며 감사를 전하고 함께 즐겼어요.

기네스 세계 기록을 달성하고자 하는 어린이들에게 하고 싶은 말은요?
불가능하다고 생각되어도 과감하게 시도하세요. 포기하지 말고 한 걸음 더 나아가도록 노력하세요.

스케이트 외에 어떤 것을 하며 시간을 보내나요?
겨울에는 프리스타일 스키를 즐겨 타요. 스케이트보드 등 바퀴가 있는 것이라면 다 탑니다.

스텀프 자매는 인라인스케이트를 시작하기 전에도 이미 스케이트를 많이 탔다. 5살부터 지역 아이스하키 클럽에서 국내 및 해외 대회에 참가하기도 했다.

쌍둥이 자매가 싱크로나이즈드 인라인스케이트를 타게 된 이유는 함께할 수 있는 취미를 갖고 싶어서였다.

디제이 리노카

유튜브를 본다고 해서 인생이 바뀌진 않는다. 하지만 일본의 4살짜리 음악 팬에게는 인생의 전환점이 되었다. 온라인으로 여성 디제이가 비트 믹싱을 하는 모습을 본 리노카(2017년 2월 4일생)는 믹스마스터가 되기로 마음먹었다. 2022년에 받은 크리스마스 선물 중 하나가 2개의 데크 믹서로 연결된 디제이 컨트롤러였는데, 리노카는 얼마 지나지 않아 타고난 재능을 뽐내기 시작했다. 2023년 7월 9일, 6살 155일의 나이였던 리노카는 도쿄 자신의 집에서 솔로 공연을 펼쳤다. 1시간 이상 공연을 해야 한다는 조건에도 당황하지 않고 **세계 최연소 여성 클럽 디제이**라는 찬사를 받았다.

디제이 리노카는 2024년 1월 21일, 타이완 타이베이에서 열린 음악 축제 네온 오아시스 24에서 6살 351일의 나이에 출연하며 **음악 축제에서 공연한 최연소 여성 디제이**가 되었다.

디제이 리노카는 2023년 7월 100명이 넘는 사람들의 시선을 사로잡으며 기네스 세계 기록을 거머쥐었다.

스케이트보드는 리노카의 또 다른 취미이다. 힙합과 재즈 댄스 수업도 받고 있다.

어떻게 디제이를 시작하게 되었나요?
원래 여러 장르의 음악을 듣고 춤추기를 좋아했어요. 4살 때 유튜브에서 여성 디제이의 공연을 보고 디제이를 해야겠다고 생각했지요. 디제이는 5살에 시작했어요. 산타 할아버지에게 DDJ-200을 선물로 달라고 빌었고 크리스마스 선물로 받았답니다!

기네스 세계 기록은 어떻게 준비했나요?
좋아하는 음악을 찾고 목록을 만들어 연습했어요.

자라서 전문 디제이가 되고 싶나요?
디제이도 할 수 있는 멋진 예술가가 되고 싶어요.

가장 큰 영향을 준 디제이는 누구인가요?
아멜리 렌즈와 니나 크라비츠예요.

마지막으로, 세계 기록에 도전하려는 다른 어린이들에게 조언을 한다면요?
모두를 즐겁게 한다는 생각으로 도전하세요.

역대 최연소 디제이는 영국의 디제이 아치(2014년 11월 20일생)로, 2019년 기록을 세울 때 나이가 불과 4살 130일이었다.

2018년, 일본의 디제이 수미로크(1935년 1월 27일생)가 최고령 클럽 디제이로 기네스 세계 기록에 이름을 올렸다.

🌐 16세 이하 세계 기록에 대해 더 알고 싶다면 kids.guinnessworldrecords.com에 방문해 보자.

애리사 트루

오스트레일리아의 에리사 트루를 대표하는 기술은 가장 어려운 기술로 꼽히는 공중 2바퀴 회전 기술, 720이다. 2023년 7월 24일, 대담무쌍한 스케이트 보더가 미국 유타주 솔트레이크시티에서 열린 720 대회에 최초로 참가했다(여성 부문). 애리사는 여름 엑스 게임 대회의 사전 행사인 토니 호크스 버트 앨러트에 참가했다. 한 달 뒤 미국 캘리포니아주에서 열린 엑스 게임 대회 여성 버트 부문에서도 720 기술을 선보였고, 금메달을 목에 걸었다. 13살 108일의 나이로 기술에 성공한 것으로, 30년에 가까운 대회 역사상 최연소 기록이었다. 애리사는 언젠가 900(2바퀴 반 회전)도 도전하겠다고 말했다. 지금은 2020 도쿄 올림픽에 이은 2024 파리 올림픽 국가대표 선발에 더 초점을 맞추고 있다. 미래가 어떻게 되든, 이 스케이트보드 천재는 이미 스포츠 역사에 바퀴로 자신의 이름을 새겼다.

스케이트보드는 어떻게 시작했나요?
8살 어느 겨울, 서핑을 하기엔 너무 추워서였어요.

학교에서는 어떻게 연습하나요?
저는 LVLUP 오스트레일리아 스케이트 스쿨에 다녀요. 오전에 3시간 수업을 받고, 오후에는 4시간 동안 스케이트를 탄답니다.

엑스 게임 대회에서 720을 성공하리라는 자신감이 있었나요?
우승을 하려면 착지를 잘해야 한다는 걸 알고 있었어요. 경기에서 540도 회전을 하는데 발이 보드 위에 제대로 닿지 않아서 떨어질 뻔했지요. 하지만 결국 해냈어요!

엑스 게임 대회에서 금메달을 2번 목에 걸었을 때는 기분이 어땠나요?
정말 최고로 행복했어요.

가족과 친구들의 반응은 어땠나요?
무척 놀라면서 저를 자랑스러워했어요.

720 기술을 하려는 친구들에게 조언을 한다면요?
지도를 받으세요. 저도 트레버 워드 코치님이 없었다면 성공할 수 없었을 거예요.

대회에서 우승하려면 무엇이 필요한가요?
결단력과 스케이트를 향한 열정이요. 그리고 무엇보다도 즐겨야지요!

엘리사는 2023 엑스 게임에서 13살 109일의 나이에 최연소 엑스 게임 대회 2관왕이 되었다.

파도가 좋은 날에는 스케이드보드를 서프보드로 바꾸어 서핑을 한다.

킬리언 오코너

마술의 세계는 흥미롭고도 알쏭달쏭한 비밀로 가득하다. 하지만 킬리언 오코너가 마술에 재능이 있다는 것만은 비밀이 아니다.

어린 나이도, 자폐 스펙트럼 장애도 이 야무진 15살 마술사에게는 아무런 걸림돌이 되지 못했다. 그는 2023년 8월 26일에 **1분 동안 마술 묘기를 가장 많이 부린 기록(16세 이하)**으로 처음 기네스 세계 기록을 달성했다. 2초에 거의 1번 꼴로 28가지 묘기를 선보인 것이다.

2023년 여름 방학에는 처음으로 〈나의 마술 세계〉라는 공연에 나서 동료 마술사 라일랜드 페티와 함께 영국과 아일랜드 전역의 14개 도시를 방문했다.

킬리언은 전 세계를 돌며 공연을 하고 더 많은 기록 도전에 나설 뿐 아니라, 학교를 방문해 자폐 스펙트럼 장애를 가진 아이들도 만나려고 한다. 그리고 자신의 경험담을 나누고 마술로 영감을 줄 수 있기를 바란다.

킬리언과 동생 케이시의 모습. 그는 2003년 오디션 프로그램인 〈브리튼스 갓 탤런트〉에서 3위를 기록하며 온 국민의 마음을 사로잡았다. 그가 오디션을 마치자 심사 위원들과 관객들은 모두 기립 박수를 보냈다.

2023년 10월, 킬리언은 마빈의 마술 신인상을 받았다. 그는 〈아메리카스 갓 탤런트: 판타지 리그〉에 출연하며 미국 캘리포니아주 로스앤젤레스에서 트로피를 받았다.

킬리언은 2017년 〈브리튼스 갓 탤런트〉에서 2위를 수상한 젊은 마술사 이시 심슨의 영향을 많이 받았다.

어떻게 마술을 알게 되었나요?
저는 7살 때 마술을 시작했어요. 데시 삼촌이 제게 처음으로 마술 묘기를 보여 주셨죠. 엄지손가락을 반으로 가르더니 다시 붙이는 마술이었어요. 그걸 보고 너무 무서워서 멀리 도망갔죠.

마술이 삶에 어떤 영향을 주었나요?
자폐 스펙트럼 장애 때문에 마술을 시작했어요. 마술 덕분에 사회성이 좋아졌고 다른 사람들과 친해질 수 있었죠. 이제 마술을 통해 사람들과 소통할 수 있어요.

마술사가 되는 데 가장 어려웠던 점은 무엇인가요?
손으로 하는 몇 개의 어려운 묘기요. 운동 장애가 있어서 손을 보통 사람처럼 쓰는 일이 힘들거든요. 그래도 크리스마스에 산타 할아버지에게 칸큐브(큐브 장난감)와 카드놀이 세트를 선물받고 실력이 많이 늘었답니다.

가장 좋아하는 마술이 뭐예요?
말이 필요 없는 심리 마술과 카드 마술이요.

다른 취미도 있나요?
카드 모으기를 좋아해요. 체스와 사진 찍기도 무척 좋아해요.

기네스 세계 기록을 달성하고자 하는 어린이들에게 조언을 한다면?
꿈을 포기하지 말아요. 여러분의 이야기는 여러분만이 만들 수 있어요.

16세 이하 세계 기록에 대해 더 알아보고 싶다면 kids.guinnessworldrecords.com에 방문해 보자.

올딘 맥스웰

올딘 맥스웰은 12살에 처음 젠가 블록 쌓기로 기록을 달성했다. 그의 이야기는 영화의 주제로 선정되기도 했다!

캐나다의 10대 청소년이자 자폐 스펙트럼 장애가 있는 올딘은 젠가를 단순한 게임으로 보지 않는다. 그에게 젠가는 어떤 건축물이든 지을 수 있는 도구다. "무한한 창의력을 발휘할 수 있는 공학적 도전 과제예요." 열띤 목소리로 이렇게 말한 올딘은 2023년 1월에 세계 기록 2개를 달성했다. **젠가를 세로로 가장 많이 쌓은 기록**(1840개, 아래)과 **젠가 자이언트 블록을 세로로 가장 많이 쌓은 기록**(900개, 맨 아래)이다.

올딘의 이야기를 다룬 크리스마스 영화 「월드 레코드 크리스마스」(2023)는 세계 기록 달성이 꿈인 자폐 스펙트럼 장애 소년을 위해 가족과 마을 전체가 힘을 모으는 내용을 다룬다. 그는 이렇게 소감을 전했다. "저의 이야기가 영화로 나오다니요! 가끔 꿈인지 생시인지 헷갈린답니다!"

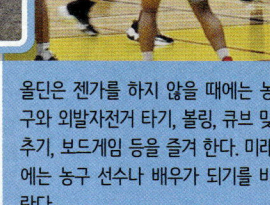

올딘은 젠가를 하지 않을 때에는 농구와 외발자전거 타기, 볼링, 큐브 맞추기, 보드게임 등을 즐겨 한다. 미래에는 농구 선수나 배우가 되기를 바란다.

영화에서 맡은 역할이 있었나요?
저는 특별 출연했어요. 진짜 환상적이었지요. 배우와 제작진들 모두 아주 친절했고, 모두 제게 박수를 쳐 주었지요. 그 순간을 결코 잊지 못할 거예요.

젠가로 세계 기록을 세우겠다는 생각은 어떻게 하게 되었나요?
세계 기록을 달성하고 싶다는 생각은 항상 했어요. 가지고 있던 젠가로 여러 건물을 만들다가 위로 쌓아 올리기 시작했고, 유튜브로 세계 기록이 있다는 것을 알게 되어 시도해 보기로 했지요.

어떻게 훈련했나요?
외발자전거를 타거나 아빠와 농구를 하며 머리를 비웠어요. 기록에 도전하는 동안에는 집중을 위해 계속 음악을 들었고요. 실패에 대한 생각이 들면 잠시 쉬면서 마음을 다잡았고요.

포기하고 싶다는 생각도 들었나요?
공식 규정을 읽어 보니 제가 잘못 연습하고 있다는 걸 알았어요. 포기하고 싶었지만 엄마가 다시 해 보라고 용기를 북돋워 주셨고 몇 주 만에 완벽하게 성공할 수 있었답니다.

조만간 또 도전하고 싶은 기록은요?
외발자전거를 타고 큐브를 가장 많이 맞추는 기록하고 1분 동안 백보드 뒤에서 농구공 가장 많이 넣기, 볼링공 가장 많이 쌓아 올리기 등을 해 볼까 생각 중이에요. 물론 최선을 다해 제 기록을 지키고 싶고요.

세계 기록을 달성하고 싶은 어린이들에게 조언을 한다면요?
여러분의 능력에 맞는 기록을 찾고, 인내심을 가지고 연습하세요. 포기하지 마세요. 꿈은 이루어지니까요!

어린이 세상

기네스 세계 기록 퀴즈

기네스 세계 기록 마니아라면 이 정도는 맞힐 수 있지? 여기에 입이 쩍 벌어질 정도로 어려운 25개의 문제가 있어. 그동안 쌓았던 지식을 뽐내며 답을 찾아보자!

최신 기록 뉴스와 동영상 등을 더 보고 싶다면 왼쪽 QR 코드를 스캔 해서 기네스 세계 기록 키즈 웹사이트에 방문해 봐!

지구에 있는 원자 수보다 트럼프 카드 세트를 정렬하는 방법이 더 많다.

1. **물속에서 3분 동안 가장 많이 선보인 마술 묘기**는 38개로, 미국의 13살 에이버리 에머슨 피셔가 달성했다. '아브라카다브라'라는 히브리어 주문의 원래 목적은 무엇일까? a) 병의 치료 b) 선전 포고 c) 손님 환영

2. **가장 높은 지위에 오른 펭귄**은 닐스 올라프 3세 경이다 (57쪽 참조). 다음 중 가장 큰 펭귄 종은 무엇일까? a) 젠투펭귄 b) 파라오펭귄 c) 황제펭귄

3. 인도의 15살 아르나브 다가는 14만 3000장 카드를 이용하여 **세계에서 가장 큰 카드 건물**을 만들었다(110쪽 참조). 그다음 그는 무엇을 했을까? a) 박물관에 기증했다. b) 완전히 망가뜨렸다. c) 풀로 모두 이어 붙였다.

4. 미국의 토미 체리는 2024년 2월에 눈을 가린 채 12초 만에 3x3x3 큐브를 한 번에 맞혔다. 다음 중 알맞은 사실은? a) 루비크 에르뇌는 1974년에 큐브를 발명한 후, 모두 맞추는 데 1달이 걸렸다. b) 아이큐 150이 넘어야 큐브를 맞출 수 있다. c) 큐브를 맞추는 방법은 한 가지다.

5. 인도에 사는 비스와지스는 5살에 **1분 동안 공룡 이름을 41개 맞히며 최다 기록**을 세웠다. 다음 중 진짜 공룡이 아닌 것은? a) 가소사우루스 b) 푸키사우루스 c) 밤비랍토르

6. 〈마인크래프트〉에서 **케이크 3개를 가장 빨리 만들고 먹은 기록**은 27.29초이며, 케네스 컬런이 달성했다. 〈마인크래프트〉는 전 세계에서 가장 많이 팔린 비디오 게임인데, 2023년 10월 15일 기준 총 몇 장이 팔렸을까? (201쪽 참조) a) 약 1억 장 b) 약 3억 장 c) 약 5억 장

7. 제니퍼 프레이저(아래)는 반려견 다이쿼리와 함께 기록 깨기를 좋아한다. 그중에는 **개가 1분 동안 양말을 가장 많이 없앤 기록**(21개)도 있다. 다이쿼리는 무슨 종일까? a) 오스트레일리아셰퍼드 b) 닥스훈트 c) 허스키

8. 미국의 11살 맥컬리 후버는 **스케이트보드를 타고 백사이드 그라인드**(34번)와 **프론트사이드 그라인드**(33번)를 가장 많이 한 여성 기록을 세웠다. 미국에서 스케이트보드가 처음 시작된 주는 어디일까? a) 뉴욕주 b) 플로리다주 c) 캘리포니아주

9. **30초 동안 피아노 건반을 가장 많이 친 기록**은 일본의 하토리 케이타가 세운 495번이다. 그는 1초에 건반을 평균 몇 번 쳤을까? (계산기 사용 금지!) a) 16 b) 25 c) 33.5

10. 미국의 킴벌리 원터는 2023년 4월 **여성 중에서 가장 크게 트림을 한 기록**을 세웠다(78쪽 참조). 트림은 몸속에서 무엇이 나오는 것일까? a) 침 b) 가스 c) 위액

11. 미국의 유튜버 에어랙과 피자헛은 넓이 1296.72제곱미터에 달하는 **세계에서 가장 큰 피자**를 만들었다. 피자가 가장 처음 만들어진 시기는 언제일까? a) 기원전 812년 b) 기원전 997년 c) 1788년

12. 〈피파23〉 '레전더리' 난이도에서 가장 많은 골을 넣은 기록은 11골로, 영국의 시메온 드 체사레가 달성했다. 피파 월드컵에서 가장 많이 우승한 나라는? a) 브라질 b) 아르헨티나 c) 잉글랜드

13. 영국의 맥과 자라 러더푸드 남매는 각각 17살 64일과 19살 199일에 혼자 항공기로 세계 일주를 한 최연소 기록을 세웠다. 1903년 최초로 동력 비행기를 탄 형제자매는 누구일까? a) 롱 형제 b) 카다시안 자매 c) 라이트 형제

14. 일본의 무라타 제조사는 세계에서 종이 토끼를 가장 많이 만들어 전시했다(117쪽 참조). 다음 중 틀린 것은? a) 일본에서는 종이학이 1000년을 산다고 믿는다. b) 종이접기는 30년 전에 발명되었다. c) 가위, 풀을 쓸 수 없다.

15. 인도의 무함마드 D가 세계에서 가장 큰 축구화(118쪽 참조)를 만들어. 이 축구화를 공개한 곳은? a) 영국 런던 b) 카타르 도하 c) 대한민국 서울

16. 2024년 1월 기준, 미국의 미스터비스트는 개인 유튜버 중 최다 구독자 기록을 보유하고 있다(172~173쪽 참조). 그가 가장 처음 영상으로 올린 게임의 이름은? a) 마인크래프트 b) 피파 c) 포트나이트

17. 평생 빅맥 햄버거를 가장 많이 먹은 기록은 3만 4128개로, 미국의 도널드 고스트가 기록했다. 다음 빅맥에 관한 사실 중 틀린 것은? a) 빅맥의 원래 이름은 '아리스토크랫'였다. b) 빅맥 박물관이 실제로 있다. c) 맥도널드에서 가장 많이 팔린다.

18. 「바비」는 2023년에 가장 많은 수익을 올린 영화이다(192~193쪽 참조). 바비가 아직 해 보지 않은 직업은? a) 승무원 b) 요리사 c) 관리인

19. 레고 캐릭터 3개를 가장 빨리 조립한 기록은 13.28초로, 미국의 토렌 줌스타인이 세웠다. 해마다 3억 4000만 개의 레고 미니 피겨가 만들어지는데, 한 나라의 인구수와 맞먹는 개수이다. 어느 나라일까? a) 중국 b) 뉴질랜드 c) 미국

20. 미국의 뎁 호프만은 「곰돌이 푸」 수집품 2만 3623개로 최다 보유 기록을 세웠다. 「곰돌이 푸」에 등장하지 않는 동물은? a) 오소리 b) 호랑이 c) 당나귀

21. 경매에서 가장 비싸게 팔린 스니커즈는 미국의 마이클 조던이 소유하고 있던 나이키 에어 조던 XIIIs이다. 마이클 조던이 가장 오래 뛰었던 NBA 팀은? a) LA 레이커스 b) 보스턴 셀틱스 c) 시카고 불스

22. 테일러 스위프트(216~217쪽 참조)가 기록을 달성한 2023~2024년 투어 이름은? a) 에온스 b) 에라스 c) 스피크 나우

23. 2024년 3월 기준, 유튜브 구독자 수가 가장 많은 그룹 (9310만 명) 블랙핑크의 팬들을 가리키는 이름은? a) 핑크 b) 블링크 c) 블랭크

24. 잉글랜드 프리미어리그의 38게임에서 가장 많은 골을 넣은 엘링 홀란이 태어난 곳은? a) 노르웨이 오슬로 b) 독일 도르트문트 c) 영국 리즈

25. 기계 체조 선수권 대회에서 가장 많은 메달을 획득한 미국의 시몬 바일스(242쪽 참조)가 유독 좋아하는 음식은? a) 시나몬 롤 b) 부활절 달걀 c) 포춘 쿠키

정답은 253쪽에 있어. 행운을 빌어!

바비

ICON

인형 소개

- **이름**: 바바라 밀리센트 로버츠
- **태어난 곳**: 미국 위스콘신주 월로우 (전체 윌로우 마을은 가상)
- **생년월일**: 1959년 5월 9일
- **키**: 29.2센티미터
- **대표 색상**: 바비 핑크
- **현재 보유한 세계 기록**: 2021년 8600만 개 판매. 2023년까지 총 판매량 10억 개 이상 추정.

금발머리 인형이 1959년 5월 9일 미국 국제 장난감 박람회 해에 처음 모습을 드러냈다.

바비는 장난감 제조업체 마텔의 공동 창업자 루스 핸들러 의 손에서 탄생했다. 루스는 딸 바바라의 인형이 전부 아기인 것을 깨닫고, 여러 가지 옷을 갈아입힐 수 있는 성인 여성 인형이 시장에서 통할 것이라 보았다. 이 생각이 미국 전역의 여자아이들과 통하는지 바비는 출시된 첫 해에만 35만 개가 팔렸다. 지금 까지 무려 10억 개가 팔린 것으로 추산된다. 1초에 3개씩 팔린 셈 이다.

수십 년 동안 바비는 변화하는 시대와 관점을 반영했다. 작업도 항공 기 조종사에서 아주 선수까지 250가지에 이른다. 2016년에는 작고, 통통한 몸매의 새로운 바비가 등장하여 〈타임〉의 표지를 장식했 다. 2023년 개봉된 영화 '바비'의 성공에 힘입어 주도 루스 핸들러가 65살이 된 바비는 여전히 대중의 상상력을 사로잡고 있다.

루스는 젊은 여성들이 꿈 에 힘을 불어넣고자 했다. "제 철학은... 소녀들이 인형을 통해 자신이 원하 는 무엇이든 될 수 있도 록 하는 거예요."

바비는 독일(당시 서독)의 플 라스틱 인형 '빌드 릴리'를 본떠 만들었다. 루스는 전 부터 빌드를 구매했고, 마텔사는 1964년 빌드의 사용권을 사들였다.

1955년: 최초의 바비는 흑 백 줄무늬 수영복에 양산 을 썼다. 기존의 인형들과 안전히 다른 모습이었다.

1961년: 바비의 남자친 구 켄이 바비에 등장 2 년 뒤에 나왔다. 이름은 루스 핸들러의 아들에 서 따왔다.

1965년: 인형 우주복을 입 고 등장한 우주 비행사 바 비는 1960년대에 우주 여행을 즐기는 남자 자유아들에게도 작업의 문이 열리고 있음을 시 사했다.

1970년: 1116번 드라마틱 뉴 리빙 바비는 허리를 돌리고 어깨와 팔 꿈치를 구부리는 등 최초로 자유자 재로 자세를 바꿀 수 있었다.

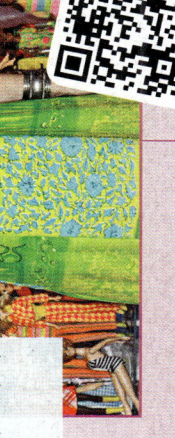

독일의 도프만은 2005년부터 바비 최다 수집이라는 기네스 세계 기록을 가지고 있다. 2022년 12월, 베티나의 수집품은 1만 8500개로 늘었고 모두 다른 모양이다.

영화 '바비'는 2023년에 14억 4100만 달러(약 1조 9000억 원)를 벌어들이며 감독들 중 그레타 거윅은 여성 감독 중 가장 높은 흥행 수입 기록을 세웠다.

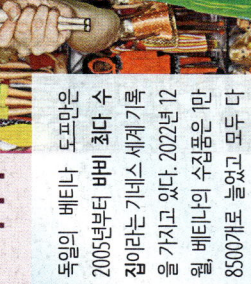

2017년: 올림픽 미국 대표 국가대표 이브린하스 모이헤드를 본뜬 바비로, 히잡을 쓴 최초의 인형이었다.

1992년: 토털리 헤어 바비는 1000만 개가 넘게 팔리며, 가장 많이 팔린 바비 인형이라는 기록을 세웠다.

2004년: 2004년 미국 대통령 선거에서 드레스를 바꾸고 바지 정장을 입은 대통령 바비가 등장했다.

2023년: 미국 국내 다운 증후군 협회와 협력하여 다운증후군을 가진 바비가 출시되었다. 다운증후군을 일으키는 21번 염색체 모양이 목걸이로 하고 있다.

1980년: 1968년 바비의 흑인 친구 크리스티아 등장했지만, 흑인 바비로는 12년이 지나 처음 출시되었다.

2019년: 1997년 최초로 휠체어를 탄 바비가 등장했고, 2019년까지 패셔니스타 라인에는 휠체어를 탄 바비(인형)와 의족을 한 친구가 포함되었다.

바비에 대해 더 알고 싶다면 https://www.guinnessworldrecords.com/2025에 방문해 보자.

예술과 미디어

목차
- 역대 가장 비싼 그림 196
- 인플루언서 198
- 게임 200
- 음악 202
- 브레이킹 204
- 텔레비전 206
- 블록버스터 208
- 영화 제작 210
- 영화 의상 212
- 종합 214

게임에서 마리오 목소리를 맡은 찰스 마티넷은 영화에 특별 출연으로 2번 등장한다.

비디오 게임을 기반으로 가장 높은 수입을 올린 영화

드림웍스에 따르면 영화「슈퍼 마리오 브라더스」(2023)는 2024년 1월 17일 기준 전 세계에서 13억 6337만 7030달러(약 1조 8400억 원)를 쓸어 담았다. 닌텐도의 인기 게임에서 영감을 받은 판타지 애니메이션으로, 배관공인 주인공은 순간 이동이 가능한 파이프를 타고 뉴욕에서 버섯 세계로 이동한다. 그곳에서 마리오(특소리 출연 크리스 프랫)는 피치 공주(아나테일러조이), 루이지(찰스 데이)와 버섯 왕국을 구하러 나선다.

영화 평은 엇갈리지만 이 영화는 판체 사이에서 돌풍을 일으키며 개봉 단 일주일 만에「명탐정 피카츄」(2019)의 흥행 성적을 넘어섰다. 이로써 역대 가장 성공한 비디오 게임 기반 영화가 되었을 뿐만 아니라, 이 장르에서 박스 오피스 10억 달러(약 1조 3000억 원) 수입을 찍은 최초의 영화가 되었다.

호메로스의 흉상을 보는 아리스토텔레스(1653)
· 렘브란트 판 레인(네덜란드)
· 230만 달러(약 31억 8000만 원), 1961년
미국 뉴욕의 메트로폴리탄 미술관은 거액을 쏟아부어 네덜란드 거장의 유화를 사들였다. **렘브란트의 그림 중 가장 비싼** 것은 자화상인 「기수」(1636)로, 2022년에 네덜란드 정부가 구매했다(7번 참조).

붓꽃(1889)
· 빈센트 반 고흐(네덜란드)
· 5390만 달러(약 736억 원), 1987년
극적인 크로핑과 세심하게 무늬를 그려 만든 질감은 고흐가 일본 목판화에 관심이 있었음을 보여 준다.

후안 데 파레하의 초상(1650)
· 디에고 벨라스케스(에스파냐)
· 231만 달러(약 32억 원), 1970년
메트로폴리탄 미술관이 구매했으며, 17세기 작품 중 처음으로 17억 5000만 원을 넘겼다.

예술과 미디어
역대 가장 비싼 그림

기네스 세계 기록 미술관에 온 것을 환영한다. 이곳에는 역사상 가장 값비싼 작품을 둘러볼 수 있는 전시가 열리고 있다. 여기에 있는 거장들의 유명한 작품 하나하나는 모두 한때 **세계에서 가장 비싼** 몸값을 자랑했다. 20세기에 순수 예술은 수익성 좋은 투자로 여겨지기 시작했다. 그런데 시간의 흐름에 따른 작품의 판매가를 따라가 보면, 그림값이 1980년대에 급격히 치솟았다는 것을 알 수 있다. 전 세계 경제가 성장했고, 경매 전문 회사의 마케팅이 보다 정교해졌기 때문이다. 여기에서는 1955년(기네스 세계 기록이 처음 출간된 해)부터 70년 동안 팔린 그림에 주목했다. 1955년 이전 판매량 데이터가 고르지 못한 탓이다.

아델레 블로흐-바우어의 초상 I(1907)
· 구스타프 클림트 (오스트리아)
· 1억 3500만 달러(약 1868억 원), 2006년
아델레 블로흐-바우어는 클림트의 주요 후원자 중 1명으로, 클림트가 유일하게 2번 그린 모델이었다. 금박과 은박의 조합이 빛나는 그림으로 클림트의 '황금기'를 대표한다.

아래에는 역사상 가장 비싼 그림으로 알려진 20점을 낮은 가격부터 높은 가격 순으로 소개한다.

· 옛 거장
· 후기 인상주의
· 상징주의
· 표현주의
· 입체파
· 추상 표현주의
· 20세기 초상화
· 팝아트
· 동양화(수묵화)

19세기 전반에 걸쳐 예술상과 수집가들은 현대 미술보다는 옛 거장들의 작품을 먼저 사들였다. 하지만 옆에서 알 수 있듯 현재 순수 예술계를 지배하고 있는 것은 1900년 이후에 그려진 작품들이다.

20. 넘버 5(1948) 잭슨 폴록 (미국), 약 1억 4000만 달러(약 1938억 원), 2006년.

19. 산수십이조병(1925) 치바이스(중국), 1억 4100만 달러(약 1950억 원), 2017년.

18. 루시안 프로이트의 세 가지 습작(1969) 프랜시스 베이컨(영국), 1억 4240만 달러(약 1969억 원), 2013년.

17. 오델프 군상(천문 버전)(1888) 초로츄 살라이(프랑스), 1억 4920만 달러(약 2063억 5000만 원), 2022년.

16. 아델레 블로흐-바우어의 초상 II(1912) 구스타프 클림트, 1억 5000만 달러(약 2074억 5000만 원), 2016년.

15. 꿈(1932) 파블로 피카소, 1억 5500만 달러(약 2144억 원), 2013년.

14. 어깨 너머로 시선을 둔 누드(1917) 아메데오 모딜리아니(이탈리아), 1억 5720만 달러(약 2174억 원), 2018년.

13. 골상(1962) 로이 리히텐슈타인 (미국), 1억 6500만 달러 (약 2282억 원), 2017년.

12. 누워 있는 누드(1917-1918) 아메데오 모딜리아니, 1억 7040만 달러 (약 2356억 6000만 원), 2015년.

11. 알제의 여인들(버전 'O')(1955) 파블로 피카소, 1억 7940만 달러(약 2481억 원), 2015년.

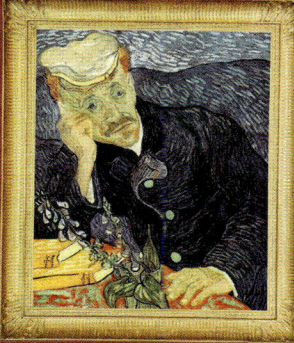

물랭 드 라 갈래트의 무도회(1876)
· 피에르 오귀스트 르누아르(프랑스)
· 7810만 달러(약 1080억 5000만 원), 1990년
르누아르의 대표 작품으로 수집가 사이토 료에이가 구입했다.

가셰 박사의 초상(1890)
· 빈센트 반 고흐
· 8250만 달러(114 억 원), 1990년
고흐가 말년에 자신을 돌봐 주었던 폴 가셰 박사를 그린 초상화 2점 중 1번째 작품이다. 그는 죽을 때까지 그림으로 돈을 거의 벌지 못했지만 그가 세상을 떠난 후, 그림의 가치는 천정부지로 솟았다. 고흐의 그림 중 현재 가장 비싼 작품은 「살구꽃이 만발한 과수원」(1888)으로, 2022년에 1억 1710만 달러(약 1620억 5000만 원)에 팔렸다.

파이프를 든 소년(1905)
· 파블로 피카소(에스파냐)
· 1억 410만 달러(약 1440억 원), 2004년
주황색과 분홍색 등 따뜻한 색을 주로 쓴 피카소의 '장미' 시대 작품이다. 가장 비싼 피카소의 작품(아래 11번 참조)은 2015년에 팔렸다.

카드놀이 하는 사람들(1890~1895)
· 폴 세잔(프랑스)
· 약 2억 5000만 달러(약 3460억 원), 2011년
세잔이 그린 작품 중 가장 가격이 높다. 그의 다른 작품인 「커튼, 물 주전자, 과일이 있는 정물」은 가장 비싼 정물화라는 기록을 남겼다.

살바토르 문디(1500년 경)
· 레오나르도 다빈치(이탈리아)
· 4억 5030만 달러(약 6228억 원), 2017년
십자가를 긋는 예수의 모습을 그린 이 그림은 역사상 가장 비싼 작품이다. 오랫동안 분실했다고 여겨졌으며 복원된 후에도 복제품이라 추측되었다. 2017년 크리스티 경매에 나오기 전에는 대대적인 세척과 복원 작업을 거쳐야 했다. 현재는 사우디의 왕족이 소유하고 있다고 한다.

교환(1955)
· 빌럼 데 쿠닝(미국, 네덜란드 출생)
· 3억 달러(약 4150억 원), 2015년
이 작품을 끝내고 얼마 지나지 않아, 4000달러(약 500만 원)라는 준수한 가격에 팔렸다. 현재는 20세기 작품 중 가장 비싸다.

---

10. 룰벨 II(1997) 구스타프 클림트, 1억 8380만 달러(약 2542억 원), 2012년.
9. 넘버 6(보라색, 녹색, 그리고 붉은색)(1951) 마크 로스코(미국), 1억 8600만 달러(약 2572억 원), 2014년.
8. 샷 세이지 블루 마릴린(1964) 앤디 워홀(미국), 1억 9500만 달러(약 2697억 원), 2022년.
7. 기수(1636) 렘브란트 반 레인, 1억 9800만 달러(약 2738억 원), 2022년.
6. 넘버 17A(1948) 잭슨 폴록, 2억 달러(약 2766억 원), 2015년.
5. 언제 결혼하니?(1892) 폴 고갱, (약 2904억 원) 2억 1000만 달러, 2015년.
4. 마릴린 먼로(주황)(1964) 앤디 워홀, 2억 2766만 달러(약 3150억 원), 2018년.
3. 카드놀이 하는 사람들(1890~1895) 폴 세잔, 약 2억 5000만 달러(약 3460억 원), 2011년.
2. 교환(1955) 빌럼 데 쿠닝, 약 3억 달러(약 4150억 원), 2015년.
1. 살바토르 문디(1500년 경) 레오나르도 다빈치, 4억 5030만 달러(약 6228억 원), 2017년.

예술과 미디어

인플루언서

인스타그램 최다 팔로워
포르투갈의 축구 선수 크리스티아누 호날두의 인스타그램 팔로워 수는 6억 2197만 9902명에 이른다. 그다음으로 팔로워가 많은 사람은 아르헨티나의 축구 선수 리오넬 메시다. 메시는 2022년 피파 월드컵 트로피를 든 사진으로 '좋아요'를 가장 많이 받은(7550만 4160개) 인스타그램 게시물 기록을 세웠다.

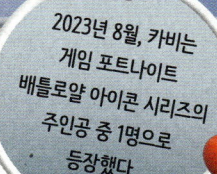

개인 유튜버 최다 구독자 수
미국의 다이애나 키디시우크(우크라이나 출생)가 운영하는 유튜브 채널 '키즈 다이애나 쇼'의 구독자는 1억 1800만 명이다. 10살인 다이애나는 상품 박스 열어 보기나 역할 놀이, 동요 등의 영상을 올린다. 여러 애니메이션 동물 캐릭터들이 등장하는 '러브, 다이애나' 채널도 운영 중이다.

2023년 8월, 카비는 게임 포트나이트 배틀로얄 아이콘 시리즈의 주인공 중 1명으로 등장했다.

틱톡 최다 팔로워
이탈리아의 인플루언서 카비 라메(오른쪽)는 2022년 6월 22일 1억 6150만 명의 팔로워 수를 기록해 미국의 댄서이자 인플루언서인 찰리 더멜리오(왼쪽)를 넘어섰다. 찰리의 팔로워 수는 1억 5200만 명으로 여성 틱톡커 중에서 가장 많다. 또 게시물에 '좋아요' 115억 개를 받아 '좋아요'를 가장 많이 받은 틱톡커 기록도 가지고 있다.

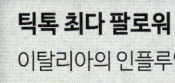
* 모든 수치는 2024년 3월 4일 기준이다.

X 최다 팔로워

미국의 일론 머스크(남아프리카공화국 출생)의 X 계정 팔로워 수는 1억 7314만 9588명이다. 2번째로 팔로워가 많은 전 미국 대통령 버락 오바마보다 4000만 명이나 더 많은 수다. 팔로워의 40퍼센트 이상이 그가 2022년 10월 27일 X를 인수하면서 기하급수적으로 늘어났다. X에 올리는 글로 자주 논란이 되지만, 여전히 활발히 활동 중이다.

X에서 가장 많이 팔로우 된 여성

리한나는 X에서 1억 816만 7892명의 팔로워를 통해 팬들의 사랑을 확인한다. 그는 2023년 4월, 당시 팔로워 수가 가장 많았던 케이티 페리의 기록을 넘겨받았다. 케이티가 2013년부터 이 기록을 보유한 이후, 처음으로 기록의 주인이 바뀐 것이다. 리한나가 오른 2023년 제57회 슈퍼볼 하프타임 쇼는 1억 2000만 명 이상이 시청했다.

트위치에서 최고 시청률을 기록한 방송

2023년 7월 1일, 344만 2725명이 에스파냐의 유명 e스포츠 해설가 이바이 야노스(왼쪽)가 중계한 싣방송 권투 시합 〈라 벨라다 델 아뇨 3〉를 시청했다. 게임 〈리그 오브 레전드〉 해설가로 방송에 데뷔한 그는 매우 영향력 높은 인플루언서이며 배드 버니, 애드 시런 등 음악계 거물들을 인터뷰하기도 했다.

트위치에서 가장 많은 팔로워 수를 보유한 여성은 캐나다의 포키메인(오른쪽)으로, 933만 2274명의 팔로워를 보유하고 있으나 2024년 1월에 트위치를 떠나 유튜브에서 활동을 시작했다.

예술과 미디어
게임

테트리스 최고 레벨을 깬 최초의 게이머
2023년 12월 21일, 미국의 블루 스쿠티(윌리스 깁슨)는 닌텐도의 고전 퍼즐 게임에서 157레벨에 도달해 '킬스크린(게임을 완전히 깬 단계)' 화면을 불러냈다. 13살인 이 소년은 38분 동안 게임을 하며 최고 레벨까지 685만 560점을 쌓았다.

최대 게임보이 컬러
2022년, 미국의 유튜버 닉 칼리니는 닌텐도의 고전 휴대용 게임기를 높이 2.23미터, 너비 1.24미터, 두께 0.6미터의 초대형 버전으로 만들었다. 나무로 만든 케이스 안에 컴퓨터 에뮬레이터를 넣었으며 엑스박스 게임기 컨트롤러를 대형 버튼에 연결시켰다.

최다 판매 1인칭 슈팅(FPS) 게임
배급사인 미국의 액티비전 블리자드에 따르면, 〈콜 오브 듀티〉 시리즈는 4억 장 이상이 팔렸다. 2003년 오리지널 〈콜 오브 듀티〉 출시 이래 20개의 메인 타이틀이 출시되었으며, 첫 배경이었던 제2차 세계 대전부터 냉전 첩보전과 공상 과학 전투까지 무대가 확대되었다.

『기네스 세계 기록 2025 게이머 에디션』
『기네스 세계 기록 게이머 에디션』이 돌아왔다! 어마어마한 비디오 게임 관련 기록들을 업데이트 했고, 판형도 커졌다. 가장 많이 팔린 게임과 가장 많은 호평을 받은 게임, 최고 점수와 스피드런 등 게임 부문 세계 기록 100가지를 실었다. 뿐만 아니라 기네스 세계 기록 e스포츠 챔피언들과 게임 수집가들, 코스튬 플레이어도 소개하며 게임과 관련한 모든 기록을 총망라했다.

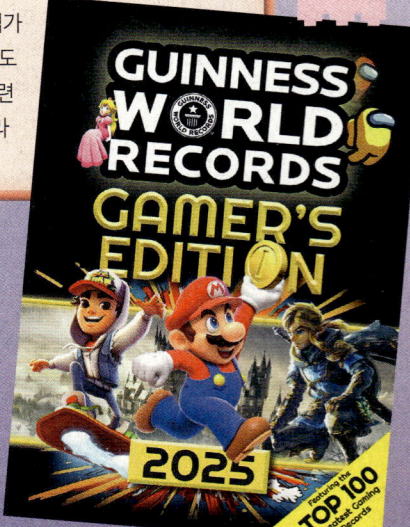

최대 규모의 사용자 제작 콘텐츠 플랫폼
〈로블록스〉는 게이머들이 자신만의 게임을 만들고 다른 게이머들이 그 게임을 즐길 수 있는 온라인 게임 플랫폼이다. 2023년 8월 13일 기준, 하루 평균 7020만 명의 게이머들이 활동했다.

가장 빨리 팔린 〈젤다의 전설〉 시리즈
2023년 5월 12일에 발매된 닌텐도의 〈젤다의 전설: 티어스 오브 더 킹덤〉이 3일 만에 1000만 장이 판매되었다. 이 게임은 그해 말까지 3000만 장 이상이 팔리며 닌텐도 스위치 역사상 가장 많이 팔린 5개 게임 중 하나에 올랐다.

가장 많이 팔린 비디오 게임
배급사 마이크로소프트는 〈마인크래프트〉가 2023년 10월 15일 기준 3억 장이 넘게 팔렸다고 밝혔다. 〈마인크래프트〉는 샌드박스 게임으로, 개발자 마르쿠스 페르손이 2009년 5월 17일 알파 버전을 공개하자마자 열렬한 팬층을 구축했다.

최초로 비디오 게임 스피드런을 완료한 개
2023년 7월 13일, 게이머 'JSR'은 반려견 피넛 버터가 1985년 출시된 패미컴 게임 〈자이로마이트〉를 하는 영상을 올렸다. 피넛 버터는 맞춤 컨트롤러 위 대형 버튼을 발바닥으로 누르며 25분 29초 동안 게임을 했다.

골든 조이스틱 어워드 최다 수상작
〈발더스 게이트 3〉(라리안 스튜디오, 2023)가 2023년 영국 비디오 게임 시상식에서 올해의 게임 등 7개 부문에서 최우수상을 받았다. 〈던전 앤 드래곤〉의 세계관을 무대로 하는 롤플레잉 게임(RPG)으로, 비평과 흥행에서 모두 엄청난 성공을 거두었다.

예술과 미디어

음악

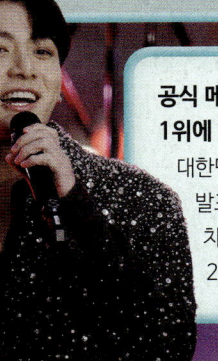

공식 메나 차트에서 가장 오래 1위에 머문 곡

대한민국의 BTS 정국이 2022년에 발표한 자신의 솔로곡 3개를 메나 차트 1위에 올려놓았다. 3곡 모두 2주 동안 1위에 머물렀다.

그래미 어워드 최우수 메탈 퍼포먼스 최다 수상

2024년 2월 4일, 미국의 메탈리카가 11번째 스튜디오 앨범 「72 시즌스」로 제66회 그래미 어워드에서 7번째 상을 거머쥐었다.

영국 차트 싱글 1위 공백 기간이 가장 큰 가수

비틀즈(영국)의 「나우 앤 덴」이 2023년 11월 16일 영국 차트 1위에 올랐다. 「나우 앤 덴」 전에 1위에 오른 곡은 1969년 6월 25일 「더 발라드 오브 존 앤 요코」로, 두 곡 사이의 기간은 무려 54년 144일이다.

빌보드 핫 100에 진입한 가장 긴 곡

재생 시간이 12분 20초에 이르는 「I swear, I Really Wanted To Make A "Rap" Album But This Is Literally The Way The Wind Blew Me This Time」이 2023년 12월 2일 미국 싱글 차트 90위에 진입했다. 이 곡은 미국의 래퍼 안드레3000의 첫 번째 싱글이다.

가장 큰 '진동'을 일으킨 콘서트

2023년 7월 22~23일, 미국 워싱턴주 시애틀 루멘 필드에서 펼쳐진 테일러 스위프트(미국)의 에라스 투어에서, 지진 규모 2.3에 맞먹는 진동이 일어났다. 지진학자들은 14만 4000명의 군중이 일으키는 소음과 음향 시스템 때문에 진동이 일어난 것으로 분석했다.

일본 싱글 최다 연속 1위 가수

1997년에서 2024년 사이, 제이팝 듀오 킨키 키즈(도모토 츠요시와 도모토 코이치)는 1년에 최소 1곡 이상을 1위에 올렸다. 이들의 마지막 1위 곡은 2024년 1월 8일에 정상에 오른 「슈뢰딩거」이다.

유로비전 송 콘테스트 최다 수상자

스웨덴의 로린이 2023년 5월 13일 유로비전에서 「타투」로 2번째 트로피를 들어 올렸다. 그는 이전에 「유포리아」로 1번째 상을 받은 바 있다. 이 상을 2번 받은 다른 가수는 「왓츠 어나더 이어」(1980)와 「홀드 미 나우」(1987)를 부른 아일랜드의 조니 로건이다.

빌보드 핫 100 최다 동시 신규 진입

미국의 컨트리 가수 모건 월렌이 2023년 3월 18일 신곡 27개(재진입한 3개 포함)를 빌보드 핫100 차트에 올려놓았다. 같은 날, 그의 3번째 스튜디오 앨범 「원 씽 앳 어 타임」이 빌보드 200 1위에 오르기도 했다.

그래미 어워드 최고령 최우수 신인상

미국의 빅토리아 모네가 34살 279일의 나이에 2024년 제66회 그래미 어워드에서 최우수 신인상을 받았다. 2023년 11월 10일, 빅토리아의 딸 헤이즐은 엄마의 곡 「할리우드」에 참여하며 2살 262일의 나이로 후보에 오르며 **그래미 어워드 최연소 후보**라는 기록을 세웠다.

브릿 어워드 연내 최다 수상

다양한 장르를 넘나드는 영국의 아티스트 레이가 3월 2일 런던에서 열린 2024 브릿 어워드에서 트로피 6개를 가져갔다. 그는 올해의 앨범과 올해의 노래, 올해의 아티스트, 올해의 작곡가, 최우수 알앤비(R&B) 가수 및 최우수 신인 아티스트 부문을 석권했다. 또한 **브릿 어워드에서 한 해에만 7개 부문의 후보**에 올라 **최다 기록**을 세웠다.

배드 버니라는 예명은 그가 어릴 적 학교에서 억지로 토끼 옷을 입고 얼굴을 찌푸리는 사진을 찍은 것에서 따왔다.

스포티파이 최다 재생 음악

기록	재생 횟수	기록 보유자
곡(남성)	40억 8000만 회	「블라인딩 라이츠」, 위켄드(캐나다)
곡(여성)	29억 9000만 회	「댄스 멍키」, 톤스 앤 아이(오스트레일리아)
곡(그룹/듀오)	29억 6000만 회	「스테이」, 더 키드 라로이(오스트레일리아)와 저스틴 비버(캐나다)
앨범(남성)	157억 3000만 회	「운 베라노 신 티」, 배드 버니(푸에르토리코)
앨범(여성)	119억 5000만 회	「두아 리파」, 두아 리파(영국/알바니아)
앨범(그룹/듀오)	87억 3000만 회	「AM」, 악틱 몽키즈(영국)
가수(남성)	945억 회	드레이크(캐나다)
가수(여성)	730억 7000만 회	테일러 스위프트
가수(그룹/듀오)	380억 8000만 회	BTS

* 2024년 2월 24일 기준 총 누적 재생횟수.

스포티파이에서 가장 많이 재생된 앨범

스포티파이 역사상 가장 많이 재생된 앨범은 2022년에 발매한 래퍼 배드 버니의 「운 베라노 신 티」로, 2024년 2월 24일 기준 총 157억 3825만 533회 재생되었다.

「운 베라노 신 티」는 스포티파이에서 2년 연속 가장 많이 재생된 앨범(2022~2023년)이기도 하며, 2023년에만 45억 회 이상 재생되었다. 뿐만 아니라 **에스파냐어 앨범 최초로 그래미 어워드 올해의 앨범 후보**에 올랐고, 2023년에 열린 제65회 그래미 어워드에서 최우수 어반 앨범(오른쪽 아래, R&B 스타 시저와 함께)에 이름을 올렸다. 배드 버니는 스포티파이에서 3년(2020~2022년) 동안 **한 해에 가장 많이 재생된 곡의 가수**가 됐으며, 2023년에 열린 빌보드 라틴 뮤직 어워드에서는 4번 연속 올해의 아티스트상을 받아 **최다 연속 수상 신기록**을 남겼다.

오랫동안 프로 레슬링광이었던 배드 버니는 최근 팬에서 선수로 탈바꿈했다. 2021년에는 레슬링 슈퍼스타 데이미언 프리스트와 팀을 이루어 세계 레슬링 엔터테인먼트(WWE) 24/7 챔피언십에서 우승했다. 하지만 이들은 2023년 WWE 백래시에서 경쟁자로 돌아서(위) 링과 링 사이를 넘나들며 열띤 싸움을 벌였고, 배드는 자신의 전매특허 기술인 '버니 디스트로이어'를 선보이며 데이미언을 무너뜨렸다.

브레이킹

브레이킹은 디제잉, 랩, 그래피티와 더불어 힙합의 4대 요소 중 하나이다. 1970년대 미국 뉴욕의 브롱크스에서 댄서들이 가사 없이 음악만 나오는, 이른바 '브레이크' 구간에서 즉흥적으로 춤을 추며 시작되었다고 알려졌다. 쿨 허크 등 선구자이던 디제이(DJ)들이 2개의 턴테이블을 돌리며 음악을 섞고 브레이크 시간을 늘리자, 브레이킹은 하나의 예술로 발전했다. 이제는 주류 문화가 되었으며, 2024년 파리 올림픽에서는 정식 종목으로 선정되었다.

레드불 BC 원 최다 비보이 타이틀
2023년 10월 21일, 대한민국의 홍텐(김홍열)이 브레이킹 국제 대회인 레드불 BC 원에서 2006년과 2013년에 이어 통산 3번째 우승을 차지했다. 39살의 베테랑 비보이인 그는 2014년과 2017년, 2019년에 우승한 네덜란드의 멘노와 어깨를 나란히 했다. 2018년부터 시작된 비걸 대회 기록은 2019~2020년 우승자인 러시아의 카스테트와 2018년, 2023년에 우승한 일본의 아미가 나누어 가졌다.

최장 거리 헤드슬라이드
이탈리아의 브레이킹 챔피언 미셸 가뇨는 2018년 11월 24일, 이탈리아 로마의 〈기네스 세계 기록 티브이(TV) 쇼〉에서 바닥 2.6미터를 머리로 쓸었다.

30초 동안 최다 윈드밀
락 스테디 크루 소속 크레이지 레그스가 만든 윈드밀은 다리를 위로 빙빙 돌리는 동안 바닥 위에서 등과 상체를 구르는 기술이다. 2010년 10월 10일, 이탈리아의 비보이 치코가 영국 비보이 챔피언십 세계 결승전에서 30초 동안 윈드밀을 50번 선보였다. 다음 날, 치코는 공중에서 6번 회전을 하여 **공중 윈드밀 연속 최다** 기록도 세웠다.

최다 연속 엘보 홉스
일본의 비보이 아시타카가 2016년 11월 24일, 일본 도쿄에서 팔꿈치를 187번 공중에 띄웠다. 이전 기록을 거의 3배나 경신한 것이다. 그는 같은 날 139번의 **원핸드 점프**로 **최다 연속 기록**을 세우며 하루에 신기록 2개를 수립했다.

30초 동안 최다 잭해머(여성)
2024년 2월 24일, 이탈리아의 비걸 솔리드가 영국 런던에서 30초 동안 잭해머 홉스를 25번 선보였다. 잭해머 홉스는 한 손을 바닥에 짚고 공중에서 몸을 돌리는 기술이다. 솔리드는 일주일에 최대 6일씩 이 기술을 연마했다고 한다.

30초 동안 최다 킵업
2023년 3월 6일, 파키스탄의 노만 메수드는 파키스탄 데라이스마일한에서 누운 자세를 한 뒤 몸을 벌떡 일으키는 기술을 30초 동안 32번 성공했다. 2020년 12월 12일에는 **1분** 동안 52번을 성공하여 최다 기록을 세우기도 했다. **1분 동안 손을 쓰지 않은 최다 킵업** 기록은 43번으로, 파키스탄의 다니얄 메수드가 2021년 7월 2일에 세웠다.

레드불 BC 원 최연소 우승
미국의 로지스텍스(2003년 5월 8일생)가 18살 182일의 나이에 2021년 11월 6일 폴란드 그단스크에서 최고의 비걸 타이틀을 차지했다. 2020 비보이 챔피언인 일본의 시게킥스보다 80일 빠른 최연소 우승 기록을 갖게 된 것이다. 로지스텍스라는 이름은 아버지가 지어 주었다고 한다.

배틀 오브 더 이어(BOTY) 최다 우승 크루
1990년에 시작된 BOTY는 국제 브레이킹 대회로 지금까지 3팀이 3번 우승했다. 2006년과 2011~2012년에 프랑스의 배가본드, 2015~2017년에 일본의 플로리어즈, 2010년, 2018년, 2021년에 대한민국의 진조크루(오른쪽)가 우승했다.

빅터의 주특기는 백플립 플레어와 한 손으로 몸통을 돌리는 '슈퍼 몬탈보'이다.

세계 브레이킹 챔피언십 최다 우승 비보이

2023년 9월 24일, 미국의 빅터가 국제 댄스 스포츠 연맹 대회에서 최초로 2회 우승을 차지한 비보이가 되었다. 그는 벨기에 루벤에서 열린 결승전에서 2021년 우승자인 필 위저드에게 2대 1로 이겼다. 그의 활약 덕분에 미국 국가대표 팀은 2024년 파리 올림픽 데뷔 무대에 오를 수 있었다. 그는 6살 때 멕시코의 브레이킹 선구자이자 아버지인 빅토르와 삼촌 엑토르 베르무데스에게 브레이킹을 처음 배웠다. 빅터는 레드불 BC 원에서도 2015년과 2022년 두 차례 우승했다.

세계 브레이킹 챔피언십 최다 우승 비걸

일본의 아미는 국제 댄스 스포츠 연맹 대회에서 2번 우승했다. 2번째 타이틀은 2022년 10월 22일 대한민국 서울에서 열린 대회에서 중국의 비걸 671을 꺾고 차지했다. 부드러운 몸놀림과 힘이 넘치는 움직임으로 유명하며 2018년에 처음 열린 레드불 BC 원 비걸 부문에서도 최초로 우승했다.

예술과 미디어

텔레비전

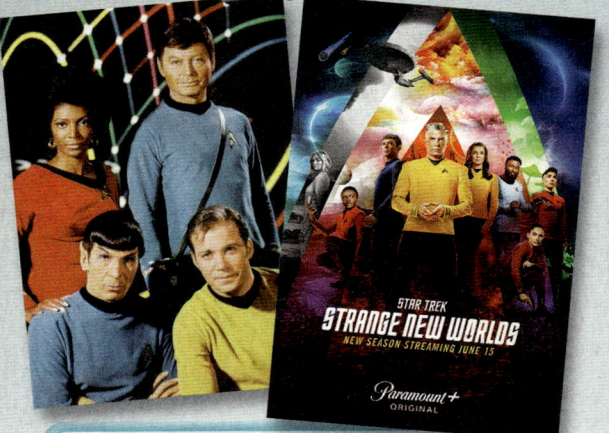

첫 방영 시즌 최다 에미상 수상작

2022년 6월 23일 방영을 시작한 「더 베어」가 2024 에미상에서 13개 부문 후보에 올라 총 10개의 상을 가져갔다. 최우수 코미디 시리즈 및 제레미 앨런 화이트(왼쪽)의 코미디 시리즈 최우수 주연상 등을 받았다.

가장 성공한 공상 과학 텔레비전 시리즈

미국의 진 로든버리가 제작한 「스타트렉」이 1966년 9월 8일 첫 방영되었다. 이후 11개 시리즈의 900편이 방영되었고, 13편의 영화도 나왔다. 이 시리즈는 현재 약 107억 달러(약 14조 6000억 원)의 가치를 지니며, 이 중 텔레비전 수익이 23억 달러(약 3조 원)에 이른다.

최우수 리미티드 시리즈 또는 앤솔러지 시리즈 또는 텔레비전 영화 부문 최다 골든 글로브상 후보작

2023년 12월 11일, 블랙 코미디 범죄 드라마 「파고」가 2014년과 2015년, 2017년에 이어 4번째 후보에 올랐다. 방영 첫 해에 상을 받았으며, 2024년 최종 후보에 오르면서 「아메리칸 크라임 스토리」의 3회 기록을 넘어섰다.

비디오 게임을 기반으로 만든 에미상 최다 수상 시리즈

「더 라스트 오브 어스」가 2023 에미상에서 24개 부문 후보에 올라 8개 상을 받았다. 너티 독사의 생존 모험 게임을 기반으로 한 이 시리즈는 평론가들의 극찬을 받았으며, 미국의 스톰 리드(드라마 게스트 여자 배우상)와 닉 오퍼먼(드라마 게스트 남자 배우상)에게 상을 안겼다.

에피소드 수 기준 최장수 시트콤

중국 광둥 텔레비전의 「리빙 위드 더 강」은 2023년 4월 23일 4382회를 방영했다. 2000년 11월 4일에 첫 방영한 이래 22년 5개월 동안 시청자를 찾았다.

가장 오랫동안 방영하고 있는 텔레비전 토크쇼

아일랜드의 〈더 레이트 레이트 쇼〉는 1962년 7월 6일 첫 방영 후 61년 253일 동안 방송 중이다(2024년 3월 15일 기준). 고정 출연은 게이 번, 팻 케니, 라이언 튜브리디, 패트릭 킬티로 4명뿐이다.

에미상 최우수 리얼리티 경쟁 프로그램 진행자 최다 수상작

미국의 루폴 찰스는 「루폴의 드래그 레이스」로 22개 부문 후보에 올라 14개의 상을 받았다. 에미상 역사상 가장 많은 상을 받은 흑인이다.

가장 큰 액션 피규어

2024년 3월 25일, 넷플릭스는 「푸바」를 홍보하기 위해 주인공 아놀드 슈왈츠네거를 본떠 만든 6.74미터 높이 '장난감'을 미국 캘리포니아주 산타페 스프링스에서 공개했다. 사진에서 동그라미 안에 있는 것은 3D스캔으로 본뜬 일반 크기 모형으로 팔을 움직일 수 있다.

골든 글로브상 최다 후보

미국의 메릴 스트립은 33번 최종 후보에 올라 총 8번 수상했다. 가장 최근에 받은 상은 2023년 12월 11일에 「아파트 이웃들이 수상해」로 받은 최우수 여우조연상이다.

골든 글로브상 최우수 텔레비전 시리즈 드라마 최다 수상작

제시 암스트롱이 제작한 코미디 드라마 「석세션」이 2024년 1월 7일 3번째 트로피를 들어 올리며 1994년과 1996~1997년 수상한 「엑스파일」, 2007~2009년에 수상한 「매드맨」의 기록과 어깨를 나란히 했다.

「석세션」은 2022년과 2023년에 배우상 후보에 14번 올라, 1년 동안 에미상 최다 배우 후보 기록을 세웠다.

2023년에 가장 많은 사랑을 받은 텔레비전 프로그램

데이터 회사 패럿 애널리틱스가 '1인당 수요'를 이용해 분석한 장르별 가장 뜨거운 사랑을 받은 작품을 알아보자. 1인당 수요는 시청률과 소셜 미디어에서 언급된 빈도 등으로 계산했다. 예를 들어 「왕좌의 게임」이 74.5점이라면 일반 프로그램보다 74.5배 인기가 높았다는 뜻이다.

1. 텔레비전 시리즈
「왕좌의 게임」(미국/영국)
74.5점

2. 드라마
「예 리시타 켈흐라타 하이」(인도)
33.4점

3. 코미디
「테드 래소」(미국/영국)
52.5점

4. 법정 드라마
「빌리언스」(미국)
40.7점

5. 예능
「지미 팰런의 더 투나잇 쇼」
35.8점

6. 다큐멘터리
「플래닛 어스Ⅲ」(영국)
25.8점

7. 디지털 오리지널
「기묘한 이야기」(미국)
60.9점

8. 액션 및 모험
「만달로리안」(미국)
58.5점

9. 공상 과학
「더 라스트 오브 어스」(캐나다/미국)
67.6점

10. 애니메이션
「주술회전」 시즌 2 (일본)
71.2점

11. 첫 방영 프로그램
「시크릿 인베이전」(미국)
102.4점*

12. 슈퍼 히어로
「로키」(미국)
55점

13. 공포
「웬즈데이」(미국)
34.2점

14. 청소년 드라마
「유포리아」(미국)
34.9점

* 첫 방영된 지 30일 이내 시청률 기준.

예술과 미디어

블록버스터

영화에서 가장 인기가 많은 개
2024년 2월 11일 기준, 온라인 영화 데이터 집계 사이트 IMDb는 개가 중요한 역할을 하는 영화 1304편을 등재했다(말도 영화에 자주 나오지만, 중요한 역할을 맡지는 않는다). 「추락의 해부」(2023)에서 시각 장애인 안내견으로 등장한 보더콜리 메시는 연기가 뛰어난 동물에게 수여하는 팜 도그상을 받았으며, 영화 역시 제76회 칸 영화제에서 황금종려상을 받았다.

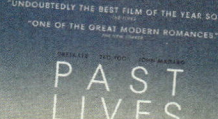

같은 해 아카데미상 최우수 작품상 후보에 가장 많이 오른 여성 감독의 영화들
쥐스틴 트리에의 「추락의 해부」, 그레타 거윅의 「바비」, 셀린 송의 「패스트 라이브즈」(모두 2023)가 제96회 아카데미상 최우수 작품상 후보에 올랐다. 1929년 첫 시상식 이후 이 부문 후보이던 601편 영화 중 여성 감독의 영화는 22편에 불과하다.

아카데미상 최다 수상 영화
「벤허」(1959)와 「타이타닉」(1997), 「반지의 제왕」(2003)이 각각 11개의 아카데미상을 받았다. 2024년 가장 많은 아카데미상을 받은 영화는 「오펜하이머」로, 최우수 작품상과 최우수 남우주연상 등 7개 부문에서 수상했다.

아카데미상 최우수 작품상에 가장 많이 후보로 오른 감독
미국의 스티븐 스필버그가 「마에스트로 번스타인」(2023)을 최우수 작품상 후보에 올리며 2024년 1월 23일 기준, 이 부문 후보에 총 13번 올랐다.
아카데미상 최우수 조연상에 가장 많이 후보로 오른 횟수는 4번으로 총 8명이 기록했다.

가장 많이 인용된 영화
IMDb에 따르면 앨프리드 히치콕이 감독한 영화 「사이코」(1960)가 2024년 2월 20일 기준 총 580편 영화에서 인용되었다.

최고령 아카데미상 후보
미국의 작곡가 존 윌리엄스(1932년 2월 8일생)는 2024년 1월 23일, 91살 349일에 「인디아나 존스: 운명의 다이얼」(2023)로 최우수 음악상 후보에 올랐다.
그는 아카데미상 후보에 54번 올라 살아 있는 인물 중 최다 기록을 보유하고 있다. 미국의 월트 디즈니(1901~1966년)만이 총 59번 후보에 올라 유일하게 앞서 있다.

욕설이 가장 많이 나오는 영화 제작 국가
평균적으로 아일랜드의 영화에 욕설이 가장 많이 나오는 것으로 나타났다. 조사원 스티븐 팔로우스는 2000년에서 2022년 사이에 제작된 아일랜드 영화에서 '매우 강한' 욕설로 분류되는 언어가 평균 26.6개 나왔다고 밝혔다. 게다가 아일랜드 영화 약 70퍼센트에서 '강한' 또는 '매우 강한' 욕설이 나왔다.
욕설이 가장 많이 나오는 영화는 캐나다의 영화 「스웨어넷: 더 무비」(2014)로, 112분 동안 욕설이 868개나 나왔다. 이전 기록은 미국의 마틴 스코세이지가 감독한 180분짜리 코미디 영화 「더 울프 오브 월 스트리트」(2013)였다.

가장 많이 등장한 동물 배우
팔로미노종인 말 트리거는 1938년에서 1959년 사이 총 92편의 영화에 출연했다. 데뷔작은 1938년에 제작된 「언더 웨스턴 스타스」로, 로이 로저스가 타는 말로 출연했다.

아카데미상 최고령 감독상 후보
2024년 1월 23일, 마틴 스코세이지(1942년 11월 17일생)가 「플라워 킬링 문」(2023)으로 81살 67일의 나이에 감독상 후보에 올랐다. 이 부문 후보에 10번 오른 그는 살아 있는 감독 중 최다 후보에 오른 기록도 세웠다. 통산 최다 기록은 1936년에서 1965년 사이에 12번 후보에 오른 「벤허」의 감독 윌리엄 와일러(미국, 독일 출생)가 가지고 있다.
같은 날, 블랙피트/니미푸 부족 혈통의 릴리 글래드스톤(사진 왼쪽)이 「플라워 킬링 문」으로 최우수 여우주연상 후보에 올랐다. 최초로 아메리카 원주민이 배우 후보에 오른 기록이다. 그는 2024년 1월 7일 골든 글로브상에서 모션 픽처-드라마 부문 최우수 여우주연상을 받으며 미국 원주민 최초로 골든 글로브상을 받은 배우가 되었다.

가장 많은 수익을 올린 전기 영화

더 넘버스에 따르면 2024년 3월 11일 기준 「오펜하이머」(2023)는 전 세계 박스 오피스에서 9억 6072만 7251달러(약 1조 3000억 원)의 수익을 올렸다. 아일랜드의 킬리언 머피가 주연을 맡고 영국의 크리스토퍼 놀란이 감독한 이 영화는 최초로 핵폭탄 개발을 이끌어 낸 과학자 로버트 오펜하이머의 일생을 담았다.

영화는 2023년 7월 21일 그레타 거윅의 「바비」와 동시에 개봉했는데, 많은 팬들이 이 두 영화를 합쳐 '바벤하이머'라는 별명을 붙여 주기도 했다. 두 영화 모두 엄청난 성공을 거두며 여름 박스 오피스 흥행의 선두 역할을 맡았다.

제96회 아카데미상에서 「오펜하이머」는 최우수 작품상과 최우수 감독상, 최우수 남우주연상(킬리언 머피), 최우수 남우조연상(로버트 다우니 주니어) 등 총 7개 부문을 받았다.

「바비」는 「오펜하이머」를 제치고 14억 3000만 달러(약 2조 원)를 벌어들이며 2023년 최고 수익을 올린 영화가 되었다.

예술과 미디어

영화 제작

시각 효과를 가장 많이 쓴 영화
「어벤저스: 인피니티 워」(2018)는 인터넷 무비 데이터베이스(IMDb)에 소속된 시각 효과 전문가 2659명이 참여했다. 마블 시네마틱 유니버스의 19번째 영화로 20억 달러(약 2조 6000억 원) 이상을 벌어들인 4번째 영화이며 제91회 아카데미상에서 최우수 시각 효과상 후보에 올랐다.

다른 영화에 가장 많이 등장한 영화
IMDb에 따르면 조지 A 로메로 감독의 「살아 있는 시체들의 밤」(1968)은 2024년 1월 16일 기준 129개 영화에 나왔다. 좀비 영화의 고전이지만 미국 저작권 신청을 하지 않아 저작권료가 없기 때문에, 영화 제작자들은 이 영화를 텔레비전 화면에 틀어 놓는 등 마음껏 사용했다.

가장 비싼 영화 저작권료
디즈니는 브로드웨이 뮤지컬 〈해밀턴〉 독점 계약을 위해 린 마누엘 미란다에게 75만 달러(약 10억 원)를 지불했다. 2020년 7월 3일부터 디즈니플러스에서 방영되고 있다.

가장 비싸게 폐기된 영화
2022년 8월 3일, 워너브라더스사는 「배트걸」의 개봉을 취소하겠다고 발표했다. 900만 달러(약 122억 원)를 들인 이 영화는 이미 촬영을 다 마친 상태였으나 단 한 번도 극장에 걸리지 못했다.

가장 넓은 면적에 내린 인공눈
「나폴레옹」(2023) 속 황폐한 러시아 서부의 모습을 위해 종이로 만든 인공눈 1만 2000꾸러미가 12만 5000제곱미터 면적에 뿌려졌다. 미술 감독 아서 맥스(미국)와 겨울 시각 효과 전문 회사인 스노우 비즈니스(영국)는 감독 리들리 스콧을 도와 1812년 나폴레옹 군대의 모스크바 후퇴 장면을 재현했다.

가장 많이 재촬영한 장면
찰리 채플린이 감독하고 출연한 무성 로맨틱 코미디 영화 「시티 라이트」(1931)는 2년이 넘는 제작 기간 동안 한 장면을 342번이나 재촬영했다. 바로 영화의 마지막 장면으로, 이 장면의 실제 상영 시간은 3분밖에 되지 않았다.

한 영화에서 가장 많이 지적된 오류
무비 미스테이크스 웹사이트의 사용자들은 「지옥의 묵시록」(1979)에서 2024년 1월 9일 기준 오류를 456개나 찾아냈다. 그중에는 장면 사이에 배우의 위치가 바뀌거나 같은 오두막을 2번 터뜨리는 장면 등이 있다.

한 영화에서 시각 도구 및 제작진이 보인 최다 오류는 43번으로, 「스피드」(1994)와 「캐리비안의 해적: 블랙 펄의 저주」(2003)가 공동으로 기록했다. 두 영화 모두 세트장에서 빠르게 촬영하는 바람에 사다리와 조명, 심지어 의상을 제대로 갖추지 않은 제작진이 노출되었다.

가장 많이 리메이크 된 영화
2016년 2월 11일 이탈리아에서 처음 개봉한 「퍼펙트 스트레인저」는 2024년 1월 기준, 24개의 다른 언어로 제작되었다.

가장 많이 쓰인 영화 제목
'브로큰(Broken)'은 잔혹한 공포 영화에서 예수 그리스도가 재림하는 영화까지 각기 다른 34개 영화의 제목으로 쓰였다. 그다음으로 많이 쓰인 영화 제목으로는 '히어로(Hero)'(33개)와 '마더(Mother)'(30개)가 있다.

오리지널판에 비해 상영 시간이 가장 긴 감독 특별판 영화
DC 확장 유니버스의 「저스티스 리그」(2017)의 감독판인 「잭 스나이더의 저스티스 리그」(2021)는 상영 시간이 오리지널판보다 2배 더 긴 242분에 달했다.

호빗 마을 촬영지를 만드는 기초 작업에 뉴질랜드 군대가 동원되기도 했다.

규모가 가장 큰 영화 촬영지

뉴질랜드 북섬의 한 농장에 5.5헥타르 규모의 호빗 마을이 들어섰다. 1999년 3월부터 12월 사이에 「반지의 제왕」시리즈의 촬영 무대로 지어졌으나, 이후 「호빗」시리즈의 배경으로 규모가 확대되었다. 세트 디자이너 앨런 리가 설계한 호빗 마을은 땅속 호빗의 집 44채와 물레방아, 드넓은 정원 및 농장으로 구성되어 있다. 현재 촬영지는 주요 관광 명소가 되었고 350만 명이 넘는 사람들이 다녀갔다. 방문객들은 빌보와 프로도 배긴스의 집인 백 엔드를 둘러볼 수 있고, 그린 드래건 주점에서 사우스파팅 맥주를 맛볼 수 있다(왼쪽 위).

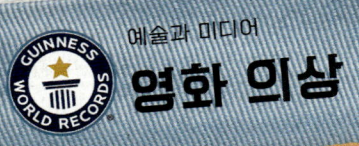

영화 의상

예술과 미디어

가장 많은 의상이 나온 영화
서사극 「쿠오바디스」(1951)에서는 엑스트라 3만 명이 총 3만 2000벌의 의상을 입었다. 여기에는 수제 샌들 1만 5000켤레와 1만 2000개의 맞춤 보석도 포함된다. 이후 의상 1만 5000벌은 수십 년 동안 고대가 배경인 영화에 쓰였다.

가장 많은 의상비가 들어간 영화
1000만 달러(약 137억 원)에 달하는 금액이 「섹스 앤 더 시티 2」(2010) 출연진의 화려한 의상을 구입하는 데 쓰였다. 사라 제시카 파커(캐리 브래드쇼 역, 오른쪽에서 두 번째)는 41벌의 의상을 입었고 1벌당 약 23만 달러(약 3억 원)가 들었다고 한다.

제작진 명단에 최초로 이름을 올린 의상 디자이너
미국의 헬렌 가드너와 마담 스티판지가 영화 「클레오파트라」(1912) 제작진 명단에 처음으로 이름을 올렸다. 배우이자 프로듀서인 헬렌은 자신이 입을 주인공의 옷을 디자인했으며, 마담 스티판지는 나머지 배역의 의상을 만들었다. 이 영화는 미국에서 제작된 첫 장편 영화 중 하나로, 마담 스티판지가 정확히 누구인지는 밝혀지지 않았다.

최초의 패션 영화
1910년 2월 10일에 개봉한 「파리 패션의 50년 1859~1909」는 영국의 고몽이 과거의 멋진 디자인을 보여 주는 장면을 시리즈로 제작한 단편 무성 영화였다. 약 7분 길이의 이 영화가 여성 관객들에게 많은 인기를 얻자, 곧 뉴스 영화 제작사들이 파리나 런던의 최신 유행을 담은 영화를 제작하기 시작했다.

가장 무거운 영화 의상
에이드리언 그린버그는 시대극 「마리 앙투아네트」(1938)의 결혼식 의상으로 49.9킬로그램에 달하는 드레스를 만들었다. 실제 프랑스 루이 16세의 궁정에서 입었던 옷을 본떴는데, 강철 골조로 이루어진 크리놀린과 10겹의 속치마가 있었다. 457미터에 달하는 흰색 실크 새틴 천에 은실로 백합 문장을 수놓았으며, 끝머리에는 진주 구슬 장식을 달았다. 결혼식 장면을 찍을 때 주인공 노마 시어러의 체중이 이 드레스의 무게보다 적었다고 한다.

전 세계 박스 오피스에서 가장 많은 수익을 올린 의상 디자이너
더 넘버스에 따르면 2023년 12월 24일 기준 미국의 주디아나 마코프스키가 의상 디자이너로 참여한 영화 24편에서 올린 수익은 121억 7590만 7030달러(약 16조 5000억 원)였다. 그의 의상은 「해리포터와 마법사의 돌」(2001)과 「어벤져스: 엔드게임」(2019) 등 블록버스터 영화에 등장했다.

영화 의상에 가장 많이 쓰인 천(복제품 포함)
'복수 미술품'이라 불리는 8벌의 야회복 복제품이 디즈니의 실사 영화 「신데렐라」(2015)의 주인공 릴리 제임스를 위해 만들어졌다. 각 의상마다 250미터의 천을 썼고, 총 길이는 축구 경기장 절반을 덮고도 남을 1997미터였다. 드레스가 등장하는 장면이 많았기 때문에 여러 벌이 필요했고, 신데렐라가 자정에 달려 나가는 장면을 위해 길이를 살짝 짧게 만든 것도 있었다.

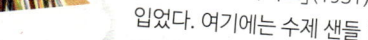

가장 오래된 의상실
영국의 앤젤스 코스튬즈는 1840년에 처음 문을 열었다. 이 의상실은 영화와 텔레비전, 무대 예술에 쓰일 의상을 공급했으며, 영국 런던 북서쪽에 있는 공간에 500만 벌 이상을 보관했다. 재단사이자 창업주이던 대니얼 앤젤은 1813년 독일 프랑크푸르트에서 런던으로 이주했으며, 현재 회사는 그의 7대손이 운영하고 있다.

영화에서 가장 많은 의상을 갈아입은 사람
로버트 드 니로는 갱스터 영화 「아이리시맨」(2019)에서 프랭크 시런 역을 맡아 의상을 102벌이나 갈아입었다. 크리스토퍼 피터슨과 함께 의상을 제작한 샌디 파월은 이 영화를 '모든 단계마다 도전이 필요한 프로젝트'라고 묘사했다. 영화는 1950년대에서 2003년까지의 시기를 아우르며, 주인공뿐만 아니라 수많은 조연과 엑스트라에게 적절한 의상을 공들여 연구해야 했다.

제작진 명단에 가장 많이 이름을 올린 의상 디자이너

미국의 에디스 헤드는 1925년부터 1982년까지 의상업자와 보조로 111편에 참여한 것을 비롯해 할리우드 영상물 432편의 의상 부문을 총괄했다. 기나긴 경력 동안 거의 모든 여주인공 의상을 디자인했고 아카데미상 후보 여성 최다 기록(35회)을 세웠으며, 이중 8번 수상하여 여성 최다 수상 기록도 가져왔다. 에디스의 헤어스타일과 안경은 그의 의상을 입었던 스타들만큼이나 두드러졌고(오른쪽 사진), 애니메이션 「인크레더블」의 에드나 모드(맨 오른쪽) 캐릭터가 탄생하는 데 영감을 주었다.

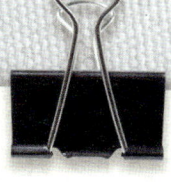

에디스 헤드(1897~1981년)

에디스는 앨프리드 히치콕의 스릴러 영화 「새」(1963)에서 티피 헤드런이 입은 황록색 의상을 디자인했다. 대부분의 장면에 이 옷을 입고 나왔던 티피는 에디스가 옷에 밝지 않은 색을 사용한 이유로 "그래야 사람들이 당신을 보고 싫증내지 않을 것"이라 말했다고 회고했다.

에디스는 「로마의 휴일」(1953)에서 오드리 햅번이 입은 의상을 디자인했다. 오드리는 세련된 외출복부터 고급스러운 야회복까지 소화했으며, 영화는 에디스와 오드리 모두에게 아카데미상을 안겼다.

영화 「이창」(1954)에서는 그레이스 켈리의 캐릭터를 살리기 위해 검정색 보디스(드레스의 상체 부분)에 쉬폰-툴 드레스를 맞춘 '뉴 룩' 스타일 등 세련된 디자인을 창조했다.

에디스는 「스팅」(1973)에서 로버트 레드포드(사진)와 폴 뉴먼이 선보인 멋진 시대극 정장도 만들었다. 그는 이 의상으로 여덟 번째이자 마지막 아카데미상을 받았다.

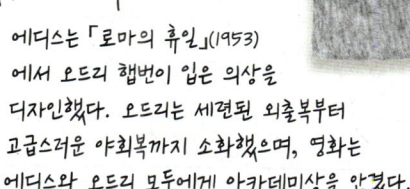

가장 비싼 영화 의상

몇몇 유명한 의상이 '역사상 가장 비싼 의상'으로 알려졌지만, 그중 가장 높은 가격으로 유력한 것은 에디스가 「레이디 인 더 다크」(1944)에서 진저 로저스를 위해 만든 밍크 장식 스팽글 의상이다. 이 드레스는 두 가지 형태로 제작되었는데, 클로즈업 촬영할 때 입는 고정 의상과 춤출 때 입는 좀 더 가벼운 복제품 의상이었다. 당시 총 3만 5000달러가 들었는데, 2023년 시세로 62만 달러(약 8억 5000만 원)와 맞먹는다.

예술과 미디어
종합

최장 시간 마라톤 댄스
인도의 스루슈티 수티르 자크탑이 인도 마하라슈트라주의 데이야난드 대학교에서 2023년 5월 29일부터 6월 3일까지 127시간 동안 춤을 추었다. 16살 학생인 그는 인도의 8개 고전 무용 중 하나인 카타크를 주로 추었으며, 1시간 춤출 때마다 5분의 휴식을 취했다.

돌리 파튼 분장을 하고 모인 최다 인원
2023년 6월 24일, 아일랜드 케리주의 리스토웰의 자선 행사에서 959명이 돌리 파튼처럼 꾸미고 모였다. 이들은 '돌리의 날'을 기념하며, 미국 국기로 꾸민 거리에서 줄지어 춤을 추었다.

연간 최고 수입을 올리고 있는 배우(현재)
미국의 애덤 샌들러가 2023년에 약 7300만 달러(약 1000억 원)의 수입을 올렸다고 《포브스》가 밝혔다. 배우이자 스탠드업 코미디언인 그는 2023년에 「범죄의 장인」, 애니메이션 「레오」 등 넷플릭스 영화 4편을 제작했다.
2023년 **가장 높은 수입을 올린 여배우**는 오스트레일리아의 마고 로비로, 590만 달러(약 80억 원)를 벌어들여 애덤에 이어 전체 2위를 차지했다. 33살에 「바비」로 스타가 된 그는 《포브스》가 선정한 지난 10년간 최고 수입 배우 10명 중 가장 나이가 어리다.

1년 동안 영화를 가장 많이 본 사람
미국의 자카리아 스워프는 2022년 7월 5일부터 2023년 6월 30일까지 미국 펜실베이니아주 해리스버그에서 영화 777편을 관람했다. 그는 영화관 5곳을 애용했고, 영화를 보는 동안에는 규정대로 아무것도 먹지 않았다.

가장 깊은 곳에서 찍은 모델 사진
2023년 12월 5일, 캐나다의 모델 킴 브루뉴가 바하마제도의 나소 해안 40.2미터 깊이에서 포즈를 취했다. 스쿠버 장비를 착용하고 아래로 내려갔으며, 사진을 찍을 때마다 마스크를 벗었다. 또 드레스 뒤에 벨트를 숨겨 물 위로 뜨지 않게 했다.

스포티파이에서 재생 10억 회를 달성한 곡
대한민국의 정국이 부른 「세븐」(피처링 라토)의 '익스플리싯 버전'이 2023년 10월 30일 발매된 지 109일 만에 스포티파이에서 10억 회 재생되었다.

니켈로디언 키즈 초이스 어워드에서 가장 많은 상을 받은 만화
2024년에 방영 25주년을 맞은 「네모바지 스폰지밥」이 2022년에서 2023년 사이 20개 부문에서 시청자가 뽑은 만화/애니메이션 시리즈로 선정되었다.

가장 많이 수집한 기록
- **아리아나 그란데 기념품**: 1609점, 2023년 7월 9일, 체코의 루시엔 무솔리노.
- **엘비스 프레슬리 기념품**: 1848점, 2023년 5월 17일, 미국의 콘스탄테 핌.
- **록 밴드 키스 기념품**: 3799점, 2023년 4월 8일, 미국의 러번 사이먼.

세계에서 가장 작은 서점
단층 구조에 면적이 1.246제곱미터인 일본의 소와 딜라이트가 2023년 12월 23일에 인증 받았다. 일본 군마현 마에바시에 위치한 이 어린이 서점은 어린이들이 둘러볼 때 어른들이 방해하지 못하도록 설계되었다.

가장 북쪽에서 열린 콘서트
2023년 6월 20일, 덴마크의 루이 자르토가 그린란드의 스테이션 노르에서 깜짝 공연을 열었다. 이곳은 북극권에서 북쪽으로 1700킬로미터 떨어진 북위 81.60도의 군사 기지이다. 관객은 5명으로, 기지에서 일하고 있던 사람들 전부였다.

최고가 『스파이더맨』 만화책
2024년 1월 11일, 거의 온전한 상태인 『어메이징 스파이더맨』 1권이 미국의 헤리티지 경매에서 138만 달러(약 19억 원)에 팔렸다. 1963년 3월에는 12센트(약 160원)의 가격으로 첫 출간되어 슈퍼 히어로의 탄생을 알렸다.

가장 많이 팔린 플레이스테이션5 전용 비디오 게임
인섬니악 게임즈의 〈마블 스파이더맨 2〉가 2023년 10월 20일 발매 첫 24시간 동안 250만 장이 팔렸다. 〈스파이더맨〉 시리즈의 3번째 작품으로, 출시된 후 지금까지 최고 매출 1000만 달러(약 138억 원)를 달성했다.

빌보드 핫100 차트에 오른 최연소 여성 아티스트
미국의 루미 카터(2017년 6월 13일생)가 어머니 비욘세와 함께 부른 「프로텍터」로 2024년 4월 13일, 6살 305일에 빌보드 핫100차트 42위로 데뷔했다.

최연소 아카데미상 2회 수상
미국의 빌리 아일리시(2001년 12월 18일생)가 2024년 3월 10일, 22살 83일의 나이에 아카데미상에서 영화 「바비」의 삽입곡 「왓 워스 아이 메이드 포?」로 두 번째 최우수 영화음악상을 받았다.

가장 빠르게 팔린 비문학 서적
영국 해리 왕자의 회고록 『스페어』가 2023년 1월 10일 출간 첫날 143만 권이 팔리며, 88만 7000권 판매된 버락 오바마의 『약속의 땅』(2020) 기록을 갈아 치웠다.

아기 상어 춤을 춘 최다 인원
2023년 5월 5일, 미국 플로리다주의 슈거로프 초등학교에서 별관을 새로 연 것을 기념하며 온라인으로 887명이 모여 신나게 춤을 추었다. 행사에는 학생과 교사, 심지어 지방 사법 기관까지 참여했다.

가장 오랫동안 게임한 기록
· 온라인 롤플레잉 게임: 59시간 20분 12초, 헝가리의 바르나바스 부이치-졸나이가 〈월드 오브 워크래프트〉로 2022년 9월 26~28일에 달성.
· 레이싱 게임: 90시간, 헝가리의 그래스호퍼가 〈그란 투리스모7〉로 2023년 6월 29일~7월 3일에 달성.
· 가상 현실 게임: 50시간, 네덜란드의 로빈 슈미트가 〈마인크래프트〉로 달성.

가장 오래 재생된 수중 생방송
2023년 10월 16일, 캐나다 토론토의 리플리 수족관에서 5시간 44분 30초 동안 수중 생방송이 진행되었다. 방송은 잠수부들이 수족관에 사는 동물들을 소개하고 관람객들과 퀴즈를 맞히는 코너들로 진행되었다.

예술가 한 명이 선보인 가장 커다란 거리 분필 예술
2023년 10월 3일, 미국의 프리티 건다프워(위 도그라피)가 미국 코네티컷주 사우스 윈저에 면적 226.50제곱미터의 그림을 그렸다. 완성까지 3일이 걸렸으며, 분필 500개에 장갑 3켤레를 썼다.

최연소 라디오 방송 진행자
파키스탄의 아마툴라 하미드는 파키스탄 라왈라코트에서 FM 105.8 채널의 〈아마툴라 쇼〉를 매주 진행한다. 그는 2022년 4월 14일에 4살 69일에 방송을 시작했다. 그는 이미 2살 때부터 방송 경력을 쌓기 시작했는데, 4살 70일로 **남성** 기록을 보유하고 있던 파키스탄의 하산 하미드가 진행하던 방송에 초대를 받은 것이 계기가 되었다.

ICON

테일러 스위프트

테일러 스위프트는 '전 세계 최고의 팝스타'로 불린다. 그에게 이런 수식어를 붙은 이유를 찾아가기는 어렵지 않다.

그는 데뷔 후 1억 1400만 장이 넘는 앨범을 팔면서 다중 음악성을 증명했고, 에라스 투어를 비롯한 세계 투어 콘서트를 6번이나 진행했다. 에라스 투어는 이미 10억 달러 (약 1조 3000억 원)가 넘는 수익을 올리며 2023년 말 역대 가장 많은 수익을 올린 콘서트라는 기록을 세웠다.

테일러는 어릴 때부터 음악에 대한 열정이 넘쳤었다. 도레미 린, 돌리 파튼 등 미국의 컨트리 싱어송라이터를 우상으로 삼았다. 2008년, 「피어리스」 앨범 발매 이후 14개 앨범 모두 정상에 올라 미국 앨범 차트 최다 1위 데뷔 앨범(미국의 래퍼 제이지와 동률)이라는 기록을 세웠다. 또한 2022년 11월 5일에 발매한 「미드나이츠」 앨범이 10곡이 상위 순위를 모두 휩쓸면서 **역사상 한 앨범 수록곡으로 빌보드 핫 100 톱 10을 모두 차지한 최초의 아티스트**라는 기록도 세웠다.

수백 개의 트로피가 증명하듯, 그는 비평가들의 마음도 사로잡았다. 수상 기록에는 그래미 어워드(14회), 아메리칸 뮤직 어워드(40회, 왼쪽 아래), MTV 비디오 뮤직 어워드(23회), 틴 초이스 어워드(26회, 개인 최다 기록) 등이 있다.

테일러는 자신을 감동시킨 이러 분야의 사람들에게 무대 밖의 역할도 다양하게 조용하게 선행을 펼치는 것으로도 유명하다. 가수로서의 성공과 더불어 무대 밖의 사람들에게 조용하게 다양하게 선행을 펼치는 만큼, 미소아 메리카로 불리는 테일러를 향한 전 세계의 사랑은 계속되고 있다.

테일러 스위프트에 대해 더 알고 싶다면
www.guinnessworldrecords.com/2025에 방문해 보자.

> 테일러는 「All You Had To Do Was Stay」의 멜로디를 꿈에서 얻었다.

인물 소개

이름	테일러 앨리슨 스위프트
미국 팩실베이니아주 웨스트 레딩
생년월일	1989년 12월 13일
현재 보유한 세계 기록	다수. 그래미 어워드 올해의 앨범 보컬리스트 부문 최다 수상(4회) 미국 핫 100 최다 진입(263곡) 연간 최고 수익을 올린 음악 투어(10억 3926만 3762달러, 약 1조 4000억 원)
1위 앨범 수	14개(미국) 12개(영국)

2002년 12살에 농구 팀 팔라델피아 세븐티식서스의 경기에서 미국 국가를 불렀다. 2년 뒤 소니/ATV사와 계약을 맺으며 사상 역사상 가장 어린 음반 계약서명자가 되었다.

2022년 뉴욕대학교에서 명예 미술학 학위를 받았다. 보라색 가운을 입고 학사모를 쓰고 아기 스타디움에서 열린 졸업식에서 연설을 했다.

테일러는 사니아 트웨인(오른쪽 위)과 돌리 파튼(오른쪽 아래)에게 많은 영향을 받았다. 이들은 음악 산업에 많은 공을 세웠고 순위에서도 큰 성공을 거두었다. 2021년 테일러는 미국 탑 컨트리 앨범 차트에서 최다 1위에 오른 기록(현재 10차트)으로 사니아 기록을 넘어섰다.

가장 많이 팔린 주간 앨범(미국)

앨범	최종주	판매량
Speak Now	2010년 11월 13일	1047만 장
Red	2012년 11월 10일	1208만 장
1989	2014년 11월 15일	1287만 장
Reputation	2017년 12월 2일	1216만 장
Midnights	2022년 11월 5일	1140만 장
1989(리마스터링)	2023년 11월 11일	1359만 장
the tortured poets department	2024년 5월 4일	1914만 장

닐슨 사운드트렉스캔(루미네이트)에서 제공 (2024년 5월 1일 기준)

2023년 말, 《타임》이 선정한 올해의 인물에 최다 선정된 여성이 되었다(2번). 2017년에 '침묵을 깬 사람들' 중 한 명으로 선정된 적이 있다. 《타임》은 테일러가 음악산업과 사회 전반에 끼친 영향을 크게 호평했다.

2022년 아메리칸 뮤직 어워드에서 올해의 아티스트상을 비롯해 6개 부문에서 수상한 때, 이미 받은 상을 포함해 총 40개 부문에서 수상한 기록을 세웠다.

스포츠

여자 배구 경기 최다 관중

2023년 8월 30일, 총 9만 2003명이 미국 네브래스카주 링컨의 메모리얼 스타디움에 모여 네브래스카 콘허스커스와 오마하 매버릭스가 펼친 대학 배구 경기를 관람했다. 전미 대학 체육 협회(NCAA) 챔피언십에서 5번 우승한 네브래스카는 오마하를 25대 14, 24대 14, 25대 13의 점수로 연달아 격파하며 승리했다. 이날은 '배구의 날'로 경기가 2번 열렸는데, 역대 여자 스포츠 최다 관람 기록을 깨고자 네브래스카-키어니 로퍼스와 웨인 스테이트 와일드캣츠의 시범 경기도 함께 진행되었다. 이때 언론 보도 덕분에 훨씬 더 많은 관중이 모였는데, 그동안 거의 알려지지 않았던 여자 축구 경기 최다 관중 기록이 세상에 알려지기도 했다(오른쪽 참고).

여자 스포츠 경기 최다 관중

1971년 9월 5일 11만 명으로 추산되는 관중이 멕시코의 멕시코시티 아스테카 스타디움에서 열린 여자 월드컵 결승전에 모였다. 첫 피파 여자 월드컵이 열리기 20년 전에 개최된 이 대회에는 6팀이 출전했고, 어마어마한 관중이 모였다. 멕시코와 덴마크가 맞붙은 결승전에서는 15살 수잔 아우구스테센의 해트 트릭에 힘입어 덴마크가 3대 0으로 우승을 가져갔다.

목차

역대 몸값이 가장 높은 축구 선수	220
미국 프로 스포츠	222
구기 종목	224
라켓 스포츠	226
모터스포츠	228
격투기	230
수중 스포츠	232
육상	234
지구력	236
축구	238
크리켓	240
종합	242

'붉은 바다'라고도 불리는 메모리얼 스타디움은 1962년부터 콘허스커스의 미식축구 경기가 있을 때마다 표가 매진되었다.

스포츠

역대 몸값이 가장 높은 축구 선수

1885년 프로 축구가 시작된 이래, 프로 선수가 팀을 옮길 때 구단들이 주고 받는 거액의 이적료는 팬들 사이에서 흥분과 논쟁을 동시에 일으켰다. 가장 위대한 선수들 중에서도 거액을 받고 뛰는 선수들은 자신의 연봉에 걸맞은 활약을 보여 주기 위해 최선을 다했다.

영국의 스트라이커 앨프 커먼이 1905년 1000파운드(약 170만 원)를 받고 선덜랜드에서 미들즈브러로 팀을 옮겼을 때, '새로운 방식의 노예 무역'이라며 분노의 기사가 쏟아졌다. 하지만 100년이 넘는 세월 동안 축구의 인기가 높아지고 클럽 축구가 거대한 사업으로 변화하자, 이적료는 성층권을 뚫고 올라갈 것처럼 치솟았다.

20세기 전반기에는 영국 선수들이 가장 높은 금액을 기록했다. 딱 1명 눈에 띄는 예외는 아르헨티나의 스트라이커 베르나베 페레이라다. 그는 1932년 티그레에서 리버 플레이트로 이적하며 2만 3000파운드(약 3900만 원)를 받았고, 이 기록은 17년 동안 깨지지 않았다. 기네스 세계 기록이 이 부문에 관심을 가지기 시작한 1955년, 가장 높은 금액을 쓴 곳은 이탈리아 축구 클럽이었다. 1992년 AC 밀란과 유벤투스는 겨우 2달 동안 3번이나 유례없는 금액을 쏟아부었다.

2000년대에는 레알 마드리드가 '갈락티코'라 불리는 슈퍼스타들을 대거 영입하며 기록을 연속으로 5번 경신했다. 하지만 2017년 파리 생제르맹이 바르셀로나에 있던 네이마르를 2억 2200만 유로(약 3400억 원)에 사들이며 이전 기록을 2배 앞질렀다. 그 이후 이와 비슷한 이적은 없었다. 이제 축구계의 화려한 돈잔치는 끝난 것일까?

뤼트 휠릿
AC 밀란(1987~1994)
600만 파운드(약 102억 원)
등번호 4

- 경기 125
- 골 38
- 리그 우승 3
- 유러피언컵 우승 2
- 국가대표 출전 66

AC 밀란과 계약한 1987년에 발롱도르를 수상했다. 같은 네덜란드 출신 프랑크 레이카르트, 마르코 판 바스턴과 함께 AC 밀란을 리그 우승과 유러피언컵 우승으로 이끌었다.

로베르토 바조
유벤투스 FC(1990~1995)
800만 파운드(약 137억 원)
등번호 10

- 경기 141
- 골 78
- 리그 우승 1
- 유로파리그 우승 1
- 국가대표 출전 56

말총머리 선수의 이적은 큰 분노를 일으켰지만 유벤투스에서도 이전 팀 못지않은 인기를 얻으며 1992~1993 UEFA 유로파리그 우승을 이루고 발롱도르를 수상했다.

루이스 수아레스
인테르 밀란(1961~1970)
15만 2000파운드(약 2억 5000만 원)
등번호 10

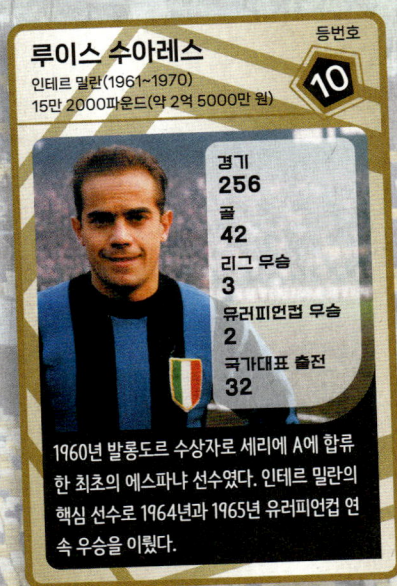

- 경기 256
- 골 42
- 리그 우승 3
- 유러피언컵 우승 2
- 국가대표 출전 32

1960년 발롱도르 수상자로 세리에 A에 합류한 최초의 에스파냐 선수였다. 인테르 밀란의 핵심 선수로 1964년과 1965년 유러피언컵 연속 우승을 이뤘다.

요한 크라위프
FC 바르셀로나(1973~1978)
92만 2000파운드(약 15억 6400만 원)
등번호 9

- 경기 143
- 골 48
- 리그 우승 1
- 코파 델 레이 우승 1
- 국가대표 출전 48

이적한 해 바르셀로나를 14년 만에 첫 라리가 우승으로 이끌었고 1973년과 1974년에 발롱도르를 수상했다. 1988년 바르셀로나 감독으로 부임해 4번의 리그 우승을 이끌었다.

디에고 마라도나
SSC 나폴리(1984~1991)
500만 파운드(약 85억 원)
등번호 10

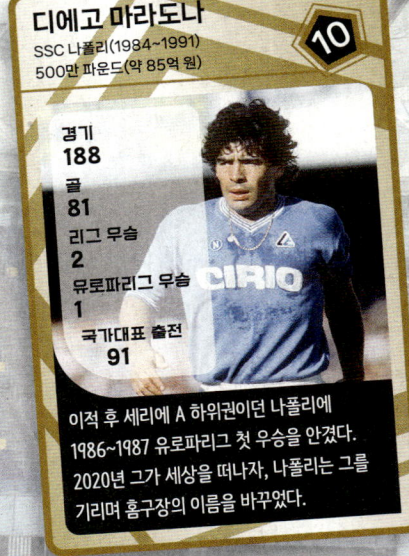

- 경기 188
- 골 81
- 리그 우승 2
- 유로파리그 우승 1
- 국가대표 출전 91

이적 후 세리에 A 하위권이던 나폴리에 1986~1987 유로파리그 첫 우승을 안겼다. 2020년 그가 세상을 떠나자, 나폴리는 그를 기리며 홈구장의 이름을 바꾸었다.

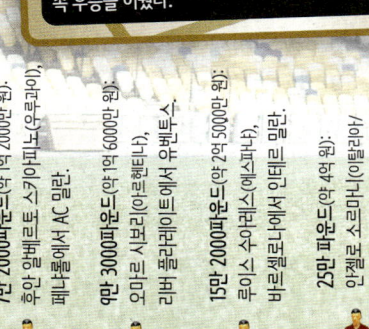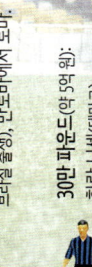

연도	금액	이적
1954	7만 2000파운드(약 2000만 원)	후안 알베르토 스키아피노, 페냐롤에서 AC 밀란
1957	약 3만 3000파운드(약 1억 6000만 원)	엔리케 오메로 시베리, 리버 플레이트에서 유벤투스
1961	15만 2000파운드(약 2억 5000만 원)	루이스 수아레스, 바르셀로나에서 인테르 밀란
1963	25만 파운드(약 4억 원)	앙헬로 소르마니, 만토바에서 로마
1967	30만 파운드(약 5억 원)	하랄트 닐센, 볼로냐에서 인테르 밀란
1968	50만 파운드(약 8억 5000만 원)	피에트로 아나스타시, 바레세에서 유벤투스
1973	92만 2000파운드(약 16억 원)	요한 크라위프, 아약스에서 바르셀로나
1975	120만 파운드(약 20억 5000만 원)	주세페 사볼디, 볼로냐에서 나폴리
1976	175만 파운드(약 30억 원)	파올로 로시, 비첸차에서 유벤투스
1982	300만 파운드(약 5억 원)	디에고 마라도나, 아르헨티노스에서 바르셀로나
1984	500만 파운드(약 85억 원)	디에고 마라도나, 바르셀로나에서 나폴리
1987	600만 파운드(약 102억 원)	뤼트 휠릿, PSV 에인트호번에서 AC 밀란
1990	800만 파운드(약 137억 원)	로베르토 바조, 피오렌티나에서 유벤투스
1992	1000만 파운드(약 17억 원)	장 피에르 파팽(프랑스), 마르세유에서 AC 밀란

미국 프로 스포츠

NFL 포스트시즌 최다 합작 터치다운
캔자스시티 치프스의 패트릭 머홈스(맨 왼쪽)와 트래비스 켈시는 2019년부터 함께 18번의 터치다운을 기록했다. 이들은 2024년 1월 21일 버펄로 빌스를 상대로 승리하며, 기존에 톰 브레이디와 롭 그론카우스키가 세운 15개 기록을 넘어섰다. 두 선수는 제 57회 슈퍼볼에서 샌프란시스코 포티나이너스를 이기며 3번째 우승 반지를 가져갔다.

1게임에서 20득점과 20리바운드를 올린 최연소 전미 농구 협회(NBA) 선수
샌안토니오 스퍼스 소속의 빅터 웸반야마(프랑스)는 2023년 12월 8일, 19살 338일에 시카고 불스를 상대로 21득점과 20리바운드를 올렸다. 그는 키가 224센티미터나 된다고 한다.

내셔널 풋볼 리그(NFL) 최다 연속 터치다운
크리스찬 맥카프리는 2022년 12월 4일부터 2023년 10월 29일까지 17개 게임 연속 총 23개의 터치다운을 기록했다. 샌프란시스코 포티나이너스의 러닝백으로 활약 중인 그는 볼티모어 콜츠(현재는 인디애나폴리스 콜츠) 소속이던 레니 무어가 1963~1964년에 달성한 기록과 동률을 이루게 되었다.

NFL 포스트시즌 최연소 쿼터백
CJ 스트라우드(2001년 10월 3일생)는 2024년 1월 13일, 22살 102일에 휴스턴 텍산스가 클리블랜드 브라운스를 45대 14로 이기는 데 견인차 역할을 했다. 2023년에 또 다른 기록을 달성한 쿼터백은 버펄로 빌스의 조시 앨런으로 **한 시즌 패싱과 러닝 터치다운 최다 경기 기록**(11경기)을 올렸다. 이전 기록은 9경기로, 2020년 애리조나 카디널스의 카일러 머리가 달성했다.

NFL 시즌 최다 인터셉션 후 터치다운
댈러스 카우보이 소속의 다론 블랜드가 2023년에 5번의 '픽 식스'를 기록했다. 그는 2023년 11월 23일 워싱턴 커맨더스를 상대로 인터셉션 후 약 57미터를 되돌아와 5번째 터치다운에 성공했다.

메이저리그 야구(MLB) 시즌 최다 홈런 팀
애틀랜타 브레이브스가 2023년 307개의 홈런을 때려내며 2019년에 미네소타 트윈스가 세운 기록과 동률을 이루었다. 그중 맷 올슨이 54개를 쳤다.

NBA 플레이오프 7차전 최다 득점
2023년 5월 14일, 보스턴 셀틱스의 제이슨 테이텀이 동부 리그 준결승전에서 필라델피아 세븐티식서스를 상대로 51점을 올렸다. 그는 또한 2023년 2월 29일 **NBA 올스타전**에서 55점을 득점하여 **최다 득점 기록**을 달성했다.

내셔널 하키 리그(NHL) 셀키 트로피 최다 수상
보스턴 브루인스의 파트리스 베르제롱(캐나다)이 2022~2023 시즌에 가장 뛰어난 수비를 선보이며 6번째 셀키 트로피를 받았다.

스탠리컵 결승 팀 최다 득점
2023년 6월 13일, 베이거스 골든나이츠가 플로리다 팬서스를 꺾고 처음으로 NHL에서 우승했다. 골든나이츠는 1936년 디트로이트 레드윙스와 1942년 토론토 메이플리프스에 이어 결승전에서 9점을 올린 3번째 팀이 되었다.

전미 여자 농구 협회(WNBA) 최다 득점
피닉스 머큐리의 다이애나 터라시는 2004년 이후 누적 득점이 1만 108점으로, 1만 득점 이상을 올린 유일한 여성 선수다. 2023년 8월 22일, 라스베이거스 에이시즈의 에이자 윌슨은 단일 게임에서 53점을 넣으며 오스트레일리아의 리즈 캠베이지와 동률 기록을 세웠다.

*따로 표기되어 있지 않은 국적은 모두 미국이다.

193센티미터의 키에 최대 구속 164킬로미터의 직구를 던지는 오타니는 2023년 시즌 말까지 탈삼진 608개, 평균 자책점 3.01을 기록했다. 하지만 최근 팔꿈치 수술을 받아 2025년까지는 투수로 뛰지 않을 예정이다.

MLB 최대 규모 계약

2023년 12월 9일, 일본의 오타니 쇼헤이가 로스앤젤레스 다저스와 10년 7억 달러(약 9650억 원) 계약을 맺었다고 보도되었다. 그는 지난 2년 동안 투수이자 지명 타자로서 미국 야구 전설 베이브 루스에 버금가는 인상적인 활약을 펼쳤다. 오타니는 2018년에 로스엔젤레스 에인절스에 입단하여 MLB에서 활동하기 시작했으며, 그해 아메리칸 리그 신인상을 받았고, 2021년과 2023년에 만장일치로 MVP에 선정되었다. 그리고 5년 뒤 자유계약 선수가 되어 다저스로 팀을 옮겼다.

오타니는 야구 선수가 되기 전에 수영 선수로 활약하며 올림픽 국가대표 유망주라는 평가를 받았다.

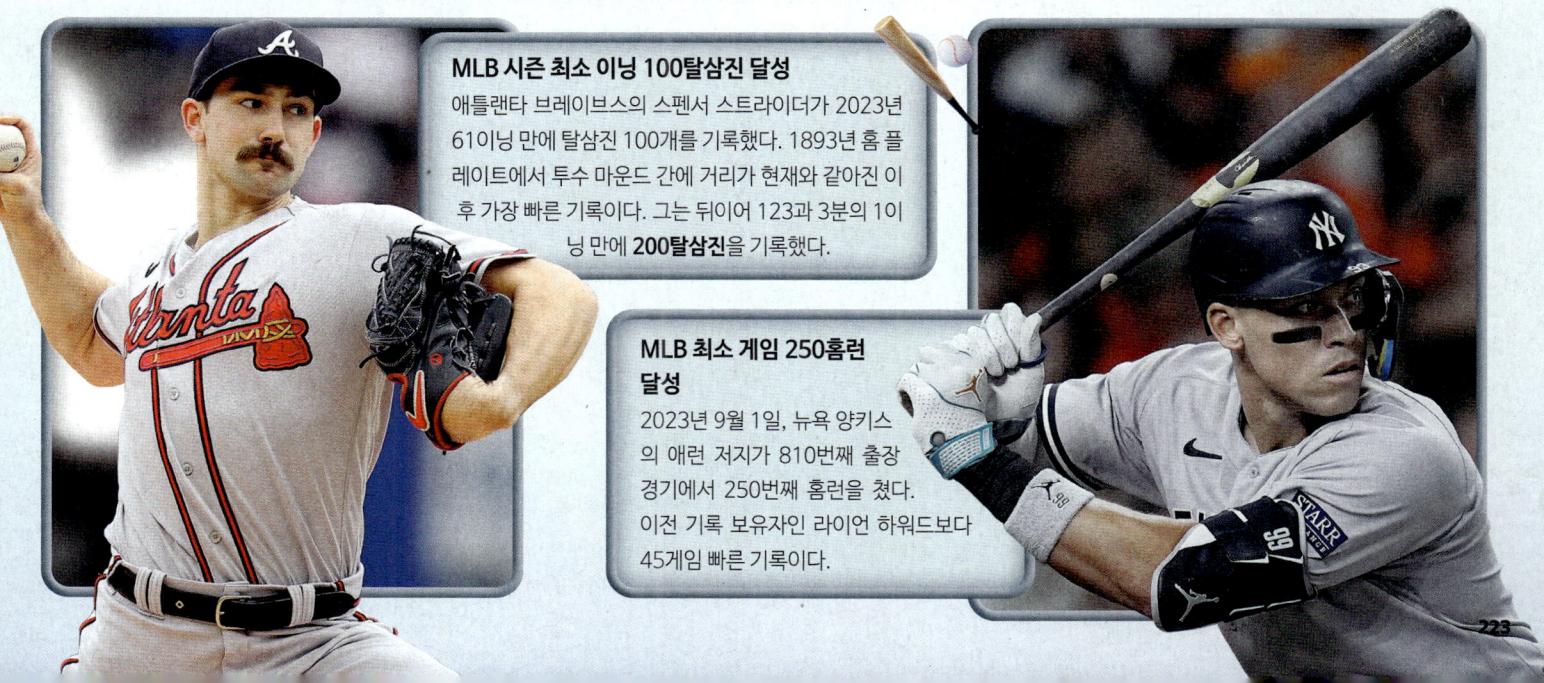

MLB 시즌 최소 이닝 100탈삼진 달성

애틀랜타 브레이브스의 스펜서 스트라이더가 2023년 61이닝 만에 탈삼진 100개를 기록했다. 1893년 홈 플레이트에서 투수 마운드 간에 거리가 현재와 같아진 이후 가장 빠른 기록이다. 그는 뒤이어 123과 3분의 1이닝 만에 **200탈삼진**을 기록했다.

MLB 최소 게임 250홈런 달성

2023년 9월 1일, 뉴욕 양키스의 애런 저지가 810번째 출장 경기에서 250번째 홈런을 쳤다. 이전 기록 보유자인 라이언 하워드보다 45게임 빠른 기록이다.

스포츠
구기 종목

세계 남성 휠체어 농구 선수권 대회 최다 우승국
2023년 6월 20일, 미국이 1979년 우승 이후 7번째 우승 타이틀을 거머쥐었다. 아랍에미리트 두바이에서 열린 결승전에서 영국을 상대로 67대 66으로 이겼는데, 20년 만의 우승이었다.

네트볼 월드컵 최다 우승
오스트레일리아는 네트볼 월드컵에서 12번 우승을 차지했다. 가장 최근 우승은 남아프리카공화국에서 열린 2023년 대회로, 오스트레일리아는 8월 6일 영국을 상대로 61대 45로 승리했다.

네트볼 월드컵 토너먼트 최다 참가
영국의 제이드 클라크와 지바 멘토(2003~2023년), 바베이도스의 라토니아 블랙맨(1999~2003, 2011~2023년)은 2023년 6번째 네트볼 월드컵에 출전했다. 트리니다드 토바고의 론다 존 데이비스(1999~2019년)에 필적하는 기록이었다.

세계 라크로스 선수권 대회 남성 최다 우승
미국은 4년마다 펼쳐지는 이 대회에서 1967년 이후 11번 우승했다. 가장 최근 우승은 2023년 7월 1일로, 미국 샌디에이고에서 열린 결승전에서 이 대회 3회 우승국인 캐나다를 10대 7로 물리쳤다.

세계 여성 플로어볼 선수권 대회 최다 우승국
실내 하키 방식으로 펼쳐지는 플로어볼은 플라스틱 공을 골대에 넣는 스포츠이다. 2023년 스웨덴 대표팀은 세계 선수권 대회에서 11번째이자 9번 연속으로 우승했다.

세계 크리켓 선수권 대회 최다 우승
영국의 로버트 풀포드는 2023년 6번째 우승을 거머쥐었다. 그는 7시간에 걸친 결승전을 펼치며 미국의 매튜 에식을 최종 3대 2로 격파했다.

올 아일랜드 헐링 선수권 대회 최다 연속 우승
리머릭은 2023년 7월 23일, 아일랜드 더블린에서 열린 헐링 선수권 대회 4번째 연속 우승을 따냈다. 코크, 킬케니와 동률 기록이다. 헐링은 아일랜드 전통 스포츠로, 15명이 팀을 이뤄 슬리오타로 부르는 공을 막대로 쳐서 골문을 넘기는 경기다.

여성 유럽 핸드볼 연맹(EHF) 챔피언스리그 최다 골
몬테네그로의 요반카 라디체비치는 유럽 핸드볼 블루 리밴드 클럽 대항전에서 2005년부터 2023년까지 1069점을 획득했다. 1016점을 얻었던 헝가리의 어니타 괴르비츠의 기록을 넘었다.

국제 농구 연맹(FIBA) 남성 3x3 월드컵 최다 우승국
3x3은 골대 1개에 하프 코트를 사용하는 농구 경기로, 한 팀에 3명씩 6명만 있으면 경기를 할 수 있다. 먼저 21점을 획득하거나, 10분 경기가 끝났을 때 더 많은 득점을 올린 팀이 승리한다. 세르비아는 2023년 6월 4일 오스트리아 빈에서 열린 결승전에서 미국을 21대 19로 이기며 6번째 우승을 확보했다.
여성 기록은 2012, 2014, 2023년에 3번 우승한 미국이 갖고 있다.

국제 럭비 유니언 경기 최다 참여 심판
영국의 웨인 반스는 2023년 럭비 월드컵 결승전에 심판으로 나서며 111번째 국제 대회 참여 기록을 세웠다. 그는 2006년 6월 24일에 처음 심판으로 나섰으며 5번의 럭비 월드컵에서 27개 경기의 심판을 보았다.

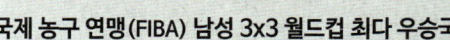

럭비 월드컵 최다 우승국

스프링복이라는 별명을 가진 남아프리카공화국 대표팀이 2023년 10월 28일 결승전에서 뉴질랜드를 12대 11로 꺾고 4번째 웹 엘리스컵을 들어 올렸다. 남아프리카공화국은 1987년 첫 대회가 개최된 이후 10번 중 8번 참가했으며, 1995년, 2007년, 2019년에 우승한 적이 있다. 이들은 3회 우승국 뉴질랜드에게 결승전 첫 트라이를 허용했지만 결국 승리했다. 이 경기는 **럭비 월드컵 결승전 사상 처음으로 레드카드**가 나온 경기로 모두 뉴질랜드의 주장 샘 케인이 받았다.

뉴질랜드의 샘 화이트록은 2011년과 2015년에 우승컵을 들어 올리며 처음으로 럭비 월드컵 18게임에서 승리했다.

럭비 월드컵 최다 득점

뉴질랜드 대표팀의 윌 조던은 2023년 월드컵에서 터치다운을 8번 성공했다. 그는 준결승전에서 해트 트릭을 기록하며 뉴질랜드의 조나 로무, 남아프리카공화국의 브라이언 하바나, 뉴질랜드의 줄리안 사비아의 기록과 동률을 이루었다. 윌은 이 대회에서 31게임 31트라이라는 놀라운 기록을 남겼다.

럭비 월드컵 선수 기록

최다	합계	선수	국적	대회
점수	277	조니 윌킨슨	영국	1999~2011
트라이	15	조나 로무 브라이언 하바나	뉴질랜드 남아프리카공화국	1995~1999 2007~2015
페널티	58	조니 윌킨슨	영국	1999~2011
컨버전	58	댄 카터	뉴질랜드	2003~2015
드롭 골	14	조니 윌킨슨	영국	1999~2011
게임	26	샘 화이트록(위)	뉴질랜드	2011~2023
출전	5	브라이언 리마 마우로 베르가마스코 세르조 파리세	사모아 이탈리아 이탈리아	1991~2007 1999~2015 2003~2019

라켓 스포츠

스포츠

세계 라켓볼 선수권 대회 여성 최다 우승

단식 부문 세계 챔피언에 5번 오른 멕시코의 파올라 롱고리아는 2022년 8월 25일에 7경기에서 단 1경기만 내주며 우승을 거머쥐었다. 같은 대회에서 그는 여성 복식 우승 기록도 5번으로 늘렸다. 멕시코의 사만다 살라스와 동률이다.

세계 스쿼시 선수권 대회 여성 최다 연속 우승

2023년 5월 11일, 이집트의 누르 엘 세르비니가 5번째 연속 우승을 차지하며 말레이시아의 니콜 데이비드와 동률을 이루었다. 그는 지금까지 총 7번 우승했으며, 8번 우승으로 통합 기록을 보유한 니콜의 뒤를 뒤쫓고 있다.

최장 시간 여성 스쿼시 대결

2023년 6월 25일, 이집트의 누란 고하르와 하니아 엘 하마미가 이집트 카이로에서 장장 130분 동안 격전을 벌였다. 결국 누란이 승리해, 세계 프로 스쿼시 연맹(PSA) 월드 투어 결승전에서 두 번째 우승을 맛보았다. **남성 최장 시간**은 2015 홀트랜드 가스 시티 프로암에서의 170분이었다. 홍콩의 레오아가 캐나다의 손 들리에에게 승리했다.

세계 배드민턴 선수권 대회 여성 복식 최다 우승

2023년 8월 27일, 중국의 천칭천과 자이판이 덴마크 코펜하겐에서 열린 대회 결승전에서 상대를 단 41분 만에 제압하며 4번째 우승을 획득했다.

최고 속도 배드민턴 타격

2023년 4월 14일, 인도의 사트윅사이라즈 란키레디가 일본 사이타마현 소카의 요넥스 도쿄 공장 체육관에서 셔틀콕을 시속 565킬로미터로 날렸다. 포뮬러1 경주용 차의 최고 속도보다 시속 약 200킬로미터가 더 빠른 기록이다. 말레이시아의 펄리 탄이 같은 곳에서 시속 438킬로미터로 **여성** 기록을 썼다.

배드민턴 수디르만컵 최다 우승

중국이 2023년 5월 21일, 중국 쑤저우에서 열린 세계 혼성 단체 선수권 대회 결승전에서 대한민국을 꺾고 13번째 우승을 차지했다. 황야충과 정쓰웨이(아래)의 혼성 팀이 개막전에서, 스위치와 천위페이가 단식에서 승리하며 기록을 공고히 했다.

테니스 남성 최고령 그랜드 슬램

인도의 로한 보판나(1980년 3월 4일생)가 2024년 1월 27일에 열린 호주 오픈 남성 복식 부문에 43살 329일의 나이로 참가했다. 매슈 에브덴과 함께 경기에 나선 그는 데뷔 이후 16년 만에 61번째 시도에서 그랜드 슬램을 달성했다.

테니스 여성 복식 최고령 그랜드 슬램 (합산 연령)

체코의 바르보라 스트리코바(1986년 3월 28일생)와 타이완의 셰쑤웨이(1986년 1월 4일생)가 2023년 7월 16일 윔블던 선수권 대회에서 승리를 거두었을 때 둘의 합산 나이는 74년 303일이었다.

휠체어 테니스 여성 단식 최다 연속 그랜드 슬램

2024년 1월 27일에 열린 호주 오픈에서 네덜란드의 디더 더흐로트가 13번째 연속 그랜드 슬램을 달성했다. 그는 2021년 호주 오픈부터 단식 대회에서 135경기 무패 행진을 이어 나갔다.

테니스 남성 단식 최연소 그랜드 슬램

2023년 6월 10일, 일본의 오다 토키토(2006년 5월 8일생)가 프랑스 오픈에서 17살 22일에 우승을 차지했다. 그는 결승전에서 알피 휴트를 꺾으며 1989년 마이클 창이 프랑스 오픈에서 세운 최연소 남성 그랜드 슬램 기록을 76일 앞당겼다. 토키토는 이틀 후 **세계 랭킹 1위에 오른 최연소 휠체어 테니스 선수**로 등극했다.

토키토는 10살에 휠체어 테니스를 시작했다. 그리고 단 4년 만에 세계 주니어 1위에 올라섰다!

테니스 단식 최다 그랜드 슬램

2023년 9월 10일, 세르비아의 노박 조코비치가 US 오픈에서 24번째 그랜드 슬램 타이틀을 거머쥐었다(오른쪽). 오스트레일리아의 마거릿 코트가 1960~1973년 사이에 달성한 기록과 같다. 노박은 프랑스 오픈 3회, US 오픈 4회, 윔블던 선수권 대회 7회, 그리고 **호주 오픈 남자 단식**에서 10회 우승하며 **최다** 기록을 세웠다.

또한 2023년에는 **프로 테니스 협회(ATP) 월드 투어 마스터스 1000 단식 최다 우승** 기록(40회)을 세웠고, 그해 말 **남성 단식 랭킹 최장 기간 1위 기록**(405주)을 세웠으며, **ATP 단식 결승전 최다 승리 기록**(7회)을 차지했다.

2023 US 오픈에서 우승한 노박 조코비치는 1억 7528만 1484달러(약 2400억 원)의 상금을 받았다. 남성 테니스 사상 최고 상금이다.

시드를 받지 않고 윔블던 선수권 대회에서 최초로 우승한 여성

2023년, 체코의 마르케타 본드로우쇼바가 **세계에서 가장 오래된 테니스 대회**(1887년에 시작)에서 동화 같은 경기를 펼쳤다. 그는 2022년에 손목 부상으로 6개월을 쉰 탓에 42위로 윔블던에 진출했다. 하지만 24살의 마르케타는 예상을 뒤엎고 7월 15일에 열린 결승전에서 승리했다. 이 승리로 308만 달러(약 42억 원)의 상금을 받았으며, 세계 여자 테니스 협회(WTA) 순위에서도 단번에 10위로 올라섰다.

마르케타와 그의 코치는 윔블던 승리를 기념하는 커플 타투를 했다.

모터스포츠

내셔널 핫 로드 협회(NHRA) 여성 최다 우승
미국의 에리카 엔더스는 NHRA주관 드래그 레이싱에서 49회 우승했다. 그는 텍사스 폴내셔널(위)에서 또 우승하며 2023년 10월 15일, 모터스포츠 여성 최다 우승자 앤젤 샘피의 자리를 이어받았다.

몬테카를로 랠리 최다 우승
프랑스의 세바스티앙 오지에는 1911년부터 열린 유럽의 초호화 레이스에서 9번째 우승을 거머쥐었다. 그는 2023년 1월 19일부터 22일까지 개최된 제91회 대회에서 우승했으며, 레이스 내내 선두를 달렸다.

포뮬러1 그랑프리 최다 참가
에스파냐의 페르난도 알론소는 2024년 3월 9일 기준 포뮬러1 그랑프리에 379번 참가했다. 그는 2005~2006년에 2번 우승한 전력이 있다.

모터사이클 그랑프리 최다 폴 포지션
2023년 3월 25일, 에스파냐의 마르크 마르케스는 포르투갈에서 열린 모터사이클 그랑프리 개막전에서 폴 포지션을 차지하며 통산 92번째 우승을 달성했다.

NHRA 프로 스톡 최다 우승
미국의 그레그 앤더슨이 2023년 10월 1일 미드웨스트 내셔널에서 103번째 우승을 거머쥐었다. 그는 세 자리 승수를 기록한 단 5명의 NHRA 드라이버 중 한 명이다.

티티레이스 구간 최단 시간 통과
2023년 6월 9일, 영국의 피터 히크먼이 영국 맨섬의 산악 코스를 평균 시속 219.446킬로미터로 완주했다. 그는 BMW의 M1000RR을 타고 난이도 높은 60킬로미터 코스를 16분 36.115초 만에 통과했다.

실내 주행 최고 속도
2023년 7월 25일 영국의 맥라렌 포뮬러 E 소속 제이크 휴스가 엑셀 런던 전시회장의 실내 트랙에서 시속 218.71킬로미터를 기록했다. 그는 브라질의 루카스 디 그라시와 기네스 세계 기록 타이틀을 놓고 정면 대결을 펼쳤다.

나스카컵 시리즈 시즌 최다 연속 우승
미국의 카일 부시는 2005년부터 2023년까지 해마다 미국 스톡카 레이싱 톱티어에서 최소 한 번씩 승리했다. 2023년 2월 26일에는 팔라 카지노 400에서 우승하며 리처드 페티의 18회 연속 우승 기록을 넘어섰다.
그는 **나스카컵 최다 승리 기록**까지 세웠는데, 내셔널 시리즈 3개 부문(컵, 엑스피니티, 크래프트맨 트럭)에서 230번 우승을 차지했다.

인디애나폴리스 500 폴 포지션 최고 속도
에스파냐의 알렉스 파로우는 5월 21일 2023 인디애나폴리스 500 예선에서 4바퀴를 평균 시속 376.936킬로미터로 주파했다.

포뮬러 E 최다 폴 포지션
프랑스의 장 에릭 베르뉴가 1월 26일에 열린 2024 디리야 E-PRIX 1차 레이스에서 자신의 전기 자동차 챔피언십 16번째 폴 포지션을 기록했다. 이로써 체코의 세바스티앙 부에미와 같은 기록을 세우게 되었다.

동일 포뮬러 E E-PRIX 최다 우승
2023년 7월 15일 뉴질랜드의 미치 에반스가 로마 E-PRIX 레이스1에서 우승하며 3번 연속 우승이라는 기록을 세웠다. 그는 통산 4회 우승했다.

다카르 랠리 최연소 우승
폴란드의 에리크 고차우(2004년 11월 6일생)는 2023년 1월 15일 사우디아라비아에서 열린 다카르 랠리 SSV 부문에서 18살 70일의 나이로 우승했다. 운전면허를 따고 겨우 2달 후 첫 출전에서 우승컵을 들어 올린 것이다.
다카르 랠리 최고령 우승자는 61살 282일에 우승한 에스파냐의 카를로스 사인스(1962년 4월 12일생)이다.

포뮬러1 그랑프리 최다 연속 우승

2023년 9월 3일 네덜란드의 맥스 페르스타펜이 이탈리아에서 열린 포뮬러1 그랑프리에서 10회 연속 우승이라는 전례 없는 기록을 썼다. 레드불 소속인 그는 22개 경주 중 19번을 우승하여 **한 시즌 최다 그랑프리 우승**이라는 자신의 기록을 경신했고, 압도적인 경기력으로 세계 챔피언십 연속 3번째 우승을 거머쥐었다. 12월 8일에 열린 시상식에서는 챔피언 트로피를 받았다(오른쪽 위, 국제 자동차 연맹 회장 무함마드 벤 술라옘과 함께).

맥스(1997년 9월 30일생)는 포뮬러1에서 수많은 기네스 세계 기록을 세웠는데, 그중 하나는 **최연소 그랑프리 우승**(오른쪽)으로 2016년 5월 15일, 18살 228일의 나이에 에스파냐에서 달성했다.

2023년 기준, 맥스보다 통산 포뮬러1 우승 기록이 많은 선수는 단 17명뿐이다.

포뮬러1 그랑프리 최다 폴 포지션

영국의 루이스 해밀턴은 2023년 7월 22일 헝가리에서 열린 포뮬러1 그랑프리에서 9번째 최단 시간으로 예선을 통과했다. 7회 세계 챔피언십 우승자인 그는 메르세데스 소속으로 **최다 폴 포지션 기록**을 104개로 늘렸다.

그랑프리 최다 연속 폴 포지션은 7번으로, 1985년에서 1991년 사이에 브라질의 아일톤 세나가 산마리노에서 달성했다.

격투기

세계 태권도 그랑프리 여성 최다 금메달
태국의 파니팍 웡파타나낏(오른쪽)이 총 12개의 금메달을 따냈다. 체급이 가장 가벼운 플라이급(49킬로그램 이하)에 참가했으며, 2023년 12월 2일 영국 맨체스터에서 열린 결승전에서는 4개 금메달 중 3개를 가져갔다.

얼티밋 파이팅 챔피언십(UFC) 최다 참가 선수
2024년 1월 13일에 열린 이종 종합 격투기 대회에서 미국의 짐 밀러가 43번째로 옥타곤 위에 올라섰다. 2008년에 데뷔하여 현재 40살인 그는 가브리엘 베니테스를 상대로 서브미션 승리를 기록했다.

UFC 여성 경기 최다 우승
2013년 8월 3일부터 2023년 6월 11일까지 브라질의 아만다 누네스는 종합 격투기에서 **여성 타이틀전 최다 우승(11회)**을 포함, 총 16회 승리했다. 여성으로서는 지금까지 유일한 두 체급 챔피언 벨트 보유자이다.

UFC 여성 최다 서브미션 우승
캐나다의 질리언 로버트슨은 2017년 12월 1일부터 2023년 4월 16일까지 7명의 상대를 차례로 격파했다. 미국 미주리주 캔자스시티에서 열린 ESPN 44에서는 체급을 낮춰 피에라 로드리게스를 암바로 제압하며 서브미션으로 승리를 가져갔다.

남성 유도 최고령 세계 챔피언
프랑스의 테디 리네르(1989년 4월 7일생)가 34살 36일에 2023년 5월 13일 카타르 도하에서 열린 세계 유도 선수권 대회의 100킬로그램 이상급에서 우승했다. 그는 2007년 9월 13일, 18살 159일에 세운 **남성 유도 최연소 세계 챔피언** 기록도 보유 중이다.

유도 월드 마스터스 대회 최다 메달
일본의 타카이치 미쿠가 초청자만 참가할 수 있는 연례 대회에서 7개 메달을 가져갔다. 가장 최근 획득한 메달은 2023년 8월 4일부터 6일까지 헝가리 부다페스트에서 열린 여성 63킬로그램 이하급의 은메달이었다.

월드컵 태권도 단체전 남성 최다 우승
2023년 11월 15일, 대한민국 고양시에서 이란이 오스트레일리아를 2대 0으로 격파하며 2010년과 2017~2019년에 이어 5번째 우승을 확정 지었다.
하루 전에는 대한민국이 모로코를 상대로 이기며 6회 우승 타이틀로 **여성** 기록을 가져갔다. 2006년과 2009~2010년, 2013~2014년에 우승한 대한민국은 2012년과 2015~2019년에 우승한 중국과 동일한 기록을 세웠다. 이외에 다른 여성 팀은 우승한 적 없다.

세계 가라테 선수권 대회 남성 단체 카타 최다 우승
일본이 카타 부문에서 13회 우승을 가져갔다. 이들은 2023 대회에서 튀르키예를 누르고 4번째 연승을 기록했다.

UFC 커리어 사상 최장 대전 시간
2024년 3월 10일 기준, 브라질의 하파엘 도스 안요스(왼쪽)는 링에서 총 8시간 41분 49초를 보냈다. 35번 경기에 나서 21번 승리한 그는 2022년 12월 3일 경기에서 처음으로 8시간을 기록했다.

세계 가라테 선수권 대회 여성 팀 카타 최다 우승
2023년 10월 29일, 일본이 헝가리 부다페스트에서 이탈리아를 누르고 14번째 우승을 가져갔다. 1986년에 도입된 카타 단체 부문은 3명이 한 팀으로 동작과 기술을 보여 주며, 기술적 정확성과 수행 능력을 채점한다.

국제 유도 연맹(IJF) 월드 투어 최다 금메달
프랑스의 클라리스 아그베그네누는 그랑프리 8회와 그랜드 슬램 10회, 하프 미들급(63킬로그램 이하) 월드 마스터스 우승 2번으로 총 20번 우승했다. 세계 선수권 대회에서도 8번 우승했으며, 올림픽 금메달 2개도 목에 걸었다.

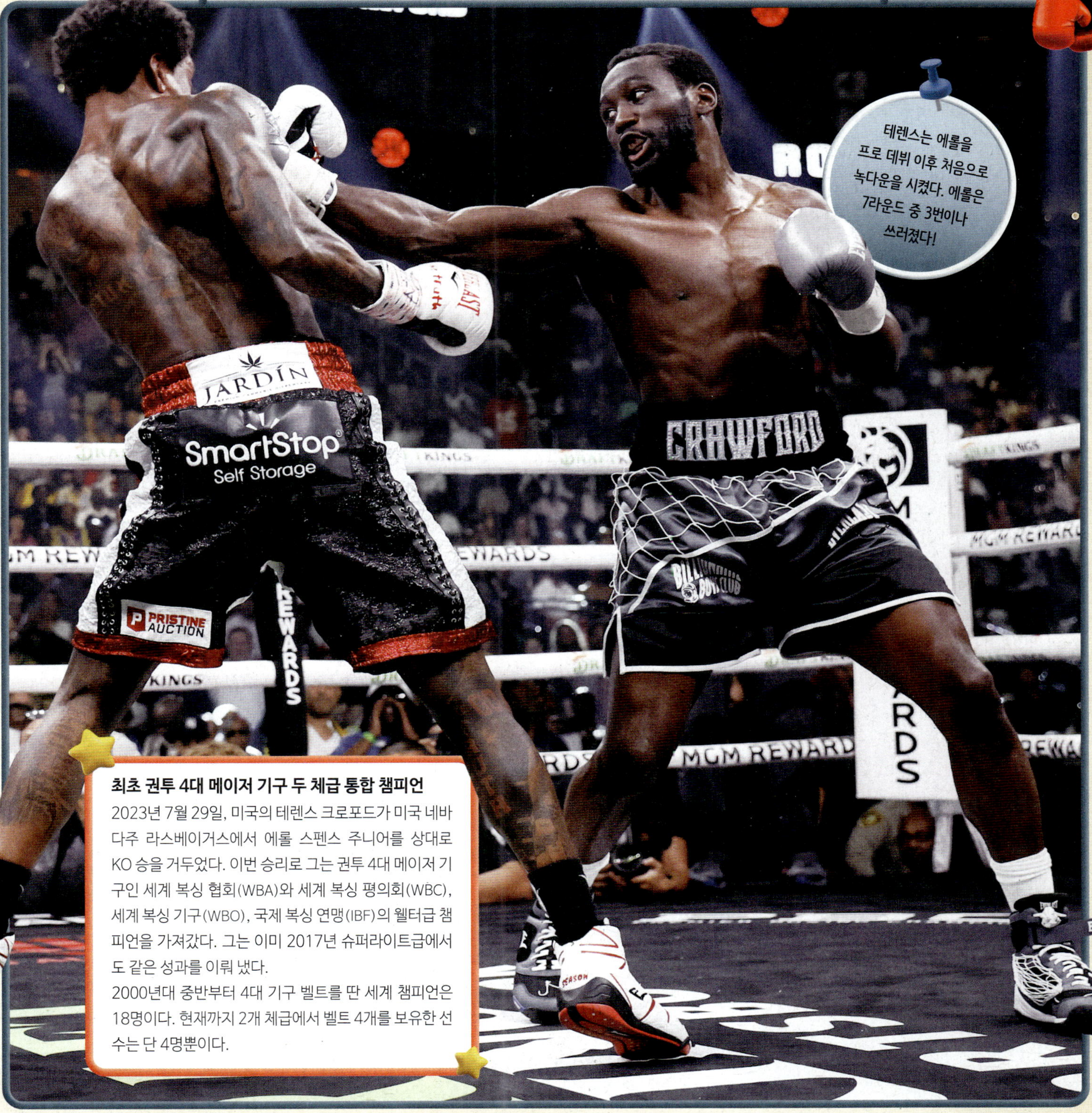

테렌스는 에롤을 프로 데뷔 이후 처음으로 녹다운을 시켰다. 에롤은 7라운드 중 3번이나 쓰러졌다!

최초 권투 4대 메이저 기구 두 체급 통합 챔피언

2023년 7월 29일, 미국의 테렌스 크로포드가 미국 네바다주 라스베이거스에서 에롤 스펜스 주니어를 상대로 KO 승을 거두었다. 이번 승리로 그는 권투 4대 메이저 기구인 세계 복싱 협회(WBA)와 세계 복싱 평의회(WBC), 세계 복싱 기구(WBO), 국제 복싱 연맹(IBF)의 웰터급 챔피언을 가져갔다. 그는 이미 2017년 슈퍼라이트급에서도 같은 성과를 이뤄 냈다.

2000년대 중반부터 4대 기구 벨트를 딴 세계 챔피언은 18명이다. 현재까지 2개 체급에서 벨트 4개를 보유한 선수는 단 4명뿐이다.

권투 세계 챔피언 벨트 4개 최연소 보유자

2022년 6월 5일 미국의 데빈 헤이니(1998년 11월 17일생)는 23살 200일에 남성 라이트급 세계 챔피언이 되었다.

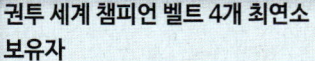

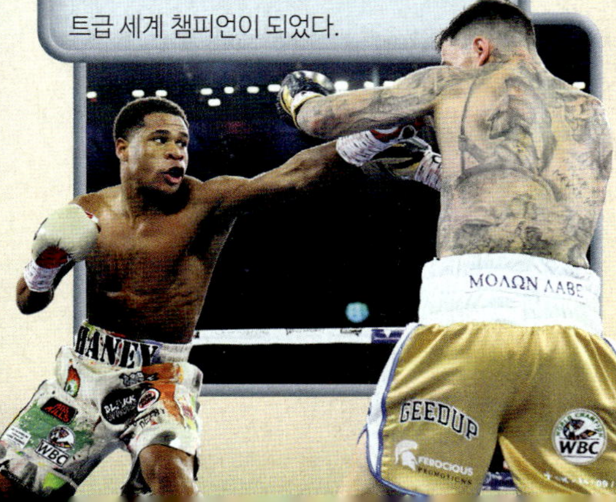

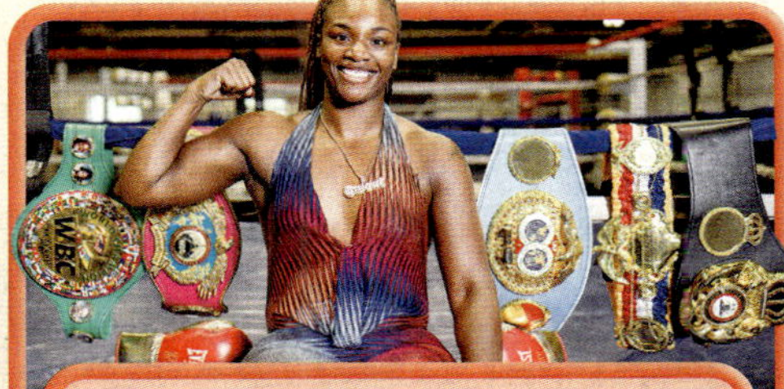

최초로 두 체급에서 세계 권투 챔피언 벨트 4개를 가져간 선수

2021년 3월 5일, 미국의 클라레사 쉴즈가 2번째 여성 통합 챔피언 벨트를 석권(라이트 미들급)했다. 그는 2019년 4월 13일 단 9번째 무대 만에 미들급 챔피언에 올랐다.

최소 대전 4대 메이저 기구 통합 챔피언

우크라이나의 올렉산드르 우식은 2018년 7월 21일, 프로 경기 15번 만에 라이트급에서 4개 벨트를 모두 석권했다.

스포츠
수줌 스포츠

400미터 자유형 최단 시간(S7)
2023년 8월 1일 영국 맨체스터에서 열린 세계 장애인 수영 선수권 대회에서 미국의 모건 스티크니가 4분 54.28초 기록으로 금메달을 차지했다. 그는 무릎 아래에 의족을 했다.

세계 수영 선수권 대회 10미터 다이빙 여성 최다 우승
중국의 천위시가 2023년 7월 19일 10미터 플랫폼 부문에서 연속 3회 우승을 확정지었다. 17살이던 그는 취안훙찬과 팀을 이룬 10미터 싱크로나이즈드에서도 금메달을 받았다.

400미터 개인 혼영 여성 최단 시간
캐나다의 서머 매킨토시가 2023년 4월 1일 토론토에서 열린 캐나다 수영 국가대표 선발전에서 4분 25.87초 만에 결승점을 찍었다. 16살의 나이에 두 번째로 세운 세계 기록으로, 이전에 **400미터 자유형**을 3분 56.08초에 완주하며 세계 기록을 세운 바 있다.

100미터 접영 남성 최단 시간(S11)
2023년 8월 1일 우크라이나의 다닐로 추파로프가 영국 맨체스터에서 열린 세계 장애인 수영 선수권 대회 결승전에서 1분 0.66초를 기록하며 생애 첫 세계 기록을 거머쥐었다. S11 부문에는 시각 장애인이 참가한다.

세계 수영 선수권 대회 수구 최다 우승 국가
7월 29일에 열린 2023 세계 수영 선수권 대회에서 헝가리가 수구 부문에서 4번째로 우승을 거머쥐었다. 이탈리아가 세운 1978년, 1994년, 2011년, 2019년 우승 기록과 동률이다.

조정 여자 경량급 더블 스컬 2000미터 최단 시간
2023년 6월 17일 영국의 에밀리 크레이그와 이모겐 그랜트가 이탈리아 바레세에서 열린 세계 조정 선수권 대회 준결승에서 6분 40.47초 기록으로 승리했다. 이모겐은 2022년 7월 9일 **싱글 스컬 경기**에서도 2분 23.36초로 신기록을 세웠다.

조정 혼성 더블 스컬 2000미터 최단 시간(PR3)
오스트레일리아의 니키 아이어스와 제드 알트슈와거가 2023년 6월 18일 바레세에서 열린 세계 조정 선수권 대회에서 7분 7.02초로 세계 신기록을 세웠다.

핀 없는 프리다이빙 다이내믹 앱니아 여성 최장 시간
2023년 6월 13일 폴란드의 율리아 코제르스카가 대한민국 제주도에서 열린 제30회 아이다 세계 선수권 대회에서 213미터를 단 한 번의 호흡으로 헤엄쳤다.

윈드서핑 남성 최단 시간(해리)
2023년 6월 30일 프랑스의 앙투안 알보가 프랑스 라팔므에서 열린 프린스 오브 스피드 대회에서 44.12노트를 기록했다. 체코의 하이디 울리히는 6월 15일 같은 대회에서 38.44노트를 기록하며 **여성** 기록을 세웠다.

수상 스키 남성 기술 최다 득점
멕시코의 파트리시오 폰트는 2023년 5월 12일 미국 플로리다주 윈터 가든에서 열린 마스터즈 수상 스키 예선에서 1만 2690점을 기록했다. 그가 2022년에 세운 자신의 세계 기록을 100점이나 앞선 것이다.

수직 하강 프리다이빙에서 가장 깊이 잠수한 기록
2023년 5월 24일 이탈리아의 알레시아 체키니가 필리핀에서 단 한 번의 호흡으로 123미터 아래까지 잠수했다. 다큐멘터리 〈가장 깊은 숨〉(2023)의 주인공인 그는 다른 4개 부문에서 11개 세계 신기록을 세웠다.

ICF 카누 슬라럼 세계 선수권 대회 개인 최다 메달
오스트레일리아의 제시카 폭스는 세계 선수권 대회에서 우승을 10번이나 차지했다. 그중 4개는 카약(K1)에서, 4개는 카누(C1), 그리고 2개는 카약 크로스에서 가져갔다. 가장 최근에 딴 카약 금메달은 2023년 9월 23일 영국 런던에서였다.

* 모든 기록은 롱코스 50미터 수영장 기준이다.

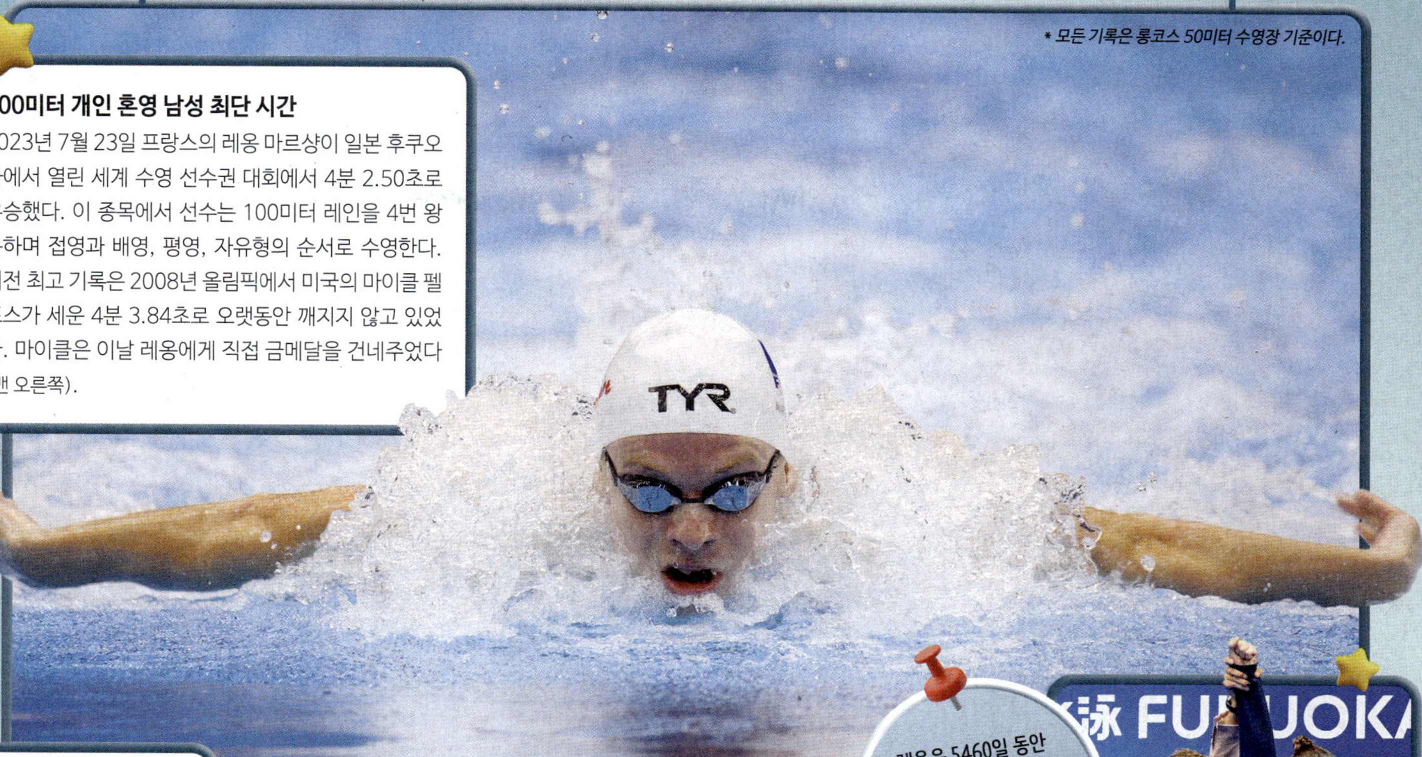

400미터 개인 혼영 남성 최단 시간

2023년 7월 23일 프랑스의 레옹 마르샹이 일본 후쿠오카에서 열린 세계 수영 선수권 대회에서 4분 2.50초로 우승했다. 이 종목에서 선수는 100미터 레인을 4번 왕복하며 접영과 배영, 평영, 자유형의 순서로 수영한다. 이전 최고 기록은 2008년 올림픽에서 미국의 마이클 펠프스가 세운 4분 3.84초로 오랫동안 깨지지 않고 있었다. 마이클은 이날 레옹에게 직접 금메달을 건네주었다(맨 오른쪽).

FUKUOKA 2023
WORLD AQUATICS CHAMPIONSHIPS

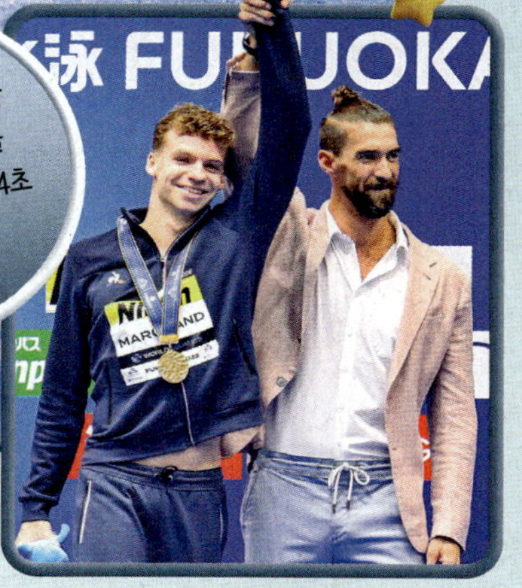

레옹은 5460일 동안 깨지지 않던 마이클 펠프스의 기록을 1.34초 앞당겼다.

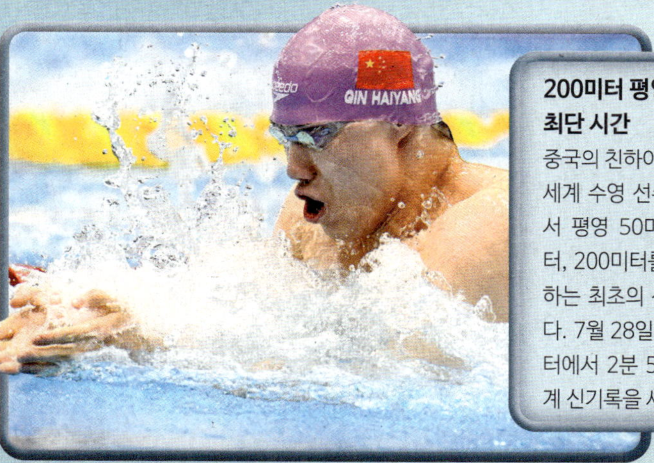

200미터 평영 남성 최단 시간

중국의 친하이양은 2023 세계 수영 선수권 대회에서 평영 50미터, 100미터, 200미터를 모두 석권하는 최초의 선수가 되었다. 7월 28일에는 200미터에서 2분 5.48초의 세계 신기록을 세웠다.

200미터 자유형 여성 최단 시간

2023년 7월 26일 오스트레일리아의 몰리 오캘러한이 1분 52.85초로 두 번째 개인 세계 신기록을 세웠다. 19살의 나이로 금메달 5개와 세계 기록 4개를 가져갔다.

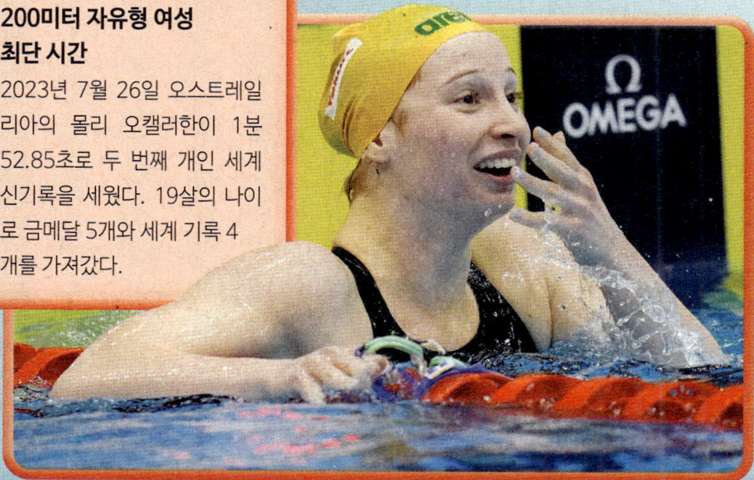

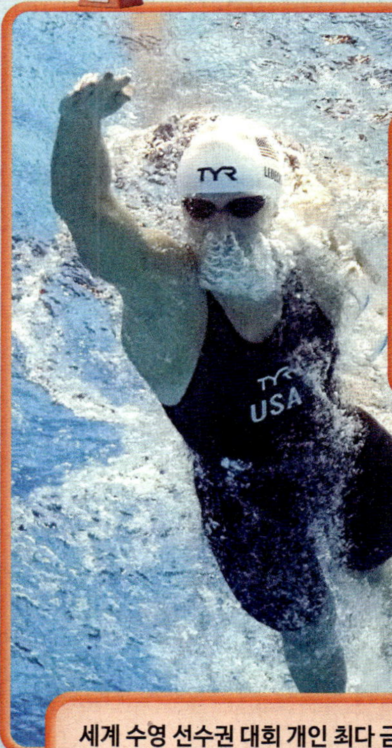

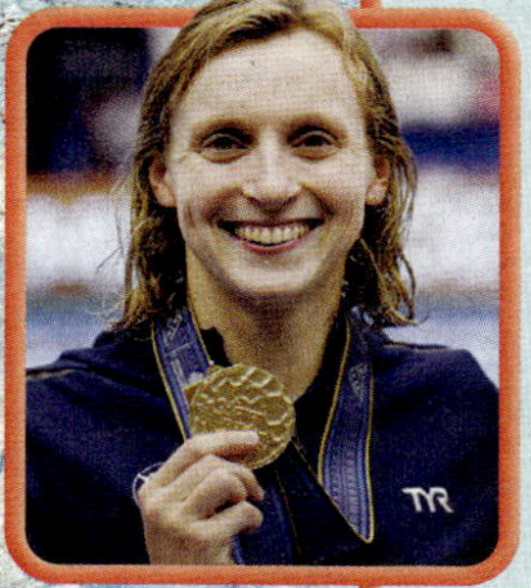

세계 수영 선수권 대회 개인 최다 금메달

미국의 케이티 레데키는 2023 세계 수영 선수권 대회에서 대회 통산 개인 우승 기록을 16개까지 늘리며, 마이클 펠프스의 개인 우승 15회 기록을 넘어섰다.

육상

세계 육상 선수권 대회에 가장 많이 출전한 선수

2023년 8월 19일 포르투갈의 주앙 비에이라가 헝가리 부다페스트에서 열린 세계 육상 선수권 대회 경보 부문에 13번째로 참가했다. 47살의 그는 남성 20킬로미터에서 33위로 대회를 마쳤고, 에스파냐의 헤수스 앙헬 가르시아의 경보 부문 참가 기록(1993~2019)과 동률을 이루었다. **여성 기록**은 11번으로, 1991년과 2011년 사이에 참가한 포르투갈의 수사나 페이토르와 2001년에서 2023년 사이에 출전한 포르투갈의 이네스 엔리케스가 세웠다.

다이아몬드리그 여성 부문 최연소 우승자

다이아몬드리그는 최고의 육상 선수들이 참가하는 대회이다. 에티오피아의 버크 헤일롬(2006년 1월 6일생)은 2023년 6월 15일 노르웨이 오슬로의 비슬렛 스타디움에서 열린 드림 마일 부문에서 17살 160일의 나이로 우승했다. 그는 다이아몬드리그 결승전에서 구다프 세가이가 5000미터 기록을 세울 때 페이스메이커로도 활약했다.

포환던지기 신기록

미국의 라이언 크라우저는 2023년 5월 27일 미국 캘리포니아주 로스앤젤레스에서 포환던지기 23.56미터 기록을 달성했다. 201센티미터 키의 라이언은 '크라우저 슬라이드'라는 신기술을 사용했다. 회전할 때 한 걸음을 더 늘려 속도와 힘을 키우는 기술이다.

라이언 크라우저의 아버지, 삼촌, 사촌은 모두 미국의 포환던지기 국가대표로 활약했다.

남성 2000미터 최단 시간

2023년 9월 8일 노르웨이의 야코브 잉에브릭트센이 벨기에 브뤼셀에서 2000미터를 4분 43.13초 만에 주파했다. 노르웨이의 육상 스타인 야코브는 모로코의 히샴 엘 게루주가 세운 **1500미터 기록**(3분 26초)과 **1600미터 기록**(3분 43.13초)도 노리고 있다.

3000미터 스티플체이스 최단 시간

1900년부터 올림픽 종목으로 지정된 스티플체이스는 육상 경기 중 유일하게 장애물을 뛰어넘는 경기로, 총 28개의 장애물과 7개의 물웅덩이를 건너야 한다. 에티오피아의 라메차 기르마는 2023년 6월 9일 프랑스 파리에서 7분 52.11초로 완주하며, 19년 동안 깨지지 않았던 기록을 갈아 치웠다.

4인 400미터 계주 최단 시간

2023년 8월 19일 미국 대표 저스틴 로빈슨과 로지 에피웅, 매튜 볼링, 알렉시스 홈스가 세계 선수권 대회에서 3분 8.80초 만에 결승선을 끊었다. 이 부문은 2017년에 도입되었으며, 2022년부터는 남성과 여성이 번갈아 달려야 한다.

멀리뛰기 신기록(T64)

2023년 6월 25일 독일의 마르쿠스 렘이 독일 레데에서 8.72미터 거리를 뛰어넘으며 우승했다. 다른 장애인 선수보다 1미터나 멀리 뛴 기록으로, 역대 멀리뛰기 선수 중 9위의 기록에 올라섰다.

장대높이뛰기 최고 기록

2023년 9월 17일, 스웨덴의 아르망드 두플란티스가 미국 유진에서 열린 다이아몬드리그 결승전에서 6.23미터 위로 솟아올랐다. 아르망드는 3살 때 처음 장대높이뛰기를 시작했을 정도로 천재적인 기량을 자랑한다. 그는 20살에 6.17미터를 넘기며 처음으로 남성 세계 신기록을 달성했고, 그 후 6번이나 기록을 갱신했다.

여성 100미터 휠체어 레이스 최단 시간

영국의 한나 콕크로프트는 2023년 5월 27일 스위스에서 열린 노트윌 그랑프리에서 16.31초를 기록했다. 패럴림픽 7회 우승자인 그는 **200미터**(28.90초), **400미터**(52.80초), **800미터**(1분 44.43초), **1500미터**(3분 21.06초)에서도 신기록을 세웠다.

여성 1500미터 최단 시간

2023년 케냐의 페이스 키피에곤은 49일 동안 3개의 대회에서 세계 신기록을 세웠다. 그의 신기록 행진은 6월 2일 이탈리아 피렌체에서 1500미터를 3분 49.11초 만에 주파한 것으로 시작했다. 페이스는 7일 후 파리에서 **5000미터**를 14분 5.20초에 뛰었고, 7월 21일에는 모나코 (아래)에서 **1600미터**를 4분 7.63초로 완주하며 기록을 추가했다.

페이스는 헝가리 부다페스트에서 열린 2023 세계 육상 선수권 대회에서도 우승을 휩쓸며, **여성 1500미터 부문 세계 육상 선수권 대회 챔피언 타이틀**을 거머쥐었다.

여성 5000미터 최단 시간

2023년 7월 17일 에티오피아의 구다프 세가이가 미국 유진에서 열린 다이아몬드리그 결승전에서 5000미터를 14분 00.21초 만에 완주했다. 페이스 키피에곤이 3달 전에 달성했던 기록을 5초 앞당겼다.

스포츠

지구력

백야드 울트라마라톤 최다 바퀴
백야드 울트라마라톤은 참가자들이 1시간마다 6.706킬로미터를 뛰며, 단 한 사람만 남을 때까지 계속된다. 2023년 10월 21일에서 25일 사이 미국의 하비 루이스는 미국 테네시주 빅스 백야드에서 108바퀴를 뛰었다.

바클리 마라톤을 완주한 최초의 여성
영국의 재스민 패리스가 2024년 3월 22일, 미국 바클리 마라톤에 참가하여 여성 최초로 완주에 성공했다. 그는 1만 8000미터 높이에 있는 32킬로미터 산길 코스를 5번 돌았고, 제한 시간 60시간 중 99초를 남기고 결승선을 넘었다.

100킬로미터 남성 최단 시간
리투아니아의 알렉산드르 소로킨은 2023년 5월 14일 리투아니아 빌뉴스에서 열린 월드 패스티스트 런 대회에서 6시간 5분 35초를 기록했다. 이 기록은 자신의 이전 세계 기록을 6초 앞당긴 것으로, 그는 현재 국제 울트라러너 협회에서 관장하는 9개 남성 기록 중 5개를 가지고 있다.

48시간 동안 가장 멀리 달린 여성
2023년 3월 24~26일, 미국의 캐밀 헤론은 오스트레일리아수도주 해켓에서 열린 스리 친모이 48시간 트랙 페스티벌에서 435.336킬로미터를 달렸다. 이틀 동안 400미터 트랙을 1088바퀴 돈 것으로, 1킬로미터당 평균 6분 36초가 걸린 셈이었다(휴식 시간 포함).

12시간 여성 기록 역시 2023년에 나왔다. 핀란드의 사투 리피애이넨은 5월 20일 코콜라 울트라런에서 이전 기록보다 1킬로미터 더 긴 총 153.600킬로미터를 달렸다.

세계 산악 러닝 선수권 대회 여성 최다 우승
오스트리아의 안드레아 마이어는 2006년부터 7번 우승했다. 가장 최근의 우승은 2023년 6월 7일로, 1020미터 오르막길은 물론, 경사가 40도인 7.1킬로미터 알파인 코스를 48분 14초에 완주했다.

스파르타슬론 울트라마라톤 최단 시간
스파르타슬론 울트라마라톤은 기원전 490년 아테네의 전령이던 페이디피데스의 업적을 본떠, 그리스를 관통하며 246킬로미터를 달린다. 2023년 10월 1일, 그리스의 경찰관 포티스 지시모풀로스는 19시간 55분 9초를 기록하며 연속 3번째 우승을 안았다. 그는 1984년 20시간 25초로 세계 신기록을 세운 그리스의 야니스 쿠로스의 기록을 넘어섰다.

배드워터 울트라마라톤 여성 최단 시간
배드워터 울트라마라톤은 미국에서 가장 낮은 데스밸리에서 가장 높은 휘트니산까지 217킬로미터를 뛴다. 이곳은 기온이 섭씨 53도까지 치솟기도 한다. 미국의 애슐리 폴슨은 2023년 7월 4~6일에 열린 대회에서 21시간 44분 35초를 기록하며 역대 두 번째로 빠른 기록을 세웠다. **남성 최단 시간 기록**은 21시간 33분 1초로, 2019년 7월 15~16일에 일본의 이시가와 요시히코가 달성했다.

1인 먼로-배깅 최단 시간
미국의 제이미 애런스는 스코틀랜드에서 2023년 5월 26일부터 6월 26일까지 높이 3000미터가 넘는 산 282개를 31일 10시간 27분 만에 모두 올랐다. 도니 캠벨이 2020년에 세운 기록을 12시간이나 앞당긴 것이다. 제이미가 오른 경로는 총 13만 5366미터이며, 에베레스트산 16개의 봉우리를 모두 오른 것과 맞먹는다.

최다 인원 참가 울트라마라톤
약 90킬로미터의 언덕을 오르내리는 콤레이즈 마라톤에 2000년 2만 3961명이 참가하여 최다 참가 인원 기록을 세웠다. 2023년에는 1만 6000명이 넘는 참가자가 모여 최단 시간 기록을 세웠다. **남성 기록**은 테테 디야나가 세운 5시간 13분 58초, **여성 기록**은 게르다 스테인(모두 남아프리카공화국)이 세운 5시간 44분 54초이다.

울트라러닝 최초 '트리플 크라운' 달성

미국의 코트니 다월터는 2023년 웨스턴 스테이츠100과 하드록100, 울트라-트레일 뒤 몽블랑 등 가장 유명한 161킬로미터 경주를 단 10주 만에 모두 제패한 최초의 선수가 되었다. 그는 500킬로미터를 이동했고, 해수면 위치에서 에베레스트산을 10번 오르는 것과 비슷한 2만 5500미터를 70일 만에 올랐다.

코트니의 도전은 6월 24일 캘리포니아주 시에라네바다산맥을 15시간 29분 33초에 주파해 **웨스턴 스테이츠100 여성 최단 시간 기록**을 깼을 때 시작되었다. 이어서 7월 14~15일에 **하드록100 여성 최단 시간 기록**을 26시간 15분 12초로 달성했으며, 마지막으로 콜로라도주 실버턴(아래)에서 4위로 대회를 마쳤다. 울트라-트레일 뒤 몽블랑(오른쪽)에서는 피로와 배탈에 시달렸지만 9월 2일 2위를 차지한 선수보다 40분 더 빨리 결승선에 도착해 기록에 정점을 찍었다.

코트니는 고등학교에 다닐 때 노르딕 스키에서 주 챔피언을 4번이나 달성했다.

축구

피파 월드컵 최초 선수와 감독으로 모두 우승
브라질의 마리우 자갈루(오른쪽 위)는 1958년과 1962년에 선수로 월드컵에서 2번 우승했고, 1970년에 브라질 감독으로 우승했다. 얼마 지나지 않아 독일의 프란츠 베켄바우어(왼쪽 위)가 뒤를 따랐다. 그는 1974년에 팀 주장으로, 1990년에는 감독으로 독일(당시 서독)을 우승으로 이끌었다.

국제 최장수 축구 경력
에스파냐의 일데폰소 리마 솔라는 26년 82일 동안 안도라 국가대표로 뛰었다. 17살이던 1997년 6월 22일 안도라의 2번째로 공식 경기에서 처음 선수로 나섰다. 그의 137번째이자 마지막 경기이던 유로 2024 예선전은 2023년 9월 12일에 스위스를 상대로 열렸다.

피파 여자 월드컵 최연소 선수
2023년 7월 25일, 대한민국의 케이시 페어가 16살 26일의 나이에 오스트레일리아 뉴질랜드 여자 월드컵에 출전했다.

아프리카 네이션스컵 최다 출전
가나의 안드레 아예우와 튀니지의 유세프 음사크니가 2023년 아프리카 네이션스컵에 8번째로 출전했다. 이들은 1996년부터 2010년 사이에 출전한 카메룬의 리고베르 송과 이집트의 아메드 하산과 어깨를 나란히 하게 되었다.

UEFA 유럽 축구 선수권 대회 예선전 최다 골
벨기에의 로멜루 루카쿠가 유로 2024 예선 중 8경기에서 14골을 넣어 벨기에를 조 1위로 올려놓았다. 그는 아제르바이잔을 상대로 열린 예선전에서 경기 시작 단 20분 만에 4골을 넣고 멋지게 경기를 마쳤다.

아프리카 축구 연맹(CAF) 챔피언스리그 최다 우승
2023년 6월 11일, 이집트의 알아홀리 SC가 아프리카 대륙 클럽 축구 결승전에서 모로코의 위다드 AC에게 3대 2로 승리하며 11번째 우승을 거머쥐었다.

라리가 최연소 골
FC 바르셀로나 소속인 에스파냐의 라민 야말(2007년 7월 13일)이 2023년 10월 8일, 16살 87일의 나이에 그라나다를 상대로 골을 넣어 2대 2로 경기를 끝냈다. 윙어로 활약하고 있는 그는 15살에 처음으로 바르셀로나에서 뛰었다. 보통 5명 중 1명만이 16살 생일 전에 라리가 데뷔전을 치른다.

UEFA 유로파 리그 최다 우승
에스파냐의 세비야 FC가 2023년 5월 31일 이탈리아의 AS 로마를 상대로 승부차기에서 4대 1로 승리하며 7번째 우승을 가져갔다.

남성 축구 클럽 최다 연속 승리
사우디아라비아의 알힐랄 SFC가 2023년 9월 25일부터 2024년 4월 11일 사이 34번 연속 승리를 기록했다. 4개 리그와 컵 대회를 넘나드는 연속 승리 행진은 2024년 4월 17일 아시아 축구 연맹(AFC) 챔피언스리그에서 아랍에미리트의 알아인 FC에 4대 2로 패하며 끝났다.

세리에A 최연소 선수
AC 밀란 소속 이탈리아의 프란체스코 카마다(2008년 3월 10일생)가 2023년 11월 25일, 15살 260일에 이탈리아 밀라노에서 ACF 피오렌티나와의 경기에 출전했다.

피파 비치사커 월드컵 최다 우승
2024년 2월 25일, 아랍에미리트 두바이에서 열린 모래 위 월드컵 결승전에서 브라질이 이탈리아를 상대로 승리하며 6번째 우승을 거머쥐었다. 브라질은 2006~2009년, 2017년에 비치사커 챔피언에 올랐다.

여성 축구 최고 금액 이적
잠비아의 스트라이커 레이첼 쿤다난지가 79만 2300달러(약 11억 원)를 받고 에스파냐의 마드리드 CFF에서 미국의 베이 FC로 이적했다고 2024년 2월 13일 발표했다. 23살의 그는 에스파냐 리그 43경기에서 33골을 넣었다.

남성 선수들의 이적 역사가 궁금하다면 220~221쪽을 펴 보자.

국제 대회 최다 골

캐나다의 크리스틴 싱클레어는 23년의 선수 생활 동안 190골을 넣었다. 다른 어떤 축구 선수보다 국제 대회 골을 많이 넣은 것이다. 그는 16살이던 2000년에 알가르브컵 데뷔전을 치렀으며, 2번째 경기에서 골을 넣었다. 전성기이던 2012년에는 22경기에서 23골을 넣었다. 2020년 1월 29일에 세인트키츠 네비스를 상대로 출전한 경기에서는 통산 184골을 기록한 미국의 애비 웜바크의 기록을 넘어섰다. 2023년 12월 5일, 크리스틴은 329번째이자 마지막 골을 넣었다(아래). 일본 도쿄에서 열린 2020 올림픽에서 캐나다에 우승을 안긴 금메달리스트는 이제 영원히 경기장을 떠났다(왼쪽 위).

발롱도르 최다 수상

아르헨티나의 리오넬 메시는 한 시즌 가장 빼어난 활약을 보여 준 선수에게 수여하는 상을 8번 받았다. 가장 최근에는 2023년 아르헨티나 월드컵 우승에 기여한 공로로 받았다.

국제 대회 최다 참가 선수

크리스티아누 호날두는 2024년 3월 26일 기준 포르투갈 국가대표로 206회 출전했다. 그는 현재 128골로 **국제 대회 사상 최다 골(남성)** 도 기록하고 있다.

크리켓

테스트 매치 최다 식스
영국의 벤 스토크스는 181이닝 동안 128번이나 바운더리를 넘겼다. 이 기록으로 그는 영국 국가대표 감독인 브랜든 맥컬럼의 107번의 식스를 넘어섰다. 오스트레일리아의 애덤 길크리스트는 테스트 매치에서 100번의 식스를 쳤다.

여성 T20 국제 대회 최다 런 체이스 성공
2023년 10월 2일, 오스트레일리아 시드니 오벌 경기장에서 서인도 제도의 주장 헤일리 매슈스(맨 오른쪽)가 오스트레일리아를 상대로 공 64개에 132점을 올리며 연속으로 대회 MVP에 선정되었다.

남성 T20 국제 대회 최다 팀 득점
2023년 9월 27일, 네팔은 아시안 게임에서 몽골에게 20오버 동안 314점을 때려 냈다. 쿠샬 말라는 이때 단 34개 공으로 100점을 때려 **남성 T20 대회에서 센추리를 가장 빨리 한 기록**을 세웠다.

최단 센추리
2023년 10월 8일 오스트레일리아의 제이크 프레이저 맥거크는 사우스오스트레일리아 마시원데이컵에서 태즈메이니아를 상대로 29개의 공으로 100런을 기록했다.

남성 크리켓 월드컵 최단 센추리
오스트레일리아의 글렌 맥스웰은 2023년 10월 25일 인도 델리에서 네덜란드를 상대로 40개 공을 때려 100점을 얻었다. 이날 오스트레일리아는 309점 차로 이기며 **남성 크리켓 월드컵에서 가장 많은 득점 차로 승리한** 기록을 세웠다. 글렌은 2023년 11월 7일에 인도 뭄바이에서 아프가니스탄을 상대로 201타를 기록했다. **남성 원 데이 인터내셔널(ODI) 경기에서 2이닝 최다 득점**이다.

남성 T20 국제 대회 최다 런 체이스 성공
남아프리카공화국(259/4점)이 2023년 5월 26일에 남아프리카공화국 센추리언에서 서인도제도(258/5점)에 공 7개를 남기고 승리했다. 오프너인 퀸턴 드 콕과 리자 헨드릭스가 152점을 합작하며 경기를 이끌었다.

여성 T20 국제 대회 최고 득점 팀
2023년 10월 13일, 아르헨티나가 칠레를 상대로 1타수 427점을 올렸다. 루치아 테일러는 **여성 T20 국제 대회 최다 런**인 165런을 기록했다. 364런을 올린 아르헨티나는 63런을 기록한 칠레에게 이겨 **여성 T20 국제 대회 최고 득점 차 승리**를 기록했다.

남성 크리켓 월드컵 경기 최다 위켓
인도의 볼러 무함마드 샤미는 2023년 11월 15일 뭄바이에서 뉴질랜드 타자 7명을 9.5오버로 물리쳤다. 그는 윈스턴 데이비스(세인트빈센트그레나딘), 글렌 맥그래스(오스트레일리아), 앤디 비첼(오스트레일리아), 팀 사우시(뉴질랜드)의 단일 게임 최다 득점과 동률 기록을 세웠다.

인도 프리미어리그(IPL)에서 가장 몸값이 높은 선수
인도의 콜카타 나이트 라이더스는 2023년 12월 19일에 오스트레일리아의 볼러 미첼 스탁을 297만 달러(약 40억 원)에 영입했다.
여성 선수는 인도의 슴리티 만다나로, 2023년 2월 13일 로열 챌린저스 벵갈루루와 41만 2250달러(약 5억 6000만 원)에 계약을 맺었다.

남성 크리켓 월드컵 최다 우승
오스트레일리아가 2023년 11월 19일에 개최국 인도를 6위켓 차로 꺾고 6번째 우승을 일궈 냈다. 오스트레일리아는 1987년에 처음 우승한 후 2015년 5번째 우승 타이틀을 확보했다. 다른 나라는 2번 이상 우승한 적이 없다.

ODI 최다 센추리

2023년 11월 15일, 인도의 비라트 콜리가 인도 뭄바이에서 열린 남성 크리켓 월드컵 준결승전에서 뉴질랜드를 117득점으로 격파하며 50번째 ODI 100득점을 세웠다. 경기장을 꽉 채운 관중들은 그에게 엄청난 박수갈채를 보냈다. 그중에는 이전 기록 보유자인 사친 텐둘카르도 있었다.

비라트는 2008년 ODI 데뷔 이후 280이닝을 뛰었다. 2009년 12월 24일에 스리랑카를 상대로 첫 100득점을 올렸고, 2012년 3월 18일 파키스탄을 상대로 183점이라는 가장 높은 득점을 올렸다. 스리랑카를 상대로 센추리를 10번 올린 적도 있다. 2024년 2월 12일 기준, 그는 평균 득점 58.67점으로 남성 ODI 선수 통산 3위에 올랐다. 위로는 인도의 슈반 길(61.37점)과 네덜란드의 라이언 텐 두스하터(67.00점)가 있다.

2023년 비라트는 남성 크리켓 월드컵 최다 런인 765런을 기록했다.

스포츠
종합

세계 철인 3종 경기 선수권 대회 여성 최단 시간
2023년 10월 14일 영국의 루시 찰스바클리는 8시간 24분 31초의 기록으로 세계 트라이애슬론 선수권 대회에서 처음으로 우승했다. 이전에 하와이에서 4번 준우승을 차지했던 그는 3.8킬로미터 수영에서 49분 36초, 180킬로미터 사이클에서 4시간 32분 29초, 마라톤에서 2시간 57분 38초의 기록을 세웠다.

US 오픈 골프 대회 한 라운드 최저 점수
2023년 6월 15일, 미국의 리키 파울러와 잰더 쇼플리가 캘리포니아주 로스앤젤레스의 컨트리 클럽에서 62타를 쳤다. 이로써 남아프리카공화국의 브랜든 그레이스가 2017년 7월 22일에 달성한 **남성 메이저 선수권 대회 한 라운드 최저 점수 기록**과 동률을 이루게 되었다. 브랜든은 영국 머지사이드주 사우스포트의 로열 버크데일 골프 클럽에서 열린 오픈 챔피언십에서 62타를 때렸다.

세계 기계 체조 선수권 대회 최다 메달
미국의 시몬 바일스는 세계 선수권 대회에서 동메달 3개, 은메달 4개, 금메달은 무려 23개로 총 30개 메달을 가져갔다. 그중 금메달 4개와 은메달 1개는 2023년 벨기에 안트베르펜에서 획득했다. 그는 종합 우승을 6회 차지하며 **여성 최다 기록**을 세웠다.

ICON

가장 빠른 마라톤 선수
케냐의 켈빈 킵툼(오른쪽)은 2023년 10월 8일, 미국 일리노이주 시카고에서 2시간 35초를 기록하며 **남성 마라톤 최단 시간 기록**을 세웠다. 안타깝게도 그는 2024년 2월 11일 24살의 나이에 자동차 사고로 세상을 떠났다.
여성 기록은 2023년 9월 24일, 독일 베를린 마라톤에서 에티오피아의 티지스트 아세파(아래)가 달성한 2시간 11분 53초이다.

1킬로미터 경륜 최단 시간
2023년 10월 31일, 네덜란드의 예프레이 호흐란트는 멕시코 아과스칼리엔테스주의 벨로드로모 비센테 페나리오에서 1킬로미터를 55.433초 만에 주파했다. 경륜 1킬로미터에서 4번째 세계 챔피언에 오른 그는 프랑수아 퍼비스가 10년간 보유하고 있던 56.303초를 넘어섰다.

15미터 스피드 클라이밍 최단 시간
2023년 4월 28일, 인도네시아의 레오나르도 베드리카가 15미터 높이 벽을 단 4.90초만에 올랐다. 대한민국 서울에서 열린 국제 스포츠 클라이밍 연맹 월드컵에서 세운 기록이다.
여성 기록은 6.24초로, 2023년 9월 15일 이탈리아 로마에서 폴란드의 알렉산드라 미로스와프가 달성했다.

가장 높은 파도를 탄 여성
2023년 1월 22일, 프랑스의 사라 하우저가 하와이의 마우이섬에서 열린 페아히 서핑 대회에서 12.18미터 높이의 파도 위에 올랐다.

> 켈빈 킵툼은 사망하기 전 역대 가장 빠른 마라톤 대회 7개 중 3개에 참가했다.

1000미터 스피드스케이팅 최단 시간
2024년 1월 26일, 19살의 미국 스피드스케이팅 선수 조던 스톨츠는 미국 유타 올림픽 오벌 경기장에서 2바퀴 반을 1분 5.37초 만에 완주했다. 그는 세계 선수권 대회에서 500미터, 1000미터, 1500미터를 2번씩 휩쓸며 금메달 6개를 목에 걸었다.

가장 빠른 마라톤 선수

경기	선수	날짜	시간
베를린	엘리우드 킵초게(케냐)	2022년 9월 25일	2시간 1분 9초
	티지스트 아세파	2023년 9월 24일	2시간 11분 53초
보스턴	제프리 무타이(케냐)	2011년 4월 18일	2시간 3분 2초
	부즈네시 데바(에티오피아)	2014년 4월 21일	2시간 19분 59초
시카고	켈빈 킵툼	2023년 10월 8일	2시간 35초
	시판 하산(네덜란드, 에티오피아 출생)	2023년 10월 8일	2시간 13분 44초
런던	켈빈 킵툼	2023년 4월 23일	2시간 1분 25초
	폴라 매드클리프(영국)	2023년 4월 13일	2시간 15분 25초
뉴욕	타미라트 톨라(에티오피아)	2023년 11월 5일	2시간 4분 58초
	마거릿 오카요(케냐)	2023년 11월 2일	2시간 22분 31초
도쿄	벤슨 키프루토(케냐)	2024년 3월 3일	2시간 2분 16초
	수투메 아세파 케베데(에티오피아)	2024년 3월 3일	2시간 15분 55초

엑스 게임 대회 최연소 남성 스케이트보드 스트리트 금메달
일본의 오노데라 긴우가 2023년 5월 14일 일본 치바현에서 13살 88일의 나이로 스케이트보드 스트리트 부문 금메달을 확보했다. 이로써 남성 엑스 게임에서 최연소 우승 기록(12살 210일)을 보유하고 있는 브라질의 귀 큐리에 이어 2번째로 어린 우승자가 되었다.

국제 스포츠 클라이밍 연맹(IFSC) 세계 선수권 대회 최다 금메달
슬로베니아의 얀야 가른브레트는 IFSC가 주최하는 격년제 대회에서 볼더링 부문 3개, 리드 부문 15미터 2개, 컴바인드(혼합) 부문 3개로 총 8개 금메달을 품에 안았다.

동계 엑스 게임 최다 메달
2024년 1월 28일, 캐나다의 마크 맥모리스는 엑스 게임 애스펀의 스노보드 슬로프스타일 부문에서 은메달을 따내며 23번째 메달을 품에 안았다.

국제 스키 연맹(FIS) 알파인 스키 월드컵 최다 우승
미국의 미케일라 시프린은 국제 알파인 스키 월드컵에서 통산 97번 우승을 달성했다. 그는 회전 부문에서 통산 60번 우승해 **단일 부문 최다 우승**도 기록했다.

아이스하키 세계 선수권 대회 남성 최다 우승
캐나다는 2023년 5월 28일 핀란드 탐페레에서 독일을 5대 2로 꺾고 28번째 금메달을 확보했다.

밴디 세계 선수권 대회 여성 최다 우승
아이스하키와 유사한 밴디는 축구장 크기의 링크에서 선수 11명이 모여 퍽 대신 공으로 경기를 한다. 스웨덴 여성팀은 2023년 4월 2일, 스웨덴 오뷔에서 핀란드를 15대 0으로 격파하고 11번째 우승을 거뒀었다.

투르 드 프랑스 26세 이하 부문 최다 우승
슬로베니아의 타데이 포가차르가 2023 투르 드 프랑스에서 4번째 우승하며 마이요 블랑(흰색 저지)을 차지했다. 마이요 블랑은 1975년에 도입되었으며 경기를 완주한 26세 이하 선수 중 가장 빠른 선수에게 수여한다.

프로 다트 협회(PDC) 다트 세계 선수권 대회 최연소 승리
영국의 루크 리틀러(2007년 1월 21일생)가 2023년 12월 20일 영국 런던의 알렉산드라궁에서 크리스천 키스트를 3대 0으로 꺾고 16살 333일의 나이에 승리했다. 그는 180점을 7번 성공하여 평균 106.2점으로 PDC 세계 다트 선수권 대회 데뷔 경기에서 최고 평균 점수도 기록했다.

스누커 최다 1위
영국의 로니 오설리번은 2024년 1월 21일 세계 그랑프리에 우승하며 41번째 1위를 기록했다. 1993년 영국 선수권 대회에서 1위에 오른 뒤 30년 이상 1위 자리를 지킨 것이다. 그는 트리플 크라운(세계 선수권 대회, 영국 선수권 대회, 마스터스의 3개 대회)에서 연달아 우승하며 황금 같은 2달을 보냈으며, 이때 **영국 챔피언십**과 **마스터스 최다 우승 기록**을 각각 8승으로 늘렸다.

양궁 월드컵 최다 우승
콜롬비아의 사라 로페스는 2023년 9월 10일, 멕시코 에르모시요에서 타냐 갤렌틴을 143대 142로 꺾으며 여성 컴파운드 부문에서 8번째 우승을 차지했다.

세계 탁구 선수권 대회 최다 우승 팀
중국은 대한민국 부산에서 열린 2024년 대회에서 **남성**과 **여성** 모두 23번째 우승을 기록했다.

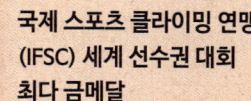

ICON

르브론 제임스

농구공을 처음 받았을 때부터, 미국의 르브론 제임스는 엄청난 기대를 짊어지고 싸워왔다. 하지만 그 젊은 그가 더 높은 곳으로 오르는 원동력이 되었다.

르브론은 9살에 처음 농구를 시작했다. 그의 타고난 재능에 대한 소문은 널리 퍼졌고, 고등학생일 때 《스포츠 일러스트레이티드》의 표지를 장식하기도 했다. 2003년 그는 전미 농구협회(NBA) 드래프트 1순위로 클리블랜드 캐벌리어스에 뽑혔다. 또 첫 번째 정규 시즌 경기에서 25점을 득점했고 그해 신인상을 받았다. 2010년 마이애미 히트로 이적한 르브론은 팀을 연속 우승시키며 결승전 에브리(MVP)를 가져왔다. 이어 클리블랜드 캐벌리어스(2016)와 LA 레이커스와 오클라호마시티 선더와의 경기에서 개인 통산 3점 8387골과 올리핌 가장 많은 재비기 39단 등을 유지한 NBA 최다 득점 기록을 갖겠다. 르브론은 2024년 3월 2일에 NBA 3점 슛으로 2000점 이상 득점했고, NBA 역사상 4번째로 가장 많은 어시스트와 8번째로 많은 스틸을 했다. 르브론은 지금도 여전히 '선택받은 자'로 남아 있다.

2023년 11월 27일, 르브론은 커리 어블 덩크 차기가 오랫동안 보유한 단 NBA 최다 출전 기록을 깼다. 포스트 시즌을 포함해 총 6만 639분을 출전한 시간을 기록할 것이다.

르브론은 3게임 연속 우승했고 결승전 MVP도 가져왔다. 사진은 2012년 마이애미 히트에서 첫 우승 후 모습이다.

인물 소개

이름	르브론 레이먼 제임스 시니어
태어난 곳	미국 오하이오주 애크런
생년월일	1984년 12월 30일
현재 보유한 세계 기록	35세 이상, NBA 최다 득점 포함 (4번 36회)/2024년 4월 기준
수상	• NBA 우승 4회(2012-2013, 2016, 2020)
• NBA 결승전 MVP 4회 (2012-2013, 2016, 2020)
• NBA MVP 4회(2009-2010, 2012-2013)
• 올스타 19회(2005-2023)

르브론은 왼손잡이지만, 오른손으로 농구공을 던진다.

르브론이 세인트 빈센트 세인트 메리 고등학교에 재학 중 4년간 팀이 주 챔피언을 4차례 차지했고, 단 6경기만 패했다.

르브론 제임스 가족 재단은 그의 고향 오하이오주 애크런에서 교육 분야에 투자하며, 1400명의 학생에게 도움을 주고 있다.

르브론은 루니툰과 함께 『스페이스 잼: 새로운 시대』(2020)에서 엔터버스 농구를 선보였다. 1996년 마이클 조던이 등장했던 『스페이스 잼』의 후속편이다.

르브론은 2008년과 2012년에 미국 국가대표 팀을 금메달로 이끌었다. 그가 올림픽에서 얻은 총 273점은 대표팀에서 3번째로 높은 득점이다.

르브론은 2016년 NBA 결승전에서 최초로 득점과 리바운드, 어시스트, 블록, 스틸까지 모두 1등을 기록하는 원맨쇼를 펼치며 클리블랜드를 우승으로 이끌었다.

르브론 제임스에 대해 더 알고 싶다면 https://www.guinnessworldrecords.com/2025에 방문해 보자.

최신 기록

다음은 올해의 공식 기록이 최종 제출된 후 인증받은 최신 기록들이다.

스파이더맨 복장을 한 최다 인원
「스파이더맨: 어크로스 더 유니버스」(2023)의 개봉을 축하하기 위해 스파이더맨으로 분장한 685명이 2023년 6월 3일 말레이시아 클랑의 한 쇼핑몰에 모였다. 소니 픽처스 말레이시아가 주최했다.

풀 누들을 타고 동시에 물 위에 뜬 최다 인원
2023년 8월 19일, 총 330명의 사람들이 미국 미네소타주 미네통카 호수에서 기다란 튜브에 몸을 맡긴 채 느긋하게 떠다녔다. 이번 도전은 참전 용사를 돕는 '프로젝트 갓 유어 백' 협회에서 진행했다.

세계 최대 수족관
2023년 9월 15일, 중국 광둥성 주하이의 해양 공원 '창룽 스페이스십'의 전시관은 총 용적이 7535만 969리터로 인증받았다. 총 38개 수조에는 300여 종의 물고기와 산호, 수중 식물이 살고 있다. 이 공원은 **세계 최대 실내 인공 파도**(3.2미터)와 **세계 최대 산호초 전시관**(284만 8562리터)의 기록도 있다.

세계 최다 시리얼 상자 도미노
2023년 10월 12일, 미국의 음식 관련 비영리 재단 '무브 포 헝거'가 미국 미시간주 디트로이트에서 1만 2952개의 시리얼 상자를 한 줄로 늘어놓은 다음에 쓰러뜨렸다. 상자는 '토플 헝거(Topple Hunger)' 글자 모양으로 정렬했으며, 시리얼의 마스코트인 호랑이 토니가 도미노 맨 앞의 상자를 툭 치자 약 5분 동안 줄줄이 쓰러졌다.

1시간 동안 자전거를 타고 가장 멀리 간 사람 (여성)
2023년 10월 13일, 멕시코 아구아스칼리엔테스주의 비센테나리오 경륜장에서 이탈리아의 비토리아 부시가 50.267킬로미터를 달리며 국제 사이클 연맹(UCI) 시간 기록을 달성했다.

최대 수중 인간 피라미드
2023년 11월 11일, 65명의 스쿠버다이버들이 태국 크라단섬 해저에서 피라미드 모양을 만들었다. 태국의 MCM 커뮤니케이션사와 아마라 시리풍사가 주최했다.

세계에서 가장 무거운 블루베리
오스트레일리아 뉴사우스웨일스주에 사는 브래드 호킹, 제시카 스칼조, 마리-프랑스 쿠르투아가 2023년 11월 13일 20.4그램에 달하는 초대형 블루베리를 수확해 인증받았다.

세계에서 가장 긴 병풍 형태 잡지
원다 커피 말레이시아의 의뢰를 받아 제작된 아코디언 형식의 잡지가 2023년 11월 17일 말레이시아 쿠알라룸푸르에서 약 715.2센티미터의 길이를 인증받았다.

최대 바운스 성
파키스탄 카라치에 있는 '점보 점프'는 2023년 11월 20일 측정한 면적이 1421제곱미터였다. 공기를 넣어 만든 이 놀이 시설은 미끄럼틀과 암벽 타기 등이 있으며 한 번에 약 200명이 이용할 수 있다.

최고령 여성 상업 항공기 조종사
버진 에어라인 소속인 오스트레일리아의 데보라 로리(1953년 5월 14일생)는 2023년 11월 21일 기준 70살 191일의 나이에도 여전히 조종석을 지키고 있다. 그는 1973년에 조종사 자격증을 획득했지만 1980년까지 비행을 하지 못하다가, 이전 고용주를 상대로 낸 성차별 금지 소송에서 승리하고 나서야 조종대를 잡을 수 있었다.

축구 시범 경기 최다 참가 인원
2023년 11월 23일에서 26일까지 일본 시즈오카현 카와네혼초에서 '선 카카네 스탠드 업!' 프로젝트로 열린 72시간 축구 경기에 2391명의 선수가 참가했다.

발로 그린 최대 그림
인도의 바이하브 쿠마르 샤르마가 2023년 11월 30일, 인도 자르칸드주 람가르에서 발만 이용하여 세계 꼭대기에서 명상을 하는 사람의 모습을 그려 189.89제곱미터 크기의 그림으로 완성했다.

페인트볼을 쏜 최다 인원
2023년 12월 16일 말레이시아 쿠알라룸푸르에서 열린 듀 챌린지 2023에서 298명의 사람들이 동시에 목표물을 조준했다. 이들은 페인트볼 4715개로 'DEW'를 써서 **최대 페인트볼 낱말**을 만든 기록도 세웠다.

1분 동안 라즈베리를 가장 많이 먹은 사람
2023년 12월 17일, 미국의 피오트르 리크왈라가 미국 일리노이주 스프링필드에서 1분 동안 라즈베리 95개를 한번에 먹어 치웠다.

달걀 6개의 균형을 가장 빨리 맞춘 사람
2023년 12월 30일, 미국의 브라이언 스포츠가 미국 콜로라도주 파이어스톤에서 26.46초 만에 달걀 6개를 편평한 곳에다가 가지런히 올려놓았다. 그는 이전에 달걀 12개 기록도 달성했지만, 이 기록은 이탈리아의 실비오 사바가 2015년 1월 26일 51.9초를 기록하며 깨졌다.

최대 스키 강습
동계 올림픽에서 금메달을 2회 딴 노르웨이의 페테르 노르투그가 2023년 12월 30일 604명의 학생들을 대상으로 노르웨이 하프옐의 모세테르토펜 스키장에서 스키 강습을 열었다.

티셔츠 5장을 가장 빨리 입은 사람 (16세 이하)
인도의 아로히 비탈라니가 2024년 1월 5일, 인도 구자라트주 미타푸르에서 티셔츠 5장을 8.31초 만에 모두 입었다.

1시간 동안 얼음 경사로에 있던 최다 인원
2024년 1월 14일, 몽골 울란바토르에서 마자알라이 국제 얼음 축제 개막을 기념하며 405명이 꽁꽁 언 얼음 미끄럼틀을 탔다.

용 모양을 한 최대 풍선
2024년 1월 24일, 중국의 팡 시타이 윌슨과 호쿤룽이 중국 홍콩의 티엠티플라자에서 41.77미터 길이의 용 풍선을 공개했다. 생분해되는 고무풍선 약 3만 8000개로 제작했으며, 고정 틀로 다른 재료는 허용되지 않았다.

무한대 기호를 만든 최다 인원
2024년 1월 26일, 미국의 그레이스 재단과 세인트 조지프 바이더시 고등학교가 미국 뉴욕 스태튼섬에서 1540명과 함께 무한대 기호를 만들었다. 이 비영리 재단은 2023년 4월 19일에도 2423명과 함께 **최대 인원으로 직소 퍼즐을 만들어** 기록을 세운 적이 있다.

최대 비건 페이스트리
2024년 2월 3일, 체코의 베이커리 베이커리가 스위스 베른에서 무게 263킬로그램, 길이 22.75미터의 거대 초콜릿 빵을 만들었다.

1분 동안 허벅지로 수박을 가장 많이 부순 사람 (여성)
튀르키예의 괴즈데 도안이 2024년 2월 5일 이탈리아 밀라노의 <로 쇼 데이 레코드>에서 허벅지로 수박 5개를 박살 냈다.

같은 날, 인도의 크란티 쿠마르 파니케라가 **1분 동안 망치로 코에 못을 가장 많이 박은 기록**(22개)을 세웠다.

최대 스탠딩 전등
중국 허난성의 뤄양시가 2024년 2월 9일 설날에 8층 높이의 모란 모양 전등을 공개했다. 높이 24.8미터, 총 길이는 45미터에 달한다. 전구 5만 3000개가 사용되었고 200명의 장인들이 제작에 참여했다. 전등은 2번의 눈보라와 강풍 경보 7번을 견뎠다.

100미터 자유형 최단 시간
중국의 판잔러가 2024년 2월 11일 카타르 도하에서 열린 세계 수영 선수권 대회에서 46.80초를 기록했다. 그는 남성 400미터 계영에 첫 주자로 나서 중국을 승리로 이끌었다.

폴스만 최단 시간 횡단 (남성)
2024년 2월 20일, 남아프리카공화국의 바렌드 노르키아가 남아프리카공화국의 밀러스 포인트에서 루이 엘스까지 7시간 28분 15초를 헤엄쳤다. 그의 기록은 케이프 장거리 수영 협회의 비준을 받았다.

세계 최대 카타크 춤
2024년 2월 20일, 1484명의 춤꾼들이 제50회 인도 카주라호 댄스 축제에서 전통 춤을 추며 사원에 불을 밝혔다.

실시간 영상으로 담은 최장 시간 여행
멕시코의 관광부 장관 미겔 토루코 마르케스는 허리케인 오티스로 생긴 아카풀코의 피해를 알리기 위해 2024년 2월 20일에서 22일까지 40시간 2분 20초 동안 세계를 누비는 자신의 모습을 실시간 영상으로 담았다.

스카우트 우표 최다 수집가
필리핀 보이스카우트의 사무총장인 필리핀의 킴 로버트 데이리온은 2024년 2월 22일 기준 필리핀 마닐라에서 보이스카우트를 주제로 한 우표를 3289장 모았다.

24시간 동안 팔굽혀펴기를 가장 많이 한 사람(남성)
일본의 아다치 켄타가 2024년 2월 22일부터 23일까지 일본 야마구치현 슈난에서 8490번 팔굽혀펴기에 성공해 이전 기록을 340개 늘렸다.

하와이안 셔츠를 입은 최다 인원
2024년 2월 24일, 미국의 아이스하키 팀 올랜도 솔라 베어스가 '해변의 밤' 행사를 열었다. 이에 1254명 관중들은 알록달록한 티셔츠를 입고 관람했다. 선수들과 구단 관계자들은 알로하 스타일의 운동복을 입었으며, 심판들은 안전 요원 복장을 했다.

가장 기다란 춤추는 용 인형
2024년 2월 24일 중국의 츠펑 둥리 캐시미어사가 중국 네이멍구 자치구에서 6.5킬로미터 길이 인형과 3250명의 연기자들로 전설의 동물을 되살려 냈다.

스페이스 호퍼 20미터 최단 시간 (여성)
영국의 리한나 로레인이 2024년 2월 28일 11.77초 만에 20미터를 통통 뛰었다. 영국 카마던셔주의 펨브리 컨트리 공원에서 〈S4C의 기네스 세계 기록 웨일스 2024〉를 찍던 중이었다. 같은 날 카마던셔주에서 영국의 Ski4All은 **1시간 동안 릴레이 스키 최장 거리 이동**(13.75킬로미터) 기록을 세웠다.

가장 행복한 나라
2024년 3월에 시행된 143개국 시민 대상 설문 조사에 따르면, 핀란드는 행복 지수 10점 만점에 7.741점으로 삶의 만족도가 가장 높은 것으로 나타났다.

돼지고기 요리 최대 전시
2024년 3월 1일, 필리핀의 양돈 협동조합은 필리핀 케손 시티의 콘툼 스카이뷰 게이트웨이몰에서 미트볼과 만두, 볶음 등 313가지의 다양한 돼지고기 요리를 선보였다.

가장 기다란 캔틸레버 건물
아랍에미리트 두바이에 있는 원자아빌은 두 건물 사이에 230미터 길이 구름다리 '더 링크'가 연결되어 있다. 이 다리는 69.227미터 길이의 캔틸레버 시설물이 설치된 것으로 2024년 3월 1일에 확인되었다.

최대 애니메이션 상점
일본 도쿄 도시마구에 있는 애니메이트 이케부쿠로는 총 면적이 8554.673제곱미터인 것으로, 2024년 3월 1일에 인증받았다.

단숨에 얼음물 속으로 가장 깊이 들어간 사람 (모노핀 착용, 잠수복 미착용, 남성)
2024년 3월 2일, 폴란드의 스타니스와프 오드비에자웨크가 노르웨이 콩스베르그에 있는 뮈수세르네트 호수의 110.44미터 아래 얼음물 속에서 헤엄쳤다. 같은 날 남아프리카 공화국의 앰버 필러리는 **단숨에 얼음물 속에 가장 깊이 들어가기(핀 착용, 잠수복 미착용, 여성, 75.13미터/ 모노핀 착용, 잠수복 미착용, 여성, 110.44미터)**의 기록을 세웠다.

스탠드업 패들보드에서 최장 시간 물구나무서기
2024년 3월 6일, 미국의 곡예사 토리 큐빅이 미국 플로리다주 잭슨빌에서 패들보드를 타며 1분 43초 동안 물구나무를 섰다.

알버트 아인슈타인 복장을 한 최다 인원
미국 세일즈포스사의 직원 885명이 2024년 3월 6일 미국 캘리포니아주 샌프란시스코에서 전설적인 이론 물리학자 복장을 했다. 복장에는 흰색 실험복, 하얀 가발, 북슬북슬한 콧수염이 있다.

24시간 동안 50cc 스쿠터를 타고 가장 멀리 이동한 사람
이탈리아의 발레리오 보니는 베스파 50을 타고 2024년 3월 6~7일에 에스파냐 바르셀로나 산페레드리베의 시제스-테라마 경주장에서 1233킬로미터를 달렸다. 2022년 5월에는 이탈리아 롬바르디아주 베르가모에서 740.9킬로미터를 달려, 모터크로스 기록을 달성했다.

1분 동안 핫소스를 가장 많이 먹은 사람
2024년 3월 8일, 미국의 체이스 브래드쇼가 미국 텍사스주 댈러스에서 핫소스 332.7그램을 삼켰다. 같은 날 멕시코의 이리스 카사레스가 **1분 동안 햄버거를 가장 많이 만든 기록**(8개)을 세우며 2021년 3월 29일 영국의 조지 버틀러가 세운 기록과 어깨를 나란히 했다.

최대 탄자나이트 절단
미국의 보석 세공사 나오미 사르나는 2024년 3월 9일, 703.4캐럿에 달하는 남보라색 보석 '뢰르 블루'를 공개했다. 그는 보석의 판매 수익이 탄자니아 마사이인들의 눈 관리에 쓰이기를 희망했다.

1분 동안 불타는 기둥을 가장 많이 돌린 사람
파키스탄의 무함마드 라시드가 2024년 3월 10일 파키스탄 신드주 카라치에서 불타는 기둥을 195번 돌렸다.

롤러스케이트를 타고 가장 낮은 림보 자세로 25미터 이상 이동한 아이
2024년 3월 10일, 인도의 6살 타크쉬비 바그하니가 인도 구자라트주 아마다바드에서 롤러스케이트를 타고 땅 위 16센티미터 높이의 막대 아래로 지나갔다.

최대 모모 파티
2024년 3월 15일, 미국의 코카콜라사가 네팔 카트만두의 주민 511명에게 저녁을 대접했다. 메뉴는 모모라고 부르는 전통 찐만두뿐이었다.

눈을 가리고 루빅스 매직 퍼즐을 맞춘 최단 시간
중국의 양신징이 2024년 3월 15일, 중국 푸젠성 샤먼에서 눈을 가리고 큐브를 0.879초 만에 맞췄다.

1분 동안 탁구공을 가장 많이 때린 사람
베트남의 호앙 롱응우옌이 2024년 3월 16일에 베트남 호치민 트득에서 벽에 탁구공을 234번 때렸다. 1초에 약 4번씩 친 셈이다.

영국 아카데미(BAFTA) 텔레비전상 최연소 여우주연상 후보
영국의 벨라 램지(2003년 9월 25일생)가 2024년 3월 20일, 20살 177일의 나이에 드라마 『더 라스트 오브 어스』의 엘리 역으로 제70회 영국 아카데미 텔레비전상 후보에 올랐다.

복부 플랭크 최장 시간 (여성)
캐나다의 돈나진 와일드가 2024년 3월 21일, 캐나다 앨버타주 매그래스에서 이전 기록을 10분 늘린 4시간 30분 11초 동안 플랭크 자세를 유지했다.

웰시 케이크 20개를 가장 빨리 쌓아 올린 사람
2024년 3월 21일, 영국의 욜란다 브라운이 영국 런던의 기네스 세계 기록 본부에서 19.58초 만에 웰시 케이크 20개를 쌓아 올렸다. 같은 날, 그는 **킥스타터 레스토랑 프로젝트**의 일환으로 '소울 마마' 식당에 31만 6369달러(약 4억 3500만 원)를 기부하여 **최고 금액 인증서**를 받았다.

국제 스키 연맹(FIS) 스키 점프 월드컵 최고령 득점
2024년 3월 22일, 일본의 카사이 노리아키(1972년 6월 6일생)가 슬로베니아 플라니차에서 열린 월드컵에서 29위를 기록하며 51살 290일의 나이에 점수를 획득했다. 그는 연간 대회에서 처음 득점한 이래 34년 넘게 득점을 올렸다. 그는 FIS 스키 점프 월드컵에 578번 출전해 **개인 최다 참가 기록**도 세웠다.

피겨 스케이팅 남성 프리 스케이팅 최고 득점
미국의 일리야 말리닌이 2024년 3월 24일 캐나다 퀘벡주 몬트리올에서 프리 스케이팅 부문 227.79점을 받으며 세계 선수권 대회 첫 우승을 따냈다.

세계에서 가장 작은 휴머노이드 로봇
일본의 미쓰야 타츠히코가 만든 57.6밀리미터 높이의 로봇이 2024년 4월 6일에 인증받았다. 이 초소형 기기는 이전 기록을 보유한 로봇보다 절반 이상 작다.

스포티파이에서 24시간 동안 가장 많이 재생된 앨범
테일러 스위프트의 15번째 스튜디오 앨범 『The Tortured Poets Department』가 앨범 발매일인 2024년 4월 19일 기준 3억 1374만 7178번 재생 횟수를 기록했다. 미국의 포스트 말론과 함께 부른 타이틀곡인 「Fortnight」는 2520만 4472번 재생되어 **24시간 동안 스포티파이에서 가장 많이 재생된 곡**으로 기록되었다.

찾아보기

2024년 파리 올림픽 136, 204, 205
4륜 오토바이 112
816 원자력 발전소 166
BTS 202, 203
DNA 염기 순서 분석법 156
DNA 20, 56, 156
FA컵 221
IMDb 208, 210
JAXA 170
K2 143
LED 조명 158
LPGA 22
MLB 17, 222, 223
NBA 23, 191, 222, 244
NFL 222
NHL 222
PDC 다트 세계 선수권 대회 243
RC 멀티콥터 168
RC 자동차 168
RNA 56
STEAM 171
T20 국제 대회 240
TBIRD 156
UEFA 유럽 축구 선수권 대회 238
UFC 230
US 오픈 227, 242
WNBA 222
WTA 227
X 67, 199

ㄱ

가라테 184, 230
가발 70
가장 큰 남성 64
가장 큰 여성 63, 64
갈락티코 220, 221
갑각류 18, 36, 43
개구리 13, 35, 36, 40, 41, 50, 57
거북 38, 114
게임보이 200
결합 쌍둥이 72
고도 34, 104, 122, 124, 125, 128, 131, 142, 162
고든 베넷컵 128
고래상어 36
고양이 33, 44, 46
고카트 158, 159
고트하르트 베이스 터널 166
곤충 13, 22, 36, 42, 50, 51, 56, 57
골든 글로브상 206, 208

골든 조이스틱 어워드 201
골리앗버드이터 12, 22
곰돌이 푸 191
곰보버섯 51
공중 돌기 130, 138
공중 점프 96
공중제비 24, 42, 96, 111
광합성 50
구명보트 164, 165
구스타프 클림트 196, 197
구조선 164
국립 인명 구조 협회 165
국제 댄스 스포츠 연맹 대회 205
국제 보디빌딩 피트니스 연맹 77
국제 스키 연맹 243, 247
국제 재생 에너지 기구 162
국제 항공 연맹 130
국제 스포츠 클라이밍 연맹 242, 243
국제 핵융합 실험로 156
권투 10, 106, 199, 231
균류 재단 50
그래미 어워드 202, 203, 216
그래피티 204
그랜드 슬램 9, 136, 226, 227, 230, 326, 327
그랜드 캐니언 142
그레이스 켈리 213
그린란드 140, 144, 214
그린란드 빙상 140
극지 울트라마라톤 140
극지 탐험가 141, 145
금본위제 88
기가와트시 162
기구 19, 124, 128, 138
기네스 세계 기록의 날 24
기린 32, 56, 116
까마귀 34

ㄴ

나스카컵 228
나이아가라 폭포 139
나일강 148
난초사마귀 57
남극 대륙 136, 140, 144, 183
남극 반도 52
남극점 140, 141, 144, 145
남북 전쟁 149
남성 T20 국제 대회 240
내셔널 챔피언십 에어 레이스 131
내셔널 풋볼 리그 222
내셔널 하키 리그 222
내셔널 핫 로드 협회 228

네모바지 스폰지밥 214
네쌍둥이 72
네이션스컵 238
네트볼 월드컵 224
넬로르종 46
넷플릭스 206, 214
노박 조코비치 227
노틸러스 10
뇌졸중 151
뉴먼헛노벌레 30
니켈로디언 키즈 초이스 어워드 214
닌텐도 16, 18, 195, 200, 201

ㄷ

다르바자 분화구 138
다이내믹 앱니아 232
다이빙 66, 232
다이아몬드 4, 5
다이아몬드리그 234, 235
다카르 랠리 228
다형콩꼬투리버섯 51
단궁류 30
대규모 언어 모델 150
대기권 125
대명보초 88
대벌레 42, 50
대서양 중앙 해령 53
대영 제국 훈장 144, 164
대왕고래 31, 32
더 라스트 오브 어스 50, 206, 207, 247
더 호프 87
더블 이글 88
던전 앤 드래곤 201
데미언 허스트 5
데본기 30, 56
데스밸리 236
델몬트 지폐 88
도롱뇽 40
도마뱀 38, 39
도미노 176, 178, 246
돌리 파튼 214, 216, 217
돛새치 36
두꺼비 40
두아 리파 203
드래그 레이싱 228
디메트로돈 30
디제이 186, 204
디제잉 204
디즈니플러스 210
디지털 카메라 14, 15
디킨소니아 30
디플로도쿠스 30, 31

딥 러닝 150, 151

ㄹ

라디오 112, 149, 170, 215
라리가 220, 221, 238
라오황금등개구리 50
라켓볼 226
라크로스 224
라플레시아 28, 29
랩 배틀 97, 150
랩 204
럭비 월드컵 224, 225
런 체이스 240
레고 7, 90, 91, 176, 183, 191
레드불 에어 레이스 챔피언십 130
레르달 터널 166
레마날리 고속도로 142
레소 166
레슬링 106, 203
레오나르도 다빈치 197
로버트 드 니로 212
로버트 레드포드 213
로버트 오펜하이머 209
로버트 워들로 26, 27, 62
로벤섬 143
로블록스 184, 201
로봇 하운드 170
로알 아문센 140
로켓 13, 50, 125, 146, 170, 171

롤러코스터 20
롤플레잉 게임 201, 215
루게릭병 158
루메이사 겔기 64
루빅 에르뇌 84, 190
루빅스 큐브 14, 84, 85, 99
루이 16세 212
뤼필케 터널 166
르브론 제임스 9, 244
리노 에어 레이스 131
리들리 스콧 210
리오넬 메시 23, 198, 239
리오자사우루스 30
리컴번트 자전거 143
리튬 이온 전지 156
리한나 199
릴레이 스키 247
릴리 글래드스톤 208
릴리 제임스 212

248

ㅁ

마고 로비 214
마라톤 96, 99, 108, 139, 242
마멘키사우루스 56
마술 188, 190
마스타바 148
마시원데이컵 240
마이어 투르쿠 조선소 171
마이클 잭슨 4
마이클 펠프스 233
마인크래프트 177, 190, 191, 201, 215
마틴 스코세이지 208
막대 사탕 70
말라퍼트 A 170
망자의 날 100
맨틀 156
머리카락 70, 71
머슬 비치 77
먼로-배킹 236
메가바이트 87
메갈로돈 31
메나 차트 202
메릴 스트립 206
메소포타미아 148
메이저리그 야구 17, 222
메카 152, 160
메탈리카 68, 202
모래시계 152
모터보트 39, 164
모터사이클 그랑프리 228
모히칸 스타일 70
목마 106
몬테카를로 랠리 228
무악류 37
무지원 136, 140, 141, 144, 145
무척추동물 42, 43
묵자 86
미국 십자말풀이 토너먼트 98
미국 오픈 풋백 챔피언십 66
미국 항공 우주국 12, 22, 23, 125, 156, 170
미생물 50
미쉐린 인증 92
미스터 올림피아 76
미스터 포테이토 헤드 17, 176, 180
미즈 올림피아 76

ㅂ

바다악어 38, 39
바브라 스트라이샌드 4
바비 9, 107, 191, 192, 193, 208, 209, 214, 215
바클리 마라톤 236

박쥐나방동충하초 51
반지의 제왕 208, 211
발레 슈즈 104
발롱도르 23, 220, 221, 239
배드민턴 119, 226
배드워터 울트라마라톤 236
백금 4, 5
백상아리 36, 143
백악기 16, 30
백야드 울트라마라톤 236
밴디 세계 선수권 대회 243
밸런타인데이 82, 103
뱀 12, 38
뱀파이어 100
버락 오바마 199, 215
버킷 리스트 183
번지 점프 112, 142
벌새 35
범고래 32
범선 132

베른하르트 작전 88
베린저 운석공 52
베이스캠프 122, 127
보디빌딩 76, 77
보블헤드 118
보스토크 캡슐 125
복싱 96, 106, 231
부르즈 할리파 149
북극고래 33
북극점 140
분화구 53, 138, 170
불의 고리 52
브레이킹 204, 205
브론토사우루스 30
브리튼스 갓 탤런트 45, 188
브릿 어워드 21, 202
블랙홀 154
블록버스터 14, 208, 212
비걸 204, 205
비둘기 34, 116
비디오 게임 18, 177, 184, 190, 195, 200, 201, 206, 215
비보이 204, 205
비욘세 215
비치사커 238

비틀즈 4, 12, 202
빅 니켈 88
빅맥 191
빅뱅 154, 155
빈센트 반 고흐 67, 117, 196, 197
빌리 아일리시 215
빌보드 14, 23, 202, 203, 215
빗물 배수관 166

ㅅ

사라 제시카 파커 212
사르코수쿠스 31
사이클롭스산맥 57
사페리아 블루버드 170
산사태 52
산악자전거 143
살아 있는 시체들의 밤 210
샌드박스 게임 201
샌드위치 94
샤스타사우루스 30
서부로랜드고릴라 57
서핑 96, 187, 242
석탄기 38
선인장 48, 49
설상차 140, 168
성층권 168, 220
세계 7대 불가사의 142
세계 글라이더 곡예비행 챔피언십 130
세계 라크로스 선수권 대회 224
세계 레슬링 엔터테인먼트 203
세계 배드민턴 선수권 대회 226
세계 산악 러닝 선수권 대회 236
세계 수영 선수권 대회 134, 232, 233, 246
세계 스도쿠 선수권 대회 98
세계 스탠드업 패들링 선수권 대회 96
세계 여성 플로어볼 선수권 대회 224
세계 여자 테니스 협회 227
세계 유도 선수권 대회 230
세계 일주 128, 132, 191
세계 장애인 수영 선수권 대회 232
세계 조정 선수권 대회 232
세계 탁구 선수권 대회 243
세계 프로 스쿼시 연맹 226
세계 호박 무게 겨루기 대회 110
세계 휠체어 농구 선수권 대회 224
세리에A 220
세발자전거 159
세븐 서미츠 16, 122, 126, 135
세쌍둥이 66, 72

세인트헬렌스산 52
센추리 240, 241
셀키 트로피 222
셰르파 7, 126, 127, 143
셰틀랜드 조력 발전소 162
소더비스 경매 88
소행성 22

손목시계 153
손톱 36, 80, 81
수각류 34
수구 232
수디르만컵 226
수력 발전소 162
수상 스키 19, 66, 232
수염 70
수정 152
수집 78, 86, 100, 102, 180, 183, 214
술탄 쾨센 63, 64, 65
슈퍼 마리오 브라더스 16, 90, 195
슈퍼볼 하프타임 쇼 199
스노보드 143, 168, 243
스노카이트 140, 141
스누커 10, 11, 243
스도쿠 98
스카이다이빙 66, 99, 104
스카이콩콩 25, 119
스케이트보드 44, 97, 119, 132, 143, 177, 186, 187, 190, 243
스코빌 지수 104
스쿼시 226
스퀴시멜로우 82
스키 점프 월드컵 247
스타링크 위성 170
스타워즈 14, 22, 98
스타트렉 206
스탠드업 패들보드 133, 247
스탠리컵 17, 222
스테거 국제 극지 탐험단 140
스트레이트 펀치 96
스티븐 스필버그 208
스티븐 킹 100
스파르타슬론 울트라마라톤 236
스파이더맨 215, 246
스페이스X 146, 170
스페이스X 스타십 146
스포티파이 7, 203, 214, 247
스피노사우루스 31
스피드스케이팅 242

249

찾아보기

스피드런 200, 201
시계 152, 153
시드 17, 227
시몬 바일스 191, 242
시베리아호랑이 33
시조새 34
신장 결석 74
실송라 50
십자말풀이 98
싱크로나이즈드 인라인스케이트 165, 185
싱크로나이즈드 232
싼샤댐 162
쌍둥이 16, 60, 66, 72, 73, 78, 185
쓰나미 52

ㅇ

아놀드 슈왈츠네거 76, 206
아놀드 클래식 76
아랍 갓 탤런트 98
아리아나 그란데 214
아미 204, 205
아스코볼러스 임메르셔스 50
아이기로카시스 30
아이리시맨 212
아이스 라테 111
아이스하키 17, 185, 243, 247
아카데미상 10, 12, 13, 19, 208, 209, 210, 213, 215
아트로플레우라 아르마타 30
아폴로 13호 125
아프로 스타일 70
아프리카코끼리 31, 32
아프리카타조 35
안타티카컵 오션 레이스 132
알광대버섯 50

알리 177
알베르토넥테스 반데르벨데이 30
알파시 국제 연 축제 87
알파인 스키 월드컵 243
알프스산맥 40, 160, 166
애덤 샌들러 214
애벌레 42
애주름버섯 50
앤디 워홀 197
앨프리드 히치콕 208, 213
야이켈롭테루스 레나니아이 30
야크 47
야회복 212, 213
양서류 30, 40, 41, 57
양자 컴퓨터 156

어류 36, 37, 40
어벤져스: 인피니티 워 210
어벤져스: 엔드게임 212
얼음 수영 104, 134, 140
에데스투스 30
에디스 헤드 213
에릭 킬번 사이즈 75
에릭 킬번 주니어 75
에미상 206
에베레스트산 16, 20, 122, 123, 126, 127, 236, 237
에펠 탑 67, 90, 149
엑스 게임 187
엑스션 레이저 156
엘링 카게 140, 141
엘브루스산 126
엘비스 프레슬리 4, 214
엘카피탄 138, 143
엘테니엔테 구리 광산 166
엘튼 존 14, 15
여과 섭식 동물 30
여성 T20 국제 대회 240
연막 비행대 130
열 차폐체 156
열대 저기압 54, 55
영구 동토층 40, 56
영국 해협 135, 136, 142
오귀스탱 무쇼 163
오드리 햅번 213
오르도비스기 30
오벨리스크 149
오션 레이스 132

오션스 세븐 134, 135
오타니 쇼헤이 223
오토마톤 171
오토바이 14, 15, 66, 104, 112, 143, 158
오펜하이머 208, 209
올리비에 리호테르스 76
올빼미 34, 49
왕립 국립 구명정 기관 165
왕립 동물 학대 방지 협회 46
외바퀴 오토바이 158
외발자전거 110, 189
요요 181
용각류 31, 56
용암 53
우딩딘 우물 166
우박 54

우유니 사막 139
우주 망원경 154
우주 왕복선 16, 18
우주 정거장 18, 86, 146
우주 비행사 14, 16, 125, 192
운석공 52
워터 스키 118
　원격 조종(RC) 168
　원시성 왜소증 73
　원자시계 152
　원지점 125
월드 오브 워크래프트 215
월트 디즈니 17, 21, 208
웨델해 140
웨이크 보드 139
웨이크베이스 139
웨이팡 국제 연 축제 86
웨이팡 세계 연 박물관 86
위조지폐 88
윈드밀 204
윈드서핑 7, 232
윔블던 선수권 대회 9, 17, 226, 227
윙슈트 점프 104, 142
윙슈트 104
유니온 빙하 140
유러피언컵 220
유럽 핸드볼 연맹 224
유로비전 송 콘테스트 202
유로파리그 220, 221, 238
유리 가가린 125
유튜버 94, 119, 169, 190, 191, 200
유튜브 20, 46, 71, 104, 168, 174, 184, 186, 189, 191, 198, 199
은하 154, 155
음포넹 광산 166
이글스 14, 15
이적료 220, 221
익티오티탄 세베렌시스 30
인공 신경망 150
인공위성 125, 171
인디애나폴리스 500 21, 228
인명 구조원 164
인스타그램 97, 112, 198
인터넷 무비 데이터베이스 210
인튜이티브 머신스 170
일광 반사 장치 163
일론 머스크 199

ㅈ

자낭균류 51
자동차 10, 12, 22, 86, 132, 159, 168, 170, 171, 172

자오쯔 88
자유 낙하 99, 139
자율 주행 자동차 150
자전거 44, 67, 96, 113, 118, 132, 178, 246
자폐 스펙트럼 장애 188, 189
잠수정 142
갓뽕나무버섯 50
재주넘기 104
재활용 45, 146, 159, 176
잭해머 204
저글링 105, 108, 110, 111, 112, 180
저스틴 비버 23, 203
저작권료 210
적외선 154
전미 농구 협회 23, 222, 244
전미 여자 농구 협회 222
전미 턱수염 및 콧수염 챔피언십 70
절지동물 30, 57
젖니 74
제네바 스퍼 127
제이슨 테이텀 222
제이팝 202
제임스 딘 10, 11
젠가 180, 189
젤다의 전설: 티어스 오브 더 킹덤 201
조력 발전기 162
조류 34, 35, 57
조정 232
존 윌리엄스 208
종교 개혁 149
종이학 116, 191
주발버섯 51
주피터 3호 171
죽마 110, 118
줄넘기 24, 96, 108
쥐라기 56
쥘 베른 138
증기 기관차 160, 161
지구라트 148
지열 발전소 162
지옥의 묵시록 210
지의류 50
지진 52, 202
지캔 166
지폐 88
직소 퍼즐 98, 118, 246
진자 152
진조크루 204
짚 와이어 113

ㅊ

차르 봄바 52
찬드라얀 3호 170
찰리 채플린 210
참다랑어 36
챌린저 해연 142
챔피언스리그 221, 224, 238
챗GPT 150
챗봇 150
척추 이형성증 73
천체 154
철권 19
철도 20, 54, 66, 160, 161, 166
철인 3종 242
청개구리 40
체스 4, 106, 188
초신성 154
초전도 자석 156
최연소 게임 개발자 184
치즈 58, 94, 95
치타 33
칠성장어 37

ㅋ

카누 96, 232
카르비 유소년 축제 118
카약 136, 138, 139, 143, 232
카타크 214, 246
카툼바 캐리어 166
칸 영화제 208
칸첸중가산 126
캐러밴 91
캐롤라이나 리퍼 104
컵케이크 177
케네디 우주 센터 171
케이넥스 171, 180
케이티 레데키 233
켄다마 25
코딩 184
코스타 콩코르디아호 164
코파 델 레이 220
콜 오브 듀티 68, 200
콤레이즈 마라톤 236
콩코드 모형 항공기 168
쿠파 90
쿠푸왕 대피라미드 148
쿠프 드 프랑스 221
쿰부 아이스폴 127
쿼터백 222
큐브 5, 14, 84, 85, 99, 188, 189, 190, 247

크레바스 127
크로스오버 줄넘기 96
크리놀린 212
크리스마스 크래커 176
크리스토퍼 놀란 209
크리스티 경매 197
크리스티아누 호날두 23, 198, 221, 239
크리켓 세계 선수권 대회 224
크리켓 159, 240
크리켓 월드컵 14, 15, 240, 241
큰개미핥기 32
클럽 축구 220, 221, 238
클로츠키 퍼즐 98
킨키 키즈 202
킬리언 머피 209
킵업 204
킹펭귄 57

ㅌ

태권도 230
태양 전지 156
태양광 128, 156, 163
태양시 153
태양열 발전기 163
태즈메이니아주머니늑대 56
터치다운 17, 222, 225
턴테이블 204
테디베어 19, 180
테스트 매치 240
테일러 스위프트 191, 202, 203, 216, 247
테트리스 16, 17, 200
텍사스롱혼종 47
템스 터널 166
템스강 143, 165
토카막 156
투르 드 프랑스 243
트라이아스기 30, 32

트라이애슬론 242
트래킹 123, 126, 140
트로얀 158
트리플 크라운 237, 243
트릭킹 24
트위치 199
티라노사우루스 31
티티레이스 228

틱타알릭 30
틱톡 22, 92, 118, 119, 198
틱톡커 92, 102, 198
팀 버튼 101

ㅍ

파그라달스퍄들 화산 53
파도타기 112
파블로 피카소 196, 197
파충류 30, 31, 38, 39, 56
판버러 국제 에어쇼 130
팔굽혀펴기 6, 76, 96, 115, 138, 247
팔레놉시스 57
팜 도그상 208
패들보드 96, 114, 133, 136, 247
패럴림픽 115, 138, 140, 234
퍼셉트론 150
퍼피 구조대: 더 마이티 무비 46
펑닝 양수 발전소 162
페니실린 50
페루케투스 콜로수스 31
페름기 30
페아히 서핑 대회 242
페어리 서클 56
페이디피데스 236
페퍼 X 104
펭귄 34, 57, 190
포뮬러1 그랑프리 10, 226, 228, 229
포뮬러 E 228
포브스 172, 214
포유류 30, 32, 33
폴 포지션 228, 229
표면 뇌파도 151
푸른 곰팡이 50
풀 누들 246
풍력 터빈 162
프랑스 오픈 226, 227
프리다이빙 232
프리미어리그 21, 191, 240
프리스타일 축구 108, 109
프리오노수쿠스 30
프린스 오브 스피드 대회 232
플라스마 156, 157
플라잉 바 96
플래티넘 4, 15
플로어볼 224
플리오사우루스 56
피겨 스케이팅 247
피라미드 19, 148, 177, 246
피뢰침 157
피오르드 해안 52
피자 94, 190

피파 174, 191, 198, 219, 238
픽 식스 222
필히너-론 빙붕 52

ㅎ

하프마라톤 142
한자 동맹 148
할리우드 76, 202, 213
항성시 153
해러깃 가을 원예 박람회 110
해리포터와 마법사의 돌 212
해면 14, 18, 42
해빙수 53
핼러윈 100, 101
헐링 224

헐링 선수권 대회 224
헤드슬라이드 204
헤렌크네히트 굴착기 167
호레이쇼 필립스 169
호박 101, 110, 142
호빗 211
호스슈 폭포 139
호주 오픈 226, 227
화산 17, 52, 53, 54, 143
화석 16, 30, 31, 32, 36, 40, 42, 48, 56, 128, 183
환태평양 조산대 52
황금종려상 208
횃불 111, 112, 147
회중시계 153
효모 51
훌라후프 22, 99, 118, 182
휠체어 농구 선수권 대회 224
휠체어 올림피아 76
흰서양송로 51
히말라야산맥 34, 51, 127
힙 170
힙합 21, 186, 204

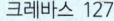

무대 뒤에서

자문 위원

해마다 우리는 자신의 분야에 정통한 전문가들과 함께 작업한다. 『기네스 세계 기록 2025』에 도움을 준 전문가들의 전체 목록을 보려면 www.guinnessworldrecords.com/records/partners에 방문해 보자.

톰 베커레지는 기네스 세계 기록의 스포츠 부문을 이끌어 가는 자문 위원으로, 해마다 스포츠 분야 전체에 걸쳐 수많은 기록을 갱신하고 최근 소식을 계속 접하기 위해 스포츠 연맹과 협력한다. 올해에는 라켓볼과 스카이다이빙, 코파 1971 여성 축구 대회의 선구적인 선수들을 알아보았다.

랜들 서비니는 미국 애리조나 주립대학의 지리 과학 교수이다. 세계 기상 기구와 UN의 극한 기록 조사 위원으로 활동하고 있으며, 지구의 날씨 기록을 인증하고 연구하는 역할도 맡고 있다. 《웨더와이즈》의 객원 편집자이며, 여러 논문과 책을 썼다.

휴 퍼거슨은 전문 토목 기사로 토건업자와 감독 기사, 언론가와 편집자로 일했다. 토목 공학으로 학사학위를 받은 후, 관련 산업에 종사했다. 《뉴 시빌 엔지니어》에 합류하여 1976년에서 1990년까지 일했으며 여러 책을 공동 집필했다.

캐스린 브라운은 현대 미술과 예술 시장 전문가로 수많은 논문과 책을 썼다. 블룸스버리 학술지 《예술 시장의 맥락》의 편집자이며 영국 러프버러 대학교 예술사 부교수를 맡고 있다.

마이크 크라임스는 영국 토목 기술 협회에서 공학 정책 및 정보 국장으로 37년간 몸담은 후 2014년에 은퇴했다. 전문 사서이자 정보학자로 공학사와 정보 서비스 분야의 수많은 책과 논문에 기여했다. 미국 토목 기술자 협회 역사 및 유산상을 받았으며, 2011년에는 공학에 기여한 공로로 대영 제국 훈장을 받았다.

데이비드 피셔는 기네스 세계 기록의 선임 스포츠 자문 위원이다. 《뉴욕 타임스》와 《어린이를 위한 스포츠 일러스트레이티드》에 기고했으며, 《스포츠 일러스트레이티드》와 《내셔널 스포츠 데일리》, NBC 스포츠에서 근무했다. 다수의 도서를 출간한 저자이기도 하다.

이베트 센디스는 미국 오리건 대학교의 물리학 조교수이며, 전파 천문학 및 외계 행성, 블랙홀까지 시간에 따라 다양하게 변하는 신호를 연구한다. 《천문학》과 《사이언티픽 아메리칸》 등의 학술지에 기고했으며, 온라인 커뮤니티 레딧에서 /u/Andromeda321라는 이름으로 활발히 활동 중이다.

개리스 데니스는 철도 및 국가 언론지 기고가이자 철도 설계 기술자로서 자신의 본업에 충실할 뿐만 아니라 텔레비전과 라디오에 정기적으로 출연하여 공학과 운송에 대한 견해를 나눈다. 운송 시스템 관련 강의는 물론, 유튜브 (Railnatter)에 매주 사회자로 출연한다. 레벨 보딩 캠페인의 창립 멤버이기도 하다.

스티븐 팔로우스는 전 세계를 이끌어 가는 영화 산업 분석가이며 데이터 연구원이다. 그는 영화 산업이 어떻게 운영되는지 알아내고, 그 지식을 영화 제작자들이 작품을 만들고 상영하는 데 활용하고자 한다. 그의 작업은 양성 평등과 응용 창의력, 인공 지능 혁신 및 영화 교육을 아우른다.

기네스 세계 기록은 광범위한 기록을 조사하고 검증하는 데 여러 클럽과 기관, 연맹의 도움을 받았다. 이번 판에 도움을 준 몇몇 단체를 여기에 소개한다. 전체 목록을 보려면 www.guinnessworldrecords.com/records/partners에 방문해 보자.

8000ers.com
에베르하르트 유르갈스키는 산맥과 봉우리를 분류하는 방법인 '해발 높이 평준화' 시스템을 개발했다. 그의 웹사이트는 히말라야와 카라코람 산맥의 해발 고도 통계를 내는 주요 자료가 되었다.

미국 화폐 협회
미국 화폐 협회는 모든 문화와 과거, 현재를 막론하고 화폐와 메달, 관련 분야를 연구한다. 뉴욕에 있는 본부에는 미국의 화폐과 관련된 가장 중요한 수집품과 도서관이 있다.

골동품 시계 협회
1953년에 설립되었으며 시계 측정 기구의 예술과 역사에 관한 모든 주제를 다루고, 시계 관련 작품을 보존한다. 협회의 목표는 분기마다 학술지와 책을 내고 대중 강연을 여는 것이다.

칸나 영국 국립 거대 채소 챔피언십
해마다 영국 우스터셔주에서 열리는 맬번 가을 쇼는 전국에서 올라온 거대 과일과 채소를 겨루는 대회이다. 2023년에 서배스천 수스키가 수석 심사 위원을 맡았는데, 그는 2022년에 **가장 기다란 오이**를 수확한 적이 있다.

세계 초고층 도시 건축학회
미국 일리노이주 시카고에 본부를 두고 있는 이 학회는 미래 도시와 고층 빌딩의 설계, 건축, 운영에 초점을 두고 전문가들에게 세계 최고의 자원을 제공한다.

균류 협회
균류와 서식지, 균류에 의존하는 사람들을 연구하는 기관이다. 다국적 기관으로서 다양한 균류를 탐색하여 지식을 늘리고, 이에 따르는 문제를 해결할 혁신적인 방법을 찾는다. 또한 현존하는 균류와 책임 있는 사용에 대해 교육하고, 보전에 도움이 될 정책을 제안한다.

노인학 연구 그룹
1990년에 설립된 노인학 연구 그룹의 사명은 과학적 지식을 공유하고 적용함으로써 노화를 낮추고 궁극적으로는 나이를 거꾸로 먹게 하는 것이다. 또한 최장수 노인(110세 이상)의 데이터를 가장 많이 확보하고 있으며, 기네스 세계 기록의 노인학 자문 위원인 로버트 영이 관리하고 있다.

거대 호박 연맹
이 기관에서는 대형 농산물 중에서도 거대 호박을 재배하고, 과실의 질과 대회의 공정성을 보증하도록 보편적인 기준과 규정을 세운다.

국제 얼음 수영 협회
람 바르카이가 2009년에 설립했으며 섭씨 5도 이하의 얼음물에서 수영하기를 공식화하는 일을 미래상으로 삼고 있다. 협회는 최대 안전 방안을 확보하는 규칙을 시행하고, 수영 시 적정한 거리와 시간, 상태 등을 규정한다. 또한 세계 얼음 수영 챔피언십을 주관한다.

아이언맨 그룹
세계 최대의 대중 참여 스포츠 운영 업체로, 트라이애슬론과 사이클링, 육상 등 다양한 분야에서 해마다 수백만 명이 참가할 수 있는 혜택을 제공한다.

영국 연 협회
1979년에 설립되어 존과 길 블룸이 운영하고 있으며, 전 세계에서 3500명 회원을 보유하고 있다. 협회의 목표는 모두가 연을 날리며 여가 시간을 보낼 수 있도록 홍보하는 것이다. 영국에서 축제를 개최하며 지역 기관과 활발히 협업하고 잡지 《카이트플라이어》를 분기별로 발행한다.

국제 해양 조정 협회
1983년 케네스 크러치로우와 피터 버드가 설립했으며, 이후에 톰 린치와 타티아나 레즈바야 크러치로우가 합류했다. 전 세계의 해양과 주요 수역을 무동력으로 건너는 모든 도전을 문서화하고, 해양 조정 기록을 심사하고 인증하며 분류한다.

패럿 애널리틱스
현대 멀티 플랫폼 텔레비전 비즈니스에서 콘텐츠 수요를 분석한다. 200국 100개 이상의 언어에서 15억 건 이상의 일일 수요를 추적한다.

극지 탐험 분류 체제
에릭 필립스가 운영하며 극지방의 장거리, 무동력 극지 여행의 등급을 매기고 분류한다. 모든 관리는 극지 탐험 전문가로 구성된 위원회가 맡는다. 극지방과 여행 유형, 경로, 원조 형태 모두 등급별로 규정하여 탐험가들이 여행을 수월하게 하고 기록을 남길 수 있도록 돕는다.

더 넘버스
넘버스는 전 세계에서 가장 규모가 큰 영화 수입 온라인 데이터베이스이며, 영화 산업에 속한 5만 편의 영화와 관련 종사자 20만 명의 통계를 보유하고 있다. 1997년 브루스 내시가 설립했고 해마다 800만 명 넘게 방문한다.

영국 및 국제 시간 측정
영국과 유럽의 육상 기록 달성을 촉진하고자 스트레이트라이너스사와 SPEE3D사가 합병하여 2013년에 발족했다. 육상 최고 속도를 놓고 겨루는 도전자들이 모두 같은 조건에서 대결할 수 있도록 보장한다.

세계 큐브 협회
세계 큐브 협회는 루빅스 큐브와 같이 조각을 돌려서 조작하는 역학 퍼즐 대회를 주관한다. 협회의 사명은 보다 많은 나라에서 보다 많은 대회를 개최하는 것이며, 공정하고 공평한 조건에서 모두가 참여할 수 있도록 하는 것이다.

세계 직소 퍼즐 연맹
직소 퍼즐을 중심으로 전 세계 직소 퍼즐 대회를 주관하는 국제 기관이다. 대회의 규칙과 규정을 표준화하고 직소 퍼즐 대회가 스포츠로서 인정을 받을 수 있도록 노력한다. 현재 의장은 알폰소 알바레스 오소리오이다.

세계 프리스타일 축구 협회
2017년에 캐나다에서 설립되었으며, 전 세계의 프리스타일 축구를 관리한다. 세계 프리스타일 축구 선수권 대회 및 펠스 시리즈 및 슈퍼볼 등 대표적인 대회를 주최하며, 100개 이상의 국가에서 펼쳐지는 지역 및 국내 대회도 주관한다.

세계 기상 기구
스위스 제네바에 본부를 두었다. 날씨와 기후학, 수문학에 관해 과학과 정부 정책 조언을 목적으로 하는, 세계적으로 권위 있는 기관이다.

세계 해양 수영 협회
2005년에 설립되었으며, 해양 수영 스포츠를 관리하는 국제 기구이다. 회원 자격증과 증명서를 발급해 주며 출판과 온라인 자료도 제공한다.

세계 항해 속도 기록 위원회
1972년 국제 요트 연맹의 공인을 받은 기관이다. 오스트레일리아와 프랑스, 영국, 미국에서 온 전문가들로 구성되었다.

세계 울트라사이클링 협회
세계 울트라사이클링 협회는 비영리 기관으로 전 세계 울트라사이클링을 지원한다. 자전거와 관련된 모든 기록을 가장 많이 보유하고 있으며, 회원들이 성공적으로 자전거를 탔다는 증명서를 발급한다.

 **줄리아나 푸르치**는 균류 협회의 창립자이자 최고 위원이다. 하버드 대학교의 조교이며 내셔널 지오그래픽 탐험가이자 이탈리아 IUCN 탐험 균류 보존 위원회의 부의장을 맡고 있다. 칠레 균류 현장 안내서 시리즈 등을 출간했으며, 『세계 균류의 첫 번째 주』 (2018)를 공동 집필했다.

 **낸시 시걸**은 심리학 교수이자 캘리포니아 주립대학의 쌍둥이 관련 연구 센터 창립자 및 센터장이다. 그는 쌍둥이와 관련한 주제로 9권의 저서를 냈는데, 그중 『함께 태어나서 따로 자라다』는 2013년 미국 심리학 협회에서 윌리엄 제임스 북상을 받았다.

 **매튜 화이트**는 기네스 세계 기록의 음악 및 크리켓, 테니스 자문 위원이다. 2009년부터 2023년까지 세계에서 가장 많이 팔리는 연감의 교정을 맡아 6만 건이 넘는 기록을 면밀히 검토했다. 언론인 연수를 받은 후에는 『영국 히트 싱글 앤 앨범 기네스북』의 최종 4번째 판을 만들었다.

 **바우테 드 헤르더**는 네덜란드 로테르담에 있는 에라스무스 대학교 메디컬 센터의 내분비 종양학 교수이다. 그의 관심 분야는 신경내분비 종양, 뇌하수체 장애, 내분비학사이며, 그중에서도 특히 말단비대증과 거인증 역사를 집중적으로 연구한다.

 **칼 슈커**는 영국 버밍엄 대학교에서 동물학 및 비교생리학 박사 학위를 받았으며, 런던 동물학회의 과학 연구위이자 왕립 곤충학회 객원 연구원, 작가 협회의 회원이다. 그는 자연사와 관련해 25권의 책을 썼으며 수많은 논문을 집필했는데, 새롭게 또는 재발견된 종과 아직 알려지지 않은 종 등 희귀 동물에 중점을 둔다.

 **샘 윌리스**는 영국에서 가장 유명한 역사가 중 한 명이다. 그는 BBC와 내셔널 지오그래픽에서 10편이 넘는 텔레비전 시리즈물을 만들었으며, 해양 및 해군 역사 중심의 책을 15권 이상 썼다. 2개의 인기 팟캐스트의 진행도 맡고 있다.

 **제시 크래프트**는 동전과 토큰, 메달, 지폐 등을 주로 다루는 미국 화폐 협회에서 미국 화폐 학부 기획자로 활동 중이다. 또한 《초기 미국 화폐학 저널》의 편집 위원 및 국제 통화 은행 위원회 재무관으로도 활동 중이다.

 **엘리자 스트리클런드**는 기술 분야 잡지 《IEEE 스펙트럼》의 선임 편집자이다. 인공 지능 분야를 다루며, 특히 인공 지능 윤리와 인공 지능 경력, 인공 지능이 사회에 미치는 영향에 관심이 많다. 20년 넘게 과학과 기술 분야에 보고서를 썼으며 컬럼비아 대학교에서 언론학으로 석사 학위를 받았다.

 **로버트 영**은 기네스 세계 기록의 노인학 분야 수석 자문 위원이다. 그는 1999년부터 노인학 연구 그룹에서 세계 최고령 인물들을 기록하고 있으며, 막스 플랑크 인구 통계 연구소와 국제 장수 데이터베이스를 작업했다. 2015년 최장수 노인 연구 데이터베이스 부서의 국장이 되었다.

 **파크 노블**은 생물 물리학 박사 학위 소지자이다. 일본 도쿄에서 엽록체의 이온과 유수량을 연구했으며, 미국 로스앤젤레스의 캘리포니아 대학교의 교수가 되었다. 그는 연구 분야를 식물의 딱딱한 부위 주변의 공기층으로 바꾸었으며, 전 세계 용설란과 선인장의 연구에 집중하고 있다.

 **콜린 스튜어트**는 다수의 상을 받은 천문학 작가이자 연사이다. 그의 책은 전 세계에서 40만 부 넘게 팔렸으며, 다양한 언어로 번역되었다. 유럽 우주국뿐만 아니라 《뉴 사이언티스트》와 《월스트리트 저널》 등에 250건이 넘는 글을 기고했다. 그의 이름을 딴 소행성 15347 콜린스튜어트가 있다.

 **캐시디 재커리**는 패션 역사가로서 오늘날까지 모든 복식의 사회 및 문화적 중요성을 연구한다. 팟캐스트 〈옷을 입다: 패션의 역사〉를 만들어 공동 진행 중이며, 인기 블로그였다가 지금은 인스타그램으로 전환한 〈드레스의 예술〉 계정을 운영하며 전 세계 30만 명이 넘는 팔로워를 거느리고 있다.

253

무대 뒤에서
도움 주신 분들

옮긴이 김미선
중앙대학교 사학과 졸업 후 미국 마켓 대학교에서 커뮤니케이션으로 석사 학위를 받았다. 다년간 여러 출판사에 어린이·청소년 책을 소개하며 책과 인연을 맺었다. 현재 어린이·청소년 책 출판 기획 및 전문 번역가로 활동하고 있다. 옮긴 책으로는 『딸에게 보내는 인문학 편지』, 『런던의 마지막 서점』, 『어쩌다 고고학자들』, 『기네스 세계 기록 2024』 등이 있다.

GUINNESS WORLD RECORDS 2025 기네스 세계 기록
1판 1쇄 찍음 — 2024년 7월 1일, 1판 1쇄 펴냄 — 2024년 10월 20일
지은이 기네스 세계 기록 옮긴이 김미선 펴낸이 박상희 편집장 전지선 편집 이혜진, 오혜환 디자인 전유진 펴낸곳 ㈜비룡소 출판등록 1994.3.17.(제16-849호)
주소 06027 서울시 강남구 도산대로1길 62 강남출판문화센터 4층 전화 02)515-2000 팩스 02)515-2007 홈페이지 www.bir.co.kr 제품명 어린이용 각양장 도서 제조사명 Mohn Media 제조국명 독일

GUINNESS WORLD RECORDS 2025 EDITION
Copyright © 2024 Guinness World Records Limited
All rights reserved.

Korean Translation copyright © 2024 by BIR Publishing Co., Ltd.
This Korean translation rights arranged with Guinness World Records Limited through BC Agency, Seoul.

이 책의 한국어판 저작권은 BC 에이전시를 통해 저작권사와 독점 계약한 ㈜비룡소에 있습니다.
저작권법에 의해 한국 내에서 보호를 받는 저작물이므로 무단 전재와 무단 복제를 금합니다.

ISSN 3022-7895
ISBN 978-89-491-3236-5 73030

기록은 깨지라고 있는 것입니다. 그러니 여러분이 깰 수 있는 기록을 찾았다면 주저하지 말고 기록에 도전하기 전에 항상 우리에게 먼저 연락 주시길 바랍니다.

지속 가능성
기네스 세계 기록은 최대한 환경을 생각하고 가장 지속 가능한 방법으로 사업을 추진하고 있습니다. 이 사명을 지키기 위해 이 책은 소비자 사용 후 잉크를 제거한 펄프와 100퍼센트 재활용 재생지로 인쇄했습니다. 제작 과정에서 표백제는 일절 사용하지 않았으며, 블루 엔젤과 EU 에코 라벨 인증을 받았습니다.

종이는 독일의 슈타인바이스 종이 공장에서 생산되었습니다. 유럽에서 가장 에너지 효율이 높고 탄소 배출이 적은 곳 중 하나입니다. 이 공장은 재생지를 현지에서 조달하는 일부터 에너지와 물을 딱 필요한 만큼만 써서 생산하는 일까지 전 생산 과정에서 환경과 조화를 이루는 데 초점을 맞춥니다.

기네스 세계 기록은 종이뿐만 아니라 잉크도 윤리적인 책임에 맞게 조달하기 위해 최선을 다합니다. 또한 지속 가능한 생산 및 에너지 관리 국제 표준을 충족하기 위해 모든 공급 파트너들과 협업합니다. 여기에 관해 더 알고 싶다면 기네스 세계 기록으로 연락 바랍니다.

열병합 발전 기술 사용으로 책 인쇄 시 기존 에너지 사용에 비해 탄소 배출량을 최대 52퍼센트까지 절감했습니다.

기네스 세계 기록은 매우 철저한 기록 검증 시스템을 갖추고 있습니다. 매번 심혈을 기울여 정확하게 검증하려고 노력하지만, 혹시 모를 오류에 대해 기네스 세계 기록은 책임지지 않습니다. 정확성에 관해 궁금한 점은 언제든지 문의해 주시기 바랍니다.

기네스 세계 기록은 미터법과 야드파운드법을 씁니다. 미터법이 전 세계적으로 통용되는 일부 과학적 데이터와 일부 스포츠 데이터는 예외입니다.

기네스 세계 기록은 출판물에 기록을 수록할지 판단하는 권리를 전적으로 가집니다. 기네스 세계 기록을 보유하고 있다고 해도 이 책에 수록된다는 보장은 없습니다.

독일에서 인쇄됨.
등록 주소: Ground Floor, The Rookery, 2 Dyott Street, London, WC1A 1DE

글로벌 회장
Alistair Richards

관리
Alison Ozanne

글로벌 경영: Elizabeth Bishop, Jess Blake, Arianna Cracco, Lisa Gibbs, Kimberley Jones, Jacob Moss, Bhavik Patel, Ysanne Rogers
비즈니스 파트너십: Sian Bhari, Lorenzo Di Sciullo, Thomas Jones, Maryana Lovell
e커머스: Sara Kali, Athina Kontopoulou, Scott Shore
글로벌 법률: Mathew Alderson, Greyson Huang, Matthew Knight, Maria Popo, Jiayi Teng

IT 및 글로벌 운영
Rob Howe

프로젝트 운영: Caroline Brouwer, Vivian Peter
디지털 기술 및 IT: Mike Emmott, Adeyinka Folorunso, Diogo Anita Casari, Mohamed Hanad Abukar, Oliver Hickie, Veronica Irons, Joshua Jinadu, Apon Majumder, Sohail Malik, Benjamin McLean, Ajoke Oritu, Cenk Selim, Gerry Sweeny, Roelien Viljoen, Alex Waldu

중앙 관리 서비스
Mark McKinley

기록 콘텐츠 지원: Lewis Blakeman, Amelis Escalante, Clea Lime, Will Munford, Mariana Sinotti, Dave Wilson, Melissa Wooton
기록 기획팀: Nana Asante, Erin Branney, Megan Bruce, Dominic Heater, Esther Mann, Thomas Marshall, William Sinden

글로벌 인물 및 문화
Stephanie Lunn

런던: Eleonora Angelova, Jackie Angus, Gurpreet Kaur, Monika Tilani
아메리카 대륙: Jennifer Olson, Mariama Sesay
중국: Crystal Xu, Nina Zhou
일본: Emiko Yamamoto
아랍에미리트: Monisha Bimal

브랜드 & 디지털
Katie Forde

브랜드 전략, 커뮤니케이션: Jack Brockbank, Juliet Dawson, Lucy Hunter, Doug Male
텔레비전 및 디지털: Karen Gilchrist
소셜 미디어: Josephine Boye, Dominic Punt, Dan Thorne
웹사이트 콘텐츠: Sanj Atwal, Vassiliki Bakogianni, Vicki Newman
위탁 콘텐츠: Michael Whitty
영상 제작 및 디자인: Callum Dean, Rebecca Fisher, Jessica Hargrave, Orla Langton, Rikesh Mistry, Fran Morales, Matthew Musson, Joseph O'Neil, Catherine Pearce, Aaron Quinn, Emma Salt
콘텐츠 특허: Kirsty Clark, Kathryn Hubbard, Kate Stevenson

기네스 세계 기록 엔터테인먼트
Alexia Argeros, Fiona Gruchy-Craven, Paul O'Neill, Alan Pixsley

전 세계 자문
Marco Frigatti

글로벌 수요 창출: Angelique Begarin, Melissa Brown
글로벌 제작 마케팅: Catherine Blyth, Aled Mann, Rebecca Ward

아메리카 대륙 자문
Carlos Martinez

광고 계정 서비스: Isabella Barbosa, Mackenzie Berry, Brittany Carpenter, Carolina Guanabara, Ralph Hannah, Kim Partrick, Michelle Santucci, Joana Weiss
광고 마케팅: Nicole Pando, Ana Rahlves
기록 관리: Raquel Assis, Lianett C Fernandez, Maddison Kulish, Alba (Niky) Pauli, Callie Smith, Carlos Tapia Rojas

베이징 자문
Charles Wharton

콘텐츠 특허: Chloe Liu
편집: Angela Wu
광고 계정 서비스: Catherine Gao, Linda Li, Xiaona Liu, Tina Ran, Amelia Wang, Elaine Wang
광고 마케팅: Theresa Gao, Lorraine Lin
행사 제작: Fay Jiang
기록 관리: Ted Li, Vanessa Tao, Alicia Zhao, Sibyl Zou

브랜드 커뮤니케이션: Echo Zhan, Yvonne Zhang

두바이 자문
Talal Omar

광고 계정 서비스: Sara Abu-Saad, Khalaf Badi, Naser Batat, Danny Hickson, Mohammad Kiswani, Kamel Yassin
광고 마케팅: Shaddy Gaad
브랜드 및 콘텐츠 마케팅: Mohamad Kaddoura, Alaa Omari
행사 제작: Daniel Hickson
홍보: Hassan Alibrahim
기록 관리: Reem Al Ghussain, Sarah Alkholb, Dina Charafeddine, Hani Gharamah, Karen Hamzeh

런던 자문
Sam Prosser

광고 계정 서비스: Nick Adams, Monika Drobina, Sirali Gandhi, Shanaye Howe, Nick Hume, Spoorthy Prakash, Nikhil Shukla, Lucia Sinigagliesi, Nataliia Solovei
광고 마케팅: Amina Addow, William Baxter-Hughes
기록 관리: Muhammad Ahmed, Shreya Bahuguna, Andrew Fanning, Apekshita Kadam, Ted Li, Francesca Raggi

도쿄 자문
Kaoru Ishikawa

광고 계정 서비스: Saif Alamannaei, Minami Ito, Takuro Maruyama, Yumiko Nakagawa, Nana Nguyen, Yuki Sakamoto, Wei Watanabe, Masamichi Yazaki
광고 마케팅: Momoko Cunneen, Hiroyuki Tanaka, Eri Yuhira
행사 제작: Yuki Uebo
브랜드 커뮤니케이션: Kazami Kamioka, Masakazu Senda
기록 관리: Aki Makijima, Mai McMillan, Momoko Omori, Naomi-Emily Sakai, Lala Teranishi

---

© 2024 Guinness World Records Limited
이 책의 사진을 포함한 모든 부분을 저작권자의 서면 허가 또는 자격 없이 전자, 화학, 기계 등 어떤 형태로도 복제하거나 전송할 수 없으며, 정보 저장 장치나 검색 시스템으로 사용하는 것을 금합니다.

사진 저작권

1 GWR, Alamy, Shutterstock, NASA, Blue Origin/Alamy; **1 (US)** Shutterstock, Alamy, Blue Origin/Alamy, GWR, NASA, World of Wonder Productions/Alamy, Paul Michael Hughes/GWR; **2** Shutterstock; **3** Shutterstock; **4** Shutterstock, Millennium House Australia, Alamy, Gary Null/NBCUniversal/Getty Images, Getty Images; **5** Shutterstock, "Damien Hirst and Science Ltd/DACS 2024", "Prudence Cuming Associates Ltd/Damien Hirst and Science Ltd/DACS/Artimage 2024", NPL, Todd Simpson/Western University; **6 (UK)** Shutterstock, BBC, Channel 4, Abby Taylor/GWR; **8 (UK)** Shutterstock, Tom Jackson, BBC, Abby Taylor/GWR; **9 (UK)** Alamy, Shutterstock, RTÉ One, MSC Cruises, Abby Taylor/GWR; **4 (US)** Shutterstock, MSC Cruises; **5 (US)** Shutterstock, GWR, Marisa S Cohen; **6 (US)** Zak Krill Photography, Shutterstock; **7 (US)** Shutterstock, Alamy; **8 (US)** Alamy, Shutterstock; **9 (US)** Mario Formisano, Getty Images, Kevin Scott Ramos/GWR, Shutterstock; **6 (Can)** Ripley's Aquarium of Canada, Shutterstock; **7 (Can)** Wallace Wong, Shutterstock; **8 (Can)** Getty Images, Shutterstock; **9 (Can)** Shutterstock, Getty Images; **6 (Aus/NZ)** Shutterstock; **7 (Aus/NZ)** Shutterstock; **8 (Aus/NZ)** Rebekah Marie/Australia Zoo, Ben Beaden/Australia Zoo, Kate Berry/Australia Zoo; **9 (Aus/NZ)** Shutterstock, Getty Images, Alamy; **6 (MENA)** Shutterstock; **8 (MENA)** Shutterstock, Getty Images; **9 (MENA)** Shutterstock, Getty Images; **10** U.S. Navy; **11** Getty Images, Shutterstock, Edd Thomas/HistoricTech.com, Alamy; **13** Richard Bradbury/GWR, Shutterstock, Alamy, Getty Images, NASA; **14** GWR, Shutterstock; **15** Alamy, Kodak, Getty Images, Shutterstock; **16** Nintendo, Getty Images; **17** Getty Images, Alamy, Dan Winans; **18** Alamy, Reuters, Getty Images, eBay, Shutterstock, NASA; **19** Jan Ove Moen/Equinor, Namco/Sony, Reuters, Alamy; **20** Jawed Karim/YouTube, Kerras Jeffery; **21** Shutterstock, Disney/Alamy; **22** Shutterstock, Paul Michael Hughes/GWR, Alamy, Robyn Crowther/Natural History Museum; **23** Shutterstock, Kevin Scott Ramos/GWR, Ranald Mackechnie/GWR; **24** Shutterstock, GWR; **25** Shutterstock, GWR; **26** GWR, Alamy, Getty Images; **27** Getty Images, Robert K. Graul for the *Alton Telegraph*. Courtesy of The Hayner Public Library District (Alton, Illinois); **28** Shutterstock; **29** Chien Lee Photography (photos.chienclee.com), Chris Thorogood, Shutterstock; **30** Shutterstock; **31** Shutterstock; **32** Shutterstock, Alamy, ZSSD/Minden/Naturepl.com; **33** Shutterstock; **34** Alamy, Shutterstock, L. Sullivan/USFWS; **35** Alamy, Getty Images, Shutterstock; **36** Shutterstock, Blue Planet Archive, Kim Taylor/Warren Photographic, Olin Feuerbacher/USFWS/Wiki, Naturepl.com, Getty Images; **37** Blue Planet Archive/Shedd AQ/Brenna Hernandez, Alamy, Great Lakes Fishery Commission, Alan Jamieson, Shutterstock; **38** Shutterstock, Alamy, Mokele/Wikimedia Commons, Daniel Crisman; **39** Shutterstock, Marineland Melanesia; **40** Queensland Department of Environment and Science, Alamy, Arne Hodalič/Wikimedia Commons, Shutterstock; **41** Alamy, Shutterstock; **42** Shutterstock, Nuytsia@Tas, Minden Pictures; **43** Shutterstock, Alamy; **44** Shutterstock, Alberto Bernasconi/GWR, Jeff Cohen; **45** Shutterstock, Paul Michael Hughes/GWR; **46** Shutterstock, RSPCA, Getty Images for Paramount Pictures, Bob Croslin/GWR, Joseph O'Neil/GWR; **47** Shutterstock, Daniel Berchtold/pomona.media, Kevin Scott Ramos/GWR, GWR; **48** Shutterstock, Pamla J. Eisenberg/Wiki, Giacomo Vallicelli, Alamy; **49** Shutterstock, Niksokol/Wiki, Alamy, Michael Wolf/Wiki; **50** Alamy, Shutterstock, Lisa Barlow, Lohit YT/WWF-India; **51** Shutterstock, Alamy, Daniel Winkler; **52** Shutterstock, Getty Images, Alamy, Science Photo Library, Andrew Miller/Capture North Studios, NASA Earth Observatory; **53** Shutterstock, Getty Images, Alamy, Arctic Images; **54** Shutterstock, NWS Aberdeen, SD/Wiki, NOAA, Deanna Dent, Getty Images; **55** Alamy, Shutterstock; **56** Shutterstock, Dr Stephan Getzin, Australian Reptile Park, The Etches Collection, Julia d'Oliveira; **57** RZSS, Alamy, Shutterstock; **58** Kevin Scott Ramos/GWR; **59** Jennifer Waters, GWR; **60** Shutterstock, Alberto Bernasconi/GWR; **61** Simon Ashton/dmg media Licensing; **62** Shutterstock, Daniel Clarke; **63** Shutterstock, Daniel Clarke; **64** Shutterstock, Ranald Mackechnie/GWR, GWR, Matthew Musson/GWR; **65** Shutterstock, Mustapha Azab/GWR, Paul Michael Hughes/GWR; **66** Shutterstock, Alamy, Ryan Schude/GWR; **67** Alamy, Shutterstock; **68** Shutterstock, Tom Jackson, Jon Enoch/GWR; **69** Shutterstock, Gabriel Gurrola/GWR; **70** Shutterstock, Bryan Nelson/Beard Team USA; **71** Shutterstock, Alberto Bernasconi/GWR; **72** Shutterstock, Gemini Untwined, Newsteam SWNS, Getty Images; **73** Shutterstock, GWR; **74** Shutterstock, Marc Suarez/GWR; **75** Shutterstock, John F. Martin/GWR; **76** Getty Images, Alamy, Shutterstock; **77** Shutterstock, Ryan Schude/GWR; **78** Shutterstock, GWR, Images of Life by Ashli; **79** Shutterstock, Alamy; **80** Kevin Scott Ramos/GWR; **81** Kevin Scott Ramos/GWR; **82** Kevin Scott Ramos/GWR; **83** Kevin Scott Ramos/GWR; **84** Shutterstock, Getty Images; **85** Shutterstock; **86** Shutterstock, Alamy, Getty Images; **87** Shutterstock, Alamy; **88** National Museum of American History, Heritage Auctions, Getty Images, Shutterstock, Alamy, Classical Numismatic Group; **89** Jens Mohr/The Norwegian State Museums of History, Shutterstock; **90** Shutterstock, Alamy, LEGO®; **91** Mack Trucks; **92** Alamy, Getty Images, Shutterstock; **93** Shutterstock; **94** Shutterstock, Sarah Kaufmann; **95** Shutterstock, Getty Images, Alamy, Gloucester City Museums/Bridgeman; **96** Shutterstock, James Ellerker/GWR, James Ellerker/GWR; **97** Shutterstock, Shinsuke Kamioka/GWR, Shinsuke Kamioka/GWR; **98** Alamy, Shutterstock; **99** Shutterstock; **100** Shutterstock, Alamy; **101** Shutterstock; **102** Shutterstock; **103** Shutterstock, Paul Michael Hughes/GWR, Erik Isakson/GWR, Shutterstock; **104** Shutterstock, Oksana Kret; **105** Shutterstock, Paul Michael Hughes/GWR; **106** GWR, Shutterstock, Alamy; **107** Shutterstock, Alamy; **108** Shutterstock, Cris Burckauser, Marjan Radovic/Red Bull Content Pool, Mateusz Odrzygóźdz/WFFA; **109** Shutterstock, Paul Michael Hughes/GWR, WFFA; **110** Shutterstock, Alamy; **111** Penh Alicandro/Eckerd College, Shutterstock, Cheryl Clegg; **112** Shutterstock, Ben Thouard/Red Bull Content Pool, Dave Ledbitter; **113** Davide Canella, Richard Bradbury/GWR, Shutterstock; **114** Alamy, Shutterstock; **115** Santiago Garcés/GWR, Shutterstock; **116** Shutterstock; **117** Shutterstock; **118** Ian Bowkett/GWR, Shutterstock, Alicia Beaudoin; **119** Shutterstock, Paul Michael Hughes/GWR, Amaury Guichon, Erik Isakson/GWR, Brien Adams/GWR; **120** Paul Michael Hughes/GWR; **121** Caters News; **122** Ilaria Cariello, Shutterstock; **123** Ilaria Cariello, Shutterstock; **124** Maltings Partnership, Shutterstock; **125** Shutterstock, Maltings Partnership, Getty Images; **126** GWR, Shutterstock, Alamy, Abiral Rai; **127** Shutterstock, RealityMaps, Getty Images; **128** Shutterstock, Johnny Green, Studio Tomás Saraceno; **129** Shutterstock; **130** Shutterstock, Alamy, Crown Copyright, Ministry of Defence, Garth Milan/Red Bull Content Pool, Andreas Schaad/Red Bull Content Pool, Eros Maggi/Red Bull Content Pool; **131** Keith Breazeal, Rich Beketa, Guy Clifton/*Reno Gazette-Journal*; **132** Shutterstock, Alamy; **133** Shutterstock; **134** Shutterstock, Simon Price/First Pix; **135** Shutterstock, Tim Kothlow; **136** Shutterstock, Getty Images; **137** Shutterstock, World's Toughest Row; **138** Shutterstock; **139** Shutterstock, Predrag Vučković/Red Bull Content Pool, Naim Chidiac/Red Bull Content Pool, Ian Avery-Leaf/Red Bull Content Pool, Mirja Geh/Red Bull Content Pool, Christian Pondella/Red Bull Content Pool; **140** Shutterstock, Alamy, Christopher P. Michel, Rhys Newsome, Jason South/*The Age*, Felipe Molina, Andrés Moncada; **141** Polheim Expedition; **142** Shutterstock, Alamy, Rouven Christ/Hylo Sports; **143** Shutterstock; **144** Alamy; **145** Shutterstock; **146** Shutterstock, Max Evans; **147** Shutterstock; **148** Shutterstock, artefacts-berlin.de; Material: German Archaeological Institute (this image is a "reconstruction proposal" and was made in 2012), Turbosquid, Carola Schelle-Wolff, Getty Images; **149** Getty Images, Turbosquid, Shutterstock; **150** Shutterstock, Division of Rare and Manuscript Collections, Cornell University, Obvious, Gil Weinberg, Cruise, Waymo; **151** Noah Berger, Shutterstock, Division of Work and Industry, National Museum of American History, Smithsonian Institution; **152** Danjaq/Eon/UA/Shutterstock, SL Rasch, Shutterstock, NIST; **153** Shutterstock, Patek Philippe, National Maritime Museum, Greenwich, London; **154** Shutterstock, International Gemini Observatory/NOIRLab/NSF/AURA/J. da Silva/Spaceengine/M. Zamani, ESA/Hubble, M. Kornmesser, Koichi Itagaki, Dennis Normile, NASA, ESA, CSA, and STScl, ESA–D. Ducros, 2013, Northrop Grumman; **155** Shutterstock, NASA, ESA, CSA, M. Zamani (ESA/Webb), ALMA (ESO/NAOJ/NRAO), B. Saxton (NRAO/AUI/NSF), GWR; **156** Shutterstock, Erick Bravo, IODP JRSO, Gabriel Tagliaro & IODP, Alberto Gamazo/SLAC National Accelerator Laboratory, F4E QST, F4E; **157** Shutterstock, TRUMPF/Martin Stollberg, Aurélien Houard; **158** Shutterstock, ~P A EVANS, Alamy, Paul Michael Hughes/GWR; **159** Shutterstock, Krishnendu Halder/GWR; **160** Alamy, Ben Hollingum/GWR, Shutterstock; **161** David Jarvis/Wiki, Shutterstock; **162** Shutterstock, Alamy; **163** Shutterstock, Overview Collective, DEWA; **164** Shutterstock, RLSS UK, Sikorsky Historical Archives, RNLI, Alamy; **165** Shutterstock, RNLI; **166** Dddeco/Wikimedia Commons, Federal Office of Transport BAV/Wikimedia Commons, Alamy, Andersen Viel Bjerkeset/DACS 2024, Shutterstock; **167** Bouygues Construction, Herrenknecht AG, Shutterstock; **168** Shutterstock; **169** Shutterstock; **170** Shutterstock, Alamy, Michael Lyrenmann; **171** Shutterstock, Maxar Space Systems; **172** MrBeast, Nick Elwell, Feastables, Nickelodeon; **173** Mark Rober, Bryce France; **174** Shutterstock, Paul Michael Hughes/GWR; **175** Paul Michael Hughes/GWR; **176** Paul Michael Hughes/GWR, Shutterstock; **177** Paul Michael Hughes/GWR, Shutterstock; **178** Alamy, Shutterstock; **179** Shutterstock, Paul Michael Hughes/GWR; **180** Kevin Scott Ramos/GWR, "Basic Fun!/K'NEX UK Ltd", Paul Michael Hughes/GWR, Shutterstock, Alamy; **181** Kevin Scott Ramos/GWR, The Troll Hole Museum, Mattel, Shutterstock, Hasbro; **182** Shutterstock, GWR; **183** Shutterstock; **184** Shutterstock; **185** Shutterstock; **186** Shutterstock, Shinsuke Kamioka/GWR; **187** Shutterstock, Trew Photography; **188** Shutterstock, Paul Michael Hughes/GWR; **189** Shutterstock, Selina Metcalfe, Hallmark; **190** Courtesy Sotheby's, Alamy, Mojang Studios, Shutterstock; **191** Mojang Studios, Shutterstock; **192** Mattel; **193** Mattel, Springer Publishing, Ranald Mackechnie/GWR, Warner Bros./Alamy; **194–195** Alamy; **196** The Metropolitan Museum of Art, Shutterstock, The J. Paul Getty Museum, Los Angeles, Neue Galerie New York/Art Resource/Scala, Florence; **197** Sotheby's, Shutterstock, Alamy, Succession Picasso/DACS, London 2024, "The Willem de Kooning Foundation/Artists Rights Society (ARS), New York and DACS, London 2024", Alamy; **198** Getty Images, Alamy, Shutterstock; **199** Alamy, Shutterstock, Getty Images; **200** Shutterstock, David MacDonald/CTWC, Activision/Games Press; **201** Shutterstock, Roblox/Games Press, Nintendo/Games Press, Mojang Studios/Games Press, Larian Studios/Games Press; **202** Shutterstock, Getty Images; **203** Getty Images, Rimas, Shutterstock; **204** Shutterstock, Alamy, Romina Amato/Red Bull Content Pool, Little Shao/Red Bull Content Pool; **205** Shutterstock, Alamy, Getty Images; **206** Shutterstock, Netflix, Paramount+, FXP/Alamy, HBO/Alamy, Paramount/Alamy; **207** HBO/Alamy, StarPlus, Apple TV+, Showtime/Alamy, Shutterstock, BBC Studios, Netflix/Alamy, Lucasfilm/Disney, HBO, TOHO Animation, Marvel/Disney, Netflix, HBO; **208** Alamy, Shutterstock, Getty Images; **209** Alamy, Shutterstock; **210** Shutterstock, Marvel/Disney/Kobal/Shutterstock, United Artists/Alamy, DC Entertainment/Warner Bros./Alamy, Sony Pictures/Apple Originals/Alamy, Sony Pictures/Apple Originals; **211** Sara Tautuku Orme, Shutterstock; **212** Warner Bros./Shutterstock, MGM/Shutterstock, Disney/Shutterstock, Netflix/Shutterstock, Netflix/Alamy, Shutterstock; **213** Getty Images, Disney/Pixar/Alamy, Universal/Alamy, Paramount/Shutterstock, Paramount/Alamy, Universal/Shutterstock, Paramount/Shutterstock, Shutterstock; **214** Shutterstock; **215** Shutterstock, Heritage Auctions, Sony/Games Press; **216** Alamy, Shutterstock; **217** Alamy, *TIME*, Beth Garrabrant, Shutterstock; **218** Shutterstock, Terry Ratzlaff/*New York Times*/Redux/eyevine, Nebraska Athletic Communications Office; **219** Shutterstock, New Black Films ltd/Colour Artist Marina Amaral; **220** Getty Images, Inter Milan, Alamy, Shutterstock; **221** Getty Images, Shutterstock, Alamy; **222** Shutterstock, Getty Images, Alamy; **223** Shutterstock, Alamy; **224** Getty Images, Shutterstock, Sportsfile; **225** Shutterstock, Getty Images, Alamy; **226** Alamy, PSA World Tour, Shutterstock, GWR; **227** Alamy, Shutterstock; **228** Shutterstock, NHRA, Isle of Man TT, Alamy; **229** Getty Images, FIA, Paul Michael Hughes/GWR, Shutterstock; **230** Getty Images, World Karate Federation @wkf.net, Shutterstock; **231** Shutterstock, Getty Images, Alamy; **232** Getty Images, Kurt Wang, Shutterstock; **233** Shutterstock, Alamy, Getty Images; **234** Shutterstock, Alamy, IMAGO; **235** Alamy, Shutterstock; **236** Shutterstock, Howie Stern, Jacob Zocherman, iRunFar.com, Comrades Marathon Association; **237** Sportograf, Alexis Berg; **238** Getty Images, Shutterstock; **239** Getty Images, Alamy, Shutterstock; **240** Alamy, Getty Images, Shutterstock; **241** Shutterstock, Getty Images, Alamy; **242** Shutterstock, Getty Images; **243** Shutterstock, Alamy; **244** Getty Images, Alamy; **245** Alamy, Warner Bros./Alamy, Getty Images; **246** Shutterstock; **247** Shutterstock; **248** Shutterstock; **249** Shutterstock; **250** Shutterstock; **251** Shutterstock; **252** Shutterstock; **253** Shutterstock; **254** Shutterstock; **255** Shutterstock

사진 저작권 소유자를 추적하고, 본 출판물의 이미지 사용 허가를 얻기 위해 최선을 다했습니다. 누락된 저작권 소유자가 있다면 기네스 세계 기록으로 연락 바랍니다.

그 밖에 도움을 주신 분들

55Design (Hayley Wylie-Deacon, Tobias Wylie-Deacon, Rueben Wylie-Deacon, Linda Wylie, Vidette Burniston, Lewis Burniston, Paul Geldeart, Sue Geldeart, Jay Page, Ellice Page, Bruno, Zeus, Macy), Arizona Science Center (Sari Custer, Guy Labine, Matthew Schwartz), Atmosphere Inc (Sebastian Quinn and team), Banijay Group Italia & Mediaset (Gabriela Ventura, Silvia Martini and teams), Susan Bender, Big Yellow Self Storage Liverpool (David Reason, Bev Rose), Linda Blyth, Lance Burnett, Cepac Ltd, City Museum (Kieran Burke, Maria Cassilly, Hue Eichelberger, Katy Enrique, Rick Erwin, Eric Gilbert, Joel Heckaman), Codex Solutions Ltd, Copenhagen GWR Museum (Phyllis Calloway, Henri Sokou), DataWorks Plus, Definition Group, Ezoic (Claire Johnson), FJT Logistics Ltd (Ray Harper), Grafit Display Hire Ltd (Paul Harrison, Antonia Johnston), GWR Kids (Pip Anderson, Clara Capgras, Juliet Capgras, Max Capgras, Georgia Grisdale, Samuel Holder, Isaac Holder, Frederick Lazell, Millicent Hume, Harriet Hume, Ellie Jones, Mylo Louw, Willow Sparkle Flower Marsh, Sydney Quince, Derrick Reynolds, Ivy Roelien, Adam Roelien, Michael Sarfo, Thea Simpson, Kaiden Testler Jagpal, Sapphire Testler Jagpal, Isabella Whitty, Clara Walker Knight, Suhana Tilani, Vesna Velkova Djurdjevic, Grace Wild, Sam Wild), Duncan Hart, Roger Hawkins, Matt Hillman, Hollywood GWR Museum (Nick Norman, Kirin Sundher, Raubi Sundher, Tej Sundher), IMG Media (Tim Ball) and ITV, Kidoodle (Brenda Bisner), Left Brain Games, Chris Lumb, Meta (Dan Biddle), Mintaka (Torquil Macneal, Tim Stuart), Mirage Entertainment (David Draves, Debra Draves), Mohn Media (Yannick Laag, Astrid Renders, Kevin Sarney, Maximilian Schonlau, Jeanette Sio, Dennis Thon), MSC Cruises (Mihaela Carlan, Andrea Correale, Biagio De Girolamo, Steve Leatham, Carlos Ponzetto, Thiago Lucio Santos Vieira), Orchard Wales and S4C (Jessie Lewis, Maisy Williams and team), Papercup (Luis, Idil), Parque de las Ciencias (Xavier A Colon Rivera, Jorge Jorge, Katherine Otero), Robert Partis, Ping Leisure Communication Ltd (Claire Owen), Precision Proco, Prestige Design (Jackie Ginger), Production Box (Milad Khalil, Christy Semaany), Propworks (Emma Banwell, Dan Lee, Annie Lumby, Pauline McGrath, Flo Minchella, Charlie Stoddart, Jess Way, Rosie Young), RCSSD (Clara Clark, Kristen Gilmore, Sophie Williams, Dot Young), Ripley's Office (William Anthony, Tacita Barrera, John Corcoran, Todd Hougland, Jim Pattison Jr., Brian Relic, Clay Stewart), Devonte Roper, Science North (Marc Gareau, Kris Gurnsey, Ashley Larose, Chris Theriault, Pamela Therrien), Liz Smith, Snap Inc (Lucy Luke), Stark RFID, Steinbeis Papier GmbH, The Production Suite (Jo Boase Zoe, Vaux-Thompson, Beverley Williams, Lorna Williamson), Tinizine (Luca Fiore), Julian Townsend, Sally Treibel, Uplause (Veli-Pekka Marin, Jussi Marin)

공식 심판관

Osman Alwaleed, Camila Borenstain, Thomas Bradford, Emma Brain, Joanne Brent, Sarah Casson, Hannah Choi, Marc Cote, Swapnil Dangarikar, Brittany Dunn, Kanzy El Defrawy, Michael Empric, Pete Fairbairn, Fumika Fujibuchi, John Garland, Şeyda Subaşı Gemici, Andrew Glass, Iris Hou, Monica Hu, Kazuyoshi Kirimura, Lena Kuhlmann, Maggie Luo, Mike Marcotte, Karen Mazarello, Chloe McCarthy, Rishi Nath, Mbali Nkosi, Hannah Ortman, Pravin Patel, Justin Patterson, Glenn Pollard, Susana Reyes, Alfredo Arista Rueda, Emi Saito, Paulina Sapinska, Carl Saville, Tomomi Sekioka, Tina Shi, Brian Sobel, Hanane Spiers, Richard Stenning, Sheila Mella Suárez, Natalia Ramirez Talero, Raafat Tawfik, Anouk De Timary, Aynee Toorabally, Sonia Ushirogochi, Lorenzo Veltri, Xiong Wen, Peter Yang, Jacob Yip

SVP 전 세계 출판
Nadine Causey

편집장
Craig Glenday

편집 주간
Adam Millward

선임 편집
Tom Beckerlegge, Ben Hollingum

편집
Caitlin Hyem

배치 편집
Rob Dimery

검토 및 사실 확인
Matthew White

그림 편집
Alice Jessop, Abby Taylor

출판 및 도서 제작 책임
Jane Boatfield

제작 및 배포 책임
Patricia Magill

제작 및 배포 관리
Thomas McCurdy

재능 조사
Charlie Anderson, Hannah, Prestidge

디자인
Paul Wylie-Deacon, Rob Wilson at 55design.co.uk

표지 디자인
Chris Labrooy

색인 작성
Marie Lorimer

위탁 콘텐츠 책임
Michael Whitty

원본 사진 촬영
Brien Adams, Alberto Bernasconi, Ian Bowkett, Bob Croslin, James Ellerker, Santiago Garcés, Gabriel Gurrola, Krishnendu Halder, Paul Michael Hughes, Erik Isakson, Shinsuke Kamioka, John F Martin, Kevin Scott Ramos

원화
Daniel Clarke, Julio Lacerda, The Maltings Partnership

제작 자문 위원
Yannick Laag, Astrid Renders, Kevin Sarney, Maximilian Schonlau, Dennis Thon

인쇄 및 제본
MOHN Media Mohndruck GmbH, Gütersloh, Germany

글로벌 마케팅 책임
Nicholas Brookes

출판 및 브랜드 커뮤니케이션 책임 (영국 및 다국적)
Amber-Georgina Maskell

홍보 담당(영국 및 다국적)
Madalyn Bielfeld

홍보 이사(영국 및 다국적)
Alina Polianskaya

마케팅 이사(영국 및 다국적)
Nicole Dyer-Rainford

선임 콘텐츠 운영(영국 및 다국적)
Eleonora Pilastro

선임 홍보 운영(미국 및 캐나다)
Amanda Marcus

선임 홍보 운영 (아메리카 대륙)
Alice Pagán

홍보 이사(아메리카 전체)
Kylie Galloway

경영 마케팅 운영
Jody Ho

전 세계 판매 관리
Joel Smith

선임 회계 관리
Mavis Sarfo

다국적 판매 운영
Aliona Ladus

복제
Resmiye Kahraman and Louise Pinnock at Born Group